权威·前沿·原创

皮书系列为
"十二五"国家重点图书出版规划项目

2012年国家社科基金首批重大招标项目"国际传播发展新趋势与加快构建现代传播体系"编号：12&ZD017
教育部人文社会科学重点研究基地重大项目"基于广播电视与新媒体的中国国际传播力建设研究"编号：12JJD860003
中国传媒大学协同创新中心出品

全球传媒蓝皮书
BLUE BOOK OF GLOBAL MEDIA

全球传媒发展报告（2014）

ANNUAL REPORT ON THE DEVELOPMENT OF GLOBAL MEDIA(2014)

主　编／胡正荣　李继东　唐晓芬

社会科学文献出版社
SOCIAL SCIENCES ACADEMIC PRESS (CHINA)

图书在版编目(CIP)数据

全球传媒发展报告.2014/胡正荣,李继东,唐晓芬主编.—北京:社会科学文献出版社,2014.12
（全球传媒蓝皮书）
ISBN 978-7-5097-6955-3

Ⅰ.①全… Ⅱ.①胡… ②李… ③唐… Ⅲ.①传播媒介-产业发展-研究报告-世界-2014 Ⅳ.①G219.1

中国版本图书馆 CIP 数据核字（2014）第 300628 号

全球传媒蓝皮书
全球传媒发展报告（2014）

主　编／胡正荣　李继东　唐晓芬

出　版　人／谢寿光
项目统筹／蔡继辉　任文武
责任编辑／陈　颖

出　版／社会科学文献出版社·皮书出版分社（010）59367127
　　　　地址：北京市北三环中路甲29号院华龙大厦　邮编：100029
　　　　网址：www.ssap.com.cn
发　行／市场营销中心（010）59367081　59367090
　　　　读者服务中心（010）59367028
印　装／北京季蜂印刷有限公司
规　格／开本：787mm×1092mm　1/16
　　　　印张：20.5　字数：333千字
版　次／2014年12月第1版　2014年12月第1次印刷
书　号／ISBN 978-7-5097-6955-3
定　价／79.00元

皮书序列号／B-2011-206

本书如有破损、缺页、装订错误，请与本社读者服务中心联系更换

▲ 版权所有 翻印必究

《全球传媒发展报告》课题组

课题组组长 胡正荣 李继东 唐晓芬

课题组成员（以姓氏拼音为序）

程巍 付卓 甘露 杭敏 胡逢瑛
胡笑红 姬德强 雷炜 李承恩 李艳伟
刘斌 刘昶 龙耘 屈国超 王润珏
王韶霞 吴非 吴敏苏 张建军 张磊
张钊 赵京文 周菁 周亭
César Bolaño Fernando Olivera Paulino
Marianna Holanda

主要编撰者简介

胡正荣 教授、博士生导师，中国传媒大学副校长、教育部人文社科重点研究基地——中国传媒大学广播电视研究中心主任。兼任国务院学位委员会新闻传播学评议组召集人，国家哲学社会科学基金项目评委，教育部2013－2017新闻传播学类专业教学指导委员会主任委员，国家留学基金委评审会委员等职。主要研究领域为传播学理论、媒介政策与制度、传播政治经济学、新媒介与国际传播等。讲授课程有新闻传播学理论研究、传播学、媒介研究等。主持"传播学"国家级精品课、国家级教学团队和中国传媒大学"发展中国家国际传播硕士项目"。主持国家社科基金重大招标项目1项，国家级、省部级和大型横向科研项目40余项。出版著作数十部，中英文论文230余篇，发表成果近300万字。曾任美国哈佛大学肯尼迪政府学院客座研究员（2005）、英国威敏大学勒沃霍姆访问教授（2006）、英国威敏大学荣誉博士（2011）。应邀在IAMCR等多个国际顶级传播学会会议上发表主旨演讲。兼任新加坡 *Media Asia*、韩国 *Journal of Communication Research*、英国 *Global Media and Communication*、香港《传播与社会学刊》《现代传播》等国内外期刊编委，亚洲媒介信息与传播中心（AMIC）顾问委员。2000年被列为教育部"跨世纪优秀人才"，2001年获国务院政府特殊津贴，2006年获"新世纪百千万人才工程"国家级人选。

李继东 博士、研究员，现供职于中国传媒大学广播电视研究中心，《全球传媒蓝皮书》、《国际传播蓝皮书》执行主编。已发表论文50余篇，专著《中国影视政策创新研究》（2013）、《英国公共广播政策变迁与问题研究》（2007）2部，编著10余部。主持国家社科基金项目"我国国际传播话语体系建设的理论创新研究"，参与国家社科基金重大项目以及企事业委托项目20

余项。2007年英国牛津大学社会法研究中心访问学者，2009年美国明尼苏达大学新闻与大众传播学院访问学者。获第八届全国广播电视学术著作评选决策管理类一等奖、北京第十和第十一届哲学社会科学优秀成果奖二等奖、2008年度北京市宣传系统优秀调研报告、2002年全国出版社市场营销论坛优秀论文一等奖等奖励。

唐晓芬　博士，中国传媒大学广播电视研究中心助理研究员，主要研究领域为媒介公共政策、媒介产业、宣传与公共关系、新媒体研究。参与国家社科基金项目、教育部重点研究基地重大项目、国家新闻出版广电总局社科项目等科研项目的研究。2010年香港城市大学中国大陆新闻传播青年学者访问项目访问学者，入选2013年北京市青年英才计划。

摘 要

2013全球传媒步入数字常态时代的全面战略转型期，数字理念已经深入传媒业产销的各个环节，遍及社会生活的方方面面，形成数字文化，由此，全球传媒消费行为和内容生产方式开始发生深刻的转变，传媒企业战略由过去数字化转型向基于数字社会的全面转型转变。

《全球传媒发展报告（2014）》围绕数字内容产业这一主题，分总报告、国家篇和专题篇三大板块，梳理和分析2013~2014年世界主要国家和地区传媒发展态势。总报告从发展总貌、行业和市场变化三个层次分析了2013~2014年全球传媒发展情况，特别是数字内容；国家篇从总体发展概况、行业与市场结构和发展趋势三个层次分别梳理和分析了2013~2014年中国、美国、日本、德国、韩国、英国、法国和加拿大等8个国家和地区的传媒数字内容产业发展；专题篇则讨论全球电视节目、北欧数字内容产业、Netflix转型和移动社交APP等8个专题。

Abstract

Global media industry step into strategic transformation for a digital normal age, digital idea embed in all aspects of media industry and all over the society, digital culture has formed. so the behavior of media and communication consumer and the patternfor content production also has changed dramatically, media companies need to change from the digital transformation to comprehensivestrategy fitting for the digital society.

Taking the digital content industryas the theme, *Annual Report on Global Media Industry 2014* contains three parts, which is the general report, the annual reports of countries, and the special reports. The report explores and analyzes the global media development, 8 countries from three level, which is the overview, sub – industries and marketand the trends, and also discuss the global TVprogram, Nordic digital content production, information content industry, and etc. from multiple perspectives.

目 录

BⅠ 总报告

B.1 数字常态时代的全面战略转型
　　……………………………………… 胡正荣　李继东 / 001
　　一　2014全球传媒发展总貌：总额与结构……………… / 002
　　二　行业与市场 ………………………………………… / 008

BⅡ 国家篇

B.2 市场与技术双轮驱动：2014年中国传媒产业发展报告
　　………………………………………………… 王润珏 / 017
B.3 移动互联全面深化：2014年美国传媒发展报告
　　……………………………………… 李继东　赵京文 / 038
B.4 日本出版产业的数字化转型 ………… 刘　斌　雷　炜 / 058
B.5 数字媒体持续上扬，传统经营模式着力转型
　　——2014年德国传媒产业报告 ……………… 程　巍 / 071
B.6 众筹、大数据和模式转型：2014年韩国传媒产业
　　发展报告 ……………………………… 龙　耘　李承恩 / 088

001

B.7 新旧媒体的"正和博弈"
　　——2014年英国传媒发展报告 ………… 屈国超　张　磊 / 101

B.8 合作、融合、共进：2014法国传媒产业发展报告
　　……………………………………………… 甘　露　刘　昶 / 126

B.9 CanCon：发展与保护中的加拿大数字内容产业 ………… 姬德强 / 179

BⅢ　专题篇

B.10 全球电视节目收视情况及发展趋势报告 ……… 周　亭　王韶霞 / 202

B.11 北欧数字内容产业发展创新 …………………………… 杭　敏 / 221

B.12 数字内容生产的五大误区
　　——The Daily 失败的警示 ………………………… 张建军 / 232

B.13 巴西媒体中的金砖国家传媒 ………… Fernando Oliveira Paulino,
　　　　　　　　　　　　Marianna Holanda and César Bolaño / 241

B.14 中国电视节目对外传播策略分析 ……………………… 张　钊 / 255

B.15 全球视听新媒体产业发展现状与趋势 ………………… 周　菁 / 276

B.16 浅析大数据时代Netflix的价值转移与创新 …… 李艳伟　崔维珊 / 291

B.17 中国移动社交App赢利模式分析 ……………………… 胡笑红 / 301

皮书数据库阅读使用指南

CONTENTS

B I General Report

B.1　The Annual Report on the Development of Global
　　　Media 2014　　　　　　　　　　　　　*Hu Zhengrong, Li Jidong* / 001

B II Reports on Countries

B.2　Report on the Development of Media Industry in
　　　China 2014　　　　　　　　　　　　　　　　*Wang Runjue* / 017

B.3　Report on the Development of Media Industry in
　　　the U.S.A 2014　　　　　　　　　　*Li Jidong, Zhao Jingwen* / 038

B.4　Report on the Development of Media Industry in
　　　Japan 2014　　　　　　　　　　　　　　*Liu Bin, Lei Wei* / 058

B.5　Report on the Development of Media Industry in
　　　Germany 2014　　　　　　　　　　　　　　　　*Cheng Wei* / 071

B.6　Report on the Development of Media Industry in the
　　　South Korea 2014　　　　　　　　　*Long Yun, Li Cheng'en* / 088

B.7　Report on the Development of Media Industry in
　　　UK 2014　　　　　　　　　　　　　*Qu Guochao, Zhang Lei* / 101

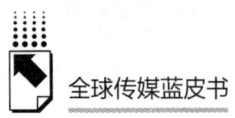

B.8 Report on the Development of Media Industry in
France 2014　　　　　　　　　　　　Gan Lu, Liu Chang / 126

B.9 Report on the Development of Media Industry in
Canada 2014　　　　　　　　　　　　　　　Ji Deqiang / 179

B Ⅲ　Special Topic

B.10 Report on Global TV ratings and its Trends　Zhou Ting, Wang Shaoxia / 202

B.11 The Innovation and Development of Nordic Digital
Content Industries　　　　　　　　　　　　　Hang Min / 221

B.12 5 Problems of Digital Content Production　Zhang Jianjun / 232

B.13 The other BRICS Countries in Brazilian Media
　　　　Fernando Oliveira Paulino, Marianna Holanda and César Bolaño / 241

B.14 On International Communication Strategy for TV
Programs in China　　　　　　　　　　　　Zhang Zhao / 255

B.15 Report on Global Audio and Video New Media
Industries 2014　　　　　　　　　　　　　　Zhou Jing / 276

B.16 On Value Shift of Netflix in Big Data Era　Li Yanwei, Cui Weishan / 291

B.17 On Profit Models of Chinese Mobile Social Apps　Hu Xiaohong / 301

总报告

General Report

B.1 数字常态时代的全面战略转型

胡正荣　李继东

摘　要： 2013年，全球传媒数字化转型时期已基本结束，步入了基于数字常态时代的全面战略转型期。从国家和地区来看，中国成为全球第三大传播业市场，亚太地区社交网络广告跃居全球第二。从传播行为来看，看电视仍是全球最普遍的传播行为，中国的智能手机等新传播媒介拥有比重领跑世界，而且移动连接增幅位居全球之首，用手机已成为中国最普遍的传播行为。从行业发展来看，数字首位已成为常态理念，数字内容和服务发展强劲，中国在全球图书、电影和互联网等市场挺进前列，美国仍位居全球传播市场之首。

关键词： 数字常态　战略转型　全球传媒

从2012年起，全球传媒业开始步入数字新常态时代，而今数字理念已经深入传媒业产销的各个环节，遍及社会生活的方方面面，形成数字文化，由此，全球传媒消费行为和内容生产方式开始发生深刻的转变，传媒企业由过去面向新常态的数字化转型向基于数字社会的全面战略转型转变。首先是传媒消费行为变得更加个性化、社交化和移动网络化，消费渠道和方式深度数字化，用户本位或以消费者为中心的时代到来，消费者由过去寻找自己需要的内容到现在挑选定制化的内容。其次，无论是数字传媒还是模拟传媒，内容产销都需要全面战略转型，其核心理念可以归纳为精准定位、体验场景、包容合作和互联互通。最后是建构和维护基于信任的关系网络，当今消费者的行为乃至隐私和人性都易于被测量和把握，传媒企业及其产品和服务也变得越来越透明，由此信任关系成为传媒企业战略转型的关键所在。

一 2014全球传媒发展总貌：总额与结构

1. 电视业增幅最大，中国成为全球第三大传播业市场

2012年全球传播业①收入总额达19737.6亿美元，年增长率达2.1%。其中电视业增幅最大，达4.1%，广播业次之（2.7%），随后电信业（2.6%），邮政业仍在下降（-2.5%）。从增长数量上看，2012年电信业总额比2008年增长了642.9亿美元，居首位，其次是电视业（353.6亿美元）。从国家来看，美国仍是全球最大市场，2012年其收入总额达5408.592亿美元；日本位居第二（2253.580亿美元），中国位居第三（1561.409亿美元）②。就本报告所研

---

① 这里所言的传播业包括电信、电视、广播和邮政，其中邮政收入仅包括中国、印度、俄罗斯、巴西、英国、法国、德国、意大利、美国、加拿大、日本、奥地利、西班牙、芬兰、瑞典、爱尔兰、波兰。主要调研的国家包括中国、英国、法国、德国、意大利、美国、日本、奥地利和西班牙。韩国的统计与其他国家不同，其收入包括出版、漫画、音乐、游戏、电影、动漫、广播、广告、动漫角色、信息情报、内容等E-媒介产业领域的销售额。

② Ofcom（2013）. The Communications Market Report: International. http://stakeholders.ofcom.org.uk/market-data-research/market-data/communications-market-reports/cmr13/international/. 原数据为英镑，本文换算为美元，汇率为1.6097。

究的国家而言，除了超过千亿美元的中美日之外，德国、韩国、英国、巴西和法国均超过 700 亿美元，意大利和加拿大近 500 亿美元，其他都在 400 亿美元以下。（图 1）

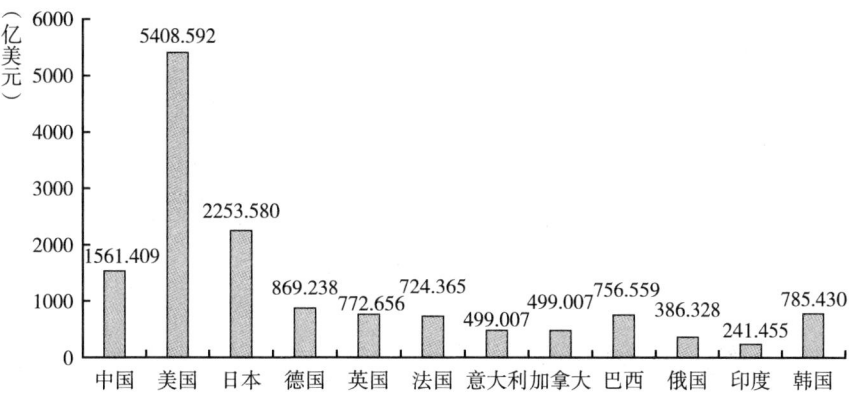

图 1　本报告所研究的国家 2012 年传播业收入情况

2. 数字服务类收入增幅达 12%，互联网接入服务收入增幅近 68%

2013 年全球娱乐与传媒收入持续增长，数字服务类收入、互联网接入收入增幅最为强劲。2013 年全球娱乐与传媒收入总额达 16880 亿美元，其中数字服务类收入比重已达 36.5%，比 2009 年增长了 12%；而非数字类收入虽然仍占比 6 成以上，但增幅很小，仅为 3.3%，预计未来五年中 2/3 的消费和广告收入将源于数字服务①。

从收入类型上看，约 45% 来源于消费收入，计 7590 亿美元；约 30% 来自广告，计 5150 亿美元；约 25% 得益于互联网接入服务，计 4140 亿美元（图 2）。相较于 2009 年分别增长了 8.7%、18.7%、67.6%②，其中互联网接入服务收入增幅最高，成为近 5 年收入增长的最强动力。

3. 全球数字广告收入占比达 25%，亚太地区社交网络广告跃居全球第二

就广告而言，2013 年全球数字广告收入比重达 25%，比 2009 年增长了

---

① PwC (2014). Global Entertainment and Media Industry Outlook (2014 - 2018). http://www.pwc.com/gx/en/global-entertainment-media-outlook/data-insights.jhtml.

② PwC (2014). Global Entertainment and Media Industry Outlook (2014 - 2018). http://www.pwc.com/gx/en/global-entertainment-media-outlook/data-insights.jhtml.

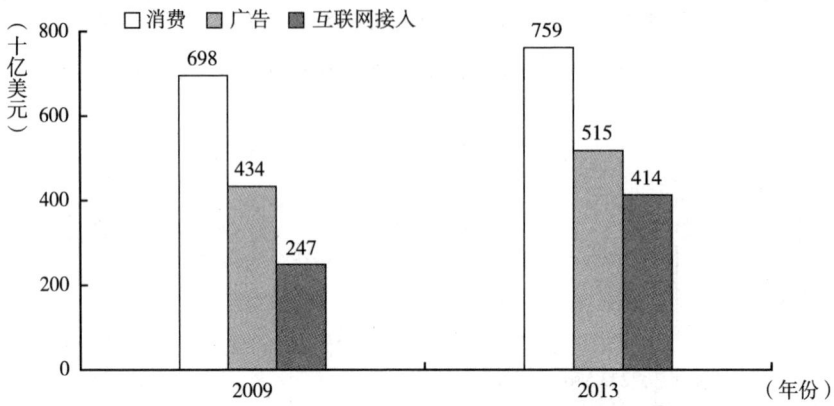

图 2　2013 年与 2009 年全球娱乐和媒介收入情况

11%，而非数字广告收入复合增长率仅为 1.9%①。同时，2013 年亚太地区社交网络广播占比超过西欧，成为位居全球第二的社交网络广告市场，达 28.6%，在未来四年将持续增长。预计 2014 年全年亚太地区社交网络广告总额达 50.3 亿美元，比 2013 年增长 53%。而北美地区仍居首位，2013 年占比 43.2%，但在未来四年将呈下降趋势。处于第三位的西欧 2013 年占比 21.6%，②保持平稳增长之势。（图 3）

4. 互联网广告增长最快，报纸广告降幅最大

2012 年全球广告增幅为 4.7%，计 4657.1 亿美元。其中互联网广告增幅最大，复合增长率（2008~2012 年）达 14.8%，2012 年增幅为 16.4%，计 1053.5 亿美元；影院复合增长率为 5.1%，2012 年增幅为 6.9%，但总额最少；电视增幅为第三，年复合增长率为 2.4%，2012 年增幅达 4.2%，计 1666.9 亿美元；而同期报刊广告则持续下降，其中报纸广告降幅最大，复合增长率为 -5.7%。③（图 4）

---

① PwC（2014）. Global Entertainment and Media Industry Outlook（2014－2018）. http://www.pwc.com/gx/en/global－entertainment－media－outlook/data－insights.jhtml.
② http：//www.emarketer.com/Article/APAC－Ranks－No－2－Worldwide－Social－Network－Ad－Spend－Share/1011421/7#sthash.2fWwpAp3.dpuf.
③ Ofcom（2013）. The Communications Market Report：International. http：//stakeholders.ofcom.org.uk/market－data－research/market－data/communications－market－reports/cmr13/international/. 原数据为英镑，本文换算为美元，汇率为 1.6059。

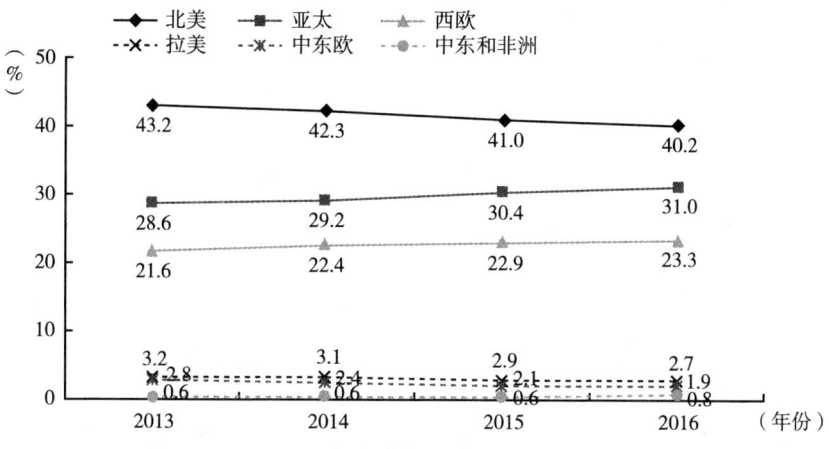

图 3　2013~2016 年全球主要地区社交网络广告比重

数据来源：www.eMarker.com。

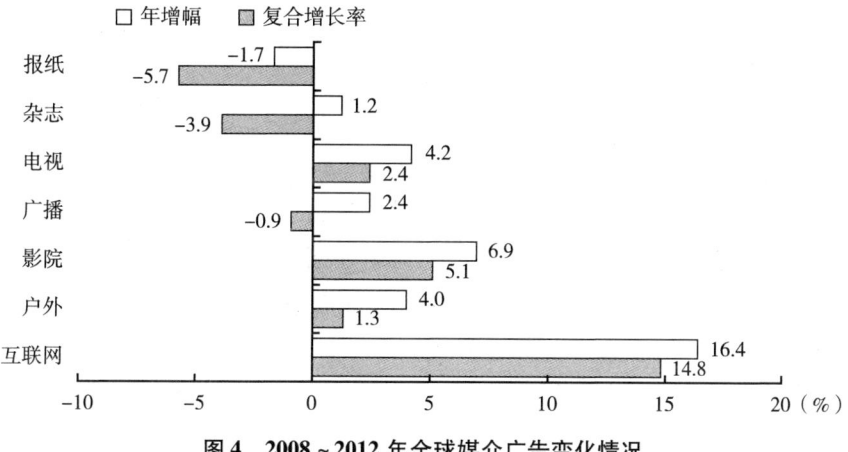

图 4　2008~2012 年全球媒介广告变化情况

5. 中国移动连接增幅最大，法国宽带连接拥有量最高

2012 年固话连接持续下降，而移动连接迅猛增长。据 *IDATE* 和 Ofcom 一项统计表明，在过去的六年中（2007~2012）所调研的国家固话连接全都在减少，其中法国最大，每百人减少了 18 部，德国次之（17 部），日本第三（16 部）；下降幅度最慢的是英国，每百人减少了 3 部，西班牙次之（4 部）。从拥有量来看，英国也是最多的，德国次之，奥地利第三；最少的是中国，随后是意大利和法国。

就移动连接而言,中国增幅最大,2012年每百人拥有量比2007年增加了2倍多,从40部到83部;其次是奥地利,增加了35部;法国位居第三(25部)。不过就百人拥有量来看,中国在所比较的国家中是最低的,其他国家均超过了百部,其中意大利最多,百人拥有量达159部;其次是德国和奥地利(139部),英国随后(132部)。(图5)

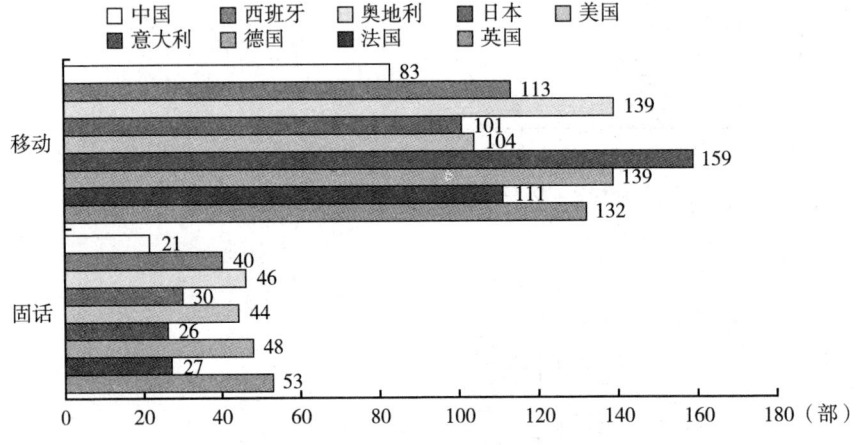

图5 2012年世界主要国家固话连接和移动连接百人拥有量

在所调研的国家中,2012年每百人宽带连接拥有量最高的是法国,为36人,其次是德国(35),英国为第三(34);最低是中国,为13人,倒数第二是意大利(22),倒数第三是西班牙(24)。(图6)

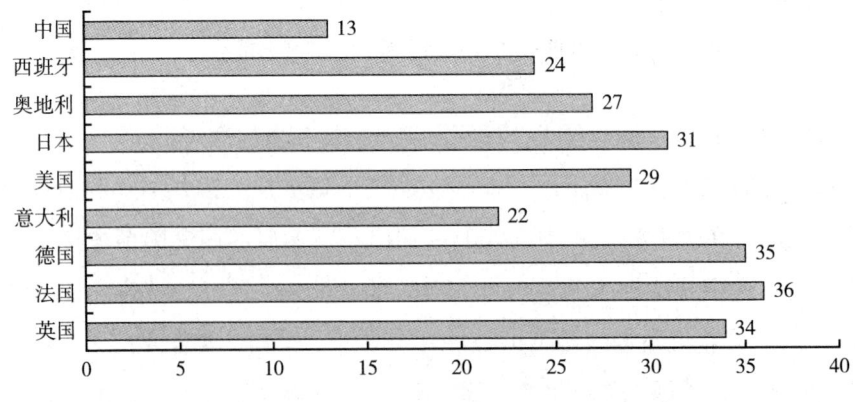

图6 2012年世界主要国家宽带百人拥有量

此外,截止到 2012 年底,英国、意大利和西班牙都已全面实现了电视平台数字化,在欧洲,德国数字化程度相对缓慢了一些①。

6. 台式电脑拥有比重最高,中国的智能手机等新传播媒介拥有比重领跑世界

就用户所拥有的现代传播媒介来看,在所调研的 9 个国家中,台式电脑的拥有比重最高,所调研的国家平均拥有比重达 70%,最低的日本也近六成,足见台式电脑使用是最为普遍的。而智能手机使用也非常普遍,所调研的国家平均拥有量达六成以上,除了日本的智能手机拥有量仅为 34%、美国为 48% 之外,其他国家均过半壁江山,而中国和英国的智能手机拥有比重已超过台式电脑。

中国的智能手机、平板电脑、台式电脑、智能电视、3D 电视拥有比重均居首位,分别为 88%、57%、86%、39% 和 17%。这些设备拥有量位居第二的除了智能电视是奥地利和 3D 电视是德国之外,其他均为西班牙。而英国的笔记本电脑、DVR 的拥有比重位居第一,HDTV 和 VOD 仅次于奥地利和美国(表 1)。

表 1 2013 年世界主要国家个人传播设备拥有比重

单位:%

	智能手机	平板电脑	笔记本电脑	台式电脑	DVR	HDTV	VOD	智能电视	3D 电视
英 国	66	42	41	64	41	68	23	17	9
法 国	54	30	17	68	17	60	22	12	9
德 国	57	24	28	67	28	52	8	19	16
意大利	65	39	33	68	33	59	14	18	15
美 国	48	33	38	73	38	67	33	12	7
日 本	34	23	24	59	24	30	9	15	6
奥地利	65	45	35	69	35	74	9	21	13
西班牙	74	46	27	76	27	60	10	16	10
中 国	88	57	21	86	21	44	22	39	17

(数据来源:Ofcom consumer research September 2013. Chart amended 24th March 2014 to show response to question 3a with regard to digital radio take up rather than 4a as previously shown. The change aligns digital radio with other household devices. Q4a refers to smartphones only.

Base:All respondents,UK = 1000,FRA = 1007,GER = 1010,ITA = 1010,USA = 1004,JPN = 1005,AUS = 1007,ESP = 1020,CHN = 1007.

Q3a. Which of the following devices do you have in your home? Q. 4a Which of the following devices do you personally use?)

---

① Ofcom(2013). The Communications Market Report:International. http://stakeholders. ofcom. org. uk/market - data - research/market - data/communications - market - reports/cmr13/international/。原数据为英镑,本文换算为美元,汇率为 1.6059。

7. 看电视仍是全球最普遍的传播行为，用手机已成为中国最普遍的传播行为

从传播行为来看，看电视仍是世界最为普遍，其次是用手机，随后是通过固网上网，而用网络电话的比重最低，读全国性报纸和地方性报纸次之。在所调研的国家中，看电视仍是最为普遍的传播行为，每周至少看一次电视的比重差距甚微，在88%～92%之间，其中英国和德国最高（92%），最低的是中国和美国（88%）。各国用手机的比重也很高，最低的是美国（75%），最高的是中国（91%），而且用手机成为中国最为普遍的传播行为，其比重已超过了电视、固网上网等，居首位。英国通过固网上网（86%）的比重最高，听广播、用固话、用网络电话、读全国性报纸、读地方性报纸比重最高的国家分别是德国（76%）、德国（81%）、意大利（24%）、意大利（57%）和德国（61%）。（表2）

表2 2013年世界主要国家传播媒介使用比重

单位：%

	看电视	听广播	用手机	用固话	用网络电话	固网上网	读全国性报纸	读地方性报纸
英 国	92	72	85	69	13	86	55	46
法 国	90	75	84	72	11	85	34	45
德 国	92	76	85	81	12	79	30	61
意大利	90	73	88	66	24	71	57	52
美 国	88	69	75	50	10	72	17	53
日 本	89	39	84	45	12	58	43	28
奥地利	90	67	84	58	16	73	40	54
西班牙	91	72	90	75	14	80	55	53
中 国	88	36	91	43	21	82	44	60

数据来源：Ofcom consumer research September 2013 Base：All respondents, UK = 1000, FRA = 1007, GER = 1010, ITA = 1010, USA = 1004, JPN = 1005, AUS = 1007, ESP = 1020, CHN = 1007. Q. 5 Which of the following do you regularly do（at least once a week）？

二 行业与市场

（一）书报刊

1. 专业类图书数字化程度最高，中国将成为全球第二大图书市场

2013年全球图书收入达12140亿美元，其中消费类图书收入扭转了多年

下滑趋势，开始回升，收入总额达622亿美元，未来五年内复合增长率将达0.9%。这主要得益于电子消费类图书的强劲增长，2013年电子消费类图书收入总额达84亿美元，预计未来五年内其复合增长率将达17.6%，2018年收入总额将达189亿美元。①

总体上来看，纸质图书收入仍占全球图书市场收入总额的大部分，2013年占比88%，电子图书收入虽然占比仍不高，2013年为12%，但一直持续增长。专业类图书数字化程度最高，电子图书占比居于首位，而教育类电子图书最低。2013年专业类、消费类和教育类电子图书收入所占比重分别为18%、14%、6%（表3），预计2018年专业类电子图书收入将增长到88亿美元，所占比重扩大到36%。②

表3 2013年全球各类图书收入

单位：亿美元

	消费类	教育类	专业类
纸质图书	538	346	182
电子图书	84	24	40
合　计	622	370	222

数据来源：普华永道，2014。

中国图书市场发展迅猛，据普华永道的预测，2014年中国将超过日本，2017年超过德国，成为全球第二大图书市场，图书收入总额将达132亿美元，2018年中国将占整个亚太地区图书收入总额的35%③。

2. 全球报纸发行收入开始回升，"数字首位"已成为报业运营的新常态

2013年全球报纸发行收入开始回升，占收入总额的47%④，而广告收入仍持续下降，意味着读者订购收入将成为报纸最大的收入来源。

---

① PwC（2014）. Global Entertainment and Media Industry Outlook（2014－2018）. http://www.pwc.com/gx/en/global-entertainment-media-outlook/data-insights.jhtml.
② PwC（2014）. Global Entertainment and Media Industry Outlook（2014－2018）. http://www.pwc.com/gx/en/global-entertainment-media-outlook/data-insights.jhtml.
③ PwC（2014）. Global Entertainment and Media Industry Outlook（2014－2018）. http://www.pwc.com/gx/en/global-entertainment-media-outlook/data-insights.jhtml.
④ PwC（2014）. Global Entertainment and Media Industry Outlook（2014－2018）. http://www.pwc.com/gx/en/global-entertainment-media-outlook/data-insights.jhtml.

2013年报纸数字广告收入增幅比2012年下降了6%，占比11.7%。尽管如此，"数字首位"已成为全球报商在内容出版等日常运营方面的新常态，2013年数字报纸收入比2012年增长了66.2%①。

3. 数字消费类杂志持续高速增长，中国的商业类杂志收入增幅最大

2013年全球杂志收入为971亿美元，仍处于负增长状态，不过有所回暖，特别是数字杂志收入持续高速增长，在一定程度上缓解了整个杂志业的下滑之势，这得益于一站式订阅服务（All-you-can-read subscription services）。未来五年消费类数字杂志复合增长率达31.2%，不过，整个消费类杂志发行收入仍持续下降，未来五年发行收入复合增长率为-0.7%②。

新兴经济体商业类杂志收入大幅度增长，中国、印度、俄罗斯和南非的复合增长率均达5%以上，中国的增幅最大（图7）。此外土耳其、匈牙利商业类杂志收入复合增长率也分别达5.3%和3.7%，而秘鲁、委内瑞拉和阿根廷则至少达6.8%的复合增长率③。

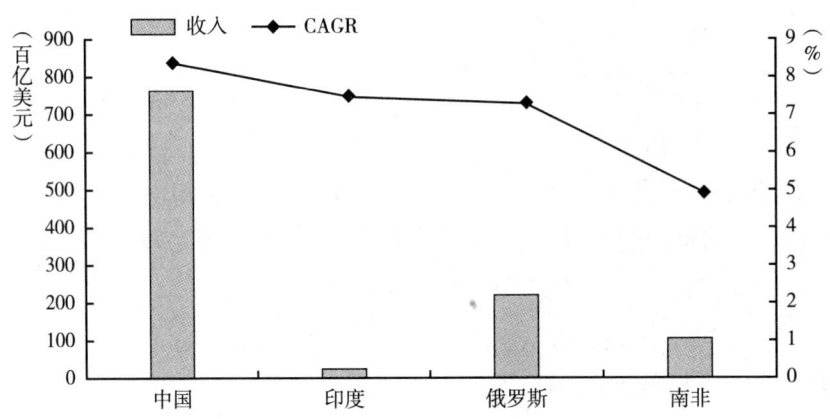

图7　金砖国家商业类杂志收入情况

---

① PwC（2014）. Global Entertainment and Media Industry Outlook（2014-2018）. http://www.pwc.com/gx/en/global-entertainment-media-outlook/data-insights.jhtml.
② PwC（2014）. Global Entertainment and Media Industry Outlook（2014-2018）. http://www.pwc.com/gx/en/global-entertainment-media-outlook/data-insights.jhtml.
③ PwC（2014）. Global Entertainment and Media Industry Outlook（2014-2018）. http://www.pwc.com/gx/en/global-entertainment-media-outlook/data-insights.jhtml.

（二）广播

1. 美国广播业收入仍居全球之首，中国位居第三

2013年全球广播业收入总额445亿美元，美国、德国、中国、加拿大、法国和英国所占比重居前六位，其中，美国占比近半壁江山（45%），总额达200亿美元，预计到2018年仍为44%，位居第二的德国不过10%。中国近年来增长很快，收入总额已位居全球第三，不过仅是美国的1/10，占全球广播收入总额的4.5%[①]（图8）。

全球广播广告收入仍占广播业收入总额的3/4，其复合增长率在未来五年将达2.8%[②]。

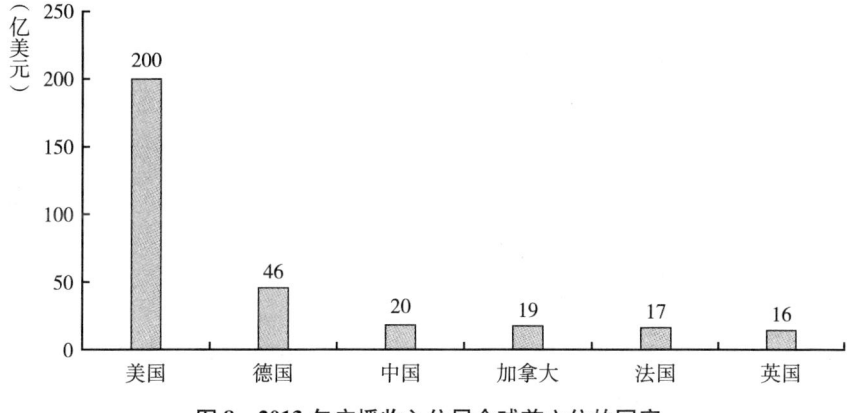

图8　2013年广播收入位居全球前六位的国家

数据来源：PwC：Global Entertainment and Media Industry Outlook（2014-2018）.

2. 数字广播转型路径仍不大清晰，融合化车载设备冲击着传统广播业

值得注意的是面向数字广播转型路径仍不够清晰，模拟广播仍是全球听众的首选。从全球最大的六个广播市场转型来看，美国走在前列，Sirius XM和潘多拉数字广播已取得相当的成效，法国完成DAB标准建设，中国的移动广

---

① PwC（2014）. Global Entertainment and Media Industry Outlook（2014-2018）. http：//www.pwc.com/gx/en/global-entertainment-media-outlook/data-insights.jhtml.

② PwC（2014）. Global Entertainment and Media Industry Outlook（2014-2018）. http：//www.pwc.com/gx/en/global-entertainment-media-outlook/data-insights.jhtml.

播正成为重要的平台，而德国、英国、加拿大的数字广播都不大成功。融合化车载设备将对广播产生很大影响，特别是音乐、导航等APP的应用发展正在改变传统广播和卫星广播。

（三）电视业

1. 付费电视收入增长最快、占比最大，金砖国家付费电视收入增幅领跑全球

2012年付费电视收入（subscription TV revenue）仍是电视收入中增长最快、占比最大的，计2039.5亿美元，年均增幅（2008~2012年）为5.1%[1]；其次是广告收入，为1638亿美元，年均增幅为4.2%；最后是执照费收入，为369.4亿美元，年均增幅为0.5%[2]。

2013年付费电视收入保持持续增长势头，预计未来五年其复合增长率达3.5%，2018年收入将达2360亿美元，特别是金砖国家增幅领跑全球：中国从2013年的115亿美元增加到2018年的197亿美元，印度从2013年的67亿美元增加到2018年的129亿美元，巴西从66亿美元增加到93亿美元，俄罗斯从16亿美元增加到26亿美元[3]（图9）。

2. 传统电视网络广告增长迅速，地面电视广告占比最大

2013年电视仍是广告投放的首选平台，预计未来五年内电视广告复合增长率达5.5%，中东和非洲地区、拉美以及中部和东部欧洲增长幅度仍名列前三名。而就电视广告结构来看，电视广告主要由网络电视广告、地面电视广告构成。其中网络电视广告增长迅猛，2013年全球传统电视台的网络广告为37亿美元，占整个电视广告总额的2.2%。预计2018年网络广告将双倍增加，

---

[1] Ofcom（2013）. The Communications Market Report：International. http：//stakeholders.ofcom.org.uk/market-data-research/market-data/communications-market-reports/cmr13/international/．原数据为英镑，本文根据换算为美元，汇率为1.6059。

[2] Ofcom（2013）. The Communications Market Report：International. http：//stakeholders.ofcom.org.uk/market-data-research/market-data/communications-market-reports/cmr13/international/．原数据为英镑，本文根据换算为美元，汇率为1.6059。

[3] PwC（2014）. Global Entertainment and Media Industry Outlook（2014-2018）. http：//www.pwc.com/gx/en/global-entertainment-media-outlook/data-insights.jhtml.

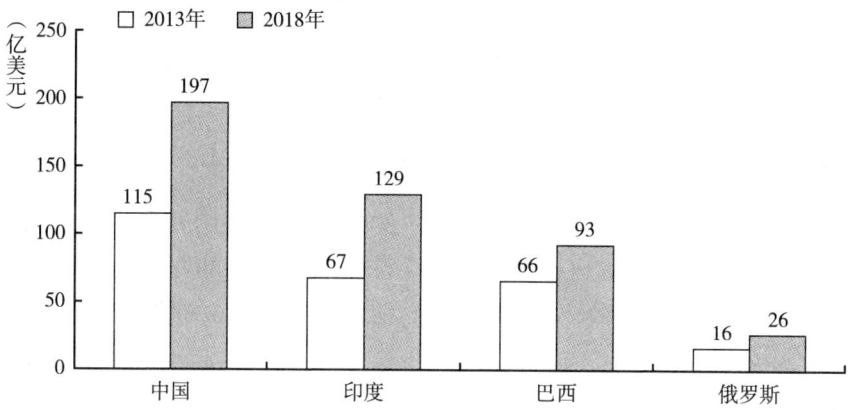

图 9　2013 年与 2018 年金砖国家付费电视收入之比

达 97 亿美元，占比为 4.5%。其中，美国雄踞首位，随后是英国、日本、奥地利和法国。2013 年地面电视广告收入仍占比最高，为 73%，不过呈下滑趋势，预计 2018 年会降到 68%，而多频道（Multichannel）电视、网络电视广告占比则会增加，分别由 2013 年的 25%、2.2% 上升到 2018 年的 27%、4.5%[①]。

总的看来，传统电视广告模式正在受到极大挑战，全媒体化视频传播催生着新的广告模式，同时智能手机、平板电脑等便携式设备也正在改变着人们的收视行为。据 IDC 统计表明，2013 年全球智能手机出货量首次突破 10 亿大关，比 2012 年增长了 38%[②]。

3. 付费有线电视收入占比最大，数字有线电视收入复合增长率达 9.6%

从收入结构上看，2013 年有线电视在付费电视市场占比最大，为 66%，卫星电视次之（24.2%），随后是 IPTV（8.9%）和付费的 DTT（0.9%）[③]。

值得关注的是全球有线电视市场份额呈下降趋势，而数字有线收入则不断

---

① PwC（2014）. Global Entertainment and Media Industry Outlook（2014 - 2018）. http://www.pwc.com/gx/en/global - entertainment - media - outlook/data - insights.jhtml.

② Global smartphone shipments top 1bn in 2013, shows IDC report. http://www.ft.com/cms/s/0/d3df1004 - 87d0 - 11e3 - 9c5c - 00144feab7de.html#axzz3FbzX64Us. 2014 - 01 - 08.

③ PwC（2014）. Global Entertainment and Media Industry Outlook（2014 - 2018）. http://www.pwc.com/gx/en/global - entertainment - media - outlook/data - insights.jhtml.

增长,未来五年(2013~2018年)其复合增长率达9.6%。IPTV只在少数国家取得成效,2013年中国在全球IPTV市场居于首位,占全球家庭IPTV市场的31%①。

4. 美国稳居全球电视市场之首,沙特阿拉伯增幅最大

2013年美国仍是全球最大的电视市场,随后是德国和英国。据普华永道测算,2016年中国将超过德国成为全球第二大电视市场。不容忽视的是沙特阿拉伯、肯尼亚和泰国等小型新兴市场在未来五年的增长率均超过两位数,分别高达16.1%、15.9%和14.8%,② 由此,沙特阿拉伯增幅居全球首位。

(四)电影(娱乐)

1. 全球电影娱乐业收入即将突破千亿大关,OTT流媒体收入增长最快

2013年全球影视娱乐(filmed entertainment)收入为883亿美元,预计2017年将破千亿美元大关,复合增长率达4.5%,中国等新兴市场是拉动影视娱乐增长的主要动力。从收入结构上看,票房、家庭录像(DVD、光碟等)收入占比最大,而电子家庭录像(OTT、VOD)和广告最少,不过电子家庭录像增长迅速,复合增长率高达19.9%,预计2018年将超过家庭录像收入。其中,OTT流媒体服务收入增长最快,2013年收入总额达66亿美元,未来五年复合增长率为28.1%③。

2. 北美仍是全球最大的电影票房市场,中国即将成为全球第三大电影市场

2013年全球电影票房为361亿美元,未来五年其复合增长率达4.9%。从区域来看,北美地区仍是全球最大影视市场,而亚太地区增长最快,预计2016年将超过北美市场,跃居全球之首。西欧地区保持平稳增长态势,位居第三,随后是拉美、中东欧、中东和非洲地区。中国电影票房增长迅猛,2013

---

① PwC (2014). Global Entertainment and Media Industry Outlook (2014-2018). http://www.pwc.com/gx/en/global-entertainment-media-outlook/data-insights.jhtml.
② PwC (2014). Global Entertainment and Media Industry Outlook (2014-2018). http://www.pwc.com/gx/en/global-entertainment-media-outlook/data-insights.jhtml.
③ PwC (2014). Global Entertainment and Media Industry Outlook (2014-2018). http://www.pwc.com/gx/en/global-entertainment-media-outlook/data-insights.jhtml.

年票房总额达38亿美元,未来五年复合增长率将为13%,预计2018年中国将超过日本,成为仅次于美国和英国的全球第三大市场①。

(五)互联网

1. 移动互联网接入复合增长率达13%,中国新增互联网用户占比最大

2013年互联网接入服务收入达4138亿美元,未来五年复合增长率达9%。除了日本下降之外,全球其他国家都在增长。移动互联网接入收入增长迅速,2013年其收入总额达2080亿美元,未来五年复合增长率为13%②。

从增幅上看,尼日利亚、南非和肯尼亚互联网接入服务收入增幅最大,未来五年其复合增长率为24.6%。2013~2018年中国和印度新增互联网用户将占全球新增移动互联网接入用户近半壁江山(47%),其中,中国的新用户将达到3.86亿,印度3.6亿,美国0.94亿,巴西0.76亿,印度尼西亚0.66亿(图10)。截至2014年6月底,中国移动互联网用户总数已达6.86亿户③,比2013年12月增长了5%。

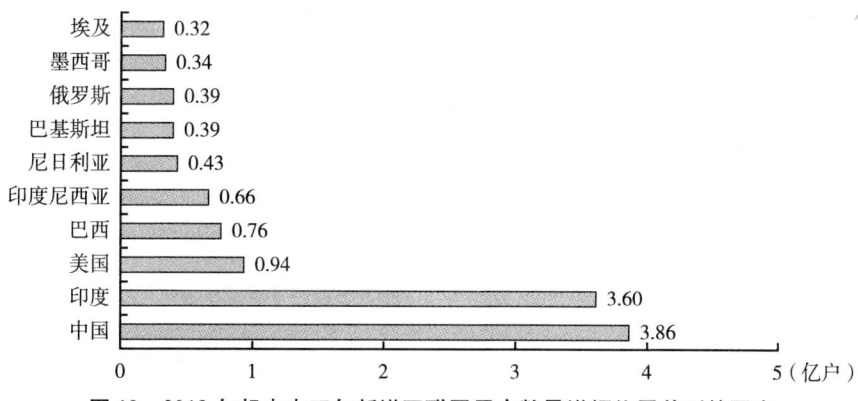

图10 2013年起未来五年新增互联网用户数量增幅位居前列的国家

---

① PwC (2014). Global Entertainment and Media Industry Outlook (2014 - 2018). http://www.pwc.com/gx/en/global - entertainment - media - outlook/data - insights.jhtml.
② PwC (2014). Global Entertainment and Media Industry Outlook (2014 - 2018). http://www.pwc.com/gx/en/global - entertainment - media - outlook/data - insights.jhtml.
③ 《2014上半年中国移动互联网用户规模达6.86亿》,http://news.xinhuanet.com/newmedia/2014 - 06/28/c_ 126682915.htm

此外，APP年下载量逐年增长，2013年达3000亿，未来五年复合增长率为29.8%。美国、印度、英国的下载量居全球前三位，随后是土耳其、印度尼西亚、泰国、加拿大、韩国、澳大利亚和新加坡①。

2. 互联网广告收入将超过电视广告，搜索类广告居全球付费互联网广告收入首位

2013年全球互联网广告收入为1172亿美元，未来五年其复合增长率达10.7%，将超过电视广告，在娱乐和传媒行业占比最大。2009年互联网广告只有587亿美元，而当时的电视广告收入是互联网广告的2.25倍②。

2013年全球付费互联网搜索类广告收入达484亿美元，稳居互联网广告首位，展示类广告次之，分类广告位居第三，不过2014年全球移动广告收入将超过分类广告跃居第三大互联网广告收入平台。互联网视频广告增幅最大，未来五年高达23.8%，其次是移动互联网（21.5%），随后是搜索类、展示类和分类广告。YouTube、TrueView等广告居全球网络视频收入前列③。

此外，展示类广告向节目贸易平台（programmatic trading）和本地类广告转型，更切合用户体验需求。而随着智能手机、可穿戴式等复杂化多功能个人移动设备的发展，消费者的行为更加个性化，广告市场则趋于碎片化，同时技术的发展也将更有利于把握消费者的消费行为。

---

① PwC（2014）. Global Entertainment and Media Industry Outlook（2014-2018）. http://www.pwc.com/gx/en/global-entertainment-media-outlook/data-insights.jhtml.
② PwC（2014）. Global Entertainment and Media Industry Outlook（2014-2018）. http://www.pwc.com/gx/en/global-entertainment-media-outlook/data-insights.jhtml.
③ PwC（2014）. Global Entertainment and Media Industry Outlook（2014-2018）. http://www.pwc.com/gx/en/global-entertainment-media-outlook/data-insights.jhtml.

国 家 篇

Reports on Countries

B.2

市场与技术双轮驱动：2014年中国传媒产业发展报告

王润珏*

摘 要： 2013年，中国传媒产业总体发展较为平稳，新闻出版、广播电影电视、互联网等各个领域都有不同程度的增长。其中，"国家新闻出版广电总局"的正式组建成为中国传媒领域"大部制"建设的关键一步。在国家"减少和下放行政审批事项"的总体思路下，传媒领域相关政策有所松动，市场的活力被进一步释放；数字技术的应用、创新以及与传媒产品和业务的深度融合成为中国传媒产业各个领域发展的共同特征。

关键词： 中国传媒产业 大部制 数字化

---

* 王润珏，博士，中国传媒大学广播电视研究中心特聘研究员、主任编辑。

一 总体发展概述

1. 传媒领域大部制建设取得实质进展，部分领域政策有所松动

2013年3月，《国务院机构改革和职能转变方案》正式出台。根据《方案》设计，为进一步推进文化体制改革，统筹新闻出版广播影视资源，将国家新闻出版总署、国家广播电影电视总局的职责整合，组建国家新闻出版广电总局。主要职责是，统筹规划新闻出版广播电影电视事业产业发展，监督管理新闻出版广播影视机构和业务以及出版物、广播影视节目的内容和质量，负责著作权管理等。国家新闻出版广电总局加挂国家版权局牌子。不再保留国家广播电影电视总局、国家新闻出版总署。① 2013年7月，国务院办公厅发布《国务院办公厅关于印发国家新闻出版广电总局主要职责内设机构和人员编制规定的通知》，明确新闻出版广电总局为国务院直属机构、正部级单位；同时，取消行政审批职责20项，下放职责7项。②

新闻出版总署和国家广电总局的整合是中国传媒领域"大部制"建设至关重要的一步，打破了长期以来分业监管的管理传统，是我国自2003年启动文化体制改革十年来一次重要的制度建设突破，也标志着文化体制改革步入新的阶段。

2.《关于促进信息消费扩大内需的若干意见》出台，传媒行业整体受益

2013年8月，国务院印发《关于促进信息消费扩大内需的若干意见》，提出到了2015年，信息消费规模超过3.2万亿元，年均增长20%以上，带动相关行业新增产出超过1.2万亿元的发展目标。《意见》涉及数字出版、广播电视、有线电视、互联网及其他新媒体在内的多个传媒领域的主体建设、行业发展、产业发展目标、社会责任等多个层面，并明确国家将从行政审批制度、财税政策、法律建设、标准体系建设等多个方面对相关领域给予政策支持。③

---

① 《国务院机构改革和职能转变方案》，www.gov.cn，2014年3月20日。
② 《国务院办公厅关于印发国家新闻出版广电总局主要职责内设机构和人员编制规定的通知》，www.gov.cn，2014年3月20日。
③ 《关于促进信息消费扩大内需的若干意见》，www.gov.cn，2014年3月20日。

市场与技术双轮驱动：2014年中国传媒产业发展报告

该文件的出台意味着中国传媒业被整体纳入国家信息消费政策的总体规划之中，在"加快推动信息消费持续增长"的政策导向下，随着促进信息消费持续稳定增长的长效机制的建立和完善，传媒业的政策环境、市场环境都将得到进一步改善和优化。

3. 传媒产业继续平稳发展，互联网发展迅速

2012年、2013年中国传媒产业的主要领域保持平稳发展的态势。其中，2012年，全国出版、印刷和发行服务实现营业收入16635.3亿元，增长14.2%；利润总额1317.4亿元，增长16.8%。① 广播电影电视总收入3476.93亿元，首次突破3000亿元，同比增长20.11%。②

2013年，互联网的发展维持高速，成为中国成长速度最快的领域。PC互联网方面，中国网络购物市场交易规模16823.6亿元，同比增长35.7%；网络广告市场规模1100亿元，同比增长46.1%；中国网络游戏市场规模743.1亿元，同比增长27.4%；第三方互联网支付市场规模为168.9亿元，同比增长53.9%。移动互联网方面，移动搜索为增长最快的领域，市场规模达45.5亿元，同比增长264.1%。③

二 行业与市场分析

（一）新闻出版业

1. 行业运行整体平稳，数字出版增长迅速

2012年度，新闻出版产业继续保持较快增长。全国出版、印刷和发行服务实现营业收入16635.3亿元，增长14.2%；利润总额1317.4亿元，增长16.8%。其中，全国共出版图书41.4万种，增长12.0%；出版期刊9867种，较2011年增长0.2%；报纸1918种，较2011年降低0.5%。④

---

① 《2012年新闻出版产业分析报告》，http://www.gapp.gov.cn，2014年4月20日。
② 《中国广播电影电视发展报告（2013）》，社会科学文献出版社，2013，第5页。
③ 艾瑞咨询：《2013年网络经济核心数据》，http://news.iresearch.cn，2014年4月20日。
④ 《2012年新闻出版产业分析报告》，http://www.gapp.gov.cn，2014年4月20日。

019

2012年，数字出版的增长性最为突出，在行业中所占比重不断增加。实现营业收入1935.5亿元，增长40.5%；利润总额152.0亿元，增长42.4%，增长速度远超行业总体水平，在行业营业收入中占比11.6%。[1]

2. 版权贸易活跃，外贸逆差进一步缩小

2012年度，新闻出版领域的进出口贸易较为活跃，其中版权输出和实物出口均有不同程度的增长，贸易逆差进一步缩小。

2012年，全国累计进口图书、报纸、期刊、音像制品、电子出版物、数字出版物数量3156.63万册（份、盒、张），增长4.5%；金额46807.6万美元，增长10.1%。全国累计出口图书、报纸、期刊、音像制品、电子出版物、数字出版物数量2087.9万册（份、盒、张），增长34.1%；金额9474.1万美元，增长28.1%。进出口总额56281.7万美元。出版物进出口实现营业收入86.5亿元，增长34.4%；增加值5.8亿元，增长17.8%；利润总额2.1亿元，增长21.1%。

2012年，全国共引进版权17589种，增长5.7%；输出版权9365种，增长20.3%；版权输出品种与引进品种比例由2011年的1:2.1提高到1:1.9。[2]

3. 报纸占出版物数量超过80%，电子出版物数量增幅超过20%

2012年全国共出版图书、期刊、报纸、音像制品和电子出版物601.6亿册（份、盒、张）。报纸在总量中占比最高，达80.2%；其次为图书，占总量的13.2%。电子出版物在总量中占比仅为0.4%，却是出版数量增速最快的品种，增幅达23.6%。录音和录像制品的出版数量下降明显，分别较上年下降7.3%和23.9%；在总量中的占比均为0.3%左右。[3]

从具体新闻出版产品品种构成来看，2012年，全国共出版图书414005种，增长12.04%。其中，文化、科学教育、体育类图书5163种，增长19.64%，在图书品种中占比最高，达38%；其次为工业技术类图书43964种，下降1.29%，占图书品种11%；文学类图书42148种，增长30.42%，占图书品种10%。[4]

---

[1] 《2012年新闻出版产业分析报告》，http://www.gapp.gov.cn/，2014年4月20日。
[2] 《2012年新闻出版产业分析报告》，http://www.gapp.gov.cn/，2014年4月20日。
[3] 《2012年全国新闻出版业基本情况》，http://www.gapp.gov.cn/，2014年4月20日。
[4] 《2012年全国新闻出版业基本情况》，http://www.gapp.gov.cn/，2014年4月20日。

市场与技术双轮驱动：2014年中国传媒产业发展报告

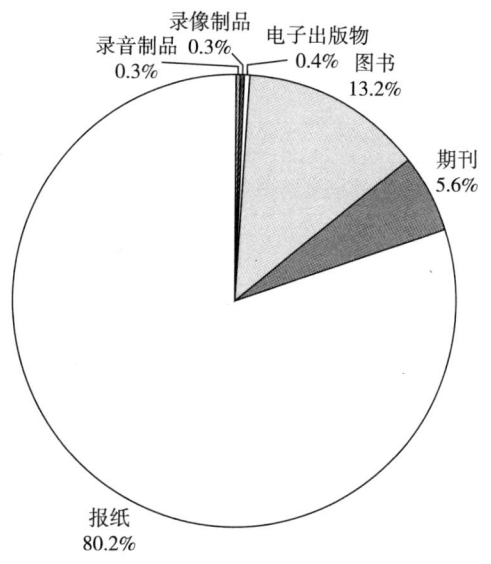

图1 2012年中国出版物产品数量结构

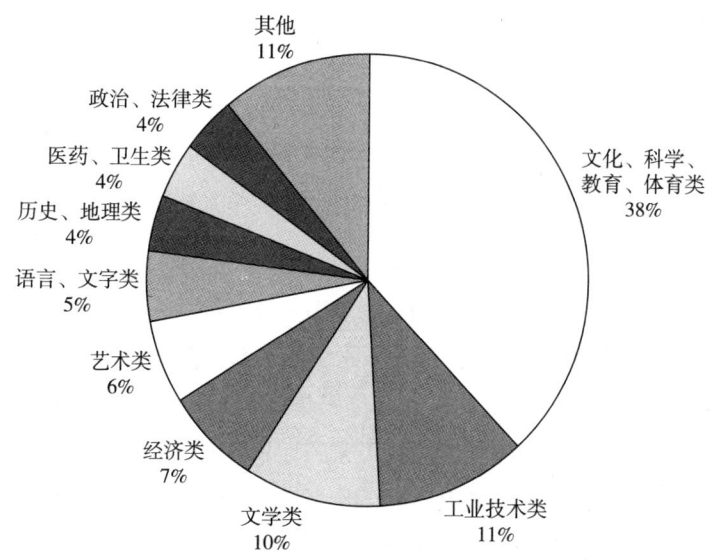

图2 2012年中国图书产品类型结构

2012年，全国共出版期刊9867种，增长0.18%；其中自然科学、技术类期刊4953种，增长0.67%，在期刊品种中占比最高，达50%；其次为哲学、社会科学类期刊2559种,增长1.71%,占期刊品种26%;文化、教育类期刊1350种,增长0.07%,占期刊品种14%。①

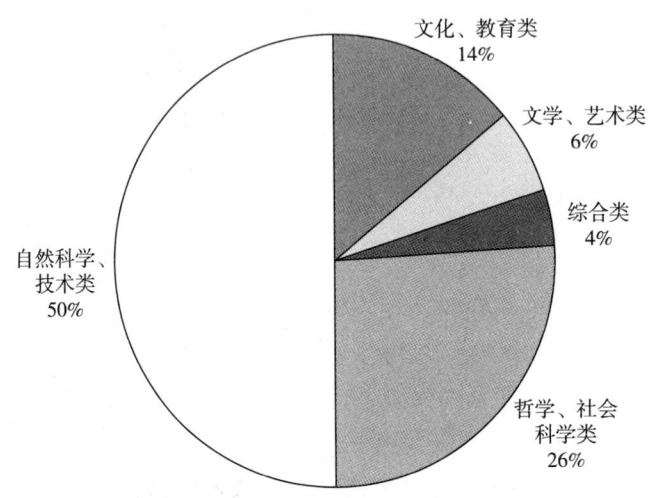

图3　2012年中国期刊产品类型结构

2012年,全国共出版报纸1918种,下降0.52%;其中专业报纸1101种,下降1.61%,占报纸总品种57%;综合报纸817种,增长0.99%,占报纸总品种43%。②

2012年,全国共出版电子出版物11822种,增长5.99%。其中:只读光盘(CD-ROM)7620种,占电子出版物总品种65%;高密度只读光盘(DVD-ROM)3352种,占28%;交互式光盘(CD-I)及其他850种,占7%。③

4. 出版传媒集团经营状况良好,三家企业入选"2013全球出版业50强"

截至2012年年底,全国共有出版传媒集团118家,其中图书出版集团32家、报刊出版集团47家、发行集团27家、印刷集团12家。2012年,全国图书出版、报刊出版和发行集团共实现主营业务收入2333.9亿元,增长11.4%,占全行业主营业务收入的57.9%;实现利润总额194.3亿元,增长

---

① 《2012年全国新闻出版业基本情况》,http://www.gapp.gov.cn/,2014年4月20日。
② 《2012年全国新闻出版业基本情况》,http://www.gapp.gov.cn/,2014年4月20日。
③ 《2012年全国新闻出版业基本情况》,http://www.gapp.gov.cn/,2014年4月20日。

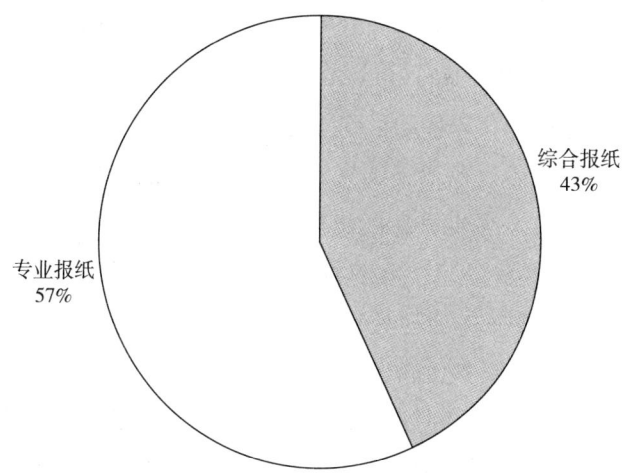

图4 2012年中国报纸产品类型结构

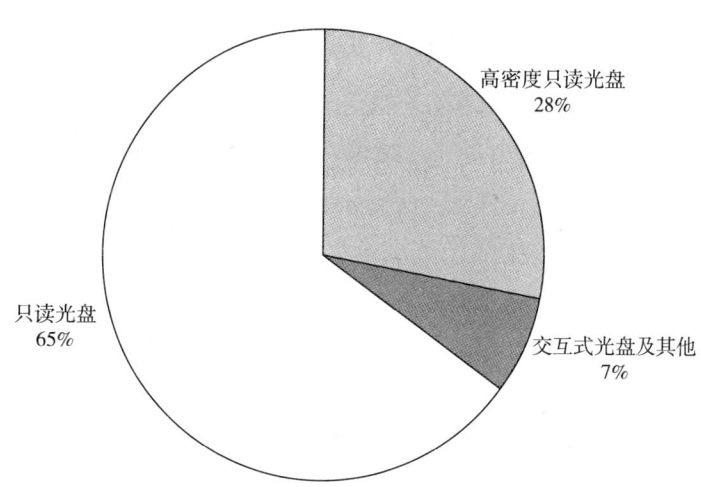

图5 2012年中国电子出版物品类型结构

12.1%，占全行业利润总额的44.6%。①

2013年9月，《2013全球出版业50强收入排名报告》正式发布，中国出版集团、凤凰出版传媒集团、中国教育传媒集团三家中国出版企业入选，分列第22位、第23位和第30位。其中，前两家出版企业首次进入该排名榜单。

---

① 《2012年新闻出版产业分析报告》，http://www.gapp.gov.cn/，2014年4月20日。

该排名由法国书业杂志《图书周刊》赞助,国际出版咨询公司执笔,近年来对中国、巴西等增长迅速的新兴市场的关注不断加大。①

5. 新技术应用提速,与移动互联网的结合走向深入

2013年,新闻出版行业不断加大对新技术的关注和投入。在加强数字出版等技术应用的同时,逐步将新闻出版的经营思路与互联网思维进行结合,"平台建设"成为新趋势。2013年8月28日,中国图书进出口(集团)总公司正式启动的国际数字资源交易与服务平台"易阅通"(CNPeReading),集成了聚合、加工、交易、服务功能。在一年多的试运行阶段,该平台已经聚合了130多万种电子书、6000多种数字期刊,打通了海外4万多家图书馆和100多万个个人用户的传播渠道。2013年,湖北长江报刊传媒(集团)有限公司与美国阿普达公司合作建设以互联网为载体、以报刊媒体为依托、以内容服务为主体的长江传媒集群式数字报刊网络云平台。

在移动互联网高速发展的背景下,新闻出版业与移动互联网的结合发展情况受到关注。2014年初,人民网研究院首次发布《2013中国报刊移动传播指数报告》,对2013年度国内报刊在微博、微信、聚合新闻客户端和媒体自有APP等4个移动传播平台的影响力进行评估。结果显示,都市类报纸在报纸类移动传播转型中有突出表现,百强榜单中有68家上榜,成为报纸移动传播转型的主力军。②

(二)广播电影电视业

1. 总体收入平稳增长,首次突破3000亿元

近年来,中国广播影视产业发展较为平稳,行业年收入平均增速保持在20%左右。2012年,广播电影电视总收入3476.93亿元,首次突破3000亿元,同比增长20.11%。其中,广告收入1270.25亿元,同比增长13.12%;有线网络产业收入660.98亿元,同比增长17.24%;电影总票房170.73亿元,同比增长30.18%。③

---

① 《全球出版业50强收入排名报告出炉》,http://www.bkpcn.com,2014年4月10日。
② 《2013中国报刊移动传播指数报告》,media.people.com.cn,2014年4月10日。
③ 《中国广播电影电视发展报告(2013)》,社会科学文献出版社,2013,第5页。

2. 广播电视节目产量稳步上升,上星频道成电视节目创新主力

2012年,全国广播节目总产量718.82万小时,同比增长3.62%。其中产量居前三位的节目类别为专题服务类、综艺类和新闻资讯类,占节目产量的比重为28.44%、27.46%和18.55%。全国电视节目总产量达343.63万小时,同比增长16.47%。其中,产量居前三位的节目类别为专题服务类、新闻资讯类广告类,占节目总产量的比重分别为25.97%、25.81%和16.16%。取得2013年度广播电视节目制作经营许可机构共6175家。其中北京地区1577家,为全国具备广播电视节目经营许可资格机构最为集中的地区,其次为浙江和广东。①

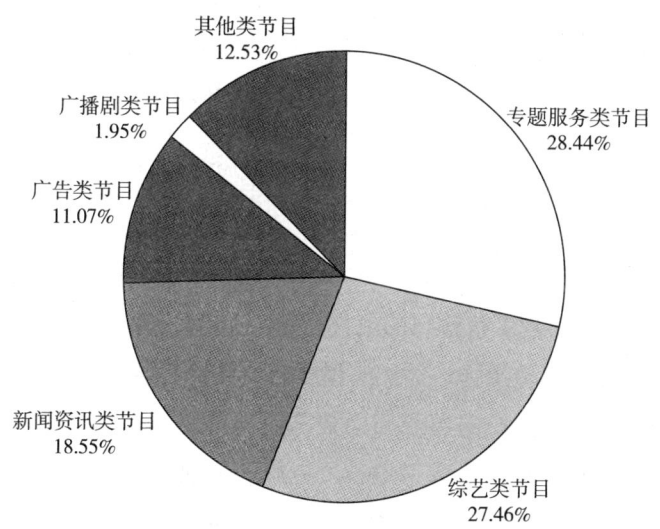

图6　2012年全国制作各类广播节目时间分类构成情况

2013年,中国电视市场竞争进一步加剧,促进电视台在栏目引进和创新方面的投入继续加大,其中以央视频道组和卫视频道组为代表的上星频道成为年度电视栏目创新的主力军,真人秀节目仍然是栏目创新的主要方向。央视推出的《中国汉字听写大会》、《舞出我人生》、《开门大吉》、《梦想新搭档》、《黄金100秒》,湖南卫视《爸爸去哪儿》、《中国最强音》,浙江卫视《中国

---

① 《中国广播电影电视发展报告(2013)》,社会科学文献出版社,2013,第75页。

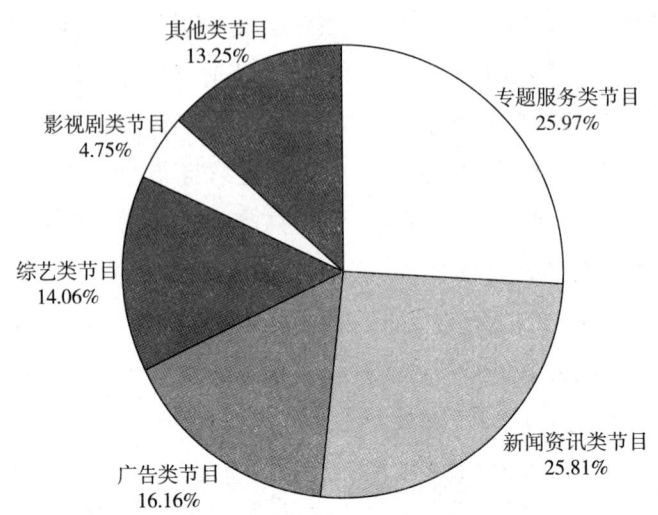

图 7　2012 年全国制作各类电视节目时间分类构成情况

星跳跃》、《我不是明星》，江苏卫视《全能星战》、《星跳水立方》等新栏目在收视和口碑上均有较好的表现。其中，江苏卫视研发的大型音乐节目《全能星战》在国内开播之前就与以色列 Armoza 公司达成版权输出协议，成为国内首个尚未开播即实现版权输出的电视栏目。

3. 电视剧生产总体平稳，播出比重居各类节目资源之首

2013 年，电视剧生产的部数和集数都有所下降，生产供大于求的局面得到了初步扭转。2013 年度，取得电视剧制作许可证的机构共 137 家。全年全国共计生产完成并获得"国产电视剧发行许可证"的剧目共计 441 部 15770 集，分别较 2012 年下降了 12.85% 和 10.92%。题材比例为：现实题材剧目共计 242 部 8143 集，分别占总比例的 54.88%、51.64%；历史题材剧目共计 192 部 7366 集，分别占总比例的 43.54%、46.71%；重大题材共计 7 部 261 集，分别占总部、集数的 1.59%、1.66%。①

2013 年，电视台电视剧的播出比重为 26.6%、收视比重为 31.5%，两项数据居各类节目资源之首，且收视比重高于播出比重，资源使用效率较高。从

---

① 《关于 2013 年第四季度暨年度全国国产电视剧发行许可情况的通告》，http://www.sarft.gov.cn/，2014 年 4 月 25 日。

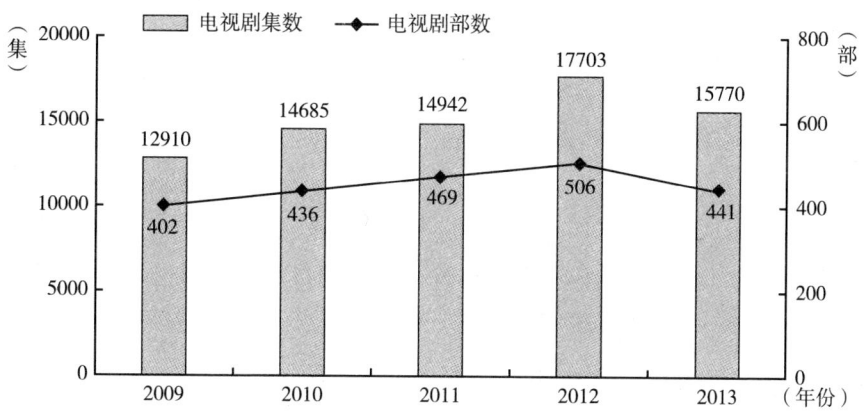

图 8　2009～2013 年中国电视剧产量变化情况

播出方式来看,晚间黄金时段省级卫视独家首播剧目约110部。其中,省级卫视收视率超过1%的剧目也多采用独家首播模式。而央视首次采用了与卫视联播的方式播出电视剧,先后与湖南卫视联合播出《咱们结婚吧》和《毛泽东》两部电视剧。从播出类型来看,2013年,年代剧(占43%)播出比重超越现代剧(38%),古装剧播出比重下降到15%。从播出效果来看,当代都市题材的电视剧仍然最受欢迎。全年卫视频道平均收视率超过2%的6部电视剧中,4部属于这一类型。其中,《咱们结婚吧》在中央电视台综合频道和湖南卫视同步播出,两个频道的收视率均超过2%,分别达到2.84%和2.31%,也创下全年电视剧收视的最好成绩。①

表1　2011～2013 年主要节目类型播出与收视比重(全天、全国城市)

单位:%

节目类别	2011年		2012年		2013年	
	播出比	收视比	播出比重	收视比重	播出比重	收视比重
电视剧	27.8	31.5	26.4	32.1	26.6	31.5
新闻/时事	10.0	13.1	10.7	14.0	11.3	14.8
综艺	6.5	11.4	6.5	10.8	6.4	11.5

数据来源:CSM 媒介研究。

---

① 李红玲:《2013年电视剧市场回顾》,《收视中国》2014年第2期。

4. 有线电视企业拓展增值业务，跨界合作形式更加多样

2013年，为了适应三网融合的发展趋势，应对电信运营商、视频网站的竞争，各地有线电视企业在继续扩大有线电视基本用户规模、推动高清双向网络改造的同时，加大对增值业务开发和升级的投入。主要包括以下几种方式：一是既有增值业务的升级优化。例如，歌华有线、天威视讯等多家企业先后进行了宽带产品升级并推出无线宽带业务。二是融合性家庭新业务开发。例如，歌华有线开发上线了实现多屏互动的"飞视跨屏"业务，陕西广电网络上线家庭物联网平台"广电宜家"。三是积极参与智慧城市建设。例如，陕西广电网络参与建设的"数字长安项目"目标是建立长安区无线Wi-Fi网络及综合信息服务平台。

2013年，有线电视企业积极开展跨界合作，以此拓宽业务范围并将影响力延伸至产业链上下游，合作主体包括金融机构、政府部门、电信运营商、互联网企业、电力企业、硬件生产商、技术实验室等。例如，山东广电网络与山东省电力公司共同建设电力业务的家庭有线电视互动服务渠道，江苏有线与10余家银行合作开设一站式信用卡还款服务。

5. 国产影片票房增长迅速，海外收益有所回升

2013年，中国电影市场稳步成长，特别是在《中美双方就解决WTO电影相关问题的谅解备忘录》实施的强大压力下，国产影片仍然有较好的市场表现，增速和在票房总收入中占比均超过50%。2013年，全国电影票房收入217.69亿元，较2012年170.73亿元增长27.51%。国产影片票房收入127.67亿元，同比增长54.32%，占票房总收入的58.65%；进口影片票房收入90.02亿元，同比增长2.30%，占票房总收入的41.35%。其中，国产影片《西游降魔篇》以12.46亿元的票房收入位居2013年全国影片票房收入之首，票房收入最高的进口影片为《钢铁侠3》(7.68亿元)。①

2013年，中国影片海外收益开始扭转连续两年的下滑趋势，但仍未达到2011年收入水平。全年共有17家制片单位在海外销售45部影片，其中33部

---

① 《2013年全国电影票房统计》，http://www.sarft.gov.cn/，2014年4月25日。

为合拍片，销往49个国家和地区，共计247部次，中国电影海外票房及销售总额为14.14亿元，同比增长33.02%。①

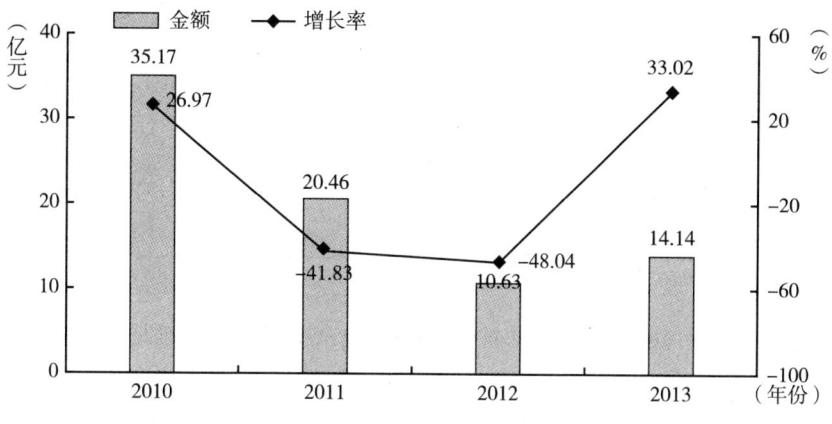

图9　2010~2013年中国电影海外收益变化情况

（三）互联网及新媒体行业

1. 互联网普及率增速放缓态势延续，智能手机成网民增长主要驱动力

截至2013年12月，我国网民规模达6.18亿，全年共计新增网民5358万人。互联网普及率为45.8%，较2012年底提升3.7个百分点，整体网民规模增速放缓态势延续。互联网发展地域性差异仍然存在，北京、上海、广东等省市的互联网普及率相对较高，超过65%，而江西、云南、贵州等省份的互联网普及率则相对较低，均不到33%。②

受益于3G的普及和通信运营商的智能终端补贴促销，智能手机迅速普及并成为网民增长的主要驱动力。2013年中国新增网民中使用手机上网的比例高达73.3%，高于其他设备的使用比例。③工信部公布的数据显示，2013年，全国新增3G移动电话用户1.69亿户，总规模突破4亿户；移动互联网流量达到132138.1万GB，同比增长71.3%。④

---

① 李彦：《中国电影海外收益2013年同比增33%》，《中国新闻出版报》，2014年3月18日。
② 《第33次中国互联网络发展状况统计报告》，http://www.cnnic.net.cn，2014年4月20日。
③ 《第33次中国互联网络发展状况统计报告》，http://www.cnnic.net.cn，2014年4月20日。
④ 《2013年通信运营业统计公报》，http://www.miit.gov.cn，2014年4月20日。

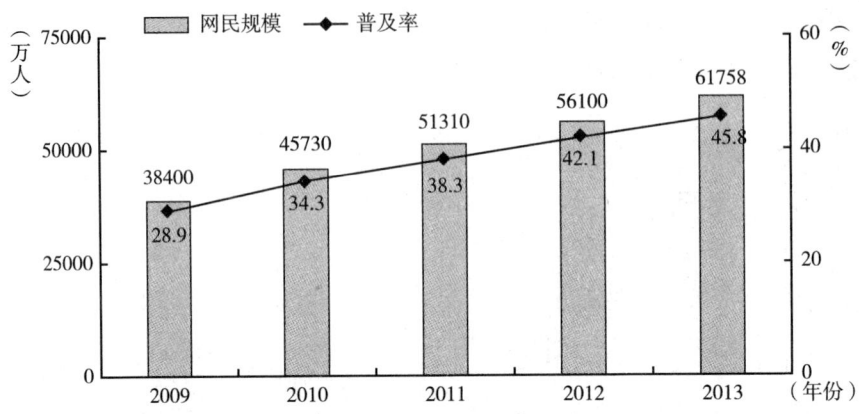

图10 2009~2013年中国网民规模和互联网普及率变化

2. 网络广告市场规模达到1100亿元，垂直搜索与视频成为亮点

据艾瑞咨询发布的数据显示，2013年度中国网络广告市场规模达到1100亿元，同比增长46.1%，增长速度与上年度基本持平。受到中国网民规模增速趋缓的影响，加之PC端用户增长进入平台阶段，移动端营销模式尚待完善，近年来中国网络广告市场规模的增速逐渐回落，也预示着行业发展将进入平稳增长的新阶段。①

其中，国内电子商务、在线旅游行业的快速发展，推动垂直搜索广告需求大量增加。2013年，垂直搜索广告在网络广告收入中占比由上年度21.3%增至28.9%，并超越搜索关键字广告，成为占比最高的网络广告形式。同时，网络视频用户数量规模的大幅增长带动视频贴片广告价值增长。2013年12月，中国网络视频用户规模达4.28亿，网络视频使用率达69.3%。② 视频贴片广告在网络广告收入中占比也随之提升至7.1%，并进一步促使网络视频服务商对内容投入的加大和网络视频市场的重组。③

---

① 艾瑞咨询：《2014年中国网络广告行业年度监测报告》，http：//report.iresearch.cn，2014年4月20日。
② 《第33次中国互联网络发展状况统计报告》，http：//www.cnnic.net.cn，2014年4月20日。
③ 艾瑞咨询：《2014年中国网络广告行业年度监测报告》，http：//report.iresearch.cn，2014年4月20日。

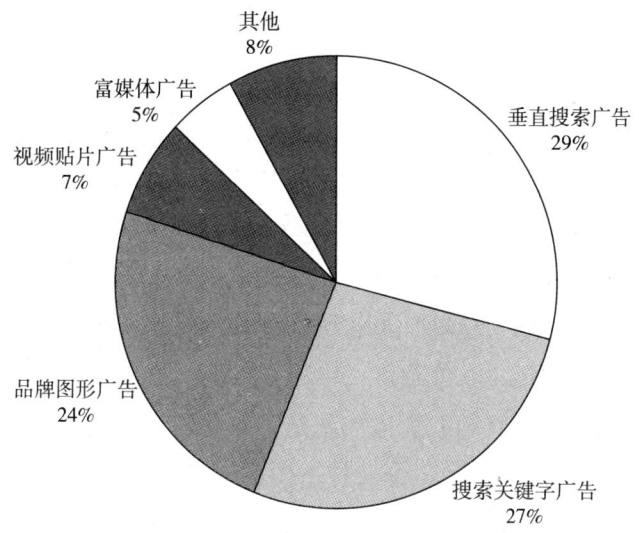

图 11　2013 年中国网络广告市场份额构成

3. 社交网站用户活跃度下降，社交性应用平台高速发展

2013 年，以人人网、开心网、微博为代表的社交类网站整体出现了用户活跃度下降、用户规模减小的现象。CNNIC《2013 年中国社交类应用用户行为研究报告》显示，过去一年内减少使用社交网站的网民比例达 23.5%；微博用户规模下降 2783 万人，使用率降低 9.2%。[①] 主要原因一方面是用户使用这些社交网站的新鲜感降低、手机上网时长和网民增加、可替代性应用大量出现等；另一方面，以微信为代表的新型即时通信工具，搭载社交属性的同时与移动互联网特征深度契合，用户规模持续扩大。2013 年整体即时通信用户规模在移动端的推动下提升至 5.32 亿，较 2012 年底增长 6440 万，使用率高达 86.2%。其中，微信整体网民覆盖率已经达到了 61.9%，易信、来往等应用也有较高的活跃度。同时，此类应用正在由单纯的社交性即时通信工具向社交性应用平台发展。例如，微信开放支付入口后，持续引入电影票、彩票、理财、出租车等服务功能，与用户生活的嵌入程度不断加深。

4. 网络视频服务商内容投入加大，行业重组提高市场集中度

2013 年，网络视频行业仍处于快速增长期，市场规模继续扩大，竞争也

---

① 《2013 年中国社交类应用用户行为研究报告》，http：//www.cnnic.net.cn，2014 年 4 月 20 日。

更加激烈。艾瑞咨询发布的数据显示，2013年，中国网络视频市场规模达128.1亿元，同比增长41.9%。[1]

2013年，加大内容资源投入成为互联网视频服务商的共同选择。根据百度财报，2013年全年内容成本（主要是爱奇艺视频内容）逐季递增：第一至第四季度的支出分别为9580万、1.5亿、2.2亿、3.6亿，合计8亿余元；而优土集团全年的内容成本则高达14亿元。

综艺栏目方面，视频网站加大内容采购的力度，网络独播趋势日益明显。其中，搜狐视频以1亿元高价获得《中国好声音（第二季）》网络独家版权，创下国内互联网综艺节目版权引进的新纪录；并连续引进美国热播电视节目《周六夜现场》和《艾伦秀》，尝试打造美国热门电视节目视频平台。同时，视频网站对综艺原创内容的投入也进一步加大，并有部分节目向传统广播电视台输出。例如，河南卫视播出的《汉字英雄》即为爱奇艺与河南卫视联合出品。电视剧方面，多数网络视频服务商选择了"海外引进剧+上星频道热播剧+自制剧"的内容结构，更加注重平台建设。例如，腾讯视频提出了打造国内第一的英美韩剧平台、领先的国产独家热播剧播出平台和原创影视剧制作平台的发展目标。

2013年，网络视频行业的产权交易仍然十分活跃。其中，2013年5月百度以3.7亿美元现金收购PPS视频业务，并与旗下爱奇艺合并成为行业年度最大的并购交易事件；随后，2013年10月，苏宁云商投资2.5亿美元控股PPTV进入网络视频行业。

5. 互联网企业涉足硬件生产，集体发力客厅视听系统

2013年，多家互联网企业开始以定制或合作的方式进入硬件制造领域，将业务线向视频产业链上游延展，其中又以对客厅视听系统的竞争最为激烈。

2012年9月19日，乐视网发布"乐视超级电视"，成为第一家进入硬件制造领域的互联网企业。2013年，互联网企业掀起了定制影视硬件产品的上市高峰。一方面，与互联网电视牌照商合作，推出定制互联网电视机顶盒成为

---

[1] 艾瑞咨询：《2013Q4中国在线视频行业季度监测报告》，http://report.iresearch.cn，2014年4月30日。

互联网视频服务商进入客厅视听系统的主要竞争手段。例如，2013年5月18日，华数传媒与聚力传媒（PPTV.com）联合推出互联网电视机顶盒产品PPBOX。PPBOX由华数提供互联网电视集成播控平台，PPTV负责内容技术运营及市场推广。目前，已经上市的互联网机顶盒及类似产品包括小米盒子、乐视盒子、爱奇艺盒子、芒果盒子、百度影音棒。另一方面，实力较强的互联网企业与互联网电视牌照商、电视机制造商联合推出定制互联网电视机，力图成为客厅视听系统的主导者。这类电视机在使用主流技术配置的同时价格相对较低，并与相应互联网企业视频资源库对接，具备互动游戏、应用下载等丰富的拓展功能，很快引发市场的关注。2013年9月，爱奇艺、TCL以及银河互联网电视公司正式推出名为"TV+"的爱奇艺定制互联网智能电视，其中48英寸经典版TV+定价为2999元。TV+用户可以免费观看爱奇艺的15万小时影视资源以及720P、1080P、3D电影内容。

阿里巴巴则通过将其开发的"阿里智能TV操作系统"内置到硬件设备之中的方式将电子商务、互联网支付等服务带入客厅系统。2013年7月23日，阿里巴巴正式发布阿里智能TV系统，并与华数传媒联合推出搭载该系统的机顶盒"华数彩虹"。阿里TV操作系统可以打通电视、机顶盒、手机等各个终端，并接入电子商务、互联网支付等核心功能。2013年9月10日，阿里巴巴又与创维联合发布互联网电视机"创维酷开55K1"和"创维酷开42K1"。用户可以同时使用阿里TV操作系统及创维天赐系统的所有功能，包括安全支付、电商购物、生活缴费、游戏娱乐等。

6. IPTV运营模式确立，电信运营商成为市场推广主力

2013年5月，中国网络电视台与上海广播电视台联合投资设立"爱上电视传媒有限公司"，负责全国唯一的IPTV中央集成播控总平台可经营性业务的运营。爱上电视负责与三网融合试点地区广电播出机构、电信运营商的商务洽谈和协议签署。至此，中国IPTV的运营模式基本确立，爱上电视负责IPTV中央集成播控总平台与地方分平台、电信传输网络的对接，地方广电负责集成播控分平台运行、地方频道及内容的落地，电信运营商负责传输平台、计费平台及市场营销工作。

市场推广方面，三网融合试点城市的中国电信、中国联通分公司均将

IPTV 纳入宽带套餐进行大规模推广促销。中国电信为满足 2013 年业务需求累计集采 IPTV 机顶盒超过 500 万台，中国联通集采超过 130 万台。在电信运营商的大力推动下，IPTV 用户数量进入快速增长期。工信部发布的数据显示，截至 2013 年 6 月末我国 IPTV 用户规模达到 2533.8 万户，业务收入同比增长 41.3%。[①]

（四）主要上市企业经营状况

1. 湖南电广传媒股份有限公司（电广传媒）[②]

电广传媒是中国第一家上市的传媒企业。截至 2013 年 12 月 31 日，公司总资产 169.41 亿元，归属于母公司所有者的净资产 95.08 亿元，与上年同比增长 27% 和 135%；2013 年实现营业收入 51.03 亿元，实现归属于母公司所有者的净利润 4.84 亿元。

电视剧业务方面，电广传媒相继投资拍摄了《怒放》、《兰陵王妃》、《红高粱》等大型电视剧项目，目前均已进入后期制作及市场投放阶段；筹备《美丽的笨女人》、《国士无双黄飞鸿》、《花开上海滩》、《打虎亲兄弟》等项目。电影业务方面，公司投资的《花漾》、《致青春》、《被偷走的那五年》、《全民目击》和引进片《惊天魔盗团》在年内实现了全面公映。全年影视节目

表 2 2013 年电广传媒主营收入状况

	营业收入（亿元）	比上年增幅（%）	毛利率（%）
广告制作代理	18.43	44.4	6.82
影视节目制作发行	1.30	-23.85	12.7
网络传输服务	22.51	25.09	45.58
旅游业	2.63	3.68	89.25
房地产	0.03	-4.06	54.72
艺术品经营	4.71	11.59	75.78
投资管理收入	1.29	100	5.41

---

① 《业务向信息服务持续转型　行业发展基本平稳》，http://www.miit.gov.cn，2014 年 4 月 30 日。
② 参见：《湖南电广传媒股份有限公司 2013 年年报》，www.szse.cn，2014 年 4 月 29 日。

制作发行收入1.3亿元。

2. 中视传媒股份有限公司（中视传媒）①

中视传媒是由中央电视台间接控股的兼营影视制作业和文化旅游业的公司，也是中国首批上市的传媒企业之一。2013年，公司共实现营业收入12.40亿元，较上年同期增长0.95%，继续保持了稳步发展的态势；实现营业利润0.91亿元，较上年同期增长56.54%；实现归属于上市公司股东的净利润0.68亿元，较上年同期增长49.8%。

2013年，中视传媒的影视剧业务加大自制剧、定制剧业务力度，完成了《赵氏孤儿案》、《警界英豪》、《三十岁你好》、《抹布女也有春天》、《渗透》的首播发行；已投资签约《冲天炮》、《绝爱》、《槐树花开》等影视剧项目。与中央电视台各频道合作开展了《茶叶之路》、《云与梦之间》、《东方帝王谷》、《东盟十国》、《国家大剧院》、《大黄山》、《仰望太白》、《瓷器》、《丹顶鹤》、《超级工程》等多部纪录片委托制作业务以及《状元360》、《我爱发明》、《健康之路》、《走进科学》、《夕阳红》等多个电视节目及栏目的委托制作业务；与国家博物馆合作制作了大型纪录片《国博百年》。

表3 2013年中视传媒主营收入状况

	营业收入（亿元）	比上年增幅（%）	毛利率（%）
影视业务	5.47	-8.16	12.12
广告业务	5.27	10.83	7.65
旅游业务	1.66	5.96	49.22

3. 北方联合出版传媒（集团）股份有限公司（出版传媒）②

出版传媒是由中宣部和新闻出版总署确定的中央文化体制改革试点企业和全国文化传媒行业第一家带有"编辑内容"上市的出版企业。2013年，公司实现营业收入13.28亿元，同比增长4.72%，其中主营业务收入

---

① 参见：《中视传媒股份有限公司2013年年报》，www.szse.com.cn，2014年4月29日。
② 参见：《北方联合出版传媒（集团）股份有限公司2013年年报》，www.szse.com.cn，2014年4月29日。

12.80亿元,同比增长4.95%;实现归属于上市公司股东的净利润0.70亿元,同比增长3.34%。期末公司资产总额为26.12亿元,较年初增长5.82%。

2013年出版图书3537种,比上年同期减少了5%,图书再版率为53%。2013年实现版权出口(包含实物出口)190余项,增长了近30%;数字出版获得突破,公司全年数字出版产品2527种,比上年同期增长了50%,占当年同期纸媒出版产品品种的71%。其中,《大耳娃智趣学习宝典》幼儿数字化动漫课堂系列教材已出版,并开发了4种、共计68个品种的DIY手工制作课程,并启动"大耳娃"数字化儿童交互体验馆建设项目。

表4 2013年北方联合出版传媒主营收入状况

	营业收入(亿元)	比上年增幅(%)	毛利率(%)
出版业务	4.08	4.65	36.84
发行业务	6.28	-2.87	14.85
印刷业务	0.45	33.91	22.79
印刷物资销售业务	3.47	22.78	6.47

4. 广东广州日报传媒股份有限公司(粤传媒)[①]

粤传媒是一家以经营广告代理及制作、印刷、书刊零售为三大主业的报业服务性企业,主业定位为报业经营服务,以全国第一家报业集团广州日报报业集团为依托。2013年,公司实现营业总收入16.71亿元,同比下降11.15%;完成营业利润3.01亿元,同比增加11.32%。

2013年,公司在发展现有优势媒体资源的同时,通过内生式增长和外延式并购搭建立体业务"平台",拓宽业务"宽度",与韩国J Contentree集团合作出版的高端生活方式杂志《HEREN-新现代画报》成为南中国地区第一本与国际时尚接轨的高端杂志;设立全资子公司"广州广报数据科技有限公司",开展面向政府部门、社会机构和商业组织的数据分析服务业务,同时也承担基于大数据技术应用的智能云媒体服务平台建设的研究项目,利用数据技术驱动媒体经营模式创新。

---

① 参见:《广东广州日报传媒股份有限公司2013年年报》,www.szse.cn,2012年4月30日。

表5 2013年粤传媒主营收入状况

	营业收入(亿元)	比上年增幅(%)	毛利率(%)
广告业务	9.68	-17.4	61.45
发行业务	3.77	-5.8	-5.8
印刷业务	2.17	-2.76	9.12
旅店服务业务	0.08	142.64	46.63
图书音像销售业务	0.11	10.79	30.12
网络服务	0.33	6.55	85.19
其他	0.03	115.36	0.37

5. 人民网股份有限公司（人民网）[①]

人民网是第一家在中国A股上市的新闻网站，也是第一家在A股整体上市的媒体企业，主营业务主要涉及新闻信息采集及发布业务、互联网广告业、信息服务业及移动增值服务。2013年，人民网主营业务收入10.28亿元，同比增长45.18%；归属于母公司所有者的净利润2.73亿元，同比增长29.75%；集团总资产27.88亿元，同比增长14.04%。

2013年，人民网在Alexa全球网站排名中，由年初的170名左右大幅提升至年末的70名左右，全年最高排名为44名。人民网舆情监测室成为能授予"网络舆情分析师职业培训合格证"的首家培训机构。同时，公司大力投入移动终端建设，推进新闻客户端、手机网站、手机视频等移动端媒体平台改进升级，母公司移动增值业务及子公司人民视讯的相关业务收入增长比例均在90%以上，子公司环球在线移动增值业务收入增速近70%。

表6 2013年人民网主营收入状况

	营业收入(亿元)	比上年增幅(%)	毛利率(%)
广告及宣传服务	5.41	37.27	61.30
信息服务	1.87	3.90	45.03
移动增值服务	2.54	116.21	54.03

---

① 参见：《人民网股份有限公司》，www.szse.cn，2014年4月30日。

B.3
移动互联全面深化：2014年美国传媒发展报告*

李继东　赵京文**

摘　要： 随着全球移动互联网的迅猛发展，美国移动互联网也迎来新的机遇，得到进一步深化，在技术发展、用户规模、广告收入及影响力等方面都不断提升。本文选取了美国的电视、广播、互联网、移动设备等媒体为代表进行分析和梳理，从总体概述、行业分析和发展趋势三个层次展开论述，以期获得对美国传媒发展的基本认识。

关键词： 美国传媒　移动互联网　大数据　多屏互动　社交媒体

一　概述

1. 借力大数据，打造精准营销

获取和控制网络海量数据，正在成为世界各国在未来20年争夺信息社会控制权的重要战略手段，美国对此早有了充足的认识。[①] 2013年3月22日，

---

* 本文系国家社科基金项目"我国国际传播话语体系建设的理论创新研究"阶段性成果之一，编号：14BXW020。
** 李继东，中国传媒大学广播电视研究中心研究员、博士；赵京文，中国传媒大学传播研究院硕士生。
① 人民网：《专家建言制定大数据国家战略》，finance.people.com.cn/money/n/2014/0312/c380009-24614938.html，2014年3月12日。

奥巴马政府宣布投资2亿美元拉动大数据相关产业发展，奥巴马政府将数据定义为"未来的新石油"，积极发展如苹果、谷歌、亚马逊等一批世界级互联网企业。奥巴马说，"未来，没有这样重量级的先进企业作支撑，即使靠传统产业像产油国家那样获得一时的繁荣，也必将是不可持续的。"①

2013年，美国在线影片租赁提供商Netflix通过分析3000多万用户的行为选择导演、演员，②拍摄了首部原创剧《纸牌屋》，提前预测到它必然受到市场欢迎，开创了大数据在电视剧制作的先河，这也将大数据的概念从技术层面下沉到生活层面。2014年年初，《纸牌屋》第二季上线播出，获得了包括美国总统奥巴马在内的全球粉丝的热情追捧。《纸牌屋》的成功预示"互联网电视"的大幕已经拉开，传统电视节目面临着彻底的颠覆和重构。

2. 社交媒体用户规模增加迅速，营销、社交完美结合

2014年，社交媒体的用户规模增加延续往年的趋势，到2014年，大约2/3的美国人都拥有了自己的社交网站，每天平均有近7500万的美国人多次登录社交网站。③

规模增大，广告主对于用户的需求自然也会增加，越来越多的商家正在增加社交媒体广告预算。相较以前，社交媒体公司正在为商家提供更精准的目标，以及更多的投资回报。eMarketer预测与2013年的87%相比，2014年将有88%的美国商家使用社交媒体来达到营销目标。尽管并不是所有的公司都会购买付费广告，但这些商家表示，会有很大一部分社交媒体公司能够增长他们的广告业务。④

3. 电子产品使用率提高，数字媒体消费时间超过电视

2013年，美国成年人平均每天花费在手机和电脑上的时间为4小时40分钟，首次超过花费在电视上的4小时31分，其中手机的消费时间从2010

---

① 新浪科技："大数据成国际博弈焦点互联网生态平台将是关键"，tech. sina. com. cn/i/2014 - 03 - 07/10159220760. shtml，2014年3月7日。
② 南都网：《〈纸牌屋〉数据营销能在华复制吗?》，epaper. oeeee. com/D/html/2014 - 02/28/content_ 2027283. htm，2014年2月28日。
③ Edison Research, *Triton Digital Partner for Infinite Dial 2014 Study*, www. edisonresearch. com/edison - research - triton - digital - partner - for - infinite - dial - 2014 - study/, December 3, 2013.
④ eMarketer, *Year of Social?*, www. emarketer. com/Article/Year - of - Social/1010386, Nov 14, 2013.

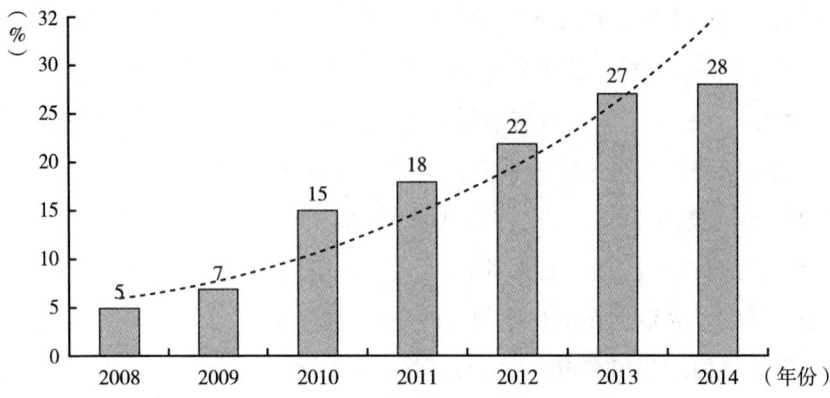

图1 美国人每天多次使用社交网络的人数比例

资料来源：Edison Research，Dec. 2013，www.edisonresearch.com

年的 24 分钟一跃而至 2013 年的 2 小时 21 分钟。① 同比 2010 年，除了电视的消费时间略有上升之外，几乎所有传统媒体的消费时间都在减少。这得益于电子消费产品的发展：越来越多的美国人通过诸如手机、电脑等电子消费产品获取新闻、观看视频、登录社交网络。根据 CEA（Consumer Electronics Association）在 2014 国际消费电子展上的最新预测，2014 年美国电子消费行业收入将上升 2.4%，达到历史新高 2080 亿美元。2014 年，智能手机和平板电脑的销量增速可能会放缓，但仍会持续一个上升的趋势，智能手机将仍是美国电子消费行业最畅销的产品，预计可以达到 1520 万部的交易量以及 410 亿美元的销售收入，同比增长 4.6%。除了这两种"旧"的移动设备，日新月异的产品,如 3D 打印机、蓝牙音箱、便携式电脑、健康和健身设备、智能手表和超高清电视显示器，CEA 预测这些将会推动美国电子消费行业收入增长 65%，尽管它们只占了这一行业的 3%。这些产品的收入预计 2014 年将超过 60 亿美元。②

---

① Statista, *Digital Media Use Set to Exceed TV Time This Year*, www.statista.com/chart/1330/media-use-in-the-us/, August 5, 2013.
② eMarketer, *US Consumer Electronics Industry Revenues Hit All Time High of 208 Billion This Year*, www.emarketer.com/Article/US-Consumer-Electronics-Industry-Revenues-Hit-All-Time-High-of-208-Billion-This-Year/1010524, Jan 13, 2014.

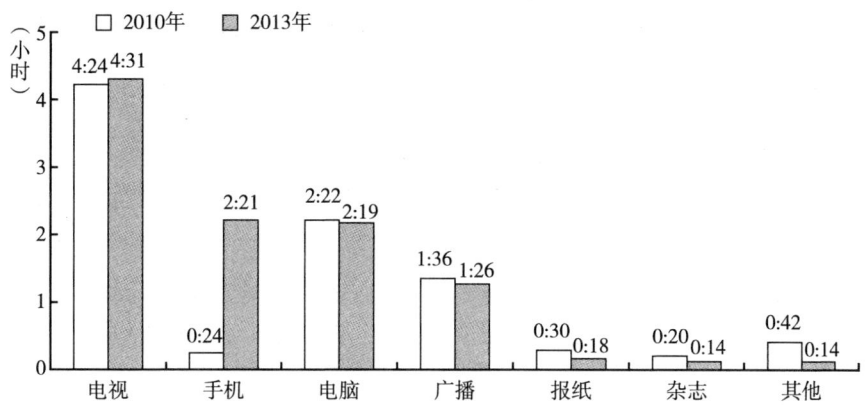

图 2　美国人每天使用不同媒介的平均时间

资料来源：Statista, Aug. 2013, www.statista.com

4. 数字广告收入持续增长，营收转向移动终端

2013 年美国付费媒体广告达到了 1710 亿美元，花费在数字广告上的，包括投放在台式电脑、便携式电脑和手机上的各种形式的广告，在 2013 年达到了 420 亿美元，占到总体广告费用的近 1/4，同比增长 14.9%，预计到 2015 年可以达到两倍。对数字广告投入的增加，得益于移动终端用户的增长。①

在美国，数字广告市场主要公司的营收更多地转向了移动终端广告，因为消费者们花在便携终端设备上的时间比原来更长。② 2013 年，谷歌净广告营收的 22.9% 将来自移动终端，而另 77.1% 来自 PC 端。而 Facebook 和 Twitter 的广告营收结构与谷歌相去甚远。2013 年，Facebook 广告净营收的 42.4% 来自移动终端，这才是它运作移动终端广告的第二年。2012 年，Facebook 的移动终端广告营收占该公司在美国广告总营收的 17.9%，预计 2014 年移动终端广告营收将占 Facebook 美国广告总营收的大头。自从 2012 年——也就是 Twitter 运作移动终端广告的第一年——开始，它在美国的广告总营收几乎全部来自移动终端（表 1）。

---

① eMarketer, *Advertising Marketing*, www.emarketer.com/1010982, Jul 2, 2014.
② Seeking Alpha, *Mobile Marketing And Advertising*: *Explosive Growth And The Companies Driving It*, seekingalpha.com/article/1347841 – mobile – marketing – and – advertising – explosive – growth – and – the – companies – driving – it, Jul. 17, 2014.

表1　Facebook 和 Twitter 的广告收入份额

项目	2011年	2012年	2013年	2014年	2015年
Facebook					
电脑(%)	100.0	82.1	57.6	46.8	44.7
手机(%)	0.0	17.9	42.4	53.2	55.3
总额(亿)	$17.3	$21.8	$29.9	$36.7	$43.4
Twitter					
电脑(%)	100.0	48.0	45.0	40.0	38.0
手机(%)	0.0	52.0	55.0	60.0	62.0
总额(亿)	$1.3	$2.6	$4.8	$7.5	$10.1

资料来源：eMarketer, Aug, 2013, www.emarketer.com。

二　主要行业及市场分析

（一）电视

1. 互联网电视迅速发展，有线电视遭受冲击

互联网电视（OTT TV，Over The Top TV）是指基于开放互联网的视频服务，终端可以是电视机、电脑、机顶盒、PAD、智能手机等等。通过这种技术，用户能直接从 Netflix、Hulu 和 Amazon Instant Video 等网站免费或低成本收看视频服务。OTT TV 受到人们的青睐，越来越多的用户开始使用 OTT 服务，这造成了有线电视用户的流失。根据 HIS iSuppli 的研究数据，2013 年全球 OTT 设备销售额达到 16.7 亿美元，同比增长 20%，预计 2014 年也将保持这个增长率，到 2017 年 OTT 设备销售总额将达到约 27 亿美元，自 2012 年至 2017 年总计增长 86%。[1] 消费者的增加是促进 OTT 市场增长的因素之一，在美国使用流媒体服务的 OTT TV 用户数也在持续增长，如 Netflix 和 Hulu 的用户数增长都很迅速，Netflix 在过去两年内，用户数增加了 1000 万户。[2]

---

[1] eMarketer, *Over the Top Enabled Device Shipments Near 17 Billion*, www.emarketer.com/Article/Over‑the‑Top‑Enabled‑Device‑Shipments‑Near‑17‑Billion/1010516, Jan. 9, 2014.

[2] 199IT：《数据解读：OTT 公司正在革新美国付费电视市场》，www.199it.com/archives/129805.html，2013 年 7 月 6 日。

面对互联网电视的冲击,美国传统的有线电视和卫星电视选择开放合作,主动进入 OTT 领域以谋求更大发展。美国卫星电视运营商 DirecTV 希望获得迪士尼的电视频道在互联网上的播放权(互联网、有线、卫星等不同信道需要分别授权)。DirecTV 的最大竞争对手、美国第一大卫星电视服务商 Dish 已经和迪士尼公司达成协议,可以在自家的互联网视频服务中提供来自迪士尼的内容。新的协议可以给 DirecTV、Dish 们带来一个额外收入来源,因为消费者们已经非常习惯在网络上付费观看视频了。①

Dish 和迪士尼所签订的互联网视频授权协议,是美国历史上第一次、收费电视运营商获得的 OTT 领域授权,从而将自己的用户群从"电视前"扩大到"使用 PC、智能移动设备等"的更大的群体。这是一次很明确的转型决策。卫星电视正在逐渐衰退,美国最大的两家卫星电视运营商需要寻求新的成长点。②

2. 电视仍是获取新闻的主要途径,X 世代和付费电视用户收看时间最长

即使在当今这个碎片化使用媒介的时代,电视仍然是美国人在家获取新闻的最主要途径。③ 根据皮尤研究中心(Pew Research Center)2013 年 9 月的调查,美国人获取新闻的主要方式仍是通过观看本地电视台新闻(46%)和观看全国电视台晚间新闻(31%),而选择通过收看有线电视获取新闻的人也占了 24%。

大多数对电视服务的担忧集中在电子时代出生的千禧一代④——他们为了支持互联网的发展,一般希望停止有线电视服务。根据 2013 年 8 月 Veveo 的调查发现,千禧一代往往比 X 世代⑤和婴儿潮一代⑥观看电视的时间少。但近 54% 的千禧一代表示他们每天还是会看一到三个小时的电视。同时,与千禧一代和 X 世代相比,更多的婴儿潮一代每天至少看三个小时电视。

---

① 199IT:《面对 OTT 冲击美国电视运营商选择拥抱竞争》,www.199it.com/archives/200494.html,2014 年 3 月 8 日。
② 199IT:《面对 OTT 冲击美国电视运营商选择拥抱竞争》,www.199it.com/archives/200494.html,2014 年 3 月 8 日。
③ Pew Research, *How Americans Get TV News at Home*, www.journalism.org, Jan, 2014.
④ "千禧一代"是指 1985~1995 年出生的人,他们差不多与电脑同时诞生,在互联网的陪伴下长大。
⑤ "X 世代"中的 X 是由 Excluding 中的字母 X 而来,有着"被排挤的世代"隐喻,出生时间范围为 1965 年 1 月至 1976 年 12 月间。
⑥ "婴儿潮一代"是指在美国生育高峰期出生,即二战结束后,1946 年初至 1964 年底出生的人。

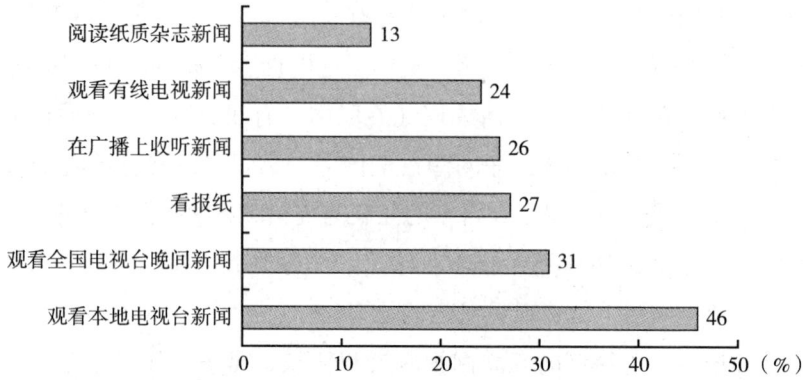

图 3 2013 年 9 月美国人获取新闻的渠道

资料来源：eMarketer, Sep. 2013, www.emarketer.com。

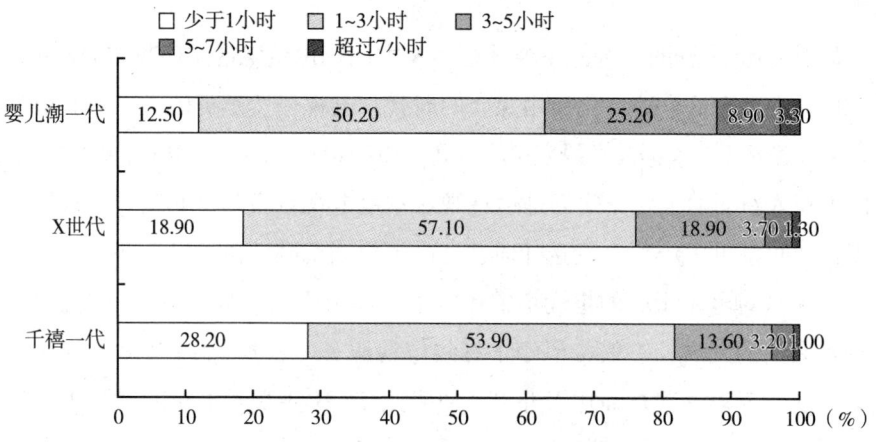

图 4 不同代系美国人每天观看电视的时间

资料来源：Veveo, Aug. 2013, www.emarketer.com。

在付费电视用户中，有近 56% 的人每天会看 1～3 个小时的电视，超过 23% 的用户会看 3～5 个小时的电视，但有 12% 的用户看电视的时间不到 1 小时。只有很少一部分忠实的用户表示他们每天看电视的时间超过 5 个小时。[1]

---

[1] eMarketer, *Most Pay TV Subscribers Still Watch for Hours*, www.emarketer.com/Article/Most-Pay-TV-Subscribers-Still-Watch-Hours/1010365, Nov. 6, 2013.

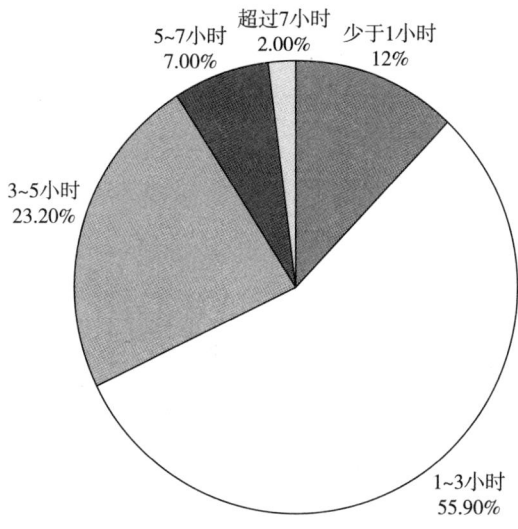

图5　美国付费电视用户每天观看电视的时间

资料来源：Veveo，Aug. 2013，www.emarketer.com。

3. 电视广告费用持续增长，电视广告和数字广告得到整合

eMarketer 的研究报告表明，未来几年，电视广告费用将继续保持平稳增长。虽然增长的幅度并不大，所占的市场份额却非常惊人。① 2014 年，电视仍将是广告渠道的主导，预计将占总媒体广告花费的 38.1%，而预计到 2017 年，电视广告费用会一直力压其最大的竞争者——数字广告，但数字广告将越来越接近电视广告的份额，到 2018 年，两个渠道份额将不相上下。

电视的高到达率、电视广告视听合一的感染力以及电视观众的可预见性等因素表明，电视对广告主仍然具有很重要的影响力。越来越多的营销人员也看到了不同广告渠道之间可以相互弥补，以此实现他们的全面营销活动。Advertiser Perceptions 在 2013 年 9 月的调查发现，52% 的媒体公司、68% 的广告商和 69% 的广告代理公司打算投放数字广告全面覆盖所有观看平台。②

---

① eMarketer, *Advertisers Blend Digital and TV for Well-Rounded Campaigns*, www.emarketer.com/Article/Advertisers – Blend – Digital – TV – Well – Rounded – Campaigns/1010670, Mar. 12, 2014.

② eMarketer, *Advertisers Blend Digital and TV for Well-Rounded Campaigns*, www.emarketer.com/Article/Advertisers – Blend – Digital – TV – Well – Rounded – Campaigns/1010670, Mar. 12, 2014.

表2 2012～2018年美国媒体总体广告费份额

单位：%

年份	2012	2013	2014	2015	2016	2017	2018
电视广告	39.1	38.8	38.1	37.4	37.1	36.5	36.1
数字广告	22.3	25.0	27.9	30.5	32.7	34.7	36.4
—手机广告	2.6	5.7	9.9	13.7	17.6	21.2	24.9
印刷品广告	20.7	19.2	17.9	16.8	15.8	15.0	14.4
—报纸广告*	11.5	10.4	9.5	8.8	8.2	7.7	7.4
—杂志广告*	9.2	8.8	8.4	8.0	7.6	7.3	7.0
广播广告**	9.3	8.9	8.6	8.2	7.8	7.5	7.2
户外广告	4.0	4.1	4.0	3.9	3.8	3.7	3.6
直效广告*	4.5	4.0	3.5	3.1	2.8	2.6	2.4

* 只包括印刷版。** off-air radio 和网络广播除外。

资料来源：eMarketer, Mar. 2014, www.emarketer.com。

（二）广播

1. 传统广播走向数字化，网络广播的音乐听众大量增长

数字广播正在进入使用率、收益率的扩张时期。广播听众通过包括电脑、智能手机、平板、车载系统和其他消费电子工具等越来越多的设备收听网络广播电台。eMarketer 预测，2014 年将会有 1.598 亿的网络广播听众，到 2018 年这个数字将增长至 1.834 亿。如今数字广播听众的规模很大，相当于美国半数以上的人口数量和近 2/3 的网民。[①]

表3 2012～2018年美国网络广播月度听众

年份	2012	2013	2014	2015	2016	2017	2018
网络广播月度听众*（亿）	1.325	1.478	1.598	1.693	1.758	1.800	1.834
增长率(%)	17.3	11.5	8.1	5.9	3.9	2.4	1.9
占网民的比重(%)	55.8	60.1	63.5	66.0	67.4	68.0	68.4
占人口数的比重(%)	42.2	46.7	50.1	52.7	54.3	55.2	55.8

* 每月使用任何设备收听网络广播至少一次的用户。

资料来源：eMarketer, Feb. 2014, www.emarketer.com。

---

① eMarketer, *Music Listeners Pump Up Volume on Digital Radio*，www.emarketer.com/Article/Music - Listeners - Pump - Up - Volume - on - Digital - Radio/1010600，Feb. 12, 2014。

AccuStream 的研究显示，2009 到 2013 年之间，美国网络音乐收听时长保持了飞速增长。同比 2009 年，2013 年的网络音乐收听时长增长了近 24 亿小时，大涨 392%。该研究预测，自 2014 年起，美国网络音乐收听时间将继续增长，到 2016 年，每月平均时长将由 2014 年的 42.2 亿增长至 67 亿。①

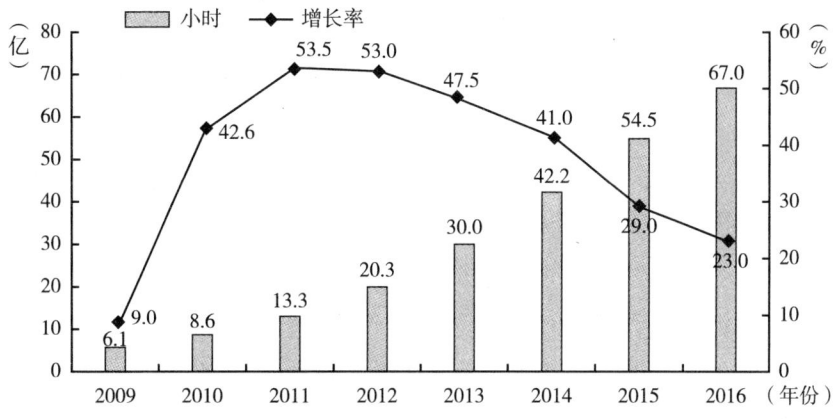

图 6　美国每月收听网络音乐平均时长

资料来源：AccuStream Research，Dec. 2013，www. accustreamresearch. com。

2. 智能手机增加用户收听行为，成为收听广播的重要渠道

随着移动智能设备和相关软件的发展，智能手机成为收听数字广播的重要渠道。2013 年，平均每周有 2/3 的美国人通过智能手机收听广播，和用电脑收听数字广播的人数比例接近。

Edison Research 在 2013 年底进行了一次调查，询问受访者如果在其手机拥有调频广播调谐器之后是否会增加收听行为。虽然 64% 的受访者表示不会影响目前的收听行为，但 33% 的受访者表示在手机具有收听广播的功能之后会增加自身的收听行为。

3. 传统广播广告收入持续下滑，网络广播广告收入持续增长

网络广播主要收入来源是广告。在整个互联网广告生态圈里，广播还是一

---

① eMarketer，*Music Listeners Pump Up Volume on Digital Radio*，www. emarketer. com/Article/Music－Listeners－Pump－Up－Volume－on－Digital－Radio/1010600，Feb. 12，2014.

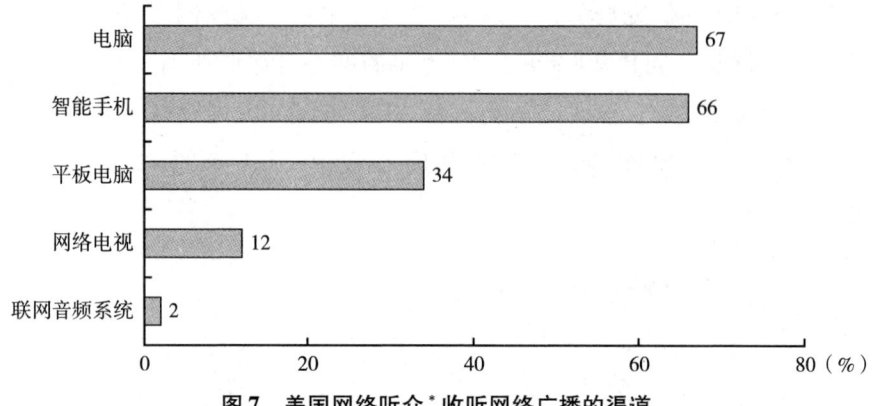

图7 美国网络听众*收听网络广播的渠道

资料来源：Edison Research, Dec. 2013, www.edisonresearch.com。

*每周至少收听一次网络广播的用户。

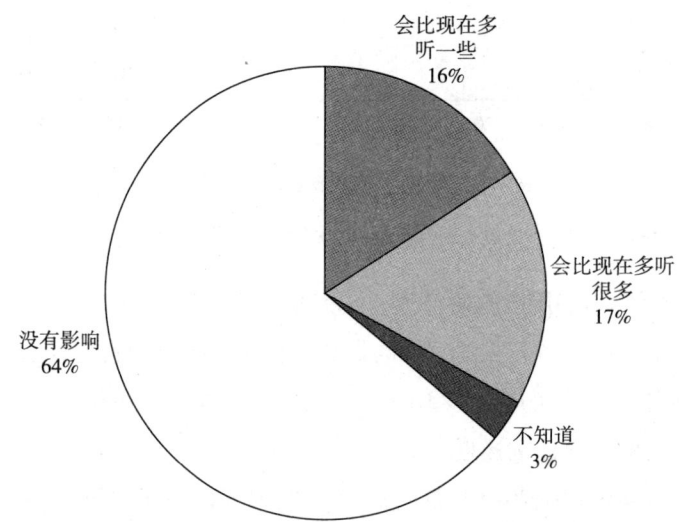

图8 拥有调频广播调谐器的手机会增加听众的收听行为调查结果

资料来源：Edison Research, Dec. 2013, www.edisonresearch.com。

个很小的参与者。其广告收入的增长预期尽管较好，但与其他类型的网络媒体广告收入相比还是比较低的。尽管如此，广告主还是很愿意利用网络广播或者其他音乐流媒体服务来宣传他们的品牌。其原因主要有以下几条：广告主有将自己的商业品牌与某些流派或艺术家相关联的需要；移动数字广播以广告收入为主，受控于广告；音频流中内嵌的广告信息比其他形态网络媒体中的广告信息更难回避。①

同比2012年,2013年美国网络广播的听众增长了11.1%,达到1.473亿人。随着网络广播的听众数量增长,其赢利模式将快速变化。今后将出现包含广告的免费订阅、无广告的按月/年缴费广播以及专属订阅服务。尽管如此,网络广播的主要收入来源仍然是广告,订阅费用仅会占总体收入的很小部分。2013年美国网络广播的广告收入达到9.7亿美元,并将继续保持增长,预计到2016年将达到13.1亿美元。② 而在网络广播广告收入增幅持续上升的同时,传统广播的广告收入则整体上持续下滑。

表4 2010~2016年美国广播业广告收入

年份	2010	2011	2012	2013	2014	2015	2016
传统广播(亿美元)	152.8	152.0	155.0	157.3	160.0	160.8	161.3
—变化率(%)	7.2	-0.6	2.0	1.5	1.7	0.5	0.3
网络广播(亿美元)	6.2	7.1	8.5	9.7	11.0	11.9	13.1
—变化率(%)	28.1	15.3	20.1	13.3	13.5	8.7	10.1
总体收入(亿美元)	159.0	159.1	163.5	167.0	171.0	172.7	174.4
—变化率(%)	7.9	0.0	2.8	2.1	2.4	1.0	1.0

资料来源:eMarketer, Mar. 2014, www.emarketer.com。

(三)互联网

1. Facebook仍是最大的社交媒体,视觉内容应用在青少年中流行

皮尤研究中心2014年1月的调查显示,其中87%的美国人正使用互联网。而且,对某些群体而言,使用互联网的人数还要更多。收入在7.5万美金以上的家庭中,99%的人称使用互联网。年龄在18~29岁的成年人中,有97%的人使用互联网。同时,在拥有大学学历的人中有97%的人使用互联网。③

---

① eMarketer, *Internet Radio's Audience Turns Marketer Heads*, www.emarketer.com/Article/Internet-Radios-Audience-Turns-Marketer-Heads/1009652, Feb. 6, 2014.
② eMarketer, *Internet Radio's Audience Turns Marketer Heads*, www.emarketer.com/Article/Internet-Radios-Audience-Turns-Marketer-Heads/1009652, Feb. 6, 2014.
③ 199IT:《调查显示87%的美国成年人使用互联网》, www.199it.com/archives/199311.html, 2014年3月4日。

Edison Research 的调查报告显示大约 2/3 的美国人都拥有自己的社交网站,而 Facebook 依然是社交网络之王。受访对象中,有 58% 的人表示在用 Facebook,而至少使用一种社交网络的人占了总数的 73%。另外几个主流社交网络分别是 LinkedIn、Twitter、Instagram、Google+,使用率分别为 17%、15%、12% 和 12%。①

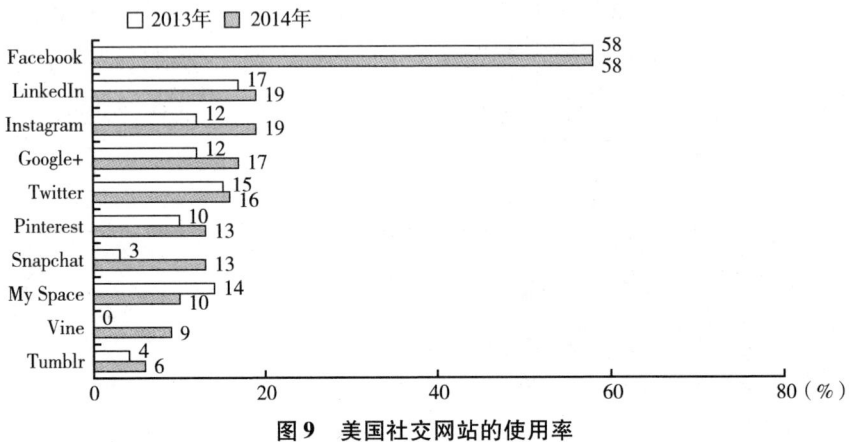

图 9 美国社交网站的使用率

资料来源:Edison Research,Dec. 2013,www.edisonresearch.com。

报告还调查了人们对社交网络的使用频率,Facebook 依然第一,日活跃用户占了 63%,第二名是 Instagram,日活跃用户有 57%,周活跃和月活跃数据也同 Facebook 很类似。Twitter 和 Pinterest 要低不少,只有 46% 和 23%。LinkedIn 最低,日活跃用户率仅为 13%。②

2. 社交媒体营销持续升温,社交媒体分析工具流行

eMarketer 的研究报告显示,2013 年有 88% 的美国商家使用社交媒体来达到营销目标,并且越来越多的商家正在增加社交媒体广告预算。2014 年,将有近 90% 的商家利用社交媒体营销。相较以前,社交媒体公司正在为商家提供更精准的目标和更大的投资回报。尽管并非所有公司都会购买社交媒体的广告,但这些商家表示,在社交媒体上投放能够增加他们的营业收入。③

---

① Pew Research, *Social Media Update 2013*, www.pewresearch.org, Feb., 2014.
② Pew Research, *Social Media Update 2013*, www.pewresearch.org, Feb., 2014.
③ eMarketer, *Year of Social?*, www.emarketer.com/Article/Year-of-Social/1010386, Nov. 14, 2013.

随着社交媒体的发展,社交媒体分析工具也应运而生。越来越多的社交媒体分析工具能够满足营销人员测量和整合社交营销活动的需求。根据 NetBase 委托 Demand Metirc 在 2014 年 1 月的调查,在北美,将近 2/3 的公司使用这些工具。① 营销人员主要运用活动追踪(60%)、品牌分析(48%)和竞争情报(40%)等社交媒体分析工具来进行优化分析。

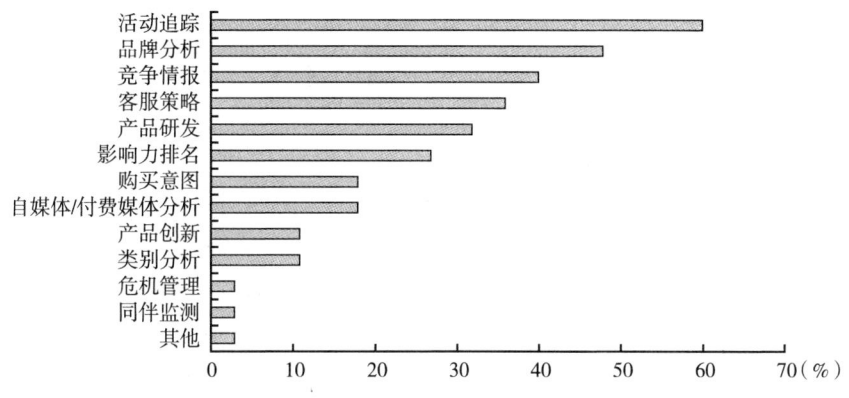

图 10 北美营销人员使用的社交媒体分析工具

资料来源:NetBase,Feb. 2014,www. netbase. com。

3. 视频网站用户激增,视频广告费用显著增加

2013 年,视频网站得到了良好的发展。视频网站用户激增,在线视频的观看时长也持续增长,YouTube 依然是在线视频的最主要来源,每月多达 1.28 亿美国人在该网站观看视频内容。VEVO 和雅虎视频每月也分别吸引了 0.37 亿和 0.35 亿的用户。Netflix 异军突起,截至 2013 年年底,全球总用户量已达 4440 万,其中美国区用户增长了 233 万达到 3342 万。② 在 2013 年第四季度中,这些用户总计观看了超过 20 亿小时的电视和电影内容。③

---

① eMarketer,*Marketers Adopt Social Media Analytics Tools*,www. emarketer. com/Newsletter_htm/20140304. html,Mar. 4,2014.
② 36 氪:《Netflix Q4 财报:营收 11.8 亿美元,每股获利 0.79 美元,破华尔街预期》,www. 36kr. com/p/209344. html,2014 年 1 月 23 日。
③ 网易数码:《Netflix 神剧《纸牌屋》第二季大热将拍第三季》,digi. 163. com/14/0218/14/9LCGD5JJ00162OUT. html,2014 年 2 月 18 日。

视频网站的迅速发展也推动了视频广告市场的进一步扩大,2013年,美国数字视频广告市场总额达到57.2亿美元,同比增长43%。① 2013年YouTube全球广告收入达56亿美元,在美国的广告净收入将达到10.8亿美元,相当于本年Google在美国全部广告净收入的6.3%,同比增长51.7%。② YouTube的广告收入主要来自视频。2013年,YouTube有8.5亿美元的广告收入将来自视频广告,相当于美国视频广告市场总额的20.5%。

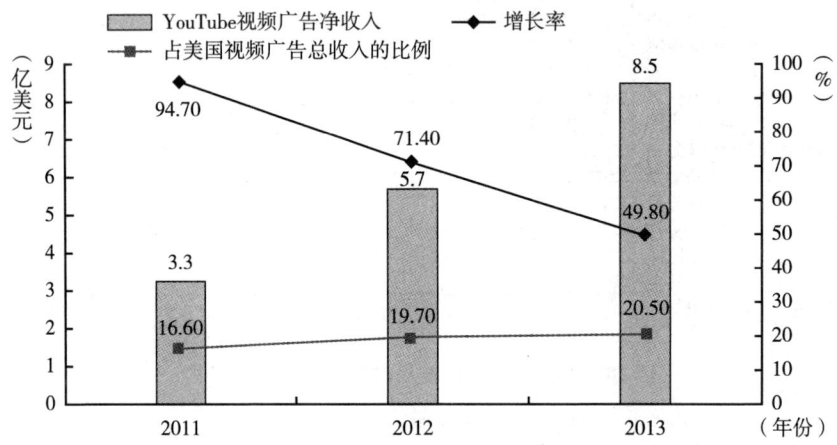

图11　2011～2013年YouTube美国区视频广告净收入

资料来源：2012～2013年YouTube公司年度报告,Dec. 2013,www.youtube.com。

（四）移动设备

1. 移动设备普及率提高,多屏互动促付费订阅走红

美国正在进入一个智能设备环绕的高科技时代,平均每个美国人都拥有四种消费电子设备。其中,智能手机是普及率最高的移动互联设备,达到了65%,其超过了游戏机（普及率为46%）,也超过了有线电视的普及率

---

① 199IT:《2013年美国数字视频广告市场规模57.2亿美元同比增长43%》,www.199it.com/archives/185261.html,2014年1月7日。
② eMarketer, *Advertisers Spend 560 Billion on YouTube 2013 Worldwide*, www.emarketer.com/Article/Advertisers-Spend-560-Billion-on-YouTube-2013-Worldwide/1010446, Dec. 11, 2013.

移动互联全面深化：2014年美国传媒发展报告

（54%）。2012年，全体美国人中仅有5%拥有平板电脑，但到了2013年，平板电脑普及率提高到了29%。①

要实现数字媒体业务的利润增长和可持续发展，内容提供商们开始求助于订阅模式。尽管多数用户仍然不乐意为数字内容付费，但有越来越多的用户开始接受"高质量的内容是有成本"的这个观点。用户对多屏内容的期望也加速了订阅模式的增长。从用户的角度，如果为新闻或钟爱的电视节目付费了，那么就可以在包括笔记本电脑、平板电脑、智能手机、互联网电视或者任何其他设备上观看。

2013年，美国数字内容的订阅用户大量增长。在视频领域，Netflix的订阅用户达3342万；MLBAM（Major League Baseball Advanced Media）的订阅用户超过300万；新闻领域，《纽约时报》的订阅用户达70万；音乐领域，Pandora One的订阅用户也达到了250万。②

2. 移动应用使用时间大幅增长，用户黏着度提高

2013年，美国的移动设备使用时长首度超过电脑，智能手机和平板电脑已经成为用户多屏生活形态中不可分割的中心组件。这不仅反映在用户每天对移动设备的使用时长上，也反映出移动设备日渐成为人们生活和工作中不可或缺的工具。③

移动设备也正在占据美国人的大部分闲暇时间。从2010年开始，美国人使用智能手机和平板电脑等移动设备的每日上网时长迅速增长，到2013年，两者的总时长达3小时22分，接近使用电脑上网的时长。2013年，平均每个美国人每个月花费在智能手机和平板电脑的应用软件和手机浏览器上的时间高达34个小时，比2012年增加了近10个小时。而与此同时，美国人使用电脑上网的每日时长则从2011年开始不断下降，到2013年，仅为3小时25分。2013年，平均每个美国人每个月在电脑面前停留的闲

---

① 199IT：《Nielsen：调查显示美国人每日用APP超一小时》，www.199it.com/archives/194676.html，2014年2月12日。
② eMarketer，*Multiscreen Availability Key to Successful Subscription Content*，www.emarketer.com/Article/Multiscreen-Availability-Key-Successful-Subscription-Content/1010068，Jul. 23, 2013.
③ 梅花网：《你需要了解的四大营销趋势》，www.meihua.info/today/post/post_97f9885a-2f7c-43f1-bbe3-1d97e1eb2b2b.aspx，2014年3月3日。

暇时间只有27小时，比2012年减少了近2个小时，显然电脑受到了冷落。①

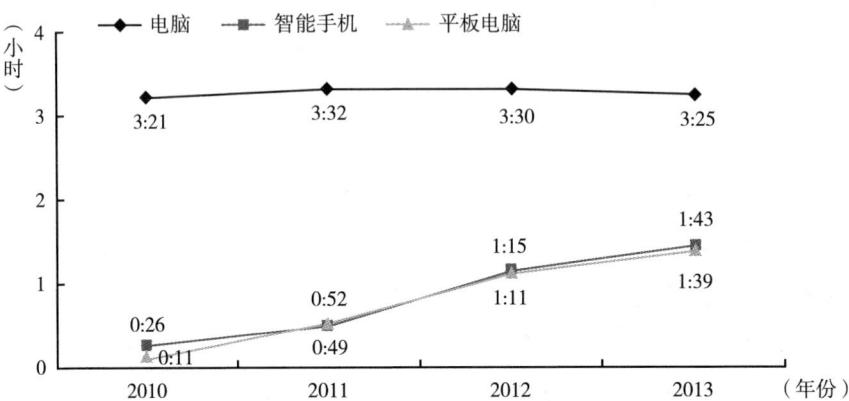

图12　2010～2013年美国人用不同设备上网的时长

资料来源：eMarketer，Jul. 2013，www.emarketer.com。

尼尔森的研究报告指出，移动设备改变了美国人消费数字内容的方式，人们习惯于一边看电视，一边查阅平板电脑或手机，移动设备成为观看电视的"伴侣"。另外，访问社交网络已经成为美国人数字生活的"每日必须行为"，大约有47%的美国智能手机用户每天均会访问社交网络。②

3. 移动广告持续高速增长，侵蚀桌面广告份额

2013年，美国移动广告持续的高速增长超出预期，移动广告费总额达96亿美元，与2012年的43.6亿美元相比增长120.0%。2013年美国桌面广告费用为329.8亿美元，与2012年几乎持平，增长率仅为1.69%，比预期的增长更慢。③ 移动广告占据了电脑端广告的大部分份额。

---

① 梅花网：《你需要了解的四大营销趋势》，www.meihua.info/today/post/post_97f9885a-2f7c-43f1-bbe3-1d97e1eb2d2b.aspx，2014年3月3日。
② 199IT：《Nielsen：调查显示美国人每日用APP超一小时》，www.199it.com/archives/194676.html，2014年2月12日。
③ eMarketer，*Most Digital Ad Growth Now Goes Mobile Desktop Growth Falters*，www.emarketer.com/Article/Most-Digital-Ad-Growth-Now-Goes-Mobile-Desktop-Growth-Falters/1010458，Dec. 16，2013。

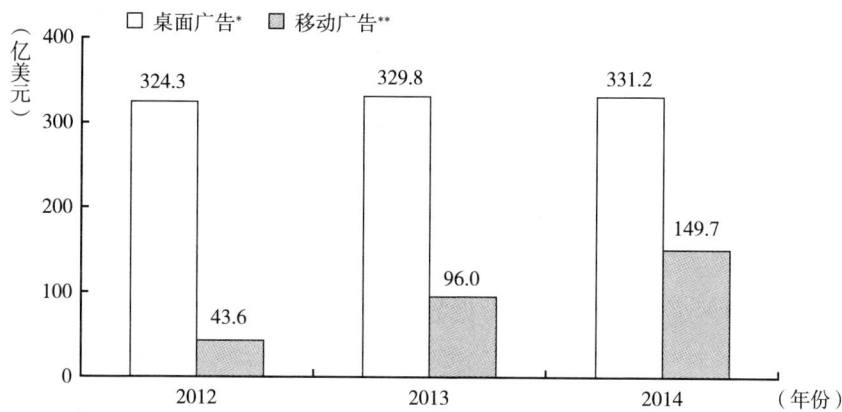

图 13 2012～2014 美国网络广告收入

＊包括首先基于桌面的广告。＊＊包括分类广告、展示广告（横幅和其他，富媒体和视频广告）、电子邮件广告、基于信息的广告和搜索引擎广告；投放在平板电脑的广告也包括在内。

资料来源：eMarketer, Dec. 2013, www.emarketer.com。

美国广告主联盟（ANA，Association of National Advertisers）2013 年 8 月研究报告显示智能手机和平板电脑是未来三年对广告主影响最大的设备，而电脑和传统的电视的重要程度则有所降低。[1]

随着广告主目标转向拥有智能手机和平板电脑的消费者，相同广告的形式在移动端表现强健，在电脑端却表现萎靡。2013 年，桌面广告仅有很少的广告形式获得较大增长，包括赞助广告和视频广告。并且，传统基于桌面的搜索广告、横幅广告和富媒体广告等广告形式都在移动端获得了新的发展。2013 年，移动搜索广告费用增大 118.8%，移动横幅广告费用增长 155.22%，移动富媒体广告费的增幅也达到了 95.89%。[2] 随着使用智能手机和平板电脑的使用者越来越多，广告主对移动广告中的投入和获得的收益也会越来越多。

---

[1] 梅花网：《你需要了解的四大营销趋势》，www.meihua.info/today/post/post_ 97f9885a - 2f7c - 43f1 - bbe3 - 1d97e1eb2d2b.aspx，2014 年 3 月 3 日。

[2] eMarketer, *Most Digital Ad Growth Now Goes Mobile Desktop Growth Falters*, www.emarketer.com/Article/Most - Digital - Ad - Growth - Now - Goes - Mobile - Desktop - Growth - Falters/1010458, Dec. 16, 2013.

三 发展趋势探析

(一)移动互联网重构日常生活,媒体趋向多屏融合

美国正处于多屏时代,大多数美国人每天把大量时间花在各种屏幕前:电脑屏幕、智能手机屏幕、平板电脑屏幕和电视屏幕。电视不再霸占人们的视线,人们往往在看电视时会同时使用其他屏幕设备。大多数时候人们都同时使用多个屏幕设备,他们将注意力分散到不同屏幕的各种活动上。人们主要使用智能手机进行浏览媒体。智能手机的每日使用频率是各种屏幕设备中最高的,它通常也是人们开始多屏幕活动的"第一屏"。[1] 移动终端已经成为用户多平台的中心。eMarketer 预测,2014 年,美国智能手机和平板电脑的普及率将分别达到 80% 和 64%。[2] 智能手机和平板电脑已经成为用户多平台生活形态中不可分割的中心组件。[3]

在未来,互动式体验将跨越娱乐、信息、交易、沟通、教育等多种范畴,同时也将跨越不同技术,数字化媒体将使用户在多个层次上产生互动。[4] 特别是在视频领域,不同平面之间的转换能够更好地满足用户的观看习惯。随着用户习惯于在所有屏幕上获取内容,数字媒体的订阅收入将进一步增长。eMarketer 预测基于订阅模式的移动视频收入 2014 年将达到 15.08 亿美元,高于 2013 年的 12.5 亿美元。[5]

(二)商家日益重视移动互联,社交媒体、移动广告预算进一步增加

eMarketer 把 2014 年称为"社交媒体年"。该研究机构的报告显示,社交

---

[1] Google, *The New Multi-screen World*: *Understanding Cross-platorm Consumer Behavior*, www. google. com, Feb., 2014.

[2] eMarketer, *Smartphone Tablet Uptake Still Climbing US*, www. emarketer. com/Article/Smartphone - Tablet - Uptake - Still - Climbing - US/1010297, Oct. 14, 2013.

[3] 梅花网:《你需要了解的四大营销趋势》, www. meihua. info/today/post/post_ 97f9885a - 2f7c - 43f1 - bbe3 - 1d97e1eb2d2b. aspx, 2014 年 3 月 3 日。

[4] 人民网:《媒体数字化对消费者行为的影响》, media. people. com. cn/GB/22114/206896/240529/17342566. html, 2014 年 3 月 9 日。

[5] eMarketer, *Multiscreen Availability Key to Successful Subscription Content*, www. emarketer. com/Article/Multiscreen - Availability - Key - Successful - Subscription - Content/1010068, Jul. 23, 2013.

媒体的用户规模增加延续往年的趋势，进入2014年后，社交媒体用户的增加速度仍然不会放慢。规模增大，广告主对于用户的需求当然也会增加。过去没有向社交媒体投放广告的企业或许也将展开行动。① 从2014年开始，营销者将会更加积极地向社交媒体广告分配预算。更多的商家正在增加社交媒体广告预算。相较以前，社交媒体公司正在为商家提供更精准的目标，以及更多的投资回报。eMarketer预测与2013年的87%相比，2014年将有88%的美国商家使用社交媒体来达到营销目标。尽管并不是全部的公司年购买付费广告，但这些商家表示，会有很大一部分社交媒体公司能够增长他们的广告业务。②

广告时代在2013年12月的调查显示，移动设备是另一个营销人员关注的领域。接近半数的受访者认为移动端广告在2014年将会对他们的企业产生极为重要的影响，而2013年仅有1/5的人这样认为。因此，有42.8%的营销人员计划2014年在手机广告市场投入更多的资金。eMarketer预测，2014年整体电脑端广告费用将仅增长0.41%，而移动端广告费用将增长56.00%，达到149.7亿美元。到2016年，移动端广告费用将与电脑端广告费用持平，2017年将超过电脑端广告费用，达到356.2亿美元，而电脑端广告费用为272.1亿美元。③

移动用户的增加社交媒体与移动通信的亲和性很早就受到了关注。随着各家SNS运营商着手向移动服务投放广告，关注度预计还会水涨船高。对于今后希望通过营销传播活动、积极向移动方面靠拢的广告主，向社交媒体投放广告将逐渐成为一种有效的方式。④

---

① eMarketer, *7 Social Media Ad Trends for 2014*, www.emarketer.com/Webinar/7-Social-Media-Ad-Trends-2014/4000074, Nov. 21, 2013.
② eMarketer, *Year of Social?*, www.emarketer.com/Article/Year-of-Social/1010386, Nov. 14, 2013.
③ 梅花网：《你需要了解的四大营销趋势》，www.meihua.info/today/post/post_97f9885a-2f7c-43f1-bbe3-1d97e1eb2d2b.aspx，2014年3月3日。
④ eMarketer, *7 Social Media Ad Trends for 2014*, www.emarketer.com/Webinar/7-Social-Media-Ad-Trends-2014/4000074, Nov. 21, 2013.

B.4 日本出版产业的数字化转型

刘斌 雷炜*

摘　要： 近年来，数字化、网络化信息技术的发展，使得日本的传统出版业销售额持续下滑，为了扭转出版产业的颓势，日本出版产业开始全面的数字化转型。数字化出版产业冲击了日本出版业传统的营销模式与营销渠道，在网络销售和网络预订的新渠道下更加多元化。日本原有的"再版制"制度的合理性受到了冲击，而电子书市场的出现，使日本的数字出版更为多元化，数字出版向全媒体化转型。在转型的过程中，日本数字出版产业的管理体制逐步完善，对数字出版市场的开拓助力极大。

关键词： 数字出版　日本　营销渠道　电子书

日本是出版大国，其特有的出版环境、制度以及法律法规为传统出版业的生存与发展建构起有效的门槛，使日本传统出版业保持了自己原有的特性和稳固发展的步调。但随着技术的发展以及技术为出版相关环节和受众带来的诸多便利，人们对数字出版逐渐适应并且产生依赖，一度滞后的日本数字出版产业迅速发展起来，大有后来居上之势。

一　日本传统出版业的衰落和数字出版业兴起

依赖其较高的国民教育水平和长期以来形成的阅读习惯，日本的出版业

---

* 刘斌，北京师范大学文学院新闻传播研究所副教授；雷炜，北京师范大学 2013 级传播学硕士。

一直比较发达，一度创造过辉煌业绩。1960~1975 年，日本出版业维持两位数增长，1976~1996 年增速有所减缓，但仍维持一位数增长，并在 1996 年达到顶峰，达到 2.67 万亿日元。① 然而，从 1997 年开始，日本的出版业出现下滑。1997~2012 年这 16 年间，除了 2004 年增长 1.3% 以外，其余 15 年均为负增长。2009 年首度跌破 2 兆日元，1989 年以来号称的"2 兆日元产业"就此终结。据日本出版科学研究所调查统计的结果，2012 年日本包括书刊在内的出版物销售总额为 1.7398 万亿日元（合 1496 亿元人民币），与 2011 年相比减少 3.6%。② 该年的销售总额更是 26 年来首度跌破 1.8 万亿日元，而 2013 年更跌至 1.74 万亿日元，同比减少 2.9%，日本传统出版业正进入"严冬"时期。

与此同时，随着信息技术的发展，日本数字出版业发展迅猛，成为出版领域的亮点。虽然目前日本数字出版业的市场规模占日本总体出版市场比例不大，但是从 2003 年到 2008 年，日本的数字出版市场总量增加了 20 余倍，体现出强劲的增长势头。2008 年，其数字图书市场规模为 464 亿日元，其中，手机出版是其主要的领域，出版规模达 402 亿日元。到 2012 年，日本电子书产业产值占出版产业总产值的比重约为 4.19%。据日本网络媒体研究所发布的《电子书业务调查报告 2013》的最新数据，2012 年日本电子书总量持续增长，达到 38 万多种，市场规模为 729 亿日元（约合人民币 46 亿元），与 2011 年的 629 亿日元相比增长 16%。③ 总体上来说，2002~2010 年日本电子书市场保持着较快的发展速度，不过近年来增长速度减缓，2010 年增长速度降到了 13%。2011 年手机阅读市场严重饱和，而新型终端电子书市场又还未发展成熟，数字出版甚至首次出现了负增长。2012 年新型终端电子书市场爆发，形成了一股热潮。据印象社的统计，2013 年（2012 年 3 月到 2013 年 3 月）日本电子书销售 30 万种，销售额 950 亿日元④。

---

① 〔日〕下村昭夫：《日本出版业的现状》，《河南大学学报（哲社版）》2007 年第 5 期。
② 甄西：《日本出版 2012 年最终结算销售额微幅下滑》，《中国图书商报》，2013 年 7 月 12 日。
③ 张志强、李镜镜：《日本电子书产业的发展及启示》，《编辑之友》2013 年第 12 期。
④ 普华：《2013 年的日本出版业：纸电销售均不理想》，百道网，2014-03-17，http://www.bookdao.com/article/76671。

二 数字出版产业的转型历程

相比于美国等发达国家，日本数字出版产业在发展初期相对滞后，这一点与日本本国的出版制度高度相关。在日本，长期以来施行"再贩制"和"寄贩制"。所谓"再贩制"，即"再贩售价格维持制度"，也称"固定零售价格制度"，要求出版物以固定价格出售，禁止实体书店打折，即使旧书也是如此，不打折也不能降价。所谓"寄贩制"，即"图书寄销制度"，该制度规定在设定时间内（新出版图书通常是六个月期限），零售商和批发商可以退回没有销售出去的出版物。出版社将一批新书交给批发商时，批发商会按照整批图书的零售价全额（业内称为"码洋"）支付100%的货款。而书店从批发商处进货图书，不必立即结账，到设定时间后才与批发商结算，如果有滞留的图书可以退回给批发商，批发商再把剩余图书退还出版商，出版社再将多余的码洋退还批发商即可。实际上，日本传统图书的流通靠中盘商实现，其中东贩与日贩是数十家中盘商中最大的两个中盘商，占总体业务量的70%左右。而出版社与代销商之间又存在股权制产权关系，如东贩的股份就由小学馆、讲谈社等出版社、书店以及东贩内部占有股份等组成，形成了财产互有、利益共享的关系。

这种保护性的制度使日本传统出版业的市场环境变得异常稳定：对于出版社来说，只要能够不断推出新的图书，就能保证资金链运作的持续性；对于批发商来说，只要控制住出版物的配送和资金的回笼环节，就能保证稳定的收益；对于下游的实体书店来说，制度的保障减少了其市场风险，同时又有利可图。三者的利益牢固地捆绑在一起，一损俱损，因而，保持现状成为最佳的博弈策略。同时，在日本纸质文化盛行了1000多年，日本民众对纸质出版物的阅读拥有很大的热情，由此造成了日本的出版业对出版业数字化趋势反应的滞后。

近几年来，信息技术的发展和遍及全球的数字化、网络化浪潮对日本的传统出版业产生了巨大的冲击，这种冲击体现在内容生产、营销渠道等各个出版环节上。尤其是手机终端和新型阅读终端的兴起以及青年市场的高速发展，都使得日本出版市场不得不开始对数字出版市场重视起来。纵观日本数字出版产业的发展，大致可以分为以下几个阶段。

起始阶段（1999～2004），基本上以PC终端为主要渠道，以文艺·工具类为主要内容。日本电子书的发端可以追溯到1999年日本"电子图书国际财团"率先开展的电子图书出版尝试。2004年以前，面向PC终端的电子书几乎占据了日本电子书市场的全部份额。不过，随着手机阅读市场的成长，面向PC终端的电子书市场开始逐渐衰退。值得注意的是，这一阶段电子书阅读器已经面世，2003年松下电器推出了全新的电子书阅读器，随后东芝和索尼也推出了类似产品，但由于当时电子书产业链的发展并不成熟，电子书缺乏内容，难以引起受众的兴趣，这些阅读器的发展进程受制，最后不得不撤出这一新兴市场。

发展阶段（2004～2010），此阶段以手机为主要渠道，以数字漫画为主要内容。2007～2010年，连续4年手机电子书市场的占有率均超过80%，2009年甚至达到89%的市场占有最高值。从电子书的种类分布来看，日本数字出版主要集中在漫画、小说、写真集和时尚杂志等领域，但动漫占有绝对的优势地位。近年来，数字漫画稳定在3/4的比例左右，形成了手机漫画"一枝独大"的市场格局，这一点与日本智能手机的普及密不可分。2007年前后，美国推出的iphone等智能手机在日本迅速普及，截至2012年3月末，日本智能电话用户已达2522万，占总用户的22.5%①，截止到2012年10月，日本手机用户签约入网数已经达到1.27亿人次。②

此外，值得一提的是，手机小说在此阶段发展十分迅速。日本的第一部手机小说《Deep Love》出现于2000年，受到年轻人的追捧，日本手机小说由此走上发展的快行道。业余作家们通过短信连载的方式发表手机小说，读者则通过手机订阅。2006～2007年是手机小说发展的黄金期，作品数量、受关注程度、出版发行数量都达到了前所未有的高峰。2006年全年文学作品销量前10名中，手机小说就有4部，2007年更达到5部。

---

① 何德功：《宽带战略改变日本经济生活》，《经济参考报》2012年7月20日。
② 数据来源：《2012年10月日本主要移动运营商手机签约入网用户统计》，TCA一般社团法人电气通信事业者协会，http://www.tca.or.jp/database/2012/10/。

转型阶段（2010~），新型电子阅读器终端的出现，引领了数字出版的发展，而内容则仍以数字漫画为主。2010年被称为日本的"电子书元年"，这一年ipad风靡日本，索尼和夏普两大电子产业巨头也相继推出了各自的电子阅读器。日本新型终端电子书市场在经历了初期的失败、观望和尝试后，于2012年开始了爆发性增长并以2%的领先优势首次超过了手机电子书市场。这两个不同的电子出版流通市场平分秋色，占据了日本98%的电子出版市场。而Kindle的进入，更使得日本的阅读器市场竞争变得更为激烈。据知名市场研究公司MM Research的数据显示，在截至2013年3月的12个月时间内，Kindle已经占据了日本电子书阅读器市场38.3%的份额，乐天Kobo和索尼Reader阅读器紧随其后，两者的市场份额分别为33%和25.5%。①

下表是《电子书业务调查报告2013》中的相关数据，从中我们可以看到电子书业务的一些变化轨迹。

表1　2002~2012年日本各类型电子书销售产值及年增长率

年度	市场规划(亿日元)						总产值	年增长率(%)
	PC终端		手机终端		阅读器终端			
	产值	占比(%)	产值	占比(%)	产值	占比(%)		
2002	10	100					10	
2003	18	100					18	80
2004	33	73	12	27			45	150
2005	48	51	46	49			94	109
2006	70	38	112	62			182	94
2007	72	20	283	80			355	95
2008	62	13	402	87			464	31
2009	55	10	513	89	6	1	574	24
2010	53	8	572	88	24	4	649	13
2011	37	6	480	76	112	18	629	-3
2012	10	1	351	48	368	50	729	16

① 《Kindle上市五个月即登顶日本电子书市场王座》，腾讯科技微博，2013年7月3日，http://tech.qq.com/a/20130703/010028.htm?pgv_ref=techNewHotRank。

总体上来看，数字出版深刻地影响了出版业的赢利模式，整个出版产业出现了融合趋势，产业利润出现向业外分散的趋向，生存环境的变化推动着出版业不断进行创新。

三 出版产业的创新举措

日本数字出版产业经历了不同的发展阶段，在日本出版市场具有越来越重要的地位。数字出版产业的逐步发展和成熟，不仅为传统出版产业带来了创新的营销渠道，数字出版产业本身的营销渠道也更加多样化。

1. 出版社的数字化进程

对于出版商来说，数字出版改变的不仅仅是其生产过程、流通过程，更是改变了其产业链的生存环境，面对着新媒体技术的冲击，出版社也在努力实现自己的数字化转型。

一是积极介入数字出版领域，打造数字出版的产业链。从内容的生产角度来看，从前面的数据中，我们可以看到日本在数字化方面的探索还是相对较早的，不过由于种种原因，相对封闭的环境影响了其进程。近几年来，日本在数字出版，尤其是手机出版方面的探索不可谓不努力。1999 年，NTT DoCoMo 开发了 i-mode 技术，用户可以通过手机上网。2003 年，日本电信运营商开始实行包月套餐式的定价计费制，使用手机上网的人群大大增加。2006 年，日本通过手机上网的人数超过电脑上网的人数。出版社从中看到了存在的巨大商机，开始着手布局。众多传统出版商把自己在传统出版领域多年来累积建立起来的企业品牌和产品品牌，延伸到手机出版领域。而与手机出版利益链条相关的各方，如作者、出版社、手机阅读平台开发商、手机图书中盘、手机运营商等开始采取合作的姿态，推动了内容的数字化进程。

在产业链环节上，日本三大电信运营商对手机制造商的管控非常强，手机的主要功能与运营商的业务配合相当紧密，消费者购买手机也往往是在运营商的营业大厅购买，通过套餐方式免费获得手机。在这种情况下，出版商通过与电信运营商之间的联合或捆绑开发，可以有效地开拓某款手机的用户，为其提供相关业务，从而获得特定的市场空间，并有效地避免市场竞争。同时，出版

社也获得了新的数字内容分发渠道与新的收入来源。如日本最大的动漫出版商，讲谈社、小学馆、集英社均已同手机运营商合作开辟了属于自己的漫画下载wap网，用于自己本社出版的漫画下载。而几大报纸也相继建立了自己的网站。

二是参与全媒体出版。从内容生产的角度来看，一直以来日本图书选题开发主要从各类文学获奖者中选择，而新媒体的出现使得内容的生产模式发生了改变，其互动性与非中心化特征使得普通读者也有可能成为作者，手机小说创作的出现大大推进了这一进程。目前，通过手机网络和有线互联网收集的图书选题稿件数量已经远远超过了每年图书出版数量，新媒体已经成为日本出版业选题开发的新渠道，一些业余作者的创作也开始进入出版社的视野。媒介的融合与发展，推动着出版商探索参与全媒体出版的模式。从内容传播渠道来看，以同一数字化内容为基础，在互联网、手机、手持阅读器等终端数字设备进行平移出版的同时，进行在线游戏、电影电视等多种媒体手段的融合性开发，实现内容资源的再目的化或是多次利用，也是近些年来日本数字出版转型过程中的一个举措。如美嘉所著的手机小说《恋空》在受众中引起了极大反响，2006年出版成书，发行量累计超过200万册。其后被改编成为漫画、电影和电视剧，其漫画版由羽田伊吹编绘，原文版由双叶社出版。2008年手机小说《红线》基本也复制了《恋空》的模式。由《恋空》而形成的新型全媒体出版商业模式对日本的传统出版模式形成了巨大的冲击，甚至改变了日本出版人的观念。为了应对新的出版商业模式的挑战，讲谈社等大型出版社甚至在出版社内部设置了手机小说编辑部。

三是进军电子商务领域。进行数字出版的电子商务尝试，目前也是日本出版社面对数字化浪潮的一种创新。许多的日本出版社如角川书店等开始设立电子书网络销售平台，提供下载和销售出版社实体书的PDF版等相关服务，实现自身的转型。面对网络电子商务的冲击，一些出版社甚至联手合作共同建立起电子书店，在线销售。如cbook21.com就是由几十家电脑图书专业出版社组成的。2011年6月，软件银行创造社、主妇与生活社、三和书籍等八家出版社联合成立了一家名为"Bookpub"的电子书店，书店页面上集合了八家出版社精品图书。而新潮社、集英社等大型出版社则共同组建了"电子文库

PABURI"。不仅如此，讲谈社、新潮社、读卖新闻等日本知名的新闻出版机构与索尼公司共同组成了专门发行电子图书的服务公司"PublishingLink"。

当前，日本最大的电子图书销售网站是"PAPYLESS"，加盟的出版社有二三百家，其中有角川书店、讲谈社等大型出版社。2007年，该网站推出了每册24小时100日元的线上漫画出租业务，其内容以FLASH格式呈现，改变了漫画需要专用浏览器的状况。

2. 渠道创新措施

书店是日本图书销售的重要渠道，面对网络化、数字化浪潮的侵袭，书店也采取了不少的创新措施。

一是网络书店的兴起。与出版社相比，书店的网络化进程相对更加快速一些。网络书店简便、快捷，而且大大节省时间，受到青少年群体的喜爱。在日本，一般的网络书店都建立了自己的数据库，读者可以通过互联网下单购买图书，实现送货上门，或者在附近的便利店收取。1995年，丸善书店建立了日本第一个网络书店。随后，主要的大型连锁书店如纪伊国书屋、三省堂、八重洲图书中心、淳久堂书店、文教堂书店也进入网络图书销售领域，日本最主要的两大图书批发公司"东贩"和"日贩"也建立了网络销售系统。据日本全国出版协会统计，网络书店的销售额从2000年的约70亿日元上升至2012年的1285亿日元，占全部图书销售总额的6.7%①。不仅如此，亚马逊、乐天等网络书店还通过免费配送和提高配送速度吸引顾客，与传统书店进行竞争。那些依靠传统营销方式的中小型书店由于缺少资金或数字化进程较缓，难以与网络书店进行竞争，处境困难。据日本著者贩促中心的调查，截止到2013年5月，日本国内的书店数量为14241家，相比1999年时的22296家，减少了8000家以上②。为了支持中小书店，日本大型书籍批发商开办了网络书籍销售系统"e-hon"，专门为中小书店服务。顾客如果在"e-hon"购书，只要到附近任何一个加盟店，在"my书店"登录，即可在该书店取书或由其他加盟书

---

① 刘蒙之：《日本书刊业的现状与求变趋势》，《国外出版瞭望》2013年第1期。
② 《受网上书店影响日本实体书店15年内消失了8000家》，日本通，2013年11月11日 http：//japan.people.com.cn/n/2013/1111/c35465 - 23502027.html。

店，免费送书。①

网络书店为日本图书发行业引入了一种新的营销方式，成为日本出版发行业的驱动力量。2012 年，富士通的"BooksV"、大日本印刷和 NTT 共同出资的"honto"、凸版印刷集团经营的"BookLive"、索尼的"Reader Store"以及乐天的"KoBo Touch"等数字网络书店面世，出版市场的竞争进一步加剧。

为了有效地推动图书销售，在网络之外开辟图书的销售渠道，日本出版业还建立了日本著者贩促中心，实施 FAXDM 对店直接系统。该中心收集了日本各大书店及图书馆的传真号码，能够通过传真有选择性地向书店及图书馆推销作品。②

表 2　2002～2010 年各类销售渠道销售金额统计*

单位：百万日元

年份	总数	独立书店	24 小时店	车站店	网络销售	其他
2001	23402	16533	4901	1053		915
2002	23023	16289	4893	964		877
2003	22598	16192	4638	923		845
2004	22330	16249	4471	812		798
2005	21948	16036	4329	749		834
2006	21626	15964	4253	711		698
2007	21102	15019	3822	676	932	653
2008	20505	14678	3547	636	1012	632
2009	19732	14268	3124	595	1134	611
2010	19286	14017	2860	534	1285	590

*〔日〕日贩经营相谈中心：《2012 年出版物销售实态》，2013，第 28 页。

最早进入日本的外资网络书店是贝塔斯曼日本公司，该公司在日本建立了网络书店 Bol。而 2000 年亚马逊进入日本后，其在网络图书销售方面积累的丰富经验与低价倾销的有效营销手段对日本的网络书店产生了极大的冲击，到 2009 年时亚马逊网络书店销售收入超过 1400 亿日元，占日本网络书店 50% 以

---

① 郭瑞璜：《日本网络书店销售额五年增六倍》，《今传媒》2006 年第 4 期。
② "日本著者贩促中心"网站介绍，http：//www.1book.co.jp/。

上的市场份额，而到2012年，亚马逊在日本国内的销售额超过7300亿日元，是前几位竞争对手的总和。

二是按需印刷（Print-on-Demand）。按需印刷模式也成为网络书店一种新的经营手段。按需印刷不受印量限制，而且可以即时成书，实现零库存，能够极大地满足消费者的个性化需求，对于出版社来说，按需印刷则成为其一个新的收益增长点。早在2010年，日本的三省堂书店就开始向购书者提供外文版书籍及店内长期脱销的日文版书籍，书店安装有印刷装订一体机，购书者可以购买并打印自己所需要的书籍。2011年，亚马逊日本分公司也推出"按需印刷"服务，POD服务可在收到用户的书籍订单后再进行印刷。读者可以购买那些原本无法批量出版的书籍，作者原本无法出版的书籍也可以通过这种模式上市销售。①

三是大力推进网络预订。传统出版模式下，出版商—经销商—书店是基本的流通模式，而图书的起印数量是由出版商或批发商根据经验决定并发零售商供货，而寄销制度又使得书店宁愿将图书退回出版社而非强化店面的营销，这使得日本的图书退订率非常高，成本居高不下。网络预订，可以让读者通过网站预购图书，一方面出版社可以根据相应的数据进行预判与分析，决定图书的起印量，另一方面读者则可以通过分期付款的方式来购买图书，也强化了读者进行网络预订的积极性，这还为出版社的数据分析提供了长期和稳定的信息。亚马逊日本网络书店曾经通过网络预定的方式，销售出88000册《哈利·波特》，掀开了这一系列图书在日本畅销10年的序幕，这一现象也引起了日本出版业的关注。

3. 营销手段创新

网络化、数字化技术为出版社创造了新的出版环境，也改变了日本出版业的生存环境，一些网络书店的营销手段开始对日本的传统出版制度产生冲击，其中亚马逊的营销方式是影响最大的个案之一。2008年10月，日本亚马逊经过艰苦谈判，终于和早稻田大学达成协议，以早稻田大学的在校学生、教职员工以及所有的校友为对象，发放专用的ID卡。凭借ID卡在日本亚马逊购买图

---

① 王丹丹：《亚马逊（日本）推出按需印刷业务》，《出版商务周报》2011年4月25日。

书,在校学生和教职员工可以享受8%的折扣,校友们则可以打折3%。[1] 活动结束后,日本亚马逊迟迟不终止打折,短期打折销售演变成长期打折销售。这一举措对日本的"再贩制"影响极大,也在日本出版业界产生强烈的反响,引致了日本出版流通对策协议会、出版商甚至政府等相关势力的干涉。亚马逊的行为虽不能影响出版商对电子书价格的控制,但其强大的市场影响力与市场控制力迫使其他电子书平台也采取措施来保卫和开拓更多的市场份额。日本的"乐酷天"计划采用一种新的销售点系统,为读者提供折扣服务,而其他的电子图书销售网络平台也会采取类似的措施以强化自己的竞争能力。

2005年10月12日至12月12日,讲谈社、小学馆、角川书店、文艺春秋、筑摩书房等出版社共同策划了网上"半价图书节",共有1200多种图书在活动专设的 www.bargainbook.jp 网站上半价销售。而日本东京电视台、电通集团与亚马逊日本网站联手推出了电视购书服务,消费者只需按动遥控器即可完成购书行为。

2008年,日本小学馆、集英社等4家出版社尝试将初版发行一年以上的"在库仅少本"(即小量库存书)进行打折销售。随后,讲谈社、文艺春秋、筑摩书房、主妇之友社等17家大社也纷纷加入[2]。这种营销方式,对于传统书店的影响可想而知。当这种价格战成为一种主要竞争方式时,其对于日本出版产业制度的冲击将进一步加大。相比之下,宝岛社于2005年发起的"买书刊赠礼品"活动则相对温和得多,其是将经营商品与书刊销售结合起来。宝岛社在书店大堂内设立专柜,读者购买图书就随书赠送与图书包装相同或相似的宝岛品牌的包或化妆品,此举同样也取得了不俗的销售业绩。

四 数字出版产业的管理体制逐步完善

为了促进数字出版业的发展,日本政府近几年来不断完善法律体制,推出多种优惠政策并积极进行项目引导,积极推进数字出版产业的发展。

---

[1] 甄西:《日本亚马逊打折售书惹争议》,《中国图书商报》2010年4月16日(第15版)。
[2] 戴铮:《网络特价书店"抢食"日本传统书店叫苦》,中国新闻出版网,2008-11-18,http://www.chinaxwcb.com/index/2008-11/18/content_160912.htm。

日本出版产业的数字化转型

一是明确机构职责。2010年3月，日本经济产业省、总务省和文部科学省三省协作，联合举办了"关于数字与网络社会时代促进出版物有效利用的恳谈会"，推进电子书籍业务，规范电子书籍网络传送数据形式。2010年6月，恳谈会提出了《关于数字与网络社会时代促进出版物有效利用的恳谈会报告》，提出了推进数字出版发展过程中所面临的15个研究项目，由经济产业省、总务省和文部科学省三省分别负责。其中，日文格式统一由总务省负责落实，出版物的权利及图书馆的电子化运营方式由文部科学省下的文化厅负责落实，数字出版环境的完善则由经济产业省负责落实。日本总务省和经济产业省则于2010年共同制定了《完善开放型数字出版环境》政策，构筑和完善各类消费者和中小出版企业能够加入数字出版市场、使用者能够简便而自由地获取信息的数字出版环境。①

二是强化版权保护。2013年7月30日，日本文化厅决定创设"电子出版权"，规定在电子书遭遇盗版的情况下，出版社有权替作家通过法院要求停售盗版。文化厅正考虑向2014年的例行国会提交《著作权法》修正案，在著作权人和出版社达成协议的前提下将现行的出版权对象范围扩大到电子书，提出了赋予出版社相当于著作权的"著作邻接权"方案②。出版社拥有著作邻接权后，可以有效保护数字出版产品的版权。

三是成立了数字出版机构。2010年，由日本国内35家主要出版社共同组建了"日本电子书籍出版社协会"，这是日本第一个数字出版行业的团体，协会的宗旨为"构建健全的电子书出版市场"。

2012年4月，日本"数字出版机构"正式成立，该机构由政府注资150亿日元，讲谈社、集英社、小学馆等15家日本著名的出版社出资20亿日元。该机构旨在解决各出版社电子出版物制作保管、各出版社与国立国会图书馆的合作、在数字出版背景下出版社与作者利益保障等事关电子出版的各种问题。

四是强化财政补贴。2011年，日本确立了政府支持出版物电子化的补贴

---

① 崔景华、李浩岩：《韩日数字出版产业发展现状及扶持政策》，《出版发行研究》2012年第10期。
② 于晓：《日本文化厅拟创设"电子出版权"应对盗版电子书》，中国新闻网，2013 - 7 - 30 http：//www.chinanews.com/cul/2013/07 - 30/5103376. shtml。

机制，由经济产业省负责，对出版物电子化提供资金补贴。经济产业省将"增强地区经济产业活力对策费补贴"拨付给日本出版基础设施中心（JPO），该中心在接受出版社申请后向具体负责电子化业务的企业下订单。

五是制定数字出版标准规范。2011年5月，日本总务省制定实施"电子书籍转换格式标准化"计划，统一电子书籍格式。该计划可以有效降低电子书的生产、研发成本，同时也为消费者提供更丰富的内容与更多的阅读方式选择，有利于加速电子出版市场的扩大。在电子图书的规范上，2011年10月，日本确定了采用国际数字出版论坛（IDPF）新发布的电子图书规范EPUB3.0数字出版新版本。

五　结语

通过对日本数字出版产业近年来的梳理可以看出，数字出版产业如今已经成为日本出版产业的重要组成部分。日本数字出版产业早期发展滞后却又能够后来居上，在全世界的数字出版产业中拥有重要的地位，与日本本身所具有的丰富的出版内容有密不可分的关系。在国民长期保持的良好阅读习惯下，如今日本出版内容的创作力仍然很强。无论是传统出版业的数字化，或者是新型数字的出版，其中最重要的仍是内容。

目前，困扰日本数字出版产业发展的问题主要有定价问题、赢利模式以及传统出版制度等问题。但随着政府的积极管理和促进、行业的自我管理和发展，数字出版产业前景值得进一步的观察和借鉴。

B.5 数字媒体持续上扬，传统经营模式着力转型

——2014年德国传媒产业报告

程巍*

摘　要： 2013~2014年德国传媒产业总体发展平稳。虽然数字化已经成为德国传媒市场的主旋律，但是传媒企业并没有从数字化和互联网的发展中获得明显的经济收益。2012年以来，德国的报纸和杂志遭遇前所未有的危机，销售额持续下降，出版社生存艰难。停刊、裁员、破产和转让成为这一市场领域的关键词。通过转让旗下的传统杂志，纸媒巨头阿克塞尔·施普林格集团将业务重点转移到在线内容上。而其"免费增值"收费模式的初步试水成功在一定程度上证明，选择正确的经营模式将成为拯救德国传媒集团的关键。

关键词： 德国　传媒产业　经营模式

一　行业产值及总体市场环境

2013~2014年，德国传媒产业的发展情况要好于德国整体经济的发展，与过去的几年相比，实现了明显的增长。然而，在行业总产值增加的前提下，

---

* 程巍，中国传媒大学外国语学院讲师。

各个媒体领域的发展却呈现截然不同的态势。在互联网行业和电视从业者为喜人的销售额而庆祝的同时，传统的纸媒却不得不面对前所未有的挑战。持续缩水的营业额几乎可以成为描写整个纸媒市场现状的关键词，尤其是报纸行业的前途更加令人担忧。2013年10月，普华永道（PwC）咨询公司发布了年度报告《德国娱乐及媒体行业展望》[①]，并在其中对德国媒体行业2014年的发展做出了积极的预测。

表1 德国传媒行业各分支领域营业额一览

单位：亿欧元

	2007	2010	2011	2012	2013	2014	2007~2013变化（%）
电视	118.85	123.82	126.42	129.73	132.78	135.84	+11.7
其中广告	41.56	39.50	39.82	40.51	41.44	42.60	-0.3
图书	95.76	97.34	96.01	95.23	95.81	96.37	+0.1
报纸	92.78	86.73	86.92	84.41	80.74	78.67	-13.0
其中广告	48.38	40.96	40.38	37.24	33.97	31.89	-29.8
杂志	65.11	58.32	58.24	56.90	55.63	54.62	-14.6
其中广告	28.38	24.01	24.48	23.17	22.57	22.24	-20.5
在线广告	25.21	37.69	42.49	46.70	51.20	55.50	+103.1
因特网	68.46	106.51	118.93	129.31	138.98	147.65	+103.0
广播	33.93	35.01	35.07	34.97	35.24	35.78	+3.9
其中广告	7.43	6.92	7.09	7.20	7.39	7.62	-0.5
电影	23.66	26.59	27.46	28.31	30.21	31.66	+27.7
音乐	16.52	14.89	14.83	14.35	14.29	14.44	-13.5
电子游戏	16.39	20.15	21.45	20.69	20.48	21.97	+25.0
传媒产业总营业额	556.67	613.13	633.39	644.74	660.49	677.38	+19.3

数据来源：普华永道，《德国娱乐及媒体行业展望 2011~2016》及《德国娱乐及媒体行业展望 2012~2017》（其中2013及2014年数据为估计值）。

从表1中可以看出，德国传媒行业在近几年来一直保持着稳定上升的发展态势，而这一趋势在2013和2014年得到了延续。在众多的分支行业中，在线广告和因特网的增长最为迅速。2013年上述两个行业所实现的产值均达到并且超过了2007年的2倍。

① "German Entertainment and Media Outlook".

数字媒体持续上扬,传统经营模式着力转型

德国的广告市场在近几年也保持着良好的发展。2013年,德国媒体行业的广告毛收入共计252.19亿欧元,与2012年相比增长了1.5%。

表2 德国传媒行业广告毛收入分布

单位:亿欧元

	2012年(与上年相比)	2013年(与上年相比)	2014年第一季度(与上年同期相比)
电视	113.36(+2.0%)	119.87(+5.7%)	28.49(+6.5%)
报纸	50.16(-6.6%)	46.33(-7.6%)	10.88(-1.8%)
大众杂志	35.85(-4.3%)	35.48(-1.0%)	7.99(-0.3%)
互联网	28.59(+17.3%)	29.59(+3.5%)	6.85(+2.9%)
广播	15.33(+6.1%)	15.88(+3.6%)	3.88(-0.2%)
专业杂志	4.17(-0.7%)	4.10(-3.7%)	1.01(-1.7%)
电影	1.03(+10.5%)	1.01(-2.1%)	0.21(+0.7%)
传媒行业广告总收入	248.49(+0.9%)	252.19(+0.9%)	59.59(+3.0%)

数据来源:尼尔森媒介研究(Nielsen Media Research)。

广告收入的最大赢家是移动网络。因为这一部分数据2014年初才首次公布,所以上表中并没有涵盖这一部分内容。2014年第一季度,德国移动网络广告的收入额为2690万欧元,这与2013年第一季度的2170万欧元相比增加了24.0%。[①]

然而,在大多数媒体领域中,广告收入只是传媒企业众多收入来源中的一个。尤其对于图书出版业来说,广告收入的影响更是微乎其微。因此,在大多数情况下单凭广告市场的趋势并不能全面地反映传媒行业的收益情况。2013年末,德国耶拿大学学者公布的一项研究成果说明了德国传媒企业(其中包括出版社、广电、电影、广告和印刷企业)近年来的收入及利润发展情况。该研究的一项结论认为,德国的传媒企业总体来说并没有从媒体数字化和互联网的普及中获得更好的经济收益。与之相反:1991年,德国传媒行业总产值在德国全国经济总产值中所占比例为2.0%;而到了数字化全面推进的2011年,德国媒体行业在国民经济中所起的作用甚至还不如20年前,其所占比例降到了1.8%。当然,如果考虑到传统媒体严重缩水的广告收益和大幅下降的

[①] Nielsen Media Research. http://www.nielsen.com/de/de/datenerfassung/erfassung-von-werbestatistischen-daten.html.

纸媒出版量,这样的结果也不足为奇。该研究的另一项结论则有关德国传媒企业的收益情况:虽然整个德国媒体行业的总产值发展并不尽如人意,在几乎所有的分支领域中,德国传媒企业的收益率却远远高于德国企业的平均值。更加出人意料的是,虽然传统纸媒正在遭遇前所未有的发展困境,德国出版社的利润却自2006年开始就持续大幅增长。到2011年,德国出版社实现的利润甚至达到了2006年的两倍还多。究其原因,该项研究的作者认为,德国出版社利润提高主要在于"大幅的裁员和20年来基本保持不变的编辑和作者的实际工资(低于德国经济领域平均工资水平约10%)。"仅一项数据就能够很好地说明这一点:德国出版行业的从业人数在1991年到2011年的20年间共减少了85000人;而仅仅从2006年到2011年的5年间,出版业的人员流失就达到40000人。2011年德国出版业的从业人数约为265000人。[①]

表3 1991~2011年德国媒体行业净利润变化情况

单位:亿欧元

年份	1991	1996	2001	2006	2011
媒体行业总利润	122	137	144	136	172
—出版(纸媒/在线)	12	14	28	31	81
—广电/视听	17	22	25	16	22
—广告/市场调查	93	102	92	89	70
作为比较对象:					
—德国IT行业净利润	80	97	140	121	112
—德国所有经济行业净利润	3428	4254	4613	6047	6284

数据来源:研究报告《德国媒体经济:发展还是危机?》(2013)。

二 行业和市场

(一)报纸

2012年对于德国报纸行业来说是极其惨淡的一年。在这一年里,区域性

[①] Seufert, Wolfgang. Die deutsche Medienwirtschaft-Wachstumsbranche oder Kriesenbranche? Produktion von und Nachfrage nach Medienprodukten seit 1991. MedienWirtschaft 2013, 10 (4), 10–26.

数字媒体持续上扬，传统经营模式着力转型

报纸《威斯特法伦评论报》（Westfälischer Rundschau）和《纽伦堡晚报》（Nürnberger Abendzeitung）相继停刊；曾经在全国报纸行业占据一席之地的《德国金融时报》（Financial Times Deutschland）退出德国市场；对德国消费者观念影响巨大的全国性报纸《法兰克福评论报》（Frankfurter Rundschau）申请破产。这一连串的打击使得2012年成为继20世纪60年代初德国报社大批消亡之后德国报业历史上最灰暗的一年。

2013~2014年，德国报社的境遇虽然有所好转，但是整个市场的发展仍然不容乐观。虽然2013年以来德国再没有听到来自像《德国金融时报》和《法兰克福评论报》这样的大型全国性报纸的噩耗，但是区域性报纸停刊或者倒闭的命运并没有完结。2013年，又有两家区域性报纸《哈尔堡报》（Harburger）和《美因茨莱茵报》（Mainzer Rhein Zeitung）相继停刊。2014年3月，《慕尼黑晚报》宣布破产。这些不绝于耳的负面消息可以证明，德国的报纸行业正在面对前所未有的困境。

表4 德国报纸行业变化

年份	报社数量	出版版次	销售份数	年份	报社数量	出版版次	销售份数
1954	624	1500	1340万份	2007	351	1514	2080万份
1964	573	1495	1730万份	2009	351	1511	1990万份
1976	403	1229	1970万份	2011	347	1509	1880万份
1991	410	1673	2730万份	2012	333	1532	1840万份
1999	355	1581	2400万份	2013	329	1528	1750万份
2003	349	1561	2260万份				

数据来源：德国联邦报业出版者协会（BDZV），数据统计截至2013年8月。

* BDZV. Die deutschen Zeitungen in Zahlen und Daten 2012/13. www.bdvz.de.

与拥有固定读者的订阅型报纸相比，主要依靠报亭销售的街头报纸的生存环境更加艰难。根据德国媒体行业网站 meedia.de 的统计，7家最具影响力的区域性街头报纸①在过去的10年中共计损失了28%的销售份额。其中遭受打

---

① 包括慕尼黑的《晚报》（Abendzeitung）和《日报》（tz）、《图片报》（Bild）、《柏林快递》（Berliner Kurier）、《汉堡晨报》（Hamburger Morgenpost）和《萨克森晨报》（Morgenpost Sachsen）等。

075

击最大的是《图片报》（Bild）①，这份报纸如今售出的份数比10年之前减少了39%。这样的趋势目前仍在延续：2014年第一季度，德国全国售出的日报总份数与上年同期相比减少了56万份，按比例计算约为2.7%。其中，订阅量和零售量合计比上年减少了3.0%。②

表5 德国报纸销售量变化

单位：万份

日报							
	2011年第一季度	2012年第一季度	2013年第一季度	2013年第二季度	2013年第三季度	2013年第四季度	2014年第一季度
订阅量	1469	1435	1401	1400	1377	1386	1377
零售额	618	571	516	529	534	489	483
其他销售	124	129	133	135	125	136	133
总计	2210	2136	2050	2064	2036	2010	1994
所有报纸(包括日报和周报)							
	2011年第一季度	2012年第一季度	2013年第一季度	2013年第二季度	2013年第三季度	2013年第四季度	2014年第一季度
订阅量	1621	1583	1547	1546	1523	1533	1523
零售额	631	583	527	540	546	499	493
其他销售	142	145	144	151	141	153	152
总计	2395	2313	2224	2237	2210	2185	2168

数据来源：销售及广告载体信息协会（IVW）季度报告。

与纸质报纸销售持续低迷的状态相对应的是电子报的繁荣。目前已经有越来越多的德国报社将纸质版中的内容以电子报的形式放到互联网上。而且电子报的发展似乎已经摆脱了内容贫乏、读者浏览不便的最初蹒跚阶段，进入一个发展相对顺畅的时期。虽然目前电子报在德国订阅量的绝对数值还比较低，但是由于将纸面上的内容搬到网络上并不需要投入过多的附加成本，所以目前大多数报社都将发展电子报作为一项重点工作。除了电子报之外，各家报纸的门户网站也越来越多地受到读者的青睐。据德国报业市场协会（ZMG）的一项

---

① 《图片报》（Bild）是欧洲销量最大的街头报纸。
② Meedia. de. Die große IVW-Analyse der Zeitungsauflagen. http：//meedia. de/2014/04/23/die – ivw – analyse – der – ueberregionalen – und – regionalen – zeitungen/.

数字媒体持续上扬，传统经营模式着力转型

评估结果，德国在线日报的每月平均浏览量为3000万人次。这一数字相当于14岁以上说德语人口总数的43%。而仅在一年之前，这一数字还是2300万。如果仅仅考虑14~29岁的年轻读者访问量，那么浏览在线日报人数的比例则更加可观，约为65%。

随着电子报发展的逐步稳定，如今德国各家报社都在致力于实现对网上浏览的收费。由于到目前为止广告收入还难以覆盖成本投入，所以德国大部分报纸的门户网站都还处在亏损运营的状态。据德国联邦报业出版者协会（BDZV）的统计，截至2014年3月，德国共有76家日报对读者在线浏览进行收费。其中大多数（50家以上）的报社采用的是所谓的"免费增值模式"（Freemium Model），即由编辑决定读者阅读哪些文章需要交费，哪些免费。约20家报社则采用"计量收费模式"（Metered Model），即读者每月拥有一定数量的免费点击阅读权，当读者的点击数超过这一限定的数量时就必须付费。另外有3家报社采用的是所有内容均收费的模式，而著名的《日报》（tz）则采取了读者自愿付费的模式。

表6 德国启动在线阅读收费模式的报纸数量变化情况

2010年	2011年	2012年	2013年10月	2014年3月
6家	10家	43家	71家	76家

数据来源：德国联邦报业出版者协会（BDZV）。

据专业的信息服务公司pv digest于2013年12月公布的统计数据，德国报社2013年全年通过读者在线浏览新闻所获得的收入共计约1.4亿欧元。其中，约8700万欧元（62%）来自地方性的日报，1800万欧元（13%）归跨区域日报所有，2100万欧元（15%）为杂志的收入。而堪称目前德国媒体内容数字化尝试最果敢先锋的《图片报》（Bild）则将剩余的1400万欧元纳入囊中。

《图片报》所属的阿克塞尔·施普林格（Axel Springer）传媒集团于2013年开始全面实施"付费内容"（Paid Content）的经营模式转换项目。2013年年初《世界报》的官方网站welt.de开始启动付费阅览模式。2013年7月，该集团的旗舰产品《图片报》的官网bild.de紧随其后。施普林格集团采用的是

上文提到的"免费增值模式"。2013年末,该集团董事会透露,付费产品《图片加》(Bild plus)已经拥有超过15万付费用户。读者可以在每月4.99欧元至14.99欧元的三档不同价格中进行选择。大多数用户最初都选择了价格最低的那一档。但是据统计,76%的订阅者此后都被报纸内容所吸引,并改订了价位较高的订阅内容。这样的结果表明,即使在可以免费获取大部分信息的网络时代,高品质的新闻还是会得到读者的尊重。如果选择了正确的经营模式,并且能够保证新闻的品质,那么信息数字化或将成为报业重生的一个契机。

(二)杂志

需要把应对不断下降的销售额当做一场持久战来打的不仅仅是德国的报业,德国的杂志社如今的处境也是举步维艰。据德国销售及广告载体信息协会(IVW)发布的数据:在2003年到2013年的10年间,作为该协会会员的杂志总销量由原来的1.26亿份减少到了1.05亿份,缩水程度达到16.7%。而且,这样的发展趋势在2014年仍在继续。2014年第一季度,德国杂志的销量比上年同期减少了3.3%,即少卖出了360万份。无论是订阅杂志量还是零售杂质量都在以相似的速度持续缩减。

表7 德国公众杂志的分季度销售量

单位:万份

	2011年第一季度	2012年第一季度	2013年第一季度	2013年第二季度	2013年第三季度	2013年第四季度	2014年第一季度
订阅量	4980	4940	4850	4870	4890	4890	4840
零售量	4510	4450	4320	4110	4220	3960	4030
其他销售途径	1730	1670	1620	1590	1630	1620	1560
总 量	11220	11060	10790	10580	10730	10450	10430

数据来源:销售及广告载体信息协会(IVW)季度报告。

恶劣的市场环境自然对杂志出版业的大型集团也产生了极大的影响。在2008年到2012年间,德国的五大杂志业巨头在销售额上均有所损失。虽然目前还没有进一步的更新数据,但是根据德国公众杂志总销量的数据可以推断,德国杂志业的不景气状态还将延续。

数字媒体持续上扬，传统经营模式着力转型

表8 德国大型出版集团的杂志销售量（周刊及半月刊）

单位：万份

出版集团名称	2012年所占市场份额(%)	2008年销售量	2010年销售量	2012年销售量
鲍尔传媒集团（Bauer）	30.6	1322	1231	1126
阿克塞尔·施普林格传媒集团（Axel Springer）	21.6	983	860	796
布尔达传媒集团（Hubert Burda）	17.0	783	701	626
WAZ/福克传媒集团（WAZ-Funke）	10.8	368	409	397
古纳亚尔出版集团（Gruner + Jahr）	7.3	335	287	267

数据来源：销售及广告载体信息协会（IVW）。

2013年7月，德国排名前三的大型传媒集团阿克塞尔·施普林格（Axel Springer，下文简称为施普林格集团）和另一出版巨头WAZ/福克（WAZ-Funke）签订转让协议。前者将把其旗下的多个传统杂志品牌交由后者经营。这次收购的规模巨大，合同金额达到近10亿欧元，转让内容涉及施普林格集团60%以上的杂志出版业务。2014年初，交易涉及的第一批杂志《女士图片报》（Bild der Frau）和《当代女性》（Frau von heute）已经易主，这两份周刊的每期销售量超过100万份。除了已经完成转接的杂志之外，施普林格集团还将按照合同陆续将《数字电视》（TV Digital）、《电波表》（Funk Uhr）、《图片周刊》（Bildwoche）和《新电视》（TV neu）等杂志转交给WAZ/福克传媒集团。在所有的交易完成之后，施普林格集团将仅保留其原有多个杂志品牌中的少数几个，包括《周日图片报》（Bild am Sonntag）、《汽车图片报》（Auto Bild）、《电脑图片报》（Computer Bild）和《体育图片报》（Sport Bild）。也就是说，届时施普林格集团的杂志销售量将由目前的约800万份下降到不足300万份，而其在德国杂志市场所占的份额也将随之减少到约13.5%。

斯普林格集团和WAZ/福克集团之所以能够就如此大规模的转让达成共识，主要原因在于两家集团各自选择了不同的发展方向。斯普林格集团希望通过转让跳出日渐萎缩的纸质媒体市场，并且借助启动多品牌的全线"付费内容"（Paid Content）项目成为德国数字媒体的领头羊。而WAZ/福克集团通过收购多个成熟杂志品牌，将实现销售量的翻番，达到800万份，其在杂志市场

上所占份额也将提高到约21%。

在德国的周刊和半月刊杂志市场，87.4%的市场份额由包括上述两家公司的五大出版集团所垄断。所以，斯普林格集团和WAZ/福克集团之间的转让协议将在极大程度上影响德国杂志市场的格局。德国反垄断局曾要求对这项交易进行仔细的审查。因为交易一旦达成，WAZ/福克集团和拥有30%以上市场份额的鲍尔传媒集团（Bauer）两家企业将共计占据整个德国杂志市场一半以上的份额，很容易形成绝对垄断的局面。2014年初，两家传媒大亨之间的这笔交易最终通过了德国反垄断局的审核，获准实施。

（三）图书

在经历了两年的营业额下滑之后，2013年德国图书贸易（包括电子书）的收入终于迎来了小幅上扬，全年销售额约为95亿欧元。更加出人意料的是，销售额的回升主要来自传统的实体书店，这部分的销售收入比2012年增加了0.9%。

然而，这些积极的数字却并不能让德国的出版社和图书销售商松一口气。因为，作为全球网络图书销售巨头的亚马逊（Amazon）正在着力巩固其在德国图书市场的地位。而面对如此强大的竞争，传统的实体书店和图书零售商的日子将越发难过。

对于亚马逊来说，德国一直是一个重要的市场，并且近年来亚马逊在德国市场上保持着稳健的增长。2013年亚马逊在德国取得的销售额为105.35亿美元，比2012年增加了20.7%。其中，亚马逊在线销售的营业额达到了约77亿欧元，这一数字占据了德国2013年在线销售总收入的近1/4（据德国零售协会公布的数据，2013年德国网上销售总营业额为331亿欧元）。而据图书行业信息网站buchreport.de的估计，2013年亚马逊在德国仅依靠图书销售的收入就达到了17亿~20亿欧元，这使得这家在线图书供应商稳坐德国图书销售冠军的宝座。

2014年，亚马逊为其在德国市场的发展设定了新的目标，即通过与畅销书作者签订独家出版协议进一步稳固亚马逊品牌及其硬件产品Kindle的市场地位。以后，想要阅读电子版畅销书的读者只能购买Kindle阅读器，并且去

数字媒体持续上扬，传统经营模式着力转型

表9 亚马逊的全球市场及德国市场的销售额

单位：亿美元，%

项目	2010年	2011年	2012年	2013年
全球市场销售额	342.04	480.77	610.93	744.52
涨幅	—	+41	+27	+22
德国市场销售额	52.96	72.30	87.32	105.35
涨幅	—	+36.5	+20.7	+20.7

数据来源：buchreport.de。

"Kindle商店"（Kindle-Store）里下载电子书。而纸质图书未来将只作为亚马逊策略中的附属品出现。

不过向来在电子书市场上独大的Kindle在2013年的德国市场上也遇到了一个强劲的对手，这就是由多家德国本土出版公司①联手推出的Tolino阅读器。根据德国消费研究协会（GfK）2013年末公布的数据，Tolino在德国电子书市场所占的市场份额已经达到了37%。这虽然与Kindle拥有的43%市场份额相比还有些差距，但是如果亚马逊想在德国电子书市场上继续领跑，就不得不加把劲儿了。

（四）广播电视

虽然互联网的发展和信息全球化对广电行业有所冲击，但是德国消费者对于广播电视的钟爱并没有受到过多的影响。近年来，德国广电行业一直保持着平稳向上的发展。在双轨制的体制下，私营广播电视运营商成为德国广电市场竞争的赢家。

2011～2013年，德国私营广播电视企业的收入持续增加。据德国金媒体咨询公司（Goldmedia）的统计，2012年德国广电行业总收入（包括公营和私营广电运营商）为157亿欧元，与2010年相比增加了2.3%。在此期间，两家公法广电集团（德国广播电视联合会ARD和德国电视二台ZDF）的营业额

---

① 包括世景出版集团（Weltbild）、塔利亚连锁书店（Thalia）、贝塔斯曼集团（Bertelsmann）以及德国电信公司（Deutsche Telekom）。

增长为停滞状态；而与之相对，私营电视台的进账却比两年前增加了7%，私营广播电台的收入也有所增加，增幅约为3%。2013年，这样的发展趋势仍在延续。例如全国性私营电视集团第一卫星七台（Pro Sieben Sat. 1）在2013年实现了20亿欧元的收入，比上年增长3.7%。另一个大型私营电视集团RTL也在同一年实现了约与第一卫星七台等量的收入，比2012年增加了1.1%。

表10 2010年及2012年德国广电行业收入情况

单位：亿欧元

项目	广播	电视	私营广电企业	公法广电企业	广电行业整体
2010年					
产品价值	37.53	131.23	82.07	86.91	168.97
产值*	20.93	37.04	27.43	30.54	57.96
2012年					
产品价值	37.41	136.09	87.50	85.99	173.49
产值	20.83	44.79	31.12	34.51	65.62

数据来源：德国传媒机构联合会（ALM）及德国金媒体咨询公司（Goldmedia）。

*产值=产品价值-前期制作成本。

从表10的数据中可以看出，德国的广播电视企业所在的市场环境近几年来正在不断改善。而这一点在广电集团的赢利利数据中体现得尤为明显。2013年，德国私营电视的总收入约为84亿欧元，而同期私营电视的成本总计69亿欧元，私营电视企业的净利润达到15亿欧元[①]，成本回收率为120.1%。

表11 德国私营广电企业收入及成本回收率

项目	成本回收率(%)			总收入(亿欧元)		
	2011年	2012年	2013年	2011年	2012年	2013年
私营电视	115.3	117.9	120.1	76.95	81.02	84.19
私营广播	116.0	115.0	112.0	6.52	6.65	6.80

数据来源：德国传媒机构联合会（ALM）。

---

① 作为参考：德国私营电视企业的总赢利2008年为6.29亿，2010年为9.44亿欧元。

（五）电影和音乐

德国的电影市场在2013年有所萎缩，无论是电影票的销售额还是观影人数都不如2012年，降幅分别为1%和4%。尽管如此，德国电影促进协会（FFA）却对德国的电影市场环境做出了积极的评价，其中原因在于：2013年德国本土电影所占的市场份额达到了26.2%，吸引观众3360万人次，这几乎与创纪录的2010年的水平持平。相比2012年票房前十中一部德国片都没有的尴尬境遇，2013年倒是《歌德去死》（Fack ju Göthe）为德国的本土电影挽回了一些面子。这部校园喜剧片是德国在过去的5年以来首部观影人次突破500万的国产片。

表12 2011~2013年德国电影市场发展情况

	2011年	2012年	2013年	2013年与2012年对比（%）
观影人数（亿人次）	1.295	1.351	1.297	-4
销售额（亿欧元）	9.581	10.330	10.230	-1
电影票价（欧元）	7.39	7.65	7.89	+3.1

数据来源：德国电影促进协会（FFA）。

2013年，德国电影市场上的电影首映次数达到563次，比2012年多了12次，也从而创下了一个新的纪录。与2009年相比，电影首映的次数更是增加了50次。然而在专家看来，这样的发展趋势是存在风险的。因为有过多的电影上映，所以每一部电影在映的时间就会相应缩短。有些影片没有足够时间吸引观众的注意，这样就造成了一定程度上的资源浪费。

为了促进本土电影的发展，德国的政府以及其他相关机构也在不断加大对电影业的资助和促进。2013年，来自政府的资助经费创下了一个新高，共计3.5亿欧元。其中对于电影制作（包括影院影片、电影短片、电视电影和纪录片）的资助就达到了2.21亿欧元。德国联邦政府承担了全国电影资助费用的一半以及对电影行业资助总费用的57%，对电影资助起到了主导作用。

2013年，德国的音乐市场实现了15年来的第一次正向发展。行业全年总收入共计14.5亿欧元，比2012年增加了1.2%。虽然现在就对德国音乐市场

的走向做出积极的预测还为时过早,但是德国联邦音乐行业联合会(BVMI)对未来持乐观态度。

按产品类型来分,CD光碟凭借着77.4%的市场份额无愧于行业支柱的头衔。2013年,CD音乐光碟在德国市场上的表现平平,销售额比2012年减少了1.3%。与之相比,黑胶唱片的销售增幅引人注目。对于整个行业来说,网上销售的增长在2013年起到了决定性作用。2013年,德国音乐市场网上销售的收入比上年增加了11.7%。而无需下载的在线收听在整个网上销售中又起到了火车头的作用。随着智能手机的进一步推广,相信未来在线收听音乐的市场比重将越来越大。

表13 2013年德国音乐市场分布

	2013年销售额(亿欧元)	与2012年相比变化情况(%)
细分市场		
有形音乐产品	11.2	-1.5
数字格式	3.3	+11.7
音乐市场总收入	14.5	+1.2
音乐格式		
CD光碟	10.06	-1.3
黑胶唱片	0.29	+47.2
网上下载	2.60	+1.6
在线收听	0.68	+91.2
销售形式(占行业总销售额的比例)		
实体店销售	45.9%	-3.0
网络销售	50.4%	+6.1

数据来源:德国联邦音乐行业联合会(BVMI)。

(六)在线媒体

德国网络经济联合会 eco 于2013年12月中旬公布了关于德国网络媒体的统计数据:2013年,德国传媒企业通过网上收费内容共计进账约60亿欧元。预计2014年这一数字将增长至68亿欧元,2016年将达到90亿欧元。这里所指的网上收费内容包括用户需要为下载或者使用而付费的所有内容。其中最大的比例由博彩类内容占据。而所占比例最小的就是电子出版物（这里包括需用户付费阅读的新闻以及电子图书、有声图书、节目索引等）。

表14 德国网络付费内容收入*

单位：亿欧元，%

项目	2009年	2011年	2012年	2013年	2014年
博彩	27.8	36.9	40.80	45.20	49.80
游戏	2.1	4.2	5.2	6.4	7.6
音乐/广播	1.7	2.5	3.1	3.8	4.6
电视/视频	0.2	0.7	1.3	2.1	3.3
电子出版物	0.3	0.8	1.2	1.9	2.7
共计	32.1	45.1	51.6	59.4	68.0
涨幅	—	+17.7	+14.4	+14.8	+14.8

*2013年数据为估计值，2014年数据为预测值。
数据来源：德国网络经济联合会eco。

对于网络媒体来说，扣除了佣金、折扣、反向贸易等因素之后的净收入通常比总收入更能准确地反映市场状态。2014年，德国在线营销联盟（OVK）公布的数据对德国在线媒体的净收入变化进行了统计。2013年，德国传媒企业通过在线广告获得的净收入比2012年增加了9.3%，预计2014年的增幅将为8.4%。

表15 德国传媒企业通过在线广告获得的净收入

单位：亿欧元

2012年	2013年	2013/2012年变化	2014年	2014/2013年变化
12.07	13.19	+9.3%	14.30	+8.4%

数据来源：德国在线营销联盟（OVK）。

2013年，德国访问量最高的网站排名并没有什么值得注意的变化。电信在线（T-Online）继续保持着领先地位，并且进一步扩大了与第二名易贝（eBay）之间的差距。新闻网站《图片报》（Bild.de）和《明镜在线》（Spiegel Online）的访问量都比上年有所增加，并且保持了第三名和第四名的位置。

表16 德国前十强网站（数据为各年12月份的访问量）

单位：亿次

网页名称	所在集团	2012年	2013年
T-Online Content	德国电信（Deutsche Telekom）	3.73	3.74
eBay	美国易贝（eBay）	3.69	3.36
Bild.de	施普林格（Axel Springer）	2.25	2.62
Spiegel Online	明镜出版集团（Spiegel）	1.75	1.86
Yahoo!	美国雅虎（Yahoo!）	1.56	1.21
MSN	美国微软（Microsoft）	1.05	1.19
gutefrage.net	霍尔茨布林克出版集团（Holtzbrinck）	0.72	0.90
Kicker online	奥林匹亚出版集团（Olympia）	0.32	0.85
Focus Online	布尔达出版集团（Burda）	0.50	0.81
mobile.de		0.59	0.80

数据来源：meedia.de。

就目前来看，德国移动网络的用户人数还明显低于固定网络用户，但是移动网络的发展速度非常迅速。2014年3月，德国联邦统计局公布数据：2013年，德国10岁以上的移动用户人数达到近3000万人（德国目前人口约为8200万），这一数字超过了所有用户总数的一半还多。在16～24岁人群中，移动网络的用户比例达到81%；在25～44岁人群中比例为62%。随着移动网络用户群体的扩大，这一细分市场的发展前景不可限量。

三 2013～2014年德国传媒产业发展特点及未来发展趋势

2013～2014年，德国传媒产业经历了很多变化，有些变化甚至可能会对整个行业格局产生深远的影响。在未来的几年中，德国的传媒产业仍将继续处于变革之中。

2013年，对于德国报纸杂志行业影响最大的事件是施普林格传媒集团的结构调整：施普林格集团将其旗下的区域性报纸和多个杂志转让给WAZ/福克传媒集团，前者计划通过这笔交易开拓新的数字化媒体市场，后者则寄希望于提升自身在报纸杂志行业的市场地位。施普林格集团如今已经开足马力，准备在数字内容领域大展拳脚。而福克集团在接手了新的杂志及地方性报纸品牌之

数字媒体持续上扬，传统经营模式着力转型

后，开始了大刀阔斧的裁员行动。通过在马德萨克（Madsack）成立编辑中心，其多家刊物将共享相同的新闻内容。这样的变化无疑将进一步推进新闻内容趋同化的发展。

另外，德国的报社在新媒体的冲击下相继开始尝试对网上内容浏览进行收费。2013年，德国新加入数字内容收费的报纸数量激增。虽然各家报社选用的付费模式有所不同，但是这样努力的最终目的都是为了寻求一种适合市场需求的新的经营模式。网络的发展似乎将传统的报纸逼进了一条死胡同，但是如果报社能够在危机中抓住机遇，那么绝处逢生也许并不是空谈。

在图书市场，实体书店多年来第一次取得了好于整体图书贸易平均值的成绩。电子书的发展突飞猛进，但是究竟电子书在未来将在多大程度上取代纸质图书，还需要由时间来验证。美国亚马逊集团正在大力推广Kindle阅读器，以扩大其在德国市场上的占有率，但是由德国本土出版集团联手推出的Tolino显然在近两年已经逐渐成为Kindle在德国市场上的一个强劲对手。

在广播电视领域，私营运营商成为德国双元制体制下的赢家。私营广电集团近年来不仅收入持续增加，而且利润率也越来越可观。

总的来说，2013~2014年的德国传媒市场与2012年的低迷状态相比有了一些起色。在专家看来，德国媒体行业在近两年表现出的这种稳定上升的发展态势在未来的几年中仍将延续。据普华永道咨询公司预测，德国媒体行业总收入在2017年之前将保持平均2.3%的年增长率，2017年德国传媒产业的总产值将达到724亿欧元。而在这其中贡献最大的将是消费者在互联网上的消费以及在线广告的收入。2017年，数字媒体实现的收入将占到德国媒体行业总收入的42%。与传统媒体相比，数字媒体无疑将显示出更加蓬勃的生命力。

众筹、大数据和模式转型：
2014年韩国传媒产业发展报告

龙耘 李承恩*

摘　要： 2013年以来的韩国媒介产业呈现出更为明显的外向型特点。中国有关机构在已购买韩国节目版权的基础上，加工制作出具有中国色彩、更符合本土化欣赏口味的节目，受到很多观众的喜爱。在技术方面，大数据时代媒介产业的发展有了新的变化。如基于韩国现状的大数据应用，以及"众筹"等新兴融资模式对文化创意产业的影响等。本文在此基础上分析了韩国媒介产业在2013年以来的新情况，通过典型案例研究，探讨韩国媒介产业的未来发展前景。

关键词： 媒介产业　众筹　大数据　版式交易　韩国

一　引言

回溯2014年上半年韩国媒介产业的发展情况，可以从中发现一系列令人印象深刻的焦点事件。从《我是歌手》、《爸爸去哪儿》等近几年在韩国流行的真人秀节目及其中国版本，到先后在韩国国内和中国热播的电视剧《来自星星的你》以及韩国明星和歌手的演出等等，这些都成为中韩两国媒体竞相报道的题

---

* 龙耘，博士，中国传媒大学广播电视研究中心副主任、教授、博士生导师；李承恩（Claire Seungeun Lee），博士，韩国人，韩国对外经济政策研究院。

材。更值得关注的是，这样一种外来的文化形式和内容同时成为中国社会热烈讨论的话题。在2014年3月初北京召开的"两会"上，文艺界的代表们也曾多次提到韩国电视剧《来自星星的你》并展开讨论，韩国文化的影响力可见一斑。

本文综合分析2013~2014年以来的韩国媒介产业、政策和技术的发展状况。首先，在梳理韩国文化产业结构的调整及媒介产品销售和出口的最新进展的基础上，预测其未来走向。其次，分析"众筹"这种新的融资模式所引发的企业和一般民众对投资创意性项目的影响。最后，阐述大数据在媒介产业的应用情况并探讨其未来发展的方向。同时，本文还对韩国版权和电视节目的出口进行个案分析，解析韩国媒介产业以及"韩流"发展的新动向。

二 2013年以来韩国传媒产业的发展概况及主要成果

（一）产业发展：韩国媒介产品出口与产业结构调整

韩国媒介产业发展规模越来越大，呈逐年递增的趋势，其中最值得关注的是出口额方面的增长速度。韩国媒介产业近三年的销售额如下：2011年，韩国媒介产业的销售额达8297百亿韩元，比2010年增长13.2%；2012年为8727百亿韩元，比2011年增长5.2%，增速放缓；2013年销售额预计会突破9153百亿韩元，而增长率预计会达到4.9%（见图1）。

韩国媒介产业的整体销售额主要反映的是韩国国内媒介产品的消费情况，而出口额则显示韩国媒介产品在国外的消费情况。虽然近几年全球经济低迷，但是这样的全球经济环境并未对韩国媒介产业发展造成过大的负面影响。这足以体现该行业的实力与抗风险能力，"韩流"品牌多年积累的良好口碑与经营策略使其拥有了相当数量并且较为稳定的受众群或消费者。近三年韩国媒介产业出口的具体情况如下：2011年，韩国媒介产业的出口额为4302百万美元，比2010年增长了34.9%；2012年，4612百万美元，比2011年增长了7.2%；2013年出口额达到5100百万美元，而增长率预期将突破10.6%（见图1）。

2013年以来，在媒介产业方面，韩国政府和相关机构制定和发布了相当数量的行业政策。首先，是在产业基础设施（infrastructure）方面的作为。出台了"更多地提供创业与工作机会"、"更多地建设好创意产业的基本设施"、

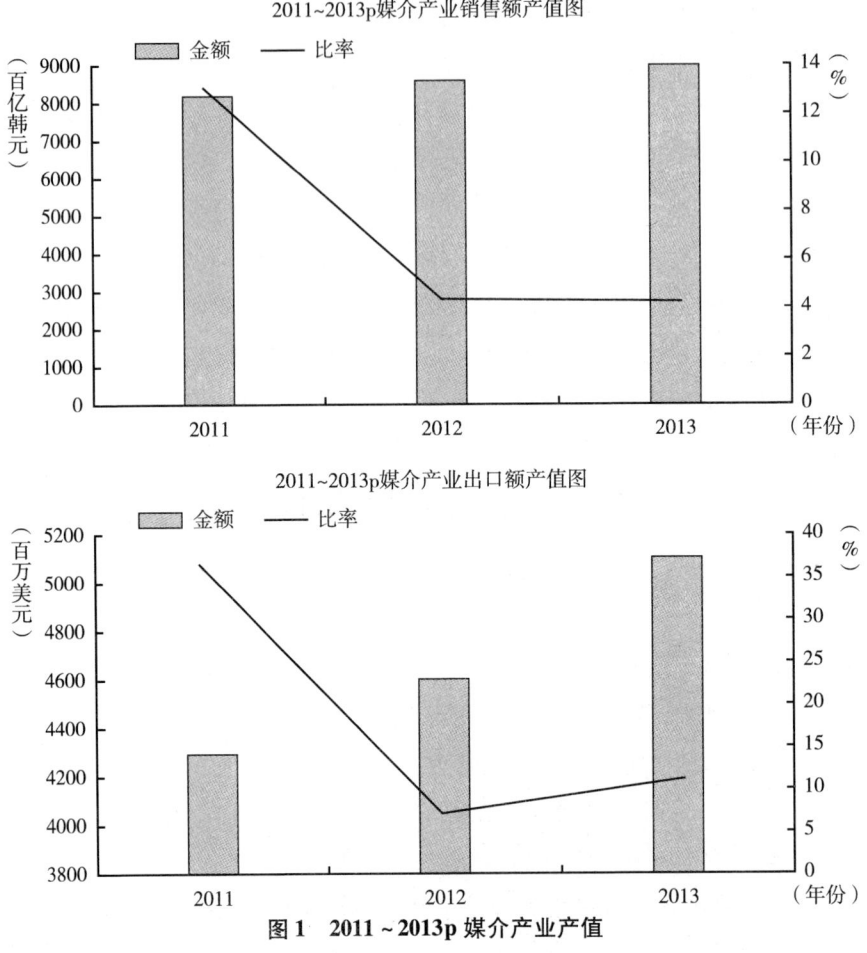

图1 2011~2013p 媒介产业产值

资料来源：韩国创意内容署《2014年媒介产业展望》，2014，第37页。图中的2013p是指2013年预期数据。

"发展可持续经营创新"、"出台支持建设故事产业与开发的有关政策"、"支援韩国有关企业进军海外市场"等政策。其次，2014年2月28日，韩国创意内容署（Korea Creative Content Agency）同KBS、SBS、JTBC等主要电视台及CJ E&M电视广播事业部门等文化产业公司签订了《共建2014年广播内容（broadcasting contents）版权（format）产业》的业务合同。[①] 尽管这个合作政

[①] 《韩国创意内容署为"2014年广播内容版权产业"活跃而努力奋斗》。资料出处：http://www.acrofan.com/ko-kr/live/news/20140303/00000042（Accessed March 16, 2014）。

策项目2014年才刚刚开始运行,但文化体育观光部和韩国创意内容署早在2008年就开始资助各类型的文化产业项目。两个机构现在已经开始实施个案项目(试行),同时也为培养相关人才采取了召开研讨会和论坛、提供国外研修项目①以及资助版权 pilot 和 Bible 制作等措施。相关学者李俊根②也曾探讨上述这些措施给韩国媒体和文化产品的走出去战略带来的新影响。

(二)媒介产业的销售额和出口额

2013~2014年,韩国在出版、漫画、音乐、游戏、电影、动漫(anime)、广播、广告、动漫角色(character)、信息情报、内容等 Electronic – 媒介产业(E – 媒介产业)领域的销售额展望如下。图2显示,2013年销售额预计为9153百亿韩元;2013年出版业的销售额最高,为2034百亿韩元,广播类为1478百亿韩元,广告类为1287百亿韩元,信息情报产业为1049百亿韩元等。2014年媒介产业的总销售额预计为9783百亿韩元。

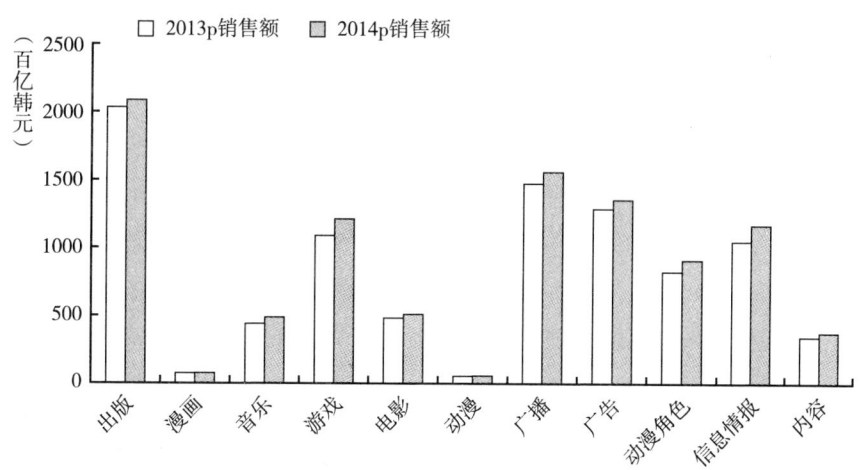

图2 E – 媒介产业的销售额一览

资料来源:韩国创意内容署《2014年媒介产业展望》,2014,第72页。图中的2013p是指2013年预期数据,图中的2014p是指2014年预期数据。

---

① 此项目的全名为"entertainment master class"。
② 〔韩国〕李俊根:《节目版权输出就是下一代韩流的希望》,《新闻与广播》,2013年6月,第84页。

2013~2014年E-媒介产业出口额展望见图3。2013年E-媒介产业出口额预计会达到5100百万美元。其中，游戏产业占据了一半以上的份额，为2978百万美元。2014年的出口额预计会达到5750百万美元。

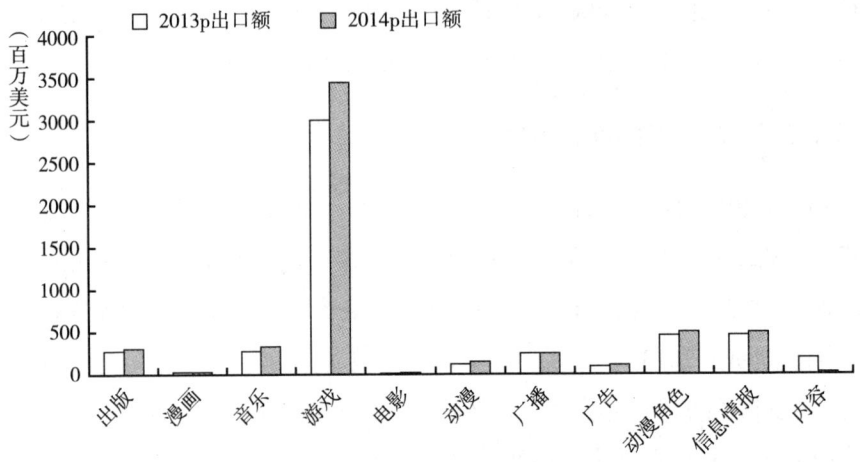

图3　E-媒介产业的出口额一览

资料来源：韩国创意内容署《2014年媒介产业展望》，2014，第73页。图中的2013p是指2013年预期数据，图中的2014p是指2014年预期数据。

三　产业融资制度与实践的发展

（一）电影产业投资新模式——"众筹"的制度化及其成果

作为一种伴随互联网的发展而日益兴起的投资方式，众筹（Crowd Funding/Social Funding）不同于一般的投资行为。这类投资旨在帮助艺术家、社会活动家或没有足够资金的文化产业创业者等进行创意项目。众筹的主要方式是通过互联网来公开招聘参与者，其目的是为了实现公共利益或提高民众对投资项目的认知度。一般情况下，固定的筹款项目有限定的时间范围，如在此期间，达不到设定的捐赠额，赞助金将不能提供给对方。因此，包括发起人（创造者）和一些参与者都在积极地推动和帮助实现众筹。从投资者的角度来看，不管金额多少，都可以参与投资。而且与一般投资相比，没有太大的资金负担。随着Twitter和Facebook等社交网络服务（SNS）的发展，韩国国内不少人开始通过这些新媒体进行投资，也被称为"社会融资"。其融资的主要对象为电影和音乐等文化产品与信息技术（IT）产品，通常是通过光盘或演唱会门票等非货币的方式来进行投资回报。韩国新媒体产业众筹的种类大致如下。

表1　众筹的种类

类型	对象/说明
股份投资（Equity-based）	投资对象为小规模的创业和创意
贷款（Lending-based）	小额贷款给个人或个体户
援助（Reward-based）	创意性的项目
捐赠（Donation-based）	不受补偿的捐款

资料来源：Jin, Seung-Hyun, "Crowd-funding Between the Movie Content Production Through the Analysis of the Relationship or the Successful Funding Case Research," *The Korean Contents* 13（2）(2013)：81-91.

（二）首度在文化账户与电影账户等方面启用母胎基金①

从2007年起，韩国政府为了解决企业面临的金融问题，通过"文化账户"（cultural account）的方式积极投资与内容产业有关的项目和企业。文化体育观光部从2013年开始，扩大面向"文化账户（cultural account）"和"电影账户（film account）"出资。所谓文化账户是指包括游戏、动漫、漫画、角色、早期制作、资金投资和全球内容（global contents）等比较大范围的文化产业的综合性投资补助。而电影账户则是针对电影产业而言的。

这两种账户皆是以企业资助贷款的方式来帮助该企业的从业人员。由于文化产业和电影产业本身具有较大的风险，韩国政府开始给相关公司及创作人员提供福利补助。到目前为止，已有300亿韩元投入文化账户，100

---

① 韩国对文化事业和产业发展的资金支援上分别对待。前者由1972年成立的韩国文艺振兴基金会承担。随着文化产业的兴盛，韩国于1999年出台《文化产业振兴基本法》，文化产业振兴基金应运而生，后鉴于该基金对国家财政拨款的依赖，政府于2006年终止运营这一基金。2005年，韩国政府推出名为"韩国母胎基金（Korea Fund of Funds）"的基金项目，运营期限为30年，专门设立账户，极大地推动了韩国本土文化、电影产业的发展。

亿韩元投入电影账户,共计400亿韩元。除了2013年投入的300亿韩元,在文化账户方面,还有结转上年度的2012年全球内容部门的400亿韩元,回收近180亿韩元,共计约有880亿韩元的出资,已然形成一笔相当可观的基金。

如表2所示,2013年第四季度具体部门的投资在母胎基金的比例比一般性文化产业部门的投资还要多。

表2 2013年第四季度母胎基金与子基金现状[*]

单位:亿韩元,%

		母胎出资额	子基金数
一般项目	文化产业(一般)	1100	18
	音源	21.6	1
	电影	320	5
	小计	1441.6(37.3%)	24
重点项目	表演艺术	410	6
	动漫/人物	316	3
	游戏	358	4
	电视剧	387	3
	电脑技术	200	3
	早期制作(pre-production)	350	3
	全球内容(global contents)	400	1
	小计	2421(62.7%)	23
总 计		3862.6	47

[*] 韩国内容产业署:《2013年第四分期和年度内容产业动向分析报告书》,2014,第38页。

根据韩国风险投资公司公布的2014年母胎基金首次出资事业投资现状,由文化体育观光部出资的文化账户里出现了动漫和游戏方面的基金。动漫基金投资对象为专门从事动漫和人物部门的小型企业和项目,游戏基金则面向小型游戏开发公司等的游戏项目。共计约有250亿韩元的出资。[①]

---

① 资料来源:http://hooc.heraldcorp.com/weekend/view.php?ud=20140718000432&sec=01-73-01&jeh=219&pos=。

四 基于大数据平台之上的技术发展

(一) 对大数据概念及基本特征的认知

近一年来,无论是在韩国国内,还是在全球范围内,大数据理念及其实践都日益成为被关注的对象。大数据(big data)作为一种超出人类可接受能力范围之外的数据处理技术,可以通过现有的数据库来实现超大信息的数据收集、保存、管理和分析。Mckinsey(2011)将大数据定义为超过一般数据库储存、管理、分析范围的数据。它有以下三个特征:数据的大小(volume)、数据的输入和输出速度(velocity)以及数据的种类(variety)。[1]

与大数据在政治选举、商业营销等方面的使用频率及需求相比,媒介产业对此的关注度还有待提高。而嗅觉敏锐的某些韩国媒介企业已经闻风而动。在相关产业的实践基础上,韩国学者结合实践探讨了大数据之于本国媒介产业的社会经济价值,其研究和关注的内容如表3所示。

表3 大数据(big data)的社会经济价值

特征	说 明
产业的透明性增加	及时向有关部门提供大数据可以缩短处理时间
以发现消费者需求、预测动向、提高成果为目标的实验	越来越多的企业能够积累更多交易数据,以数字形式(直播),收集既准确又详细的性能数据 数据可以用于自然而然发生或通过控制实验而发生的性能的变动分析以及根本因果分析
定制业务(customized business)顾客的细化	公司通过客户细分可以提供个性化的产品和服务
通过自动算法(algorithm)的决策	通过精密的分析,可以提高决策,使风险最低化,提供有价值的见解
商业模式、商品、服务创新	公司开发新产品、服务,改进现有产品、服务,设计新的商业模式

资料来源:McKinsey Global Institute《众筹:创新、竞争和生产力》(*Big data:The Next Frontier for Innovation,Competition,and Productivity*)》,2011;韩国内容产业署:《众筹市场现状及其对内容产业部门的意义》,2014,第5页。

---

[1] Seong-Hoon Lee and Dong-Woo Lee, "Current Status of Big Data Utilization," *Digital Policy Research* 11 (2013):230.

"大数据"在韩国媒介产业领域的应用情况可分为几个方面:形象分析、趋势分析、危机管理和营销等。① 主要分析方法为网络文本挖掘(text mining)、数据挖掘(data mining)与现象分析。广播公司用网络文本挖掘的方式分析了受众对韩国版《我是歌手》和《Star Audition(伟大的诞生)》的形象喜好。为了选出出色而有吸引力的演员,这种网络文本挖掘的方法被广泛用于广播电影电视产业和广告业。该方法也经常用于流行电视节目的收视变化以及公众对某些社会现象的关注上。

(二)大数据与文化产业现状

尹洪根(2013)② 认为:"近来以K-POP为代表的韩流的流行,掀起了文化产业研究的热潮,但是文化产业里的大数据利用还没有成果。"

换句话说,就目前的情况来看,大数据在内容产业方面具有一定的产业基础。有一部分移动通信公司、门户网站、在线游戏公司等正在利用大数据处理来提高其运营效果,但由于缺乏相关的基础设施和人力资源,因此效果并不明显。从业界情形看,目前内容产业的大数据利用还处于收集资料、评估效果的初级阶段。

在这种情况下,公共部门与风险企业(venture company)等开始越来越多地关注大数据的有效利用问题。韩国放送通信委员会(Korea Communication Commission)在2012年发表了《大数据时代的服务活跃方案》。2013年,文化体育观光部把"文化部门大数据的直观、审美信息视觉化系统开发"作为其中一个目标。③

大数据处理采取了高效的"内容推荐系统"。它将用户带入一个系统,这个系统能够提供高效的定制内容列表。该系统基于一种自动推荐机制,这一推荐来自于已有的数据库,因而保证了其运作的迅速和准确。随着YouTube等互联网视频传播频率越来越高以及IPTV的出现,受众的观看渠道数量迅猛增

---

① Hong Keun Yoon, "Research on the Application Methods of Big Data Within the Cultural Industry", *Global Cultural Contents* 10 (2013): 167 - 170.
② Ibid, 157;〔韩国〕郑勇灿:《众筹革命和媒体政策论点》,情报通信政策研究院,2012。
③ 韩国放送通信委员会:《传媒产业实况调查报告》,2013,第12页。

长，媒介企业现今最为关注的依然是如何提供最优的内容业务。为了应对这一趋势，韩国国内的内容分销商和基于大数据平台的媒介企业开始尝试引进内容推荐服务，同时预期也会有更多服务进行推广。

内容产业的内容和渠道数量持续增长的同时，以大数据处理能力（Datability）为基础的内容消费也在增加。以 CJ E&M 智能媒体事业部为例，从 2013 年 5 月起，用户已经可以在线下载该公司所拥有的音乐并享受流媒体服务（streaming service）。以公司的大数据系统为基础，既给用户带来了方便，又给公司带来了效益。2013 年年底，为了给受众提供有针对性的内容服务，LG U+推出了具有个性化服务特色的 U+HDTV 高清晰度电视手机。三星 2014 年推出的智能电视依然具备了内容推荐的功能，也是大数据使用的一种表现形式。未来，大数据内容推荐系统还会有更多的发展方向。① 随着各种媒体和大量数据的出现以及互联网数据增量的发展，大数据的数据、频率、格式量（形式）也会随之跟进变化。

（三）广播业

随着经济的复苏、各类体育赛事的扩张、基于多平台智能设备使用的不断延伸、对内容需求的不断增长以及出口竞争等方面持续的压力，广播业也随之发生着变化，销售额不断增长。

独立制作公司的广播视频制作部门主要是按照地面、有线和综合频道等不同平台来进行分工的，他们也关注媒体的种类和技术。这些公司和一般公司的规划不同之处在于可出资价格相当低。这种小的成本规模会给文化类、娱乐和电视剧等的规划和制作带来不少新的商机。

虽然综合编成频道的有些节目收视率比刚开播的时候高了不少，但其不容易制造利润。问题的关键在于要开发高质量的内容产品，这才可能给综合编成频道带来利润。有线电视公司也因资金运作而出现生存境况的分化，资金运用能力较好的公司可能继续生存下去，而其他公司则可能在残酷的竞争中沦陷。

在综合编成频道刚刚起步的 2012 年，新闻报道类的比率并不比教育类节

---

① 韩国创意内容署：《2014 年媒介产业展望》，2014，第 121 页。

目和娱乐类节目高。而根据2013年1~8月份的资料显示，TV Chosun 和 JTBC 相对上一年度更加注重新闻类节目的产制。

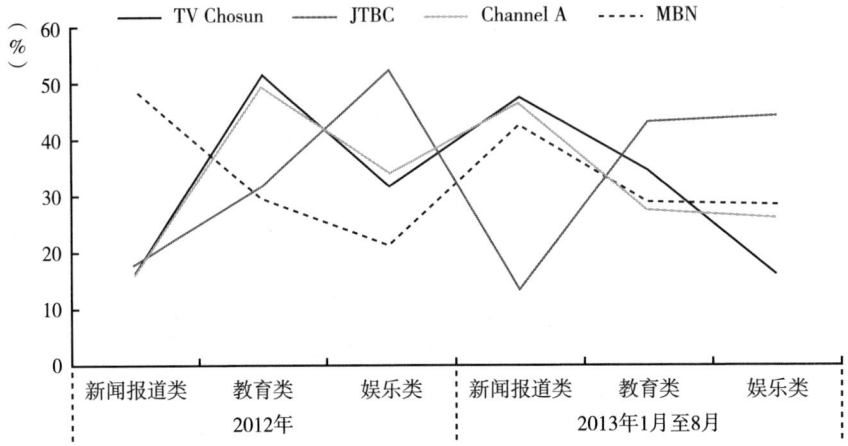

表4　综合编成频道节目情况

广播电视行业的销售方向也在渐渐发生变化。以前主要出口地面广播电视的完整产品，而现在则转为向制片公司直接出口或出口国内播放时高收视率的节目版权等，以此来进一步扩大海外市场。①

五　个案分析

（一）《我是歌手》和《爸爸去哪儿》——2013韩国节目版式输出的成功样板

在传媒产业领域，版式（formats）一般指特定形式的节目。它是拥有具体意义、特征和价格的商品。②

在版式交易上，买卖发生的传统路径一般是从西方国家到亚洲，韩国则是购买了国外版式之后加工转变为韩国版。随着韩国文化产品输出的增加，国外

---

① 韩国创意内容署：《2014年媒介产业展望》，2014，第28~29页。
② Gottlieb Neta‐li E,《Free to Air? Legal Protection for TV Program Formats》, University of Chicago Law &Economics Olin Working Paper No. 513, 2010, p. 4.

众筹、大数据和模式转型：2014年韩国传媒产业发展报告

电视台和广播公司也开始关注韩国节目。2003年，越南WWP传媒公司购买了KBS的"The Golden Bell Challenge"，其合约为期两年，卖价达到了15000美元。由此，韩国节目版式开始走出国门。韩国对外版式输出已经经历了十个年头，其中最成功的当属2013年的《我是歌手》和《爸爸去哪儿》。

以韩国本地节目为版式基础的《我是歌手》和《爸爸去哪儿》，在中国电视台的播出成功可以说是韩国媒介企业与包括韩国创意内容署在内的机构的合作成果之一。《我是歌手》是湖南卫视购买同名节目的韩国版式之后制作的中国版式，在某种程度上反映了中国受众的口味和需求。《我是歌手》第一季在2013年1~4月晚上10点~11点半的时间段播放，达到平均4%的收视率，受到了观众的追捧。第二季从2014年1月至今，在晚8点半至10点的黄金时段播放，也引发了观众的收视热潮。

而《爸爸去哪儿》是从韩国MBC电视台引进的亲子户外真人秀节目。2013年10月开始播出第一季，第二季于2014年夏天开始播出。由此可见，韩国媒介企业正在沿着"版式买卖"的方向发展。韩国文化"走出去"的政策，将取决于其文化内容的结构、内容及故事情节等。

（二）《来自星星的你》：新一轮"韩流"迅猛袭来的标志

在中国，韩国节目受到热烈追捧的同时，2013年底到2014年初播放的一部韩国电视剧《来自星星的你》更是一炮走红。其不但成为中国观众茶余饭后的话题，而且影响已经波及中国的"两会"。"当中国官员本周在北京开会时（即'两会'），这部剧成了最热的讨论话题。他们针对中国为什么没能制作出如此流行的电视剧而展开了辩论。"[①] 更值得一提的是，中国国家主席习近平在访韩期间，夫人彭丽媛提及总书记年轻时的长相与都教授很像，一时间成为微博、微信等社交媒体上的热门话题。一部流行电视剧，借助互联网及新媒体，与中韩两国的国家元首发生联系，进而迅速扩散，其影响已超越了收视率，更涉及政治、文化、外交的广阔领域。

---

① 《外媒吐槽：〈星星的你〉火到了两会》，来源：http://edu.sina.com.cn/en/2014-03-13/165179454.shtml，2014-3-13。

著名电视人欧阳常林表示:"一部《来自星星的你》让'韩流'再一次席卷中国大陆,引发的空前火爆与高度关注值得深思和警醒。2013年12月底,爱奇艺视频网站直接从韩国独家购买了网络播映权,首次尝试了在国内网络视频中与韩国SBS电视台同步直播。"①

韩国和中国同步直播《来自星星的你》不一定是为了迎合国外观众的口味,但是通过这个案例可以发现,好内容、好故事是媒体产品能够输出的主要因素之一。另外,这也标志着下一代中韩合作新模式的诞生。同时,这一新的合作模式也能顺应年轻的80后和90后消费者的新消费模式。

除去上述因素,韩国良好的文化内容产制环境同样值得关注和借鉴。近年来不断完善的《保护电视电影法》、《文化产业促进法》等一系列政策法规,为韩国影视业的发展营造了良好的生态环境和创新保障。

六 结语:"韩流"的复兴

综上所述,2013年以来韩国媒介产业的变化随着技术发展和政策发展而产生了新的变化。2014年是韩国文化走出去的拐点。韩国电视剧《来自星星的你》在中国"两会"的热议以及相当数量综艺节目版式在国外的热卖,标志着"韩流"发展新阶段的到来。"韩流"裹挟中的作品,从最早被排斥的对象,已转变为渐受欢迎乃至成为可以参照的范本。在全球化不断深化以及媒介产业加入全球媒介产业链的大背景下,韩国媒介产业的发展将会有更为广阔的合作与发展空间。特别值得一提的是,伴随互联网、传播技术与文化的发展,中国消费者对韩国文化产业的热情还在持续升温,技术发展也将对韩国文化产业"走出去"的战略以及"新韩流"的复兴产生持续性的影响。

---

① 欧阳常林:《打造影视华流 制造中国星星》,《综艺报》,来源:http://www.zongyijia.com/News/News_info? id = 17694,2014 - 3 - 18。

B.7 新旧媒体的"正和博弈"
——2014年英国传媒发展报告

屈国超 张磊*

摘 要：
新兴的媒介技术层出不穷，为全球传媒产业带来巨大的驱动力。对英国的传媒业来说，智能移动终端的发展平台、用户规模、广告收入以及其影响力都在日渐提升，新媒体的勃兴势不可挡。但是，据多家研究机构的统计调查结果，英国传统媒体如广播电视依然具有强大的影响力。在关于全国性的重大事件的报道上，传统媒体具有无可撼动的权威性和可信度；在产业表现上，传统媒体也依然势头强劲。在创意产业的统一旗帜下，新旧媒体呈现双赢局面的正和博弈态势。本文搜集整理了2013年英国媒体的统计数据、产业报告和政策资料，全面介绍英国的电视、电影、报纸、广播和网络社交平台等各类媒体的概况，多方位报告英国当下的各类媒体发展状况，以期勾勒出英国传媒业当前的发展全景与未来趋势。

关键词：
英国传媒产业 行业分析 传统媒体 移动终端

一 英国传媒产业概况

英国以传媒产业为重要构成部分的文化创意产业获得了官方的高度重视，

---

* 屈国超，中国传媒大学传播学硕士生；张磊，中国传媒大学广播电视研究中心副研究员。

近年来发展势头良好。广告费总额是衡量一个行业发展势头的重要参考,2013年英国传媒行业的广告费总额达到了141.51亿英镑,与2012年相比增长7.37亿英镑,[1] 在英国各类媒体的广告额中,数字新媒体的广告额所占比例呈不断攀升之势。然而,通过电视机收看电视仍然是英国家庭的主流选择,电视广告市场亦未受到致命冲击。通过广告额的数据统计可以看出,迅速发展的新媒体产业与仍占据主流地位的传统媒体产业一道,构成了英国文化创意产业的繁荣局面。

1. 以传媒为龙头的文化创意产业助力社会经济发展

根据英国政府文化、传媒与体育部在2014年1月发布的《文化创意产业经济预估》报告,英国文化创意产业在2012年向全国提供了约168.4万个工作岗位,比2011年增加了13.3万个工作岗位,约占全英国工作岗位总和的5.6%。英国文化创意产业的毛附加值从2008年的6178.4亿英镑增长到2012年的7139.5亿英镑,增长速度远超过英国社会经济毛附加值的平均水平,在全国经济毛附加值中所占的比例也明显提升。[2]

其中,与传媒直接相关的文化创意产业所提供的工作岗位占整体文化创意产业比例超过1/3,产出的经济毛附加值占总体文化创意产业的经济毛附加值比例近42%。

由于文化创意产业,尤其是其中的传媒行业,有力地推动着英国的社会经济发展,因此在2014年,英国议会推出了"创意与文化经济系列"之《英国文化创意产业发展规划》,为文化创意产业发展现状以及下一步发展方向做出了高屋建瓴式的总纲,以期指导文化创意产业的实践与操作。

2. 数字新媒体产业广告额稳增,移动广告成"黑马"

随着包括移动互联网在内的网络平台及终端在英国的普及,英国数字新媒体的广告总额增长趋势明显。根据eMarketer在2014年3月份所做的英国媒体广告额预测,[3] 数字新媒体广告额预计在五年内增幅较大,将从2012年的54.16亿英镑稳增至2017年的90.52亿英镑,占据各媒体广告额总和的过半

---

[1] Department for Culture Media and Sport, *Creative Industries Economic Estimates*, 14 Jan. 2014.
[2] Department for Culture Media and Sport, *Creative Industries Economic Estimates*, 14 Jan. 2014.
[3] eMarketer, *Mobile Continues to Drive Digital ad Growth in the UK*, Mar. 2014, http://www.emarketer.com/.

江山。其他渠道的广告增长持续放缓,而数字新媒体广告中的移动广告额增长最为迅速。从英国各类媒体广告额对比中可知,2012年移动广告额约只占到电视广告额的1/7,印刷媒体广告额的1/6,户外媒体广告额的1/2。然而据eMarketer预估,移动广告额将在接下来的五年内呈爆发式增长,至2017年更是达到52.38亿英镑之高,增长率约达到896%,占据过半的数字新媒体广告额,同时接近各类媒体广告额总和的1/3。①

表1 英国各类媒体广告额

单位:百万英镑

年份	2012	2013	2014*	2015*	2016*	2017*
数字新媒体	5416	6273	7088	7797	8459	9052
—移动终端	526	1189	2259	3276	4259	5238
电视	3457	3618	3679	3713	3757	3795
印刷媒体	3149	2952	2805	2695	2610	2565
—报纸	2323	2167	2059	1977	1913	1883
—杂志	826	785	746	718	696	682
户外媒体	970	990	1029	1050	1076	1098
广播	332	318	324	325	327	328
总计	13414	14151	14925	15579	16230	16837

注:*为预估值。

资料来源:eMarketer,Mar. 2014,http://www.emarketer.com/。

表2 英国各类媒体广告额比例

单位:%

年份	2012	2013	2014*	2015*	2016*	2017*
数字新媒体	40.4	44.3	47.5	50.0	52.1	53.8
—移动终端	3.9	8.4	15.1	21.0	26.2	31.1
电视	26.4	25.6	24.7	23.8	23.1	22.5
印刷媒体	23.5	20.9	18.8	17.3	16.1	15.2
—报纸	17.3	15.3	13.8	12.7	11.8	11.2
—杂志	6.2	5.5	5.0	4.6	4.3	4.1
户外媒体	7.2	7.0	6.9	6.7	6.6	6.5
广播	2.5	2.3	2.2	2.1	2.0	1.9
总金额(百万英镑)	13410	14150	14930	15580	16230	17400

注:*为预估值。

资料来源:eMarketer,Mar. 2014,http://www.emarketer.com/。

① eMarketer, Mobile to Surpass Newspapers for UK Ad Spending, http://www.emarketer.com/.

3. "多屏互动"趋势明显,用电视机看"电视"仍是主流

英国广播电台听众调查委员会在2013年11月发布《收视报告》[1]指出,英国约80%的家庭拥有电脑,约30%的市民拥有平板电脑。在英国的许多家庭,这些可用来上网的设备扮演起"第二电视"的角色。这些多功能的移动设备成为人们在卧室、厨房和书房等没有电视机的地方收看电视节目的首选。

但是,英国通信管理局(OFcom)2013年底发布的《通信市场报告》[2]指出,人们仍然倾向于聚在客厅里一起收看电视节目,并且此现象有加强之势——在2002年有88%的英国成年人每周都会在客厅的电视上收看节目,到了2013年这一比例已经增至91%。虽然许多家庭已经拥有至少三种以上的数字移动上网设备,客厅里的电视机仍具备着不可撼动的优势。越来越多的家庭试图恢复到家里只有一台电视机的生活,在2002年,这样的家庭数量约占35%,到2012年该数据则回升到了41%。另一组可供佐证的数据是关于青少年卧室电视数量的变化:在2007年,约有69%的青少年在自己的卧室里有独立的电视机,在2013年前三个月内这个数据回落到了52%。

值得注意的是,在人们都重新聚集在客厅里看电视的同时,人们也在享受着一个"数字化客厅"的"多屏互动式"生活。调查显示,英国53%的成年人会在看电视的时候同时使用多个媒介、浏览多种信息,[3]这样的伴随性电视节目收看行为在女性观众中更为普遍。

二 行业与市场分析

近年来,英国不同的媒体平台的发展势头各有千秋,总体呈现传统媒体仍占据主流、新媒体发展势头异常迅猛的格局。下文将分别对英国近年来的电视、报纸、电影、广播以及新媒体产业的发展情况作详细梳理。

---

[1] BARB, *The Viewing Report*, Nov. 2013.
[2] OFcom, *Communications Market Report 2013*, 1 Aug. 2013.
[3] We Are Apps, *UK Mobile Devices Usage and Demographic Roundup*, Jan. 2013.

（一）电视

根据德勤会计师事务所（Deloitte）2013年调查报告①的预测，英国的付费电视将成为英国电视行业发展最重要的引擎，付费电视具有相当可观的市场潜力。纵观当下英国电视产业的发展情况，在市场占有率和受众忠实度方面仍以英国广播公司（BBC）和英国独立电视台（ITV）为龙头，娱乐电视节目内容仍是收视主流。随着社交电视及其他点播技术的成熟，定制专属的电视节目时间表也在英国日渐普及。

1. "第二屏"持续扩张，大数据助电视业"化危为机"

笔记本电脑、平板电脑和智能手机这三大类移动上网终端在英国的适用人群持续扩大。根据德勤2013年移动终端消费调查，智能手机设备在英国的渗透率达到了62%，平板电脑的渗透率达到了36%，而在2012年的时候，英国的智能手机渗透率还只有16%。② 在迅速扩大的移动终端消费市场的带领下，英国家庭成员的电视收看行为也逐渐向伴随式收看转型，"第二屏"越来越多地出现在英国家庭的客厅里。根据Deloitte对拥有移动上网终端设备的受访者的调查，每天在看电视的同时使用笔记本电脑的人群占到59%，使用智能手机的占到53%，使用平板电脑的占到50%。在受访者中，拥有移动上网终端设备但是极少在看电视的时候使用它们的人群只占到总受访者的5%左右。

其中，关于在收看电视节目时使用"第二屏"的原因，近半数的受访者认为是在"插播广告或节目间隙"和"节目内容无聊"时会使用"第二屏"。面对这样的调查结果，悲观论者认为，随着移动网络及其终端的发展，"第二屏"将取代客厅的电视机，电视节目对广告商的吸引力也将持续下降。

然而，根据德勤的《"快"者生存：网络时代的电视革命》报告，③ 大数据挖掘技术将在以下三个方面对英国电视业产生影响：

1) 抓取、量化和评估电视对网络（购买）行为的影响；
2) 作为电视节目制作的参考；

---

① Deloitte, *What Television Is*, 2013.
② Deloitte, *Technology, Media & Telecommunications Predications 2014*, Jan. 2014.
③ Deloitte, *Survival of the Fastest: TV's Evolution in a Connected World*, 2013.

3）为电视广告商提供"精确投放"的平台，提高电视广告的价值。

分析认为，在"第二屏"作为伴随化收视行为持续扩张的情况下，人们在电视上看到的内容与其在移动上网终端所搜索的内容将产生某种关系，大数据挖掘将要做的工作就是尽量准确地去描述这种关系的运作方式。根据此调查，在电视内容的影响下产生的购买行为占到了14%的比例，仅次于在商店的偶遇和亲友的推荐。电视广告会诱发对相关商品的搜索行为，甚至将其转变为实际的购买行为。该研究显示，在电视内容的影响下，对商品的网络搜索量将跃升60%~80%。有建议认为，为了提升电视广告的收入，需要对电视所产生的行为影响进行"重新估价"，大数据为客观地评估收视与搜索行为间的联系提供了可操作性，也为电视广告更高的"定价"提供了重要基础。从这个意义上讲，在面对"多屏化"信息浏览对传统电视受众分割的新趋势下，大数据具有为电视业"化危为机"的潜力。

2. 收视时间更自主，娱乐内容仍为王

英国广播受众调查委员会（BARB）报告指出，"数字机顶盒"（PVR）被英国人视为"现代化生活"的一个重要象征，其在英国家庭的拥有量快速攀升。2007年只有不到1/10的家庭拥有数字机顶盒，到2013年底这一比例已经超过了2/3。[①] 这意味着更多的英国人有了自主分配电视收看时间和安排个人专属"电视节目表"的能力，而不必为错过了某一个自己钟爱的电视节目而懊恼不已。

更加自主的收视时间使得人们可以随意回放自己喜爱的电视节目，英国电视节目的平均回放率达到了11%。据英国广播受众调查委员会调查结果显示，在众多的电视节目类型当中，只有电视连续剧、文艺节目、纪录片、娱乐节目和电影节目的回放率超过了11%的平均回放水平。党派的政治节目以及新闻与天气节目在3%左右，在诸类型电视节目回放率中最低。英国电视节目不同类型间回放率的巨大差异显示出了英国大众对放松和娱乐的极大需求，以及对政治和新闻较低的关心程度。

---

① BARB, *The Viewing Report*, Nov. 2013.

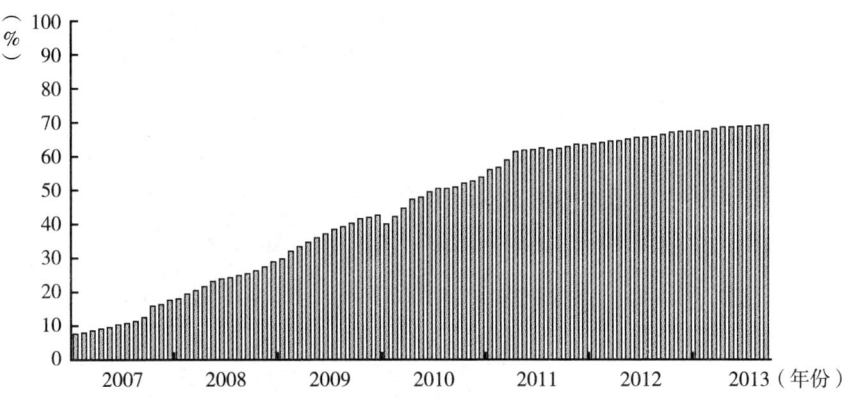

图 1　英国家庭"数字机顶盒"（PVR）的覆盖率

资料来源：BARB, *The Viewing Report*, Nov. 2013。

3. BBC 与 ITV 占据英国电视业龙头位置

BBC 和 ITV 在英国拥有最大的固定受众群，分别占据了 32.3% 和 23% 的比例。其中，在 BBC 的四个电视频道中，第一频道具备绝对的受众优势，占据了 BBC 32.3% 的全国固定受众规模中的 20.8%。[①] 在 ITV 的四个电视频道中，同样也是第一频道以拥有 16.1% 的固定受众成为 ITV 最受欢迎的电视频道。

英国广播公司属于独立运营的公益服务性广播电视台，而英国独立电视台（ITV）是英国最早的商业电视台，也是英国最大的综合性电视台之一，覆盖了英国全境，是英国广播公司最大的竞争对手，它受主持和管理商业电视机构的"独立电视委员会"管辖。

4. 付费电视渐趋主流，电视广告收入比例稳中略降

2012 年英国电视行业的各项收入之和是 1750 亿英镑，比 2011 年下降了 5 亿英镑，但是相比 2007 年来说则增长了 70 亿英镑。

付费电视的收入占据了电视业市场最主要的部分，并在 2007 年到 2012 年之间拥有最高的收入增长率。在 2007 年，付费电视所收纳的用户订购收入占

---

① BARB, *The Viewing Report*, Nov. 2013.

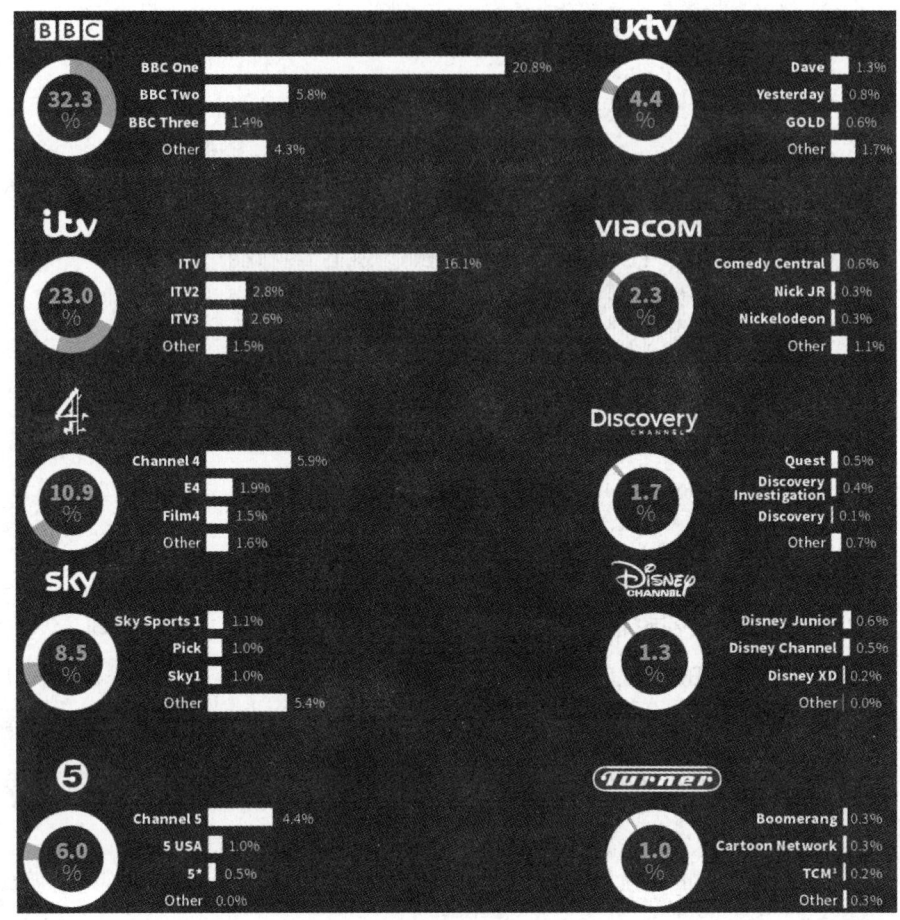

图2　英国各电视品牌的固定受众规模比例

资料来源：BARB，*The Viewing Report*，Nov. 2013。

到总体收入的24%，而到2012年这一数字已经变成了31%。[①] 因而德勤在其调查报告中说道，"付费电视是电视行业的增长引擎"。

电视广告收入在整个电视行业收入中所占比例则基本持平，2007年370亿英镑的电视广告收入占到了整个电视行业的23%，而到2011和2012年，则以390亿英镑的电视广告收入占据同年电视行业整体收入的22%。

---

① Deloitte，*What Television Is*：2013．

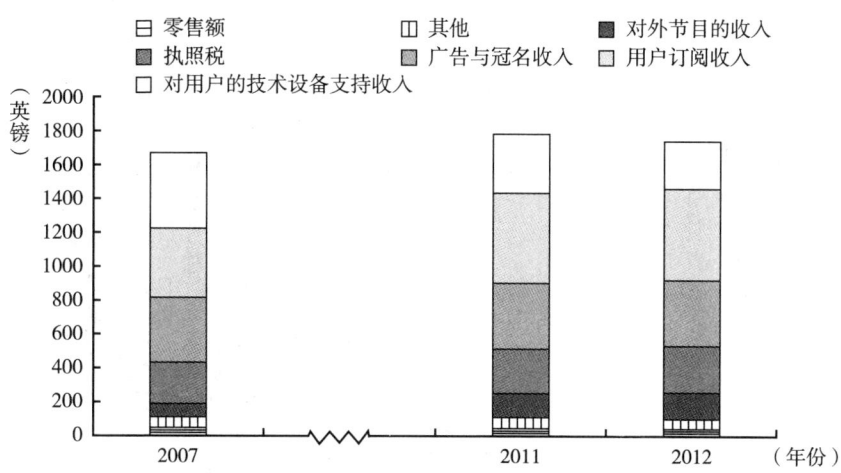

图3 英国电视行业的收入额及其构成（2007～2012）

资料来源：Deloitte，*What Television Is*：2013，An Industry of Industries。

（二）报纸

在网络新媒体的迅猛攻势下，"报纸消亡论"受到了前所未有的关注。然而多项调查结果发现，英国报纸在发行量逐渐走低、多平台化以及电子化的趋势下，其社会影响力即新闻消息的权威性和可信度远超过各种新媒体。报纸仍然具有强大的社会存在基础。

1. 发行量持续走低，影响力不减当年

英国全国范围和地区性的报纸，不论是日报还是周报，其订阅发行量均逐年递减。这很大程度上是互联网和移动互联网的兴起所致，但与纸媒对这些挑战的应对不够及时也有极大关联。近年来，纸媒相继"上网"，并逐步推出了"付费墙"和"数字出版"的手段来应对网络对纸媒的冲击，甚至有部分报纸亦试图在网络环境下打造"国际新闻品牌"来为自己赢得先机。

然而，根据舆观调查网（YouGov）的一份报告①显示，有将近44%的人

---

① 转引自 News Works，*Why Advertise in News Brands*？http：//www.newsworks.org.uk/Why-newsbrands#fact8。

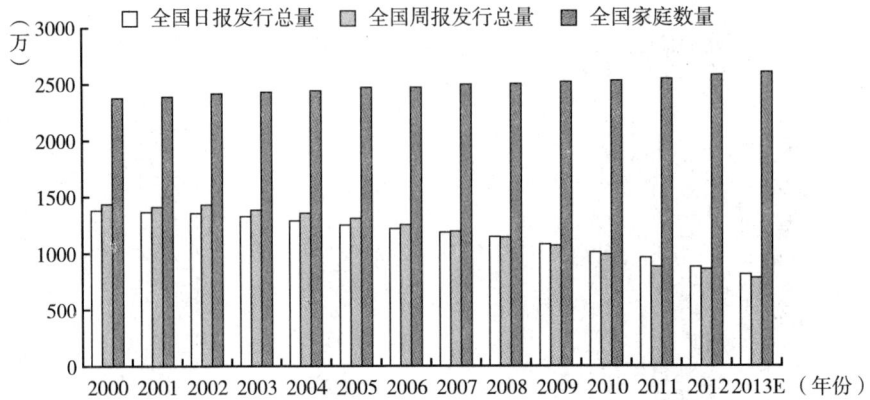

图4　英国日报/周报的订阅量与家庭总数

资料来源：Tribune Media Services, Inc.。

认为当今报纸的影响力超过了十年前。① 一方面，这样的结果说明，在被海量信息包裹的互联网环境下，虽然人们获取信息的方式更加多元、便捷，但是由于网络的进入门槛相对较低，流行于网络上的信息往往缺乏权威性和说服力，甚至不乏造谣、传谣之徒。而对人们来说，不论是印刷版的报纸还是电子版的报纸，其信息可信度往往高出网络媒体所提供的信息。尤其是在信息传播高度发达的今天，人们似乎更加需要一个权威的角色来帮助他们去鉴别信息并提供值得信服的消息。

2. 数字＋印刷：阅读方式多元

在移动上网终端不断丰富的前提下，英国的报纸读者群体呈现多样化的趋势。一方面，人们倾向于享受电子产品和网络带来的高效方便和快捷；另一方面，人们又更愿意相信报纸带来的信息可靠度。

在各年龄段中同时阅读数字版和印刷版报纸的人所占的比例差距不大，但相比来说，年轻人（18～34岁）更倾向于同时阅读印刷版和数字版的报纸。图5则清晰地展示了在多样化的阅读设备上阅读报纸的具体情况，其中，通过iPad阅读报纸的人超过了通过电脑或购买印刷版报纸来阅读的人，比例占到了

---

① Communications Management Inc., *Daily Newspaper Circulation Trends 2000-2013* (*Canada, United Kingdom, United states*), 28 Oct. 2013.

31%。这也是为何报纸在"上网"的同时,还需不断开发出适合于 iPad 阅读的报纸版本以迎合这个处于不断扩大的潜在受众群体。

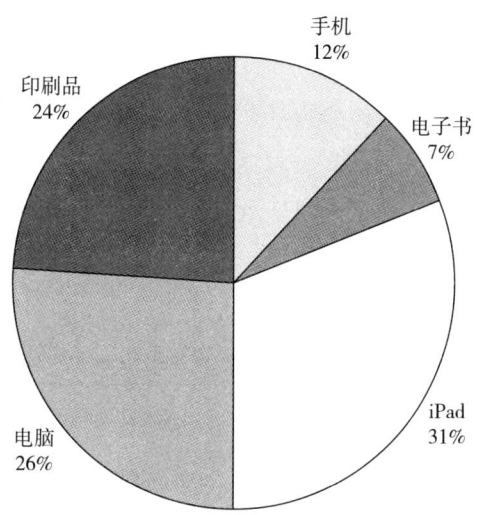

图 5　英国不同设备的用户阅读报纸的平台选择

资料来源:Cooper Murphy Webb. 2010。

(三)电影

总体来看,英国独立制作的电影在票房成绩上尚无法与英美合作的电影相比。在观影时间的安排方面,随着数字机顶盒的广泛应用,观看时间更加灵活可控,家庭观影受到英国人的喜爱。而据英国电影协会发布的 2013 年英国电影产业年鉴①显示,15~24 岁以及 45 岁以上的人群成为有钱并有时间去影院观影的最主要人群。

1. 在与美国合作的基础上,全球竞争力持续稳增

英国电影产业在全球的市场份额总体呈持续增长的趋势。2012 年英国电影产业在世界范围内的票房收入已经达到了 53 亿美元,占据全球电影票房(347 亿美元)的 15.3%,超过了除 2011 年之外的其他所有年份。然而值得注

---

① BFI, *Statistical Yearbook 2013*.

意的是，在迅速发展的英国电影产业中，仍然以与美国影视制作公司合作的电影为主力军。由英美合作的电影票房占到了全球电影票房的13.4%，英国独立制作的电影票房只有1.8%，① 无法与那些同美国影视制作公司合作的电影相匹敌。

英国独立制作的电影票房所占比例始终未超过英国电影票房收入的3%，即使在2011年出现了一个峰值——2.8%。据英国电影产业协会的2013年鉴报告，这是由于电影《国王的演讲》在国际市场上大获成功，该片在2011年取得了3.89亿美元的票房佳绩。

表3 英国电影产业在全球电影市场的份额（2002~2012）

年份	英国电影全球总票房（十亿美元）	全球电影票房（十亿美元）	英国电影所占比例（%）	与美国公司合制的电影所占比例（%）	英国独立制作的电影所占比例（%）
2002	1.8	19.8	9.1	7.6	1.5
2003	1.4	20.1	6.9	5.5	1.5
2004	2.9	24.9	11.6	10.0	1.6
2005	3.6	23.1	15.5	13.4	2.2
2006	2.2	25.5	8.6	7.5	1.2
2007	3.3	26.3	12.5	10.6	1.9
2008	4.2	27.8	15.1	13.3	1.8
2009	2.0	29.4	6.8	4.4	2.4
2010	4.5	31.8	14.2	12.6	1.6
2011	5.6	32.6	17.2	14.4	2.8
2012	5.3	34.7	15.3	13.4	1.8

资料来源：BFI, Rentrak, MPAA, IHS。

2. 电视观影占据主流，点播行为趋于上升

在2000年之后，人们通过租借或者购买光碟来观看电影的行为趋于减少，而通过电视的电影频道和网络电视的点播功能来观看电影的比例不断增加，影

---

① BFI, *Statistical Yearbook 2013*.

表4 英国在国际市场最受欢迎的十部电影

	电影名称	原产国	全球票房收入(百万美元)
1	007:天降杀机	英国/美国	1108
2	蝙蝠侠:黑暗骑士崛起	英国/美国	1081
3	普罗米修斯	英国/美国	403
4	白雪公主与猎人	英国/美国	397
5	诸神之怒	英国/美国	302
6	约翰·卡特	英国/美国	283
7	黑暗阴影	英国/美国	239
8	全面回忆	英国/美国/加拿大	199
9	涉外大酒店	英国/美国/印度	135
10	黑暗中的女人	英国/美国/瑞典	128
	总　　计		4275

资料来源：BFI, RSU。

院观影的比例则稳中略升。智能电视和机顶盒的技术进步为电视节目的存储、点播和回放提供了技术可能性，忙碌的工作和生活则为存储和回放自己喜爱的电影提供了需求市场，而家庭电视的"大屏化"则为用户提供了更为舒适的观影体验，甚至在新技术的推动下3D电视已经逐步渗透普通家庭的客厅。虽然电视观影和点播回放如此快速扩张，但影院放映的收入并未因此而明显减少，不论是音效、灯光还是人群氛围，影院都有着更佳的观影体验。

3. 影院观影：青少年与老年

25~44岁的人群属于社会劳动的中坚力量，生活和工作往往日程紧密、忙忙碌碌，极少有空余的时间供他们支配消遣，因而对于这一部分人群来说，去影院观影的比例只有各年龄段人群在影院观影比例总和的1/3，并且仍处于不断下降的趋势。相对的，15~24岁和45岁以上的人群则属于可支配时间比较充裕的群体，并且青少年的影院观影比例在降低，而45岁以上人群的影院观影比例在快速提高。①

---

① BFI, *Statistical Yearbook 2013*.

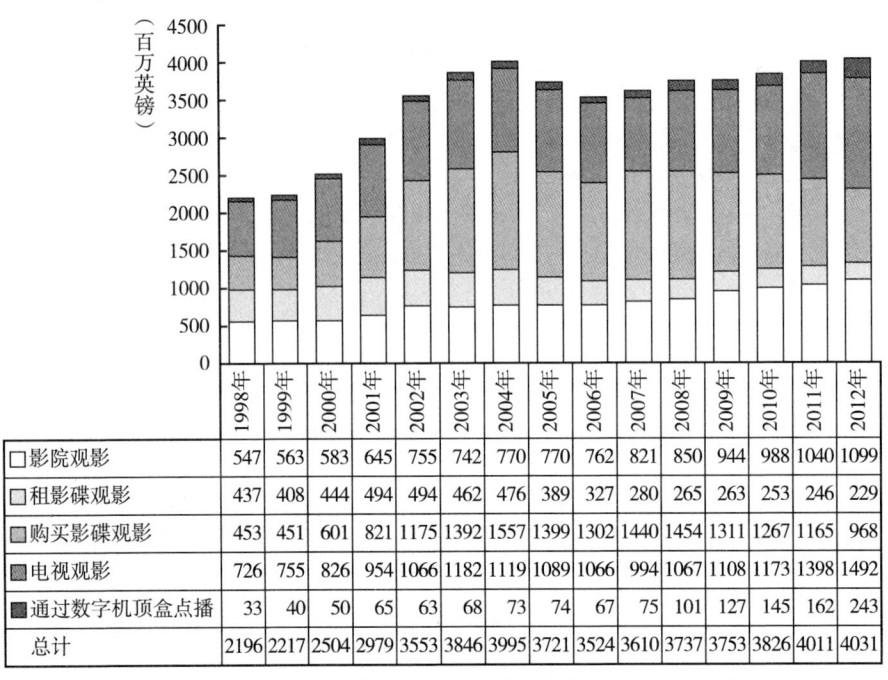

图6 英国电影在不同观看平台上的赢利额（1998~2012）

资料来源：Rentrak, BVA, Official Charts Company, Attentional, IHS, BFI RSU analysis。

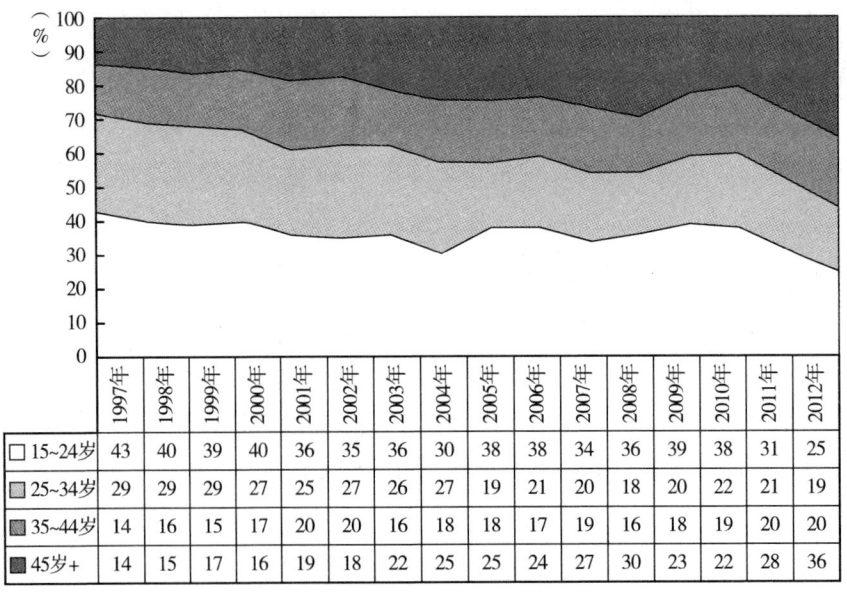

图7 英国影院观影者的年龄分布情况

资料来源：National Readership Survey（NRS），Cinema Advertising Association。

（四）广播

对于英国广播产业来说，商业广播在"本地化"的过程中表现更为出色，更受听众欢迎，但作为公益服务性广播代表的 BBC 以其权威与官方的特质，在重大突发事件中仍具有强大的影响力。在基础设施建设方面，英国政府始终重视推进英国全国范围内广播"数字化"改革。

1. 本地化与权威性：商业广播和 BBC 各有所长

根据英国通信管理局 2012 年的《英国受众对广播电视节目的态度》调查报告，① 47% 的被调查者每天都收听广播，27% 的被调查者每周都听广播。被调查者被要求就"对当地事件的报道的依赖程度"，在 BBC 和商业广播频率之间做出评价，该调查利用李克特量表，以 1~5 分别表示"完全依赖"、"比较依赖"、"不清楚"、"比较不依赖"、"一点也不依赖"。结果显示，在"对本地事件的报道"上，商业广播的听众忠实度远高于 BBC 的听众。具体调查数据如下：

关于"对当地新闻的报道"，商业广播有 38% 的听众忠实度，而 BBC 只有 31%；

关于"旅游和天气信息"，商业广播有 41% 的听众忠实度，而 BBC 只有 34%；

关于"本地、本社区的信息传播"，商业广播有 32% 的听众忠实度，而 BBC 只有 24%；

关于"诸如洪水和暴雪等突发事件"，商业广播有 35% 的听众忠实度，BBC 却达到了 39%。

由此可见，商业广播和 BBC 各有其传播优势，商业广播的贴近性使得其具有更加灵活的本地化策略，而 BBC 更加权威和官方的角色，则为其在重大突发事件中的信息传播提供了忠实听众。

2. 模拟广播向数字广播的全面转型

由于模拟信号广播受到频率资源的限制，以及为了迎合英国不断扩大的数

---

① OFcom, *UK Audience Attitudes to the Broadcast Media*, Aug. 2012.

字化网络使用人群的需求,英国政府逐步推进全国广播的数字化改革。英国政府在2013年12月20日发布了一项行动方案,表明了"加快模拟信号广播(analogue)向数字音频广播(DAB)全面过渡"的意向。① 根据其最初的预计,英国将在2015年左右完成广播业的这一转变。

根据该行动方案的介绍,只有在过半数的广播听众转向了数字音频广播,并且数字音频广播的覆盖率与模拟信号广播(尤其以FM为主)的覆盖率旗鼓相当,以及数字音频广播占到90%的社区广播和全部的公路广播之后,这一项重大的技术、服务和收听方式的转变才有可能真正开始。

根据受众调查数据,英国现有35.6%的广播听众以收听数字化音频广播为主,在2013年11月份所售出的41.6%的新型车辆中装有数字音频广播接收设备。BBC的全国数字化音频广播网络具备了94%的覆盖率,英国商业广播的数字化音频广播覆盖率也达到了89%,另外,英国社区广播的数字化程度也已经达到70%。

(五)新媒体

英国全国范围内的智能手机和平板电脑的用户比例都不断增加,并且在不同年龄段和性别之间的"数字沟"也呈缩小甚至弥合的趋势。如此之广阔市场的智能终端设备必然吸引各移动设备制造商角逐,其中以苹果公司的产品占据绝对主导的市场地位。除智能移动设备外,以社交网站为主的网络媒体在英国巨大的用户量及其信息量为其获得了政治、经济和社会文化等多重影响力。

1. 智能手机

根据英国手机应用制作公司WE ARE APPS所调查收集的英国移动上网终端的调查报告《英国移动终端调查报告(2013)》,2013年英国的智能手机用户已经达到了3.17亿人,占到整体手机用户量的60.4%,以及全英国人口总量的45%左右。预计到2017年,英国智能手机的用户量将占到全部手机用户量的81%以及英国总人口量的约2/3。②

---

① Philip Ward, *Digital Radio Switchover*, 20 Dec. 2013.
② We Are APPS, *UK Mobile Devices Usage and Demographic Roundup*, Jan. 2013.

智能手机的拥有率在18~65岁这个年龄区间内,年龄与智能手机的拥有率负相关,随着年龄的增加,智能手机的拥有率呈下降趋势。根据eMarketer在2013年所做的报告,在18~24岁的人群中有84%的人拥有智能手机,在25~34岁的人群中约有81%的人拥有智能手机,预计到2017年这两组数据将分别提升到98%和95%。而智能手机拥有率超过80%的年龄底线将提高到45~54岁。这意味着社会整体消费越来越向移动终端倾斜。

表5 英国社会不同年龄段的智能手机用户比例

单位:%

年龄(岁)	2011年	2012年	2013年	2014年	2015年	2016年	2017年
0~11	29	37	45	54	61	67	72
12~17	61	74	81	87	91	94	96
18~24	68	78	84	89	92	95	98
25~34	66	75	81	86	90	93	95
35~44	58	67	76	83	88	91	94
45~54	41	50	62	71	78	85	89
55~64	15	24	37	45	52	60	68
65+	6	9	13	19	26	33	41
Total	44	53	60	67	72	77	81

资料来源:eMarketer, Apr. 2013。

在智能手机最初的创新扩散过程中,更容易获得男性的接受和使用,因而对早期的智能手机用户群来说男性占主导位置。但是根据2013年eDigital Research所发布的研究报告,当今拥有智能手机的人群中女性已经占据了58%的比例。

2. 平板电脑

平板电脑在移动上网客户端的销售市场上增长最快,2012~2013年度的平板电脑销售比上年度上升了106.1%。从苹果公司在2010年首次发行iPad以来,成千上万的iPad已经进入英国市场,并且同时带动了其他各种品牌平板电脑的生产和销售。在英国,目前有近1/3的人在使用平板电脑,并且预计在2017年平板电脑将成为全国过半数的人都在使用的畅销商品。①

---

① We Are APPS, *UK Mobile Devices Usage and Demographic Roundup*, Jan. 2013.

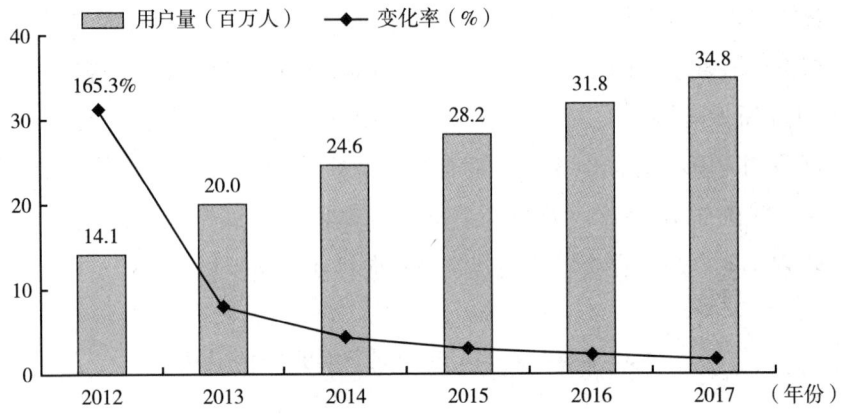

图8 英国平板电脑用户量及其增长率

资料来源：eMarketer, May 2013。

在目前的发展情况下，英国不同年龄阶段的人群对平板电脑的使用率也是有巨大差别的。当下以25~44岁年龄段的人群为主要的使用者，占到了40%以上的比例。根据eMarketer的调查预测，到2017年的时候，英国各个年龄段对平板电脑的使用率将趋于相近。在平板电脑的扩散过程当中，仍然以25~34岁的年轻力量为主。

表6 英国不同年龄段的平板电脑用户及其比例

单位：%

年龄(岁)	2012年	2013年	2014年	2015年	2016年	2017年
0~11	7	9	9	10	10	10
12~17	7	7	7	7	7	7
18~24	12	12	12	12	12	11
25~34	22	21	20	20	20	19
35~44	20	20	18	17	17	16
45~54	20	18	17	17	16	16
55~64	9	9	9	10	10	10
65+	4	5	6	8	9	10

资料来源：eMarketer, Apr. 2013。

极其类似于智能手机的扩散过程，在平板电脑刚进入英国市场的时候，中青年男性对这个新商品的接受程度普遍高于女性，男性可以说是平板电脑这个

"创新商品"的"早期使用者"。但是随着平板电脑在英国社会的逐步渗透,平板电脑的女性使用者比例已经在2013年超过了男性,占到了总体平板电脑使用者的52%。

英国的平板电脑市场拥有较大的拓展空间,成为不同品牌平板电脑之间的角逐地。但是据舆观的调查显示,苹果公司在英国平板电脑市场上占据着无可撼动的统治地位:苹果公司在2012年的英国平板电脑市场上拥有高达73%的市场占有率,虽然它在2013年的市场占有率有所下降,但仍然以63%雄踞英国平板电脑市场霸主的地位。相对来说,三星品牌的平板电脑在英国市场的占有率有所提升,而谷歌公司在2013年首次推出平板电脑产品之后就立即拥有了8%的客观市场。亚马逊在2013年主推的Kindle Fire则相对落后,只有5%的市场占有率。

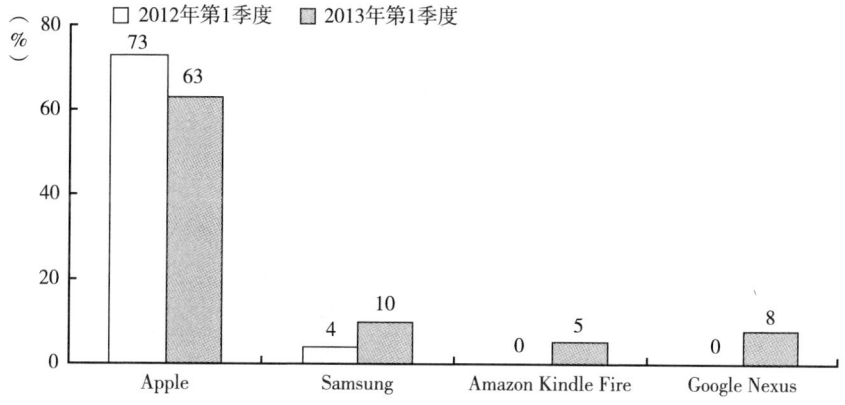

图9 英国不同品牌的平板电脑的市场份额

资料来源:You Gov., April 2013。

Tech Tracker在2013年所做的调查显示出英国人在不同场所的平板电脑使用率。可以看到,在家庭的客厅中使用平板电脑的比例达到了84%,其他拥有相对较高的使用率的地点仍主要在家庭的范围内,包括卧室(50%)、厨房(38%)和其他区域(27%)。

智能手机和平板电脑的持续普及化进程带来的直接结果就是应用程序的开发与推广,在这个新兴的、充满机遇的行业里,各种应用程序已经开始与传统媒体和互联网网站分享英国社会的广告总额。根据WE ARE APPS的《英国移动终端调查报告（2013）》，超过17%的制作APP团队的主要赢利方式是通过APP内部的购买系统去购买完整的APP服务，或者通过在APP内置广告来获取广告收入。据统计，91%的APP都属于免费下载，"免费下载+APP内部购买"的商业模式成为广大APP开发者所热衷的赢利模式。据Gartner的统计结果，如图10所示，在2012年的时候，全球APP下载量只有640亿，而到了2013年该数据则已经跃升到1021亿，并且根据其预计，到2016年APP下载量将在2013年的下载量基础上翻番。

根据《英国移动终端调查报告（2013）》，在2013年底英国智能手机用户花费100亿英镑来购买APP服务，而为智能手机和平板电脑开发应用的费用也达到970亿英镑，这一数据超过了2010、2011和2012三年的数据之和。

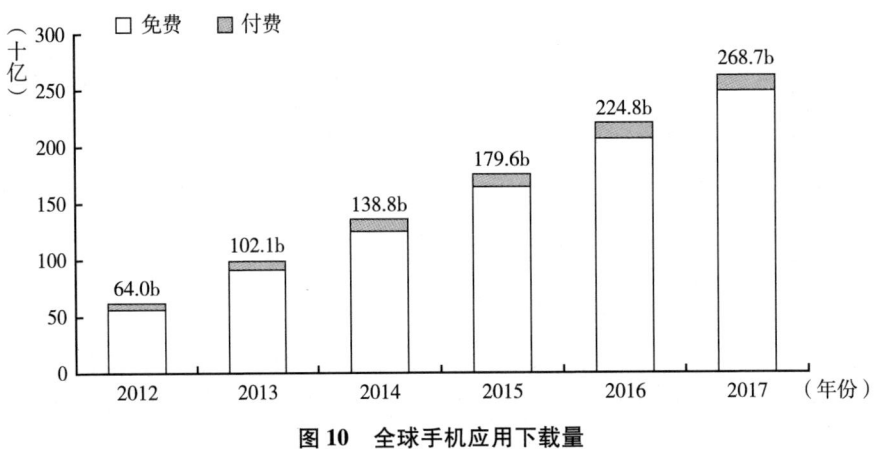

图10　全球手机应用下载量

资料来源：Gartner。

3. 社交网站

据《2013社交媒体报告》，[①] 在英国人的各类上网行为中，使用社交网站、浏览网页和使用电子邮件服务三项分别占到了网民总体上网行为的21%、18%和14%。

在社交网络的使用方面，以Facebook和Twitter为最主要平台。根据

---

① Elsa Sakki, *A 2013 Social Media Report*; *UK User Demographics & Their Suitability According to a Company's Target Group*, http://optimiseblog.co.uk/a-2013-social-media-report/.

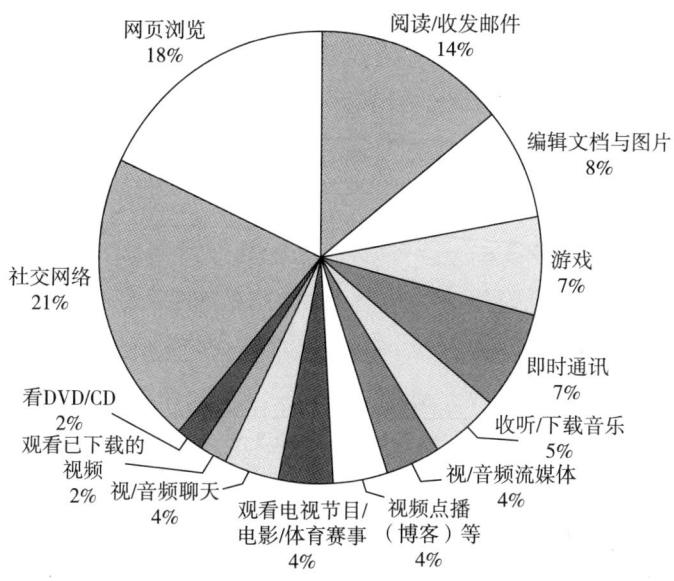

图 11 英国人各类上网行为的比例

资料来源：Elsa Sakki, 2013 Social Media Report。

eMarketer 的分析可知，虽然两者在英国的用户总量都在上升，但是由于处于不同的发展阶段，Facebook 在英国的发展将面临低潮期，而 Twitter 则有望呈现高速增长的局面。

eMarketer 分析认为，作为 Facebook 用户主力军的人群（18～44 岁）数量的增长速度在放缓，在 2013 年的时候，该用户群体内的 Facebook 普及率已经达到了 88.3%，在可预见的范围内，Facebook 的用户总量虽然会平稳增加，但是其整体的社会普及率不会有太大变化，因为想要使用这一完善的社交站点的用户已经行动了。

相对的，Twitter 的英国用户在 2013 年占社交媒体的 38.7%，到 2018 年将增长至近 50%。Twitter 在英国的发展正经历着 Facebook 多年前曾经历的过程：在 Facebook 吸引了青少年和年轻成年用户这个核心群体后，这些用户的父母们和祖父母们也开始玩起了 Facebook，它的增长主要来自于最老的和最年轻的用户。对 Twitter 来说亦如此，当低龄用户在大量增长的时候，12～44 岁的用户使用普及率却在放缓或下滑至低于平均增长速度，同时根据 eMarketer 预测，Twitter 在 65 岁及以上年龄段的用户普及率将在 2014 年增长至 37.8%。

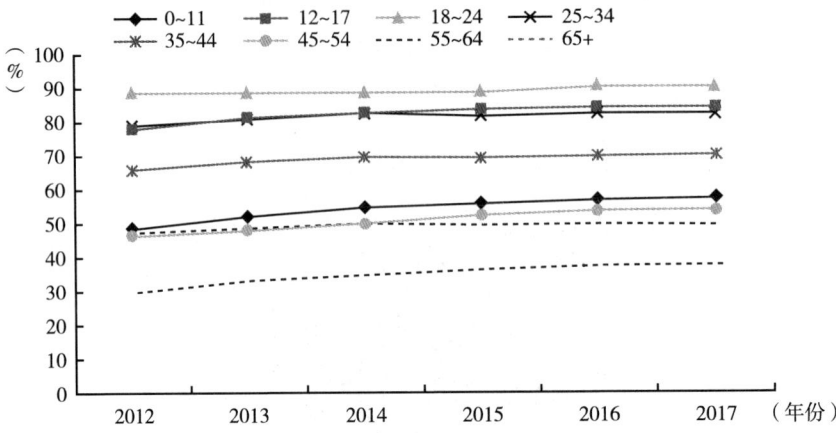

图 12 Facebook 在英国不同年龄段人群的普及率

资料来源：eMarketer，2013。

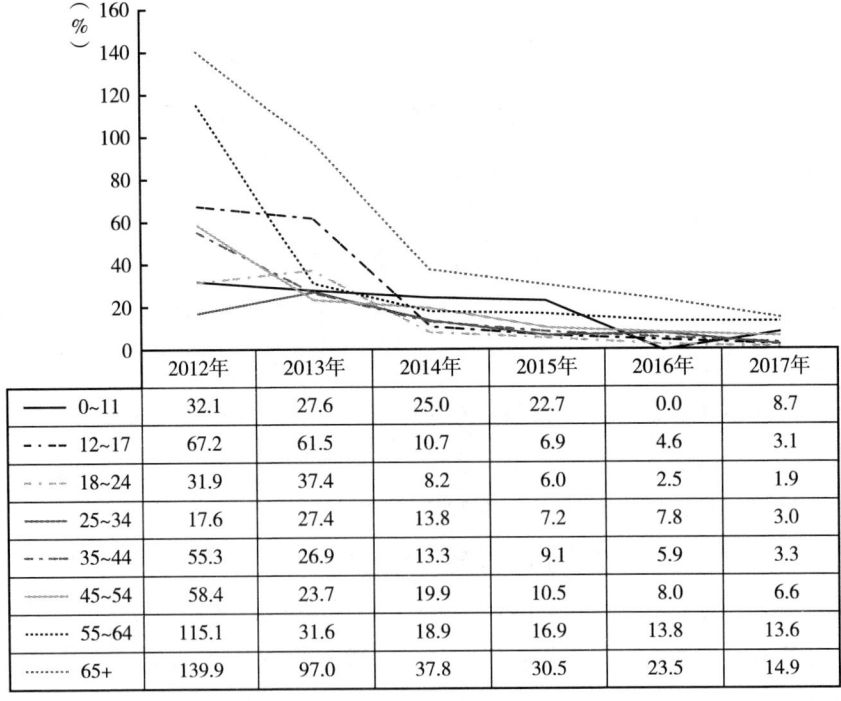

	2012年	2013年	2014年	2015年	2016年	2017年
0~11	32.1	27.6	25.0	22.7	0.0	8.7
12~17	67.2	61.5	10.7	6.9	4.6	3.1
18~24	31.9	37.4	8.2	6.0	2.5	1.9
25~34	17.6	27.4	13.8	7.2	7.8	3.0
35~44	55.3	26.9	13.3	9.1	5.9	3.3
45~54	58.4	23.7	19.9	10.5	8.0	6.6
55~64	115.1	31.6	18.9	16.9	13.8	13.6
65+	139.9	97.0	37.8	30.5	23.5	14.9

图 13 Twitter 在英国不同年龄段人群中的增长率趋势

资料来源：eMarketer，2013。

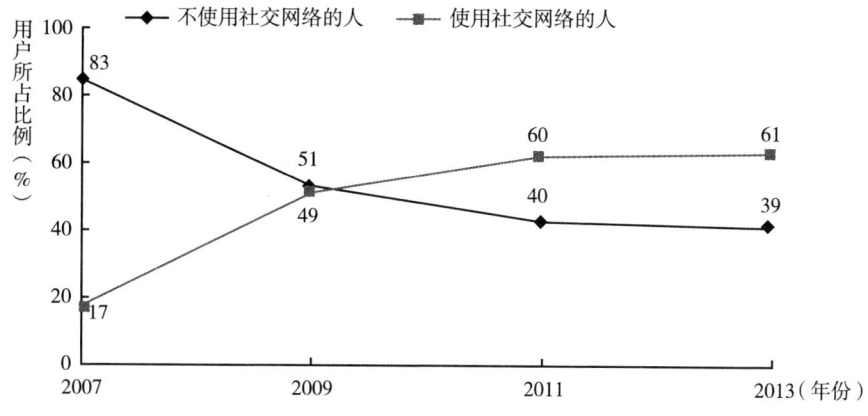

图 14　英国社交网站普及率

资料来源:《互联网文化:英特网在英国》,牛津大学互联网研究院,2013。

绝大多数创新事物的扩散都遵循着创新扩散曲线的分布规律,在接近扩散饱和点的时候,该创新的扩散速率将逐渐放缓。以 Facebook 和 Twitter 为最主要代表的英国社交网络媒体的社会普及率如此之高的同时,牛津大学互联网研究院在 2013 年 10 月 1 日发布的一份研究报告却显示,至少在英国,社交媒体用户的增长已呈现明显放缓的趋势。

三　发展热点

在纵观英国传媒产业发展现状之后,可以发现有一些特定产品或服务将在未来数年内成为极具竞争力的市场产品。我们可以发现三个发展热点,包括"智能手机"用户群的代际差异缩小、"可穿戴智能设备"的兴起与扩张,以及付费电视的光明前途。当然,传播技术日新月异,传媒行业的热点与趋势也不仅限于此。

1. "智能手机之沟"(smartphone gap)将持续缩小

根据德勤的《技术、媒介与通信行业预测(2014)》[①] 的报告,英国 55 岁以上的人群将在 2014 年成为智能手机用户量增长最快的年龄群体。预计到年

---

① Deloitte, *Technology, Media & Telecommunications Predications 2014*, Jan. 2014.

底，该年龄段内人群的智能手机拥有率将达到45%～50%，虽远低于18～54岁年龄段人群的平均智能手机拥有率（70%），但相对于2013年来说，该群体的智能手机拥有率将提高25个百分点。老年人与年轻人之间的"智能手机之沟"将不断缩小，预计到2020年，这一年龄之间的"智能手机之沟"将微不足道。

2. "可穿戴智能设备"将初获发展

在2014年，"可穿戴智能设备"诸如智能眼镜、智能腕带和智能手表的全球销售量总和将达到1000万件左右，预计产生相关利润30亿英镑。在多种"可穿戴智能设备"中，智能眼镜将赢利最多，其商品单价在500美元左右，而销量则预计会达到400万件；智能腕带的单价在140美元左右，预计销量也是400万件；智能手表的单价则在200美元左右，预计销量200万件。

3. 付费电视前途光明，受众测量更趋准确

根据德勤的预测，到2014年底，全球约5000万个家庭将订阅2个以上的付费电视频道，这将为电视产业带来50亿英镑的收入。随着内容和渠道提供商利用机顶盒实现节目点播的技术基础，2014年订阅付费电视频道的家庭将持续增长。在这5000万个家庭中，大多数将只基于一个电视平台（卫星、有线电视或IPTV）订阅两个付费电视频道，以及一个次级的电视点播服务。只有约500万用户会从三个以上的内容与渠道提供商那里订购更多的付费电视服务。① 电视点播服务也将有所发展，可联网的电视机和Wi-Fi网络服务的高速化使得"流媒体软件狗"可以通过HDMI接口实现视频点播。在观看效果上，电视比PC、平板电脑或者智能手机都要有更佳的影音体验。

随着新的测量方法——混合测量（hybrid measurement）的应用，英国国内的电视节目收视情况的测量结果将更准确、更接近事实。这种测量方法同时将通过电视机收看电视节目的行为和通过PC、平板电脑以及智能手机等其他终端来观看电视节目的行为综合起来，弥补了对移动终端电视节目观看调查不足的短板。如果仅仅考虑通过电视机收看节目这一行为的话，会对电视业整体的发展有所低估，因为对年轻人来说，他们往往去选择移动终端来观看电视节

---

① Deloitte, *Technology, Media & Telecommunications Predications 2014*, Jan. 2014.

目，而且更喜欢使用视频点播服务。

德勤的报告还指出，在云技术的影响下，越来越多的人在通过云技术观看外国电视台的节目，这对于这些国外的电视台来说，也属于观众群体的一部分，但是在观众测量中往往被忽略，这也将对其电视受众的发展产生低估的可能。对英国的电视台来说，同样如此。

结　语

在对英国传播产业概貌以及各主要传媒行业具体发展情况分析的基础上，我们发现英国的传媒产业在政府积极的引导规划以及市场规律的综合作用下，呈现两对基本的矛盾：公益服务性传媒与商业化传媒的相互争夺，新媒体平台与传统媒体平台之间的博弈。

以BBC为最主要代表的公益服务性传媒由于其官方背景，因此在对国内外重大突发事件的信息传递上具有商业性媒体所无可比拟的权威性与可信度。商业化媒体则在信息传播的"本地化"方向上作出了更为卓越的努力，在日常信息的传递中拥有较为广泛和忠实的受众。

新媒体在英国的发展呈现强劲的势头，尤其以移动上网终端的发展为最。类似于商业化媒体的地位，新媒体在日常信息交流和获取中扮演极其重要的角色，但是在面对国内外重大突发事件时，传统媒体的影响力仍不减当年。更确切地说，正是因为新媒体的风靡而使得其自身的缺陷和漏洞不断被放大，才赋予了大众对传统媒体的可信度与权威性更为普遍的认可与信赖。虽然传统媒体顺应潮流对自身加以网络化改造，但这个过程绝不能被简单地视为新媒体对传统媒体的胜利号角。毋宁说，在这样的矛盾关系中，新媒体与传统媒体相互成就了彼此。

B.8 合作、融合、共进：2014法国传媒产业发展报告

甘露 刘昶*

摘 要： 2013年，法国传媒与文化产业的预算仍然优先数字化转型。虽然传统媒体的势力仍然强大，但新媒体已越来越成为传媒市场中不可或缺的重要组成部分，是市场中最具活力和发展能力的一支力量，就连最具传统意义的图书产业也迎来了电子书腾飞之年。然而，无论是传统媒体的转型还是新媒体的发展，在法国的文献中我们更多看到的是"合作"（Co-operation）而不是"竞争"（Competition），政策的引导与实践的着力点都在促进新旧媒体之间的融合而非对立。

关键词： 法国传媒产业 数字化转型 合作融合

一 总体发展状况分析

因数据来源的统计方法未发生根本性变化，法国传媒产业的总体发展状况将仍从广告收入、政府预算、进出口状况三个维度进行描述和分析。

（一）广告收入：新媒体收入稳定扩张，广告市场转型已成必然趋势

2013年，法国经济形势较上年略有缓和，GDP增长0.3%，国民消费增

---

* 甘露，中国传媒大学新闻传播学部传播研究院助理研究员；刘昶，中国传媒大学新闻传播学部新闻学院院长、教授。

加0.4%，失业率也下降至10.5%，较上年减少0.6个百分点。但缓和的经济形势未能阻止媒体广告市场继续走低。根据法国广告研究院（IREP）最新发布的数据，2013年法国媒体广告收入132.8亿欧元，较上年减少5亿欧元①，降幅3.6%；广告商投资301亿欧元，较上年减少9亿欧元，降幅3%。

传统媒体中，除车身广告的收入增长了2.5%之外，其余项目均有所下降或基本维持上年水平。其中报刊广告下降8.4%，电视广告下降3.5%，年鉴广告下降5.8%，邮件广告下降7.5%，而电影广告更是下降至2010年水平，年度降幅13.3%。

相较于传统媒体市场的缩减，新媒体市场则体现出稳定的扩张趋势。除网页广告略有下降（-0.9%）外，搜索广告增长4.7%，而移动终端广告收入的增幅更是高达55%。从总体来看，新媒体广告收入总计23.79亿欧元，在总收入中所占份额为17.9%，较前几年进一步增加，表明法国媒体广告市场转型趋势已不可逆转，但其增长幅度有所放缓，自2011年爆发性增长（较2010年的增长幅度为43.9%）后，2012年的增幅骤降至5.4%，2013年增幅则降至4.1%，可见，法国媒体广告市场的转型仍将缓慢而渐进发展。

表1 法国各类媒体广告收入情况：2008~2013

单位：亿欧元

媒体	2008年	2009年	2010年	2011年	2012年	2013年
报刊	45.99	37.51	36.12	34.95	32.09	29.39
广播	7.79	7.08	7.44	7.48	7.39	7.36
电视	34.76	30.94	34.41	34.96	33.37	32.19
电影	0.75	0.76	0.90	1.05	1.05	0.91
网页	5.16	4.82	5.40	6.16	6.46	6.40

---

① 2013年年报对2012年"网络搜索"和"移动终端"的广告收入进行了修正，分别由原来的11.41亿欧元和0.43亿欧元调整为15.96亿欧元和0.44亿欧元，因而2012年广告总收入为137.81亿欧元。

续表

媒体	2008	2009	2010	2011	2012	2013
搜索	—	—	9.43	15.20	15.96	16.71
移动终端	—	—	0.24	0.33	0.44	0.68
户外广告	12.65	11.27	11.88	11.91	11.71	11.52
年鉴广告	11.06	10.84	10.33	9.95	9.46	8.91
街头发放广告	—	—	5.98	6.29	6.35	6.23
邮件广告	—	—	14.35	14.26	13.54	12.52
总　计	118.16	103.22	136.50	142.52	137.81	132.82

数据来源：法国广告研究院（Institut de Recherches et d'Etudes Publicitaires，IREP），www.irep.asso.fr。IREP 在 2013 年的报告中对 2011 年及 2012 年的数据进行了调整，特别是"搜索"的广告收入调整幅度较大，2011 年"搜索"的广告收入从 10.60 亿欧元调整至 15.20 亿欧元，2012 年该项广告收入从 11.41 亿欧元调整至 15.96 亿欧元。因而在总收入上呈现较大变化，2011 年总收入从 137.90 亿欧元调整至 142.52 亿欧元，2012 年总收入从 133.20 亿欧元调整至 137.81 亿欧元。

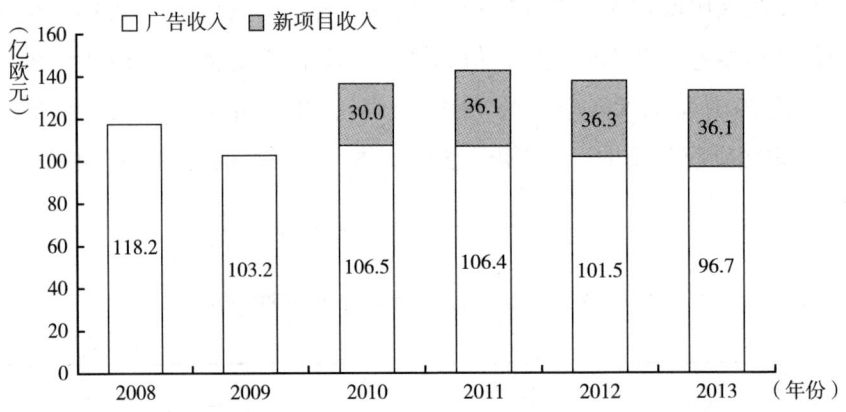

图 1　法国广告市场收入情况：2008～2013

数据来源：法国广告研究院（Institut de Recherches et d'Etudes Publicitaires，IREP），www.irep.asso.fr。"新项目"指 2010 年以来进入统计范畴的那些项目，包括"搜索"、"移动终端"、"街头发放广告"和"邮件广告"。

从广告市场的收入结构来看，份额最大的三类媒体仍然依次为电视、报刊和新媒体。除电视的份额与上年持平外，报刊的下降和新媒体的增长使得两者的份额差距进一步缩小。

据法国广告研究院的报告，2013 年，法国媒体广告收入已跌落至 2004 年水平,近5年来,除新媒体及电影①外,其余各项收入及总收入的年度变化均小于GDP的年度变化数值。2005年法国地面数字电视逐渐普及,2006年社交网络在法国兴起,2007年智能手机出现,2010年平板电脑开始大规模使用等等,这些新媒体的兴起和发展,使得当下法国媒体广告市场与2004年相比已发生明显变化:电视广告收入减少4800万欧元,广播广告减少9000万欧元,户外广告减少6100万欧元,年鉴广告减少3500万欧元,报刊甚至减少了17.64亿欧元;与此同时,电影广告收入增加2400万欧元,包括网页及搜索在内的互联网广告收入的增长达到惊人的20亿欧元。②

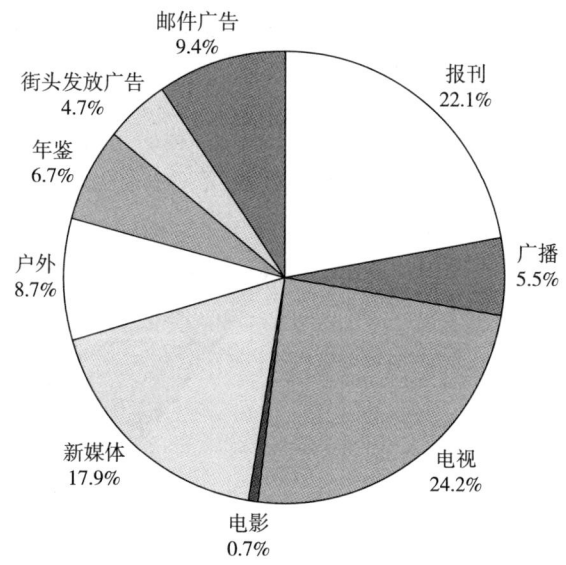

图2 法国广告市场结构:2013

数据来源:依据法国广告研究院(Institut de Recherches et d'Etudes Publicitaires,IREP)2013年年报计算的结果,www.irep.asso.fr。

2013年,法国广告商继续大幅减少对报刊和电视的投资,降幅分别为7.9%与3.4%,与上年的降幅基本持平。上年还处于增长状态中的电影广告

---

① 2013年除外。
② 数据来源于法国广告研究院(Institut de Recherches et d'Etudes Publicitaires,IREP),www.irep.asso.fr。

投资，在2013年锐减13%，是所有项目中缩减幅度最大的一项。而对年鉴（-6.1%）、市场营销（-4.7%）和赞助（-3.2%）等项目投资的缩减幅度也较为显著。互联网是唯一一项投资有所增长的项目，但增幅（+3.4%）较上年增幅又下降了1.9个百分点。

虽然2013年的媒体广告市场情况不乐观，但法国广告研究院对2014年显然充满信心。一方面，GDP预期在2014年将增长1%，另一方面，2014年的世界杯足球赛和冬奥会两大国际赛事对广告商投资也将产生拉动作用。

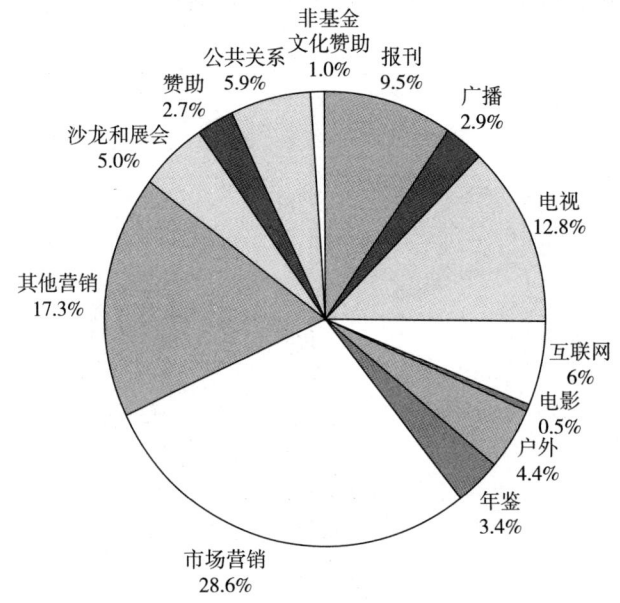

图3 法国广告商投资结构：2013

数据来源：法国广告研究院（Institut de Recherches et d'Etudes Publicitaires, IREP），www.irep.asso.fr。

（二）政府预算：加强对外视听活动的支持力度

2014年，法国文化预算在上年的基础上继续小幅下降，为72.62亿欧元，降幅2%。其中45.68亿欧元用于媒体、阅读、文化产业和公营广播电视，26.95亿欧元用于文化使命、研究和教育。

从预算在各文化部门的分配情况来看，结构上基本保持不变，但金额均有不同程度的下降。其中下降最为明显的是报业预算,从上年的 5.14 亿欧元降至 4.59 亿欧元,降幅为 10.8%,但仍高于 2012 年报业 3.9 亿欧元的预算。下降幅度最小的是视听产业预算,从上年 38.81 亿欧元降至 38.47 亿欧元,降幅仅 0.9%,这主要得益于国家对于对外视听活动的重视。其余部门预算降幅都在 2% 左右。

表 2 法国文化部预算:2010~2014

单位:亿欧元

项目	2010 年	2011 年	2012 年	2013 年*	2014 年
文化	27.90	27.89	28.56	27.47	26.95
文化使命	26.67	26.64	27.32	26.28	25.77
研究和教育	1.23	1.25	1.24	1.19	1.18
文化与传媒	45.51	45.79	45.79	46.62	45.68
报刊	4.18	4.20	3.90	5.14	4.59
图书和文化产业	2.85	3.00	2.75	2.67	2.62
视听产业	38.48	38.58	39.13	38.81	38.47
预算总额	73.41	73.68	74.35	74.10	72.62

数据来源:法国文化部(Ministère de la Culture et de la Communication)发布的 2010~2014 年年度预算报告,www.culture.gouv.fr。

*2014 年的法国文化部预算报告对 2013 年预算实值进行了部分微调,因而与上年报告相比在数值上有些许出入,以本年度报告中的数值为准。

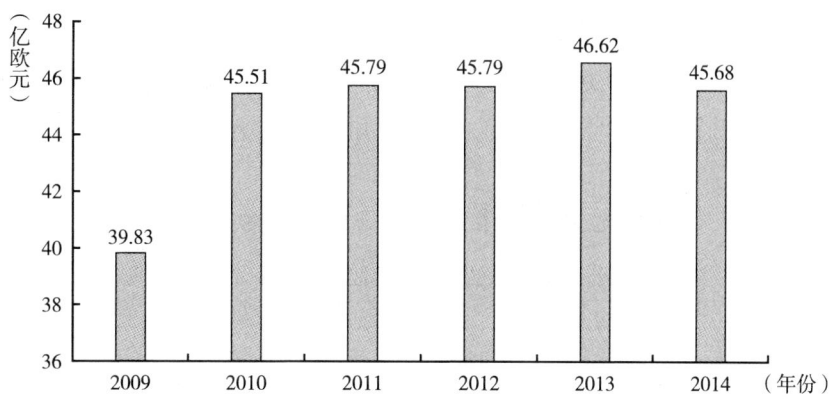

图 4 法国政府文化和传播预算:2009~2014

数据来源:法国文化部(Ministère de la Culture et de la Communication)发布的 2009~2014 年年度预算报告,www.culture.gouv.fr。

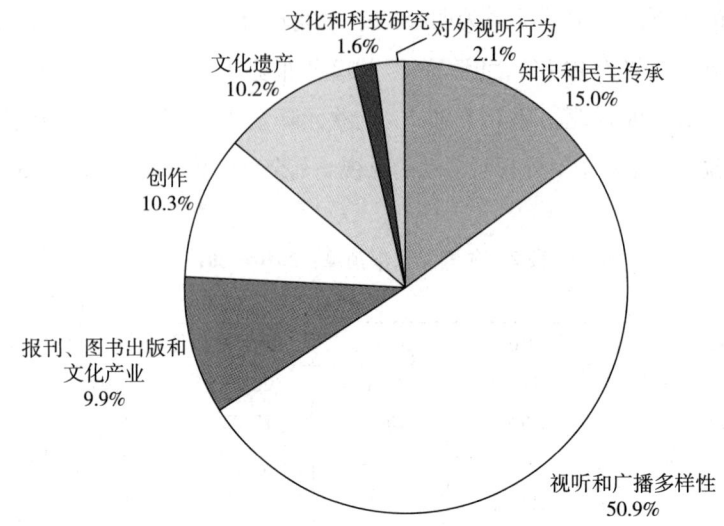

图 5　法国政府文化和传播预算结构：2014

数据来源：法国文化部（Ministère de la Culture et de la Communication）发布的 2014 年度预算报告，www.culture.gouv.fr。

（三）进出口贸易：文化产品进出口顺差进一步拉大，传媒相关产品逆差有所缩减

2012 年，法国文化产品出口总额 30.75 亿欧元，较上年增加 2.94 亿欧元，增幅 10.6%，进口总额 23.31 亿欧元，较上年减少 0.85 亿欧元，降幅 3.5%，两者之间的差距进一步拉大。其中与传媒产业相关的出口金额 14.15 亿欧元，进口金额 15.85 亿欧元，逆差较上年有所缩小[1]。

表 3　法国各类文化产品进、出口额：2007～2012

单位：亿欧元

项目	2007 年	2008 年	2009 年	2010 年	2011 年	2012 年
图书						
出口额	6.14	6.23	5.90	6.30	6.64	6.67
进口额	7.17	7.51	7.11	7.04	7.00	7.23

---

[1] 2011 年法国传媒产业进出口贸易逆差为 2.44 亿欧元，2012 年逆差减少至 1.7 亿欧元。

续表

项目	2007年	2008年	2009年	2010年	2011年	2012年
报刊						
出口额	3.91	4.14	4.45	4.34	4.14	4.00
进口额	3.93	4.38	4.32	3.94	3.93	3.57
音像制品						
出口额	3.35	3.57	3.76	3.80	3.55	3.48
进口额	4.93	5.10	4.65	5.41	5.85	5.05
其他						
出口额	10.11	11.97	9.84	9.04	13.47	16.60
进口额	5.88	6.86	5.79	6.61	7.37	7.47

数据来源：法国文化部（Ministère de la Culture et de la Communication）发布的《文化产品进出口报告》 *Importations et Exportations de Produits Culturels*，www.culture.gouv.fr。

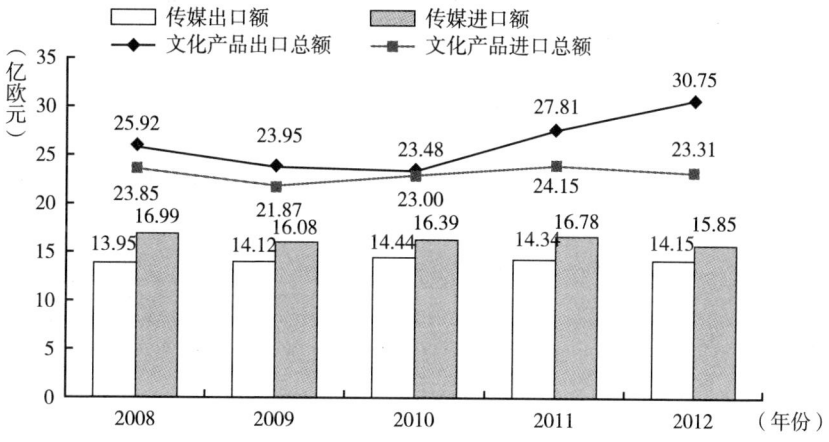

图6　法国传媒进、出口额及文化产品进、出口总额：2008～2012

数据来源：法国文化部（Ministère de la Culture et de la Communication）发布的《文化产品进出口报告》 *Importations et Exportations de Produits Culturels*，www.culture.gouv.fr。

二　行业与市场分析

（一）报刊

1. 出版与发行：免费广告报刊锐减，致使报业结构产生变化

据法国文化部发布的最新数据，2011年法国共发行报刊4367种，较上年

锐减163种。据法国文化部传媒与文化产业总司发布的2012年报刊业年报推测，由于2012年为法国选举年，报刊种数与2011年基本保持平衡，但2013年的情况则不乐观。

从分项来看，面对新技术及金融危机的冲击，在种数上受到最大影响的仍然是免费广告报刊，2011年该类报刊较上年锐减323种，降幅超过半数，达到68.7%。而其他报刊中，除地方性时政报刊略减了3种外，其余各类报刊的种数均有不同程度的增加。值得一提的是，全国性时政报刊的增幅达到8.0%，大众专业报刊的种数增加了139种。

表4 法国各类报刊的种类：2006~2011

单位：种

报刊	2006年	2007年	2008年	2009年	2010年	2011年
全国性时政报刊	80	80	83	85	88	95
地方性时政报刊	468	461	455	444	451	448
免费新闻报刊	74	90	108	125	138	144
大众专业报刊	2013	1834	1938	1960	2019	2158
科技专业报刊	1499	1456	1413	1385	1364	1375
免费广告报刊	620	623	591	560	470	147
总计	4754	4544	4588	4559	4530	4367

数据来源：法国文化部（Ministère de la Culture et de la Communication）发布的2006~2011年年报，www.culture.gouv.fr。

免费广告报刊种数的锐减带来的不仅仅是法国报刊业种数上的变化，而且对产业结构造成影响，其所占份额由上年的10.4%减少至3.4%，减少的这7个百分点主要被大众专业报刊所吸收，使得该类报刊的份额增至49.4%。

从报刊发行周期来看，日刊种数保持稳定，自2006年以来几乎没有变化，周刊种数持续走低，缩减明显，2011年已减至705种，较2006年减少419种。季刊种数最多，至2011年达到历史最高水平，2227种，在份额上首次超过半数，达到51%。

2011年法国报刊发行量减少近9亿份，至50.9亿份，降幅14.7%，达到

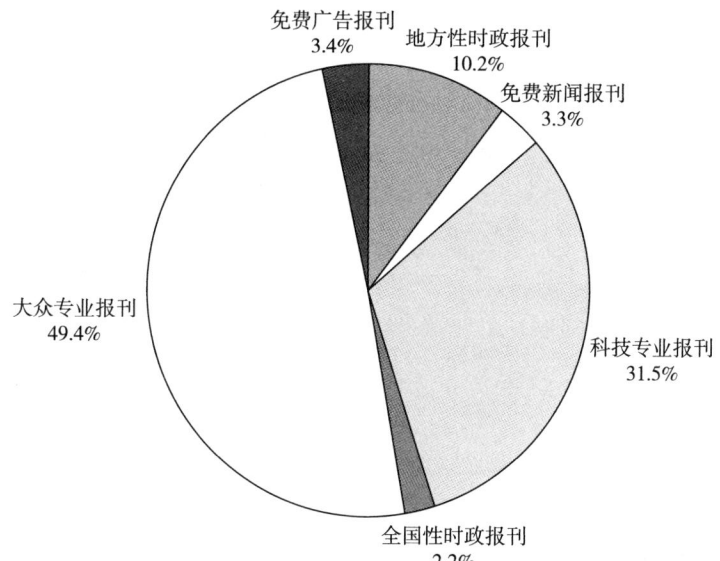

图 7　法国报刊结构：2011

数据来源：法国文化部（Ministère de la Culture et de la Communication）发布的 2014 年年报，www.culture.gouv.fr。

表 5　法国各出版周期报刊的种类：2006～2011

单位：种

报刊	2006 年	2007 年	2008 年	2009 年	2010 年	2011 年
日刊	105	106	106	107	107	107
周刊	1124	1116	1094	1057	993	705
月刊	1501	1432	1328	1340	1279	1252
季刊	1962	1826	2001	1988	2080	2227
其他	62	64	59	67	71	76
总计	4754	4544	4588	4559	4530	4367

数据来源：法国文化部（Ministère de la Culture et de la Communication）发布的 2006～2011 年年报，www.culture.gouv.fr。

历史最高值[①]。付费报刊发行量 41.4 亿份，在上年基础上继续减少 0.95 亿份，份额继续增长至 81.4%，免费报刊发行量 9.5 亿份，较上年锐减 7.8 亿份，份额随之降至 18.6%。

---

① 数据来源于法国文化部（Ministère de la Culture et de la Communication）2014 年年报，www.culture.gouv.fr。

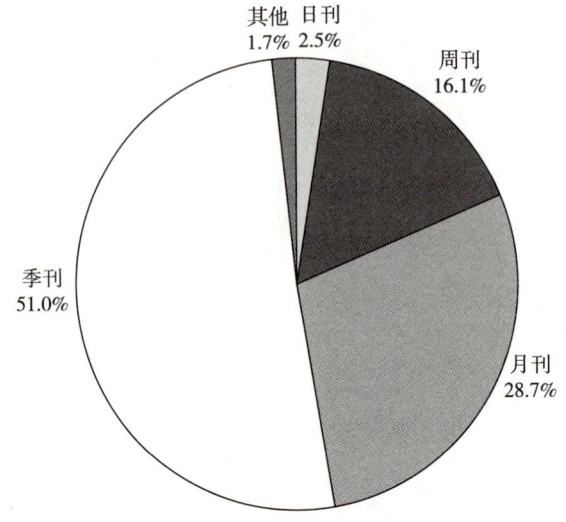

图 8　法国各出版周期报刊份额：2011

数据来源：法国文化部（Ministère de la Culture et de la Communication）发布的年报，www.culture.gouv.fr。

表 6　法国各类报刊发行量：2006～2011

单位：亿份

报刊	2006 年	2007 年	2008 年	2009 年	2010 年	2011 年
全国性时政报刊	6.58	6.72	6.70	6.33	6.10	6.02
地方性时政报刊	20.55	20.55	20.34	20.13	19.66	19.22
免费新闻报刊	5.21	6.30	6.81	6.03	6.39	6.88
大众专业报刊	17.34	16.78	16.44	15.66	15.13	14.75
科技专业报刊	1.93	1.77	1.71	1.68	1.50	1.44
免费广告报刊	19.11	19.03	17.40	14.52	10.93	2.61
总　　计	70.72	71.15	69.40	64.35	59.70	50.92

数据来源：法国文化部（Ministère de la Culture et de la Communication）发布的 2006～2011 年年报，www.culture.gouv.fr。

免费报刊中，发行量出现较大下落的仍是免费广告报刊，锐减至 2.61 亿份，降幅达到 76.1%，其份额也缩减至 5.1%，较上年减少 13.2 个百分点。而免费新闻报刊则保持了近年来良好的发展势头，是 2011 年法国各类报刊中唯一一类在发行量上有所增长的报刊，涨幅为 7.7%，其份额也增加至

13.5%，较上年增加2.8个百分点。

付费报刊的发行量均有不同程度下跌，但其份额均有不同程度的增长。其中增长最为明显的是地方性时政报刊和大众专业报刊，分别较上年增加4.9和3.6个百分点。

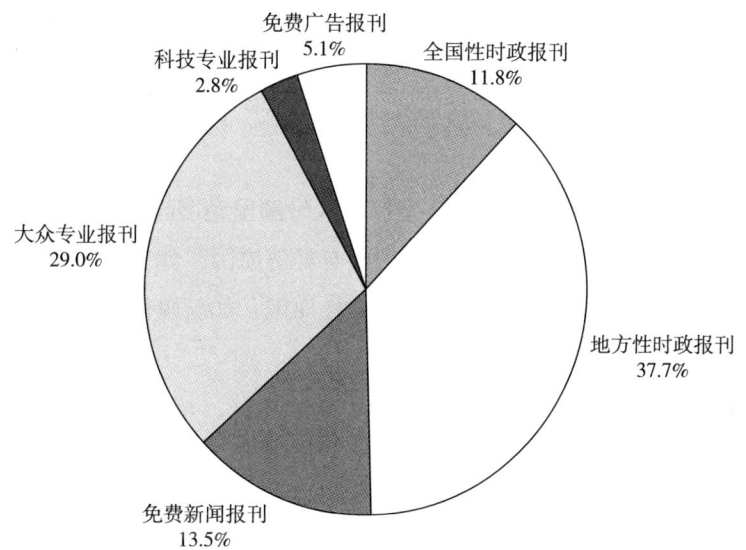

图9 法国各类报刊发行量份额：2011

数据来源：法国文化部（Ministère de la Culture et de la Communication）发布的年报，www.culture.gouv.fr。

表7 法国各类报刊前三位发行量：2006～2012 *

单位：万份

报刊	2006年	2007年	2008年	2009年	2010年	2011年	2012年
全国性日报							
费加罗报	33.8	34.4	33.7	33.1	33.0	33.4	33.6
世界报	35.5	35.9	34.0	32.3	31.9	32.5	31.8
队报	36.5	33.7	32.4	31.5	31.5	29.6	28.5
巴黎人报*	34.3	34.2	33.0	31.1	29.7	29.0	28.0
地方性日报							
法国西部报	78.2	79.4	79.6	78.6	78.1	76.7	76.7
西南报	31.9	31.9	31.5	31.5	29.9	29.4	28.5
北方之声报	29.6	29.2	28.9	28.2	27.3	26.6	25.7

续表

报刊	2006年	2007年	2008年	2009年	2010年	2011年	2012年
周报/刊							
巴黎竞赛报	68.4	73.6	71.6	68.8	68.4	69.1	67.1
新观察者	5.43	54.2	54.3	53.1	53.0	53.1	52.7
快报	54.7	56.8	56.8	54.6	53.5	53.0	52.2

数据来源：法国文化部（Ministère de la Culture et de la Communication）发布的2007~2014年年报，www.culture.gouv.fr。

* 2013年年报中，《今日巴黎》（Aujourd'hui en France）将不再计入《巴黎人报》（Le Parisien）的发行量中，因而此部分的数据较前两年的报告有较大不同。

2. 收入：报刊订阅业务稳定，发行收入份额呈递增趋势

报刊危机不断已是不争事实。其中既有经济原因，如基础印刷费用不断增加，也有技术、消费观念更新换代等综合性原因，如新媒体的兴起，年轻一代消费习惯和获取信息渠道发生变化等。

2012年，法国报刊收入在上年基础上继续下跌，至87.0亿欧元，较上年减少3.0%。其中发行收入54.0亿欧元，较上年减少1.5%，占总收入62.1%；广告收入33亿欧元①，较上年减少5.2%，占总收入37.9%。

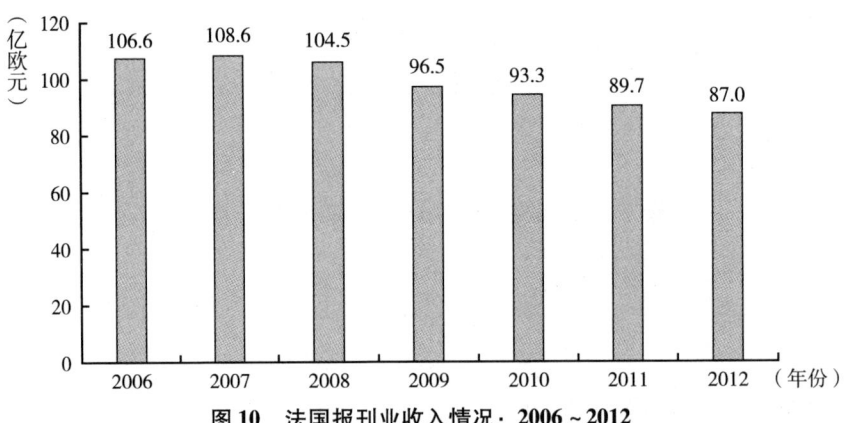

图10 法国报刊业收入情况：2006~2012

数据来源：*La presse écrite en 2012*，法国文化部传媒与文化产业总司（DGMIC），www.dgmic.culture.gouv.fr。2012年报告对2011年的数值进行了调整，以本报告的数值为准。

---

① 此处数据与法国广告研究院（IREP）的数据存在冲突。按IREP的报告，法国2012年报刊广告收入为32.1亿欧元，较上年减少8.2%。本部分的分析将以法国文化部提供的数据为基础。

收入结构呈现以下两方面特点：一是发行收入的份额不断增加，从2007年的55.5%增至62%；二是报刊订阅市场稳中有升，不仅收入金额上较2007年增加0.96亿欧元，达到历史第二高水平①，而且其在发行收入中的份额也从2007年的41%升至47.6%，几乎占到一半，在报业总收入中的份额也从2007年的15.8%增至29.5%。相应的，报刊的广告收入和零售收入，无论在金额上还是在份额上均有较大幅度的下滑。

2012年，法国付费报刊收入82.0亿欧元，所占份额94.2%，与上年持平。免费报刊收入5亿欧元，持续下降。

表8 法国报刊收入结构：2008~2012

单位：亿欧元

收入类型	2008年	2009年	2010年	2011年	2012年
发行收入	58.9	57.9	56.7	54.8	54.0
广告收入	45.6	38.6	36.6	34.8	33.0
总计	104.5	96.5	93.3	89.6	87.0

数据来源：*La presse écrite en 2012*，法国文化部传媒与文化产业总司（DGMIC），www.dgmic.culture.gouv.fr。2012年报告对2011年数值进行了调整，以本报告的数值为准。

2012年免费报业市场的稳定，一方面来源于免费广告报刊收入降幅的缩小，它从上年的63.2%降至28.7%；另一方面则来源于免费新闻报刊的逆市增长，它在上年基础上继续增长8.4%，这一增幅对于危机四伏的法国报刊业而言具有特别意义。而免费新闻报刊在免费报业市场中份额已占到80%，它的增长对于免费报业市场的稳定及良性发展起到了积极作用。

诸多不确定因素让报刊业的前景变得不容乐观。为扭转报业的颓势，法国报刊出版者积极采用降低零售价、举办优惠活动等方式促销报刊及报刊广告位置，得到了一定但有限的效果。

2012年，几家主要的技术专业类报纸的收入有55%来自纸媒，诸如网络营销、专刊、沙龙活动、读者服务等。而许多其他报刊的类似收益也占到总收入的17%左右。报刊业转型似乎已成定局。

---

① 订阅收入最高值出现在2010年，为25.79亿欧元。

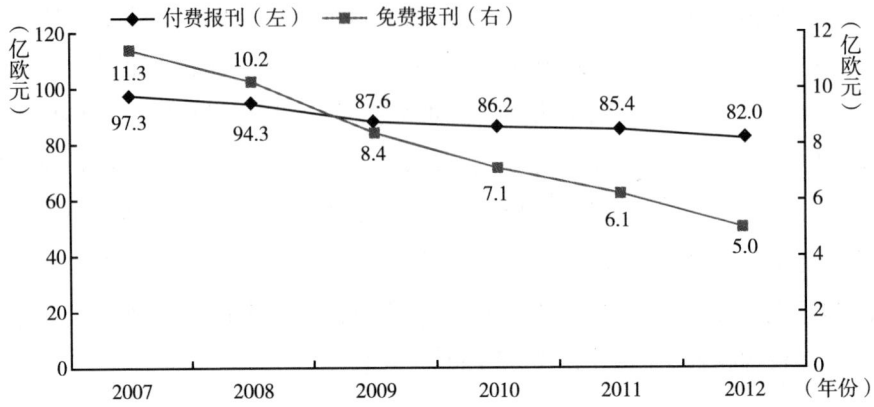

图 11　法国付费报刊与免费报刊收入趋势：2007~2012

数据来源：*La presse écrite en 2012*，法国文化部传媒与文化产业总司（DGMIC），www. dgmic. culture. gouv. fr。

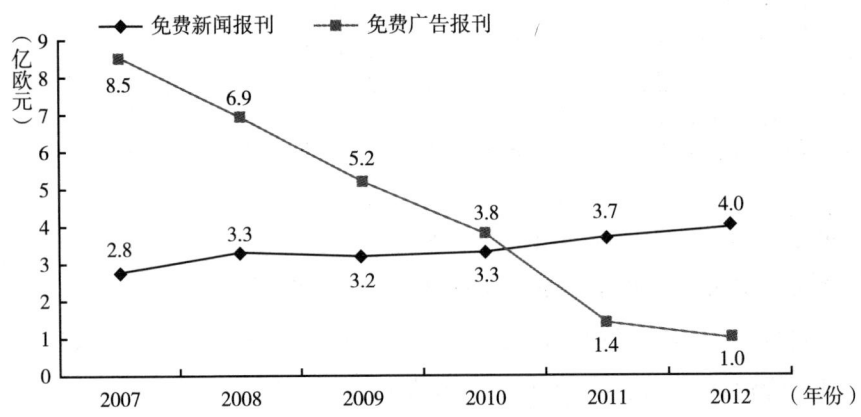

图 12　法国免费新闻报刊与免费广告报刊收入趋势：2007~2012

数据来源：*La presse écrite en 2012*，法国文化部传媒与文化产业总司（DGMIC），www. dgmic. culture. gouv. fr。

表 9　法国各类报刊收入情况：2008~2012

单位：亿欧元

报刊	2008 年	2009 年	2010 年	2011 年	2012 年	2011~2012 年变化值（%）
全国性时政报刊	14.5	13.5	13.1	13.1	12.6	-4.2
地方性时政报刊	31.0	30.0	29.6	29.2	28.4	-2.8

续表

报刊	2008年	2009年	2010年	2011年	2012年	2011~2012年变化值(%)
免费新闻报刊	3.3	3.2	3.3	3.7	4.0	8.4
大众专业报刊	39.3	35.7	35.3	34.0	33.3	-2.1
科技专业期刊	9.5	8.7	8.1	8.2	7.7	-5.3
免费广告报刊	6.9	5.2	3.8	1.4	1.0	-28.6
总计	104.5	96.4	93.3	89.7	87.0	-2.9

数据来源：La presse écrite en 2012，法国文化部传媒与文化产业总司（DGMIC），www.dgmic.culture.gouv.fr。

表10 法国各类报刊广告收入情况：2008~2012

单位：亿欧元

报刊	2008年	2009年	2010年	2011年	2012年	2011~2012年变化值(%)
全国性时政日报	5.3	4.6	4.4	4.4	4.0	-9.1
地方性时政日报	13.9	12.7	12.3	12.1	11.3	-6.6
免费新闻报刊	3.3	3.2	3.3	3.7	4.0	8.4
大众专业报刊	11.4	8.9	8.8	9.1	8.8	-3.3
科技专业期刊	4.9	4.2	4.0	4.2	3.9	-7.1
免费广告报刊	6.9	5.2	3.8	1.4	1.0	-28.6
总计	45.6	38.8	36.6	34.8	33.0	-5.2

数据来源：La presse écrite en 2012，法国文化部传媒与文化产业总司（DGMIC），www.dgmic.culture.gouv.fr。由于发布时间存在差异，法国广告研究院（IREP）出具的数据与文化部出具的最终数据存在一定的差异，但趋势基本相似。本部分考虑到前后一致性，仍选择法国文化部的数据。

（二）广播

1. 广播市场：收听时间接近10年最高值，广告收入进一步稳定

2012年法国13岁以上居民日均收听广播的时间上升至178分钟，与2007年持平，接近10年来的最高值180分钟，体现出法国广播市场的强大稳定性。

2013年，法国广播业广告总收入7.36亿欧元，较上年减少300万欧元，降幅仅0.4%。其中，全国性广播的广告收入5.74亿欧元，较上年减少0.1%，地方性广播的广告收入1.62亿欧元，较上年减少1.5%。从以上

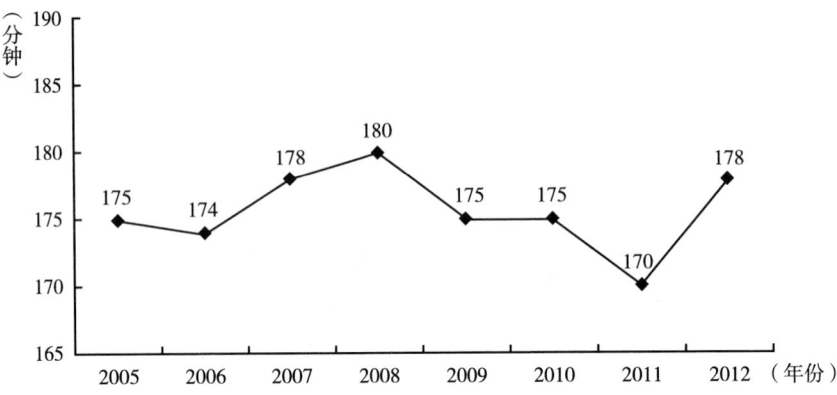

图 13　法国 13 岁以上居民日均收听广播时长：2005~2012

数据来源：法国高等视听委员会（Conseil Supérieur de L'audiovisuel，CSA），www.csa.fr。

数据可见，法国广播业仍然保持着较为稳定的发展趋势。特别是全国性广播，2009年跌落至近年最低点（5.54亿欧元），第二年立即回弹至5.85亿欧元，接近跌落前的广告收入（6亿欧元），此后仅极小幅下跌。2013年全国性广播广告收入较2010年减少0.11亿欧元，降幅1.9%，年均降幅0.6%。

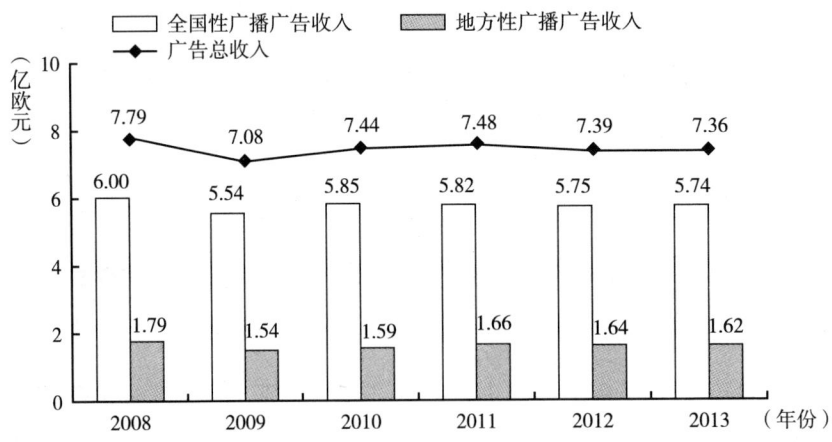

图 14　法国广播业广告收入：2008~2013

数据来源：法国广告研究院（Institut de Recherches et d'Etudes Publicitaires，IREP），www.irep.asso.fr。

2. 数字化：数字广播系统进展有限，实验期再次延长

2013年，法国数字广播仍处于实验阶段，且进展速度十分有限。法国高等视听委员会只能一次次要求将数字广播的实验期继续延长。如南特和圣纳泽尔的T-DMB/DAB+数字广播标准实验由原计划的2013年7月延至2013年12月底，后又延至2014年。马赛和里昂的数字广播实验也分别延长至2013年底和2014年6月。

与此同时，借用网络技术传播的播客（Podcasts）在上年的基础上则有明显发展，月下载量在2013年9月已达2100万。下载量排名前几位的广播电台有Radio France、Europe 1、France Culture、France Inter grand、RTL等，月下载量分别为1024.9万次、678.9万次、445.8万次、422万次、403.1万次。从内容来看，娱乐、文化及新闻类节目仍然最受欢迎，但在比例上较上年略有调整，其中文化类节目增长了3.7个百分点，而娱乐及新闻类节目分别下降了2.4和1.4个百分点。

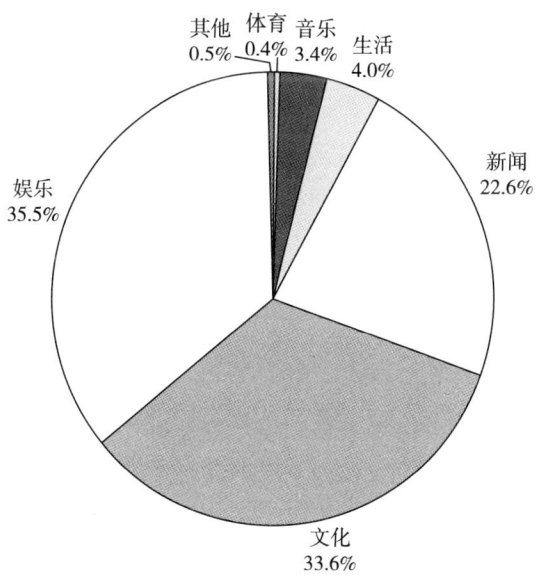

图15 法国下载播客（Podcast）内容类型分布：2013

数据来源：法国高等视听委员会（Conseil Supérieur de L'audiovisuel, CSA），www.csa.fr。

（三）电视

1. 收视情况：数字电视频道份额增长，但速度放慢

正如一些阶段性数据预测的一样，2012年法国人的收视时间进一步加长，4岁以上居民平均每天收视时间3小时50分（230分），比上年继续增加3分钟。[1]

依据开通时间，法国地面数字电视频道分为2006年前开通的数字频道和2006年后开通的数字频道[2]。总体来看，数字频道的收视市场份额逐年增长，已将传统电视频道[3]的份额压缩至66.7%。若从分项来看，2006年前开通的数字频道近10年来均比较稳定，但有小幅缩减的趋势，而2006年后开通的数字频道自开通以来增长迅猛，已成为数字频道中的主力军，市场份额在短短6年间已增至21.4%，但增长速度有所减缓，2012年较上年仅增加了0.5个百分点。

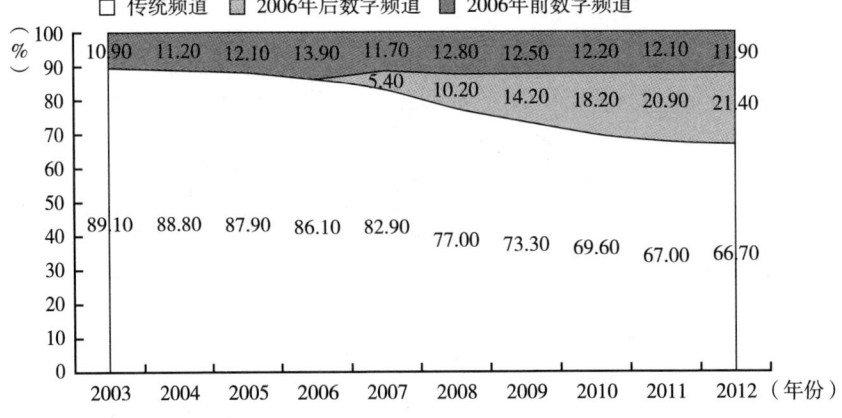

图16　法国各类电视频道的份额变化情况：2003~2012

数据来源：*L'économie de La Télévision*：2013，法国国家电影中心（Centre National du Cinéma et de l'image animée，CNC），www.cnc.fr。

---

[1] 数据来源：法国高等视听委员会（Conseil Supérieur de L'audiovisuel，CSA），www.csa.fr。
[2] 主要包括 Direct 8/D8, W9, TMC, NT1, NRJ12, France 4, BFMTV, i>télé, Direct Star/D17, Gulli。
[3] 主要包括 TF1, France 2, France 3, Canal+, France 5, M6, Arte。

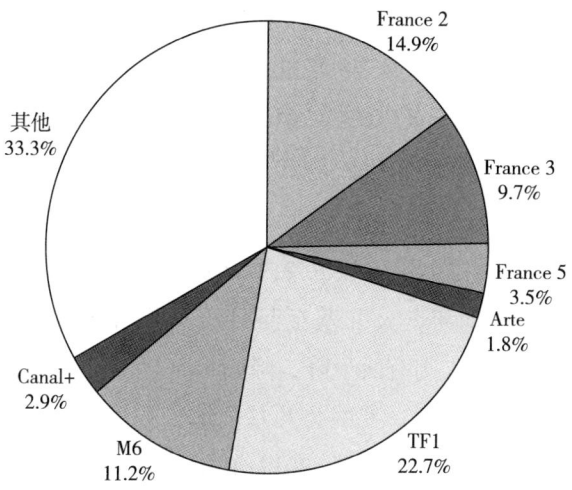

图 17　法国主要电视频道收视份额：2012

数据来源：*Audience de la Television*，法国国家电影中心（Centre National du Cinéma et de l'image animée，CNC），www.cnc.fr。

表 11　法国电视频道收视份额分配：2008～2012

单位：%

频道	2008	2009	2010	2011	2012
公营电视频道					
France 2	17.5	16.7	16.1	14.9	14.9
France 3	13.3	11.8	10.7	9.7	9.7
France 5	5.5	5.1	3.2	3.3	3.5
Arte	2.8	2.5	1.6	1.5	1.8
公营总计	34.8	32.1	30.1	29.4	29.9
私营电视频道					
TF1	27.2	26.1	24.5	23.7	22.7
M6	11.0	10.8	10.4	10.8	11.2
Canal +	3.3	3.1	3.1	3.1	2.9
私营总计	41.5	40.0	38.0	37.6	36.8
数字频道					
其他总计	23.7	27.9	31.9	34.8	33.3
总　计	100	100	100	100	100

数据来源：*Audience de la Television*，法国国家电影中心（Centre National du Cinéma et de l'image animée，CNC），www.cnc.fr。

2. 电视收入：公共基金强有力地支持电视市场

2012年，法国电视收入94.73亿欧元[①]，较上年减少6900万欧元，降幅0.7%。若将考察期限延长至2003～2012十年期，收入的最高值出现在2011年，为95.42亿欧元，2012年收入是10年以来的第二高点，且较2003年增加17.32亿欧元，增幅22.4%。

从收入来源看，法国电视收入主要由公共基金、广告收入及付费电视订用费三种类型构成。2012年，公共基金与订用费均有小幅增加，增幅分别为3.1%和0.1%，广告收入则有所下降，降幅4.5%。若同样放置于2003～2012十年期，各项均有大幅增长，其中公共基金增长幅度最大。2003年公共基金18.92亿欧元，占收入份额24.4%；2012年这项收入增长至27.96亿欧元，增幅47.8%，所占份额也增长至29.5%，增加了5.1个百分点。订用费的增长也比较显著，2003年时该项收入为28.41亿欧元，占份额36.7%；至2012年，法国付费电视订用费为33.40亿欧元，增幅17.6%，所占份额为35.3%，但减少了1.4个百分点。广告收入增长最慢，且呈现波动下降趋势。2003年，法国电视广告收入30.08亿欧元，所占份额38.9%；虽然2012年该项收入为33.37亿欧元，增幅也有10.9%，但其最高值出现在2007年，为36.17亿欧元，其份额也下降了3.6个百分点。

表12　法国电视收入：2003～2012

单位：亿欧元

年份	公共基金	广告收入	订用费	收入总额
2003	18.92	30.08	28.41	77.41
2004	19.35	32.67	28.95	80.97
2005	19.79	33.13	29.91	82.83
2006	20.38	34.95	31.57	86.90
2007	20.89	36.17	32.45	89.51

---

① 以前报告中电视收入金额均引自法国高等视听委员会CSA。来自CSA的数据由于其对付费电视频道收入统计的不完全性，因而总有缺失。本报告初次选用法国国家电影中心CNC提供的数据，较之CSA，这一数据更全面一些，但在统计指标上有所差异。因此，在收入总金额部分，本报告采用CNC的数据，而在免费频道和付费频道收入的分项上，由于无法在分项上找到相应的金额数值，则延用CSA的数据。

续表

年份	公共基金	广告收入	订用费	收入总额
2008	21.64	34.76	33.51	89.91
2009	26.40	30.94	32.56	89.90
2010	27.10	34.41	32.67	94.17
2011	27.11	34.96	33.35	95.42
2012	27.96	33.37	33.40	94.73

数据来源：*L'économie de La Télévision*，法国国家电影中心（Centre National du Cinéma et de l'image animée，CNC），www.cnc.fr。

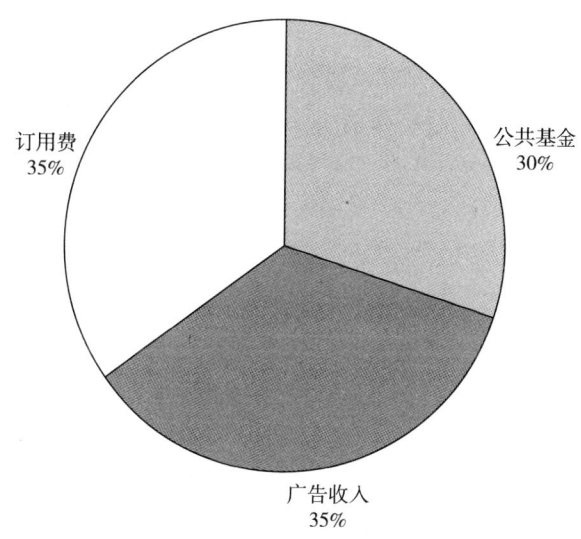

图18　法国电视收入份额：2012

数据来源：*L'économie de La Télévision*，法国国家电影中心（Centre National du Cinéma et de l'image animée，CNC），www.cnc.fr。

法国免费频道[①]2012年收入56.71亿欧元，其中广告收入29.23亿欧元，较上年减少4%。私营免费频道是法国唯一持续增长的免费电视频道，2012年在上年基础上继续增加6%，至5.66亿欧元，已接近M6的收入水平（6.59亿欧元）。法国电视集团系列频道收入主要来源于广告之外，因

---

① 本部分的统计包括传统的TF1、M6、France Télévisions，以及数字频道BFM TV、D8、D17、Gulli、I-Télé、NRJ 12、NT1、TMC、W9，不包括议会频道和文化台（Arte）。

此,即便其广告收入较上年下降了8%,其总收入也能增长3%,达到30.89亿欧元。

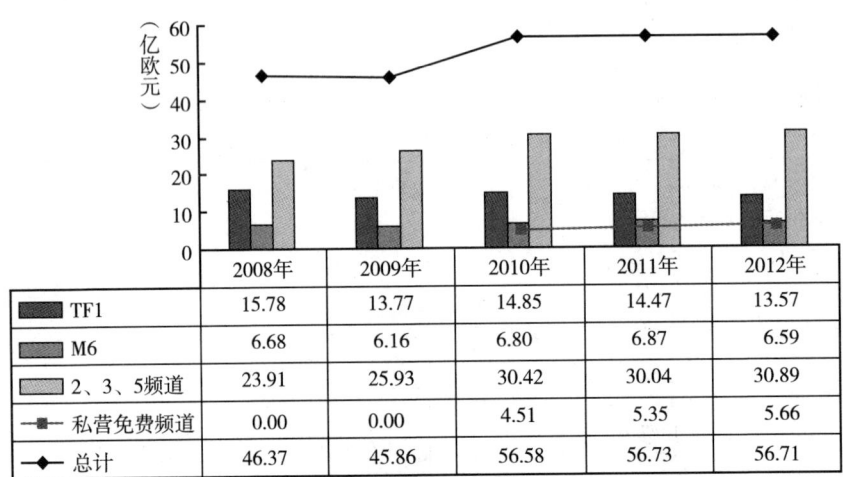

图19 法国免费电视频道收入状况：2008～2012

数据来源：综合 *Données 2009 de la television*、*L'économie des chaînes en 2010*，*Bilan Financier de L'annee 2011 des Chaines Nationales Gratuites*，*Bilan Financier de L'annee 2012 des Chaines Nationales Gratuites*，法国高等视听委员会CSA，www.csa.fr。

至2012年12月31日,法国付费频道数量增至138个[①]。其中93个付费频道收入[②]29.74亿欧元,较上年减少12%。其中占其份额90%的订用费为26.55亿欧元,较上年减少3.72亿欧元,降幅12.3%。占10%的广告收入3.2亿欧元,较上年减少2800万欧元,降幅8.0%。最大的付费频道Canal+在2012年收入18.78亿欧元,金额较上年增加1%,份额却从55%增至63%,增加了8个百分点。

3. 电视节目：节目制作经费创历史新高,受众仍青睐于严肃性节目

近年来,各传统的全国性电视台均加大了电视节目制作经费,2003年这项经费为34.27亿欧元,2012年增至42.48亿欧元,创10年来的最高,增幅

---

① 本数据来源于 *Les chiffres clés de l'audiovisuel français*，法国高等视听委员会CSA，www.csa.fr。
② 本数据来源于 *Bilan Financier des Chaines Payantes Pour L'annee 2012*，法国高等视听委员会CSA，www.csa.fr。

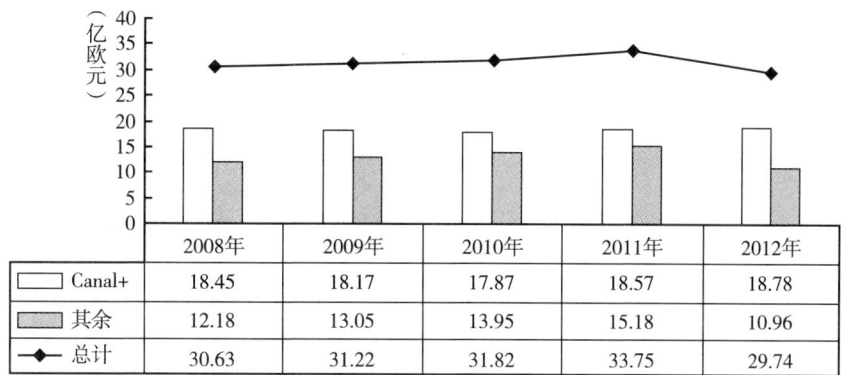

图 20　法国付费电视频道收入状况：2008～2012

数据来源：综合 *Données 2009 de la television*、*L'économie des chaînes en 2010*，*Bilan Financier de L'annee 2011 des Chaines Nationales Gratuites*，*Bilan Financier de L'annee 2012 des Chaines Nationales Gratuites*，法国高等视听委员会 CSA，www.csa.fr。

24%。制作的节目数量从4.3万小时迅速增至16万小时，增长了2.7倍。

2012年，法国付费频道Canal+的节目制作经费为11.43亿欧元，为所有频道之首；私营频道TF1频道9.36亿欧元，经费额位列第二；公营法国2、3、5频道的节目制作经费分别为8.12亿欧元、8.67亿欧元和1.44亿欧元；另外一家私营频道M6的费用为3.47亿欧元。

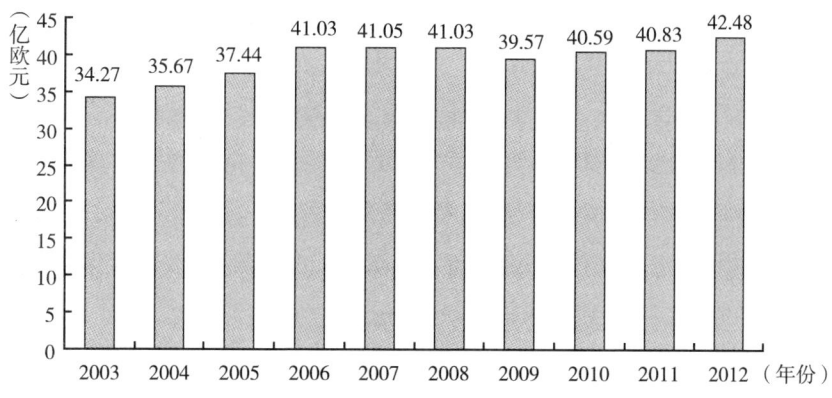

图 21　法国传统全国性频道节目制作经费：2003～2012

数据来源：*L'économie de La Télévision*，法国国家电影中心（Centre National du Cinéma et de l'image animée，CNC），www.cnc.fr。

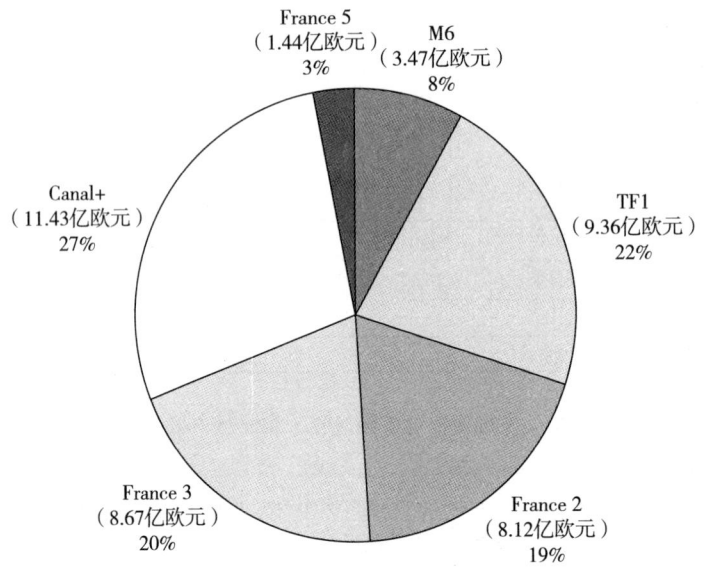

图 22　法国传统全国性频道节目制作经费份额：2012

数据来源：*L'économie de La Télévision*，法国国家电影中心（Centre National du Cinéma et de l'image animée，CNC），www.cnc.fr。

节目的结构仍然稳定，2012年法国各类电视节目份额较上年基本持平。由于2011年节目制作整体娱乐化的倾向并未受到观众的认可，与观众收视节目的数据存在较大差异，因而2012年法国各电视台对节目类型略作调整，小幅回调了杂志和纪录片节目的份额，但娱乐色彩仍然浓郁。

从节目收视情况来看，法国观众仍然偏爱严肃节目。新闻节目、杂志和纪录片的收视份额相加已超过1/3，至34.6%。娱乐节目中，除电视剧（25.7%）和游戏节目（9.8%）之外，其余均不高，特别是真人秀，一直都未能超过5%。不过，收视结构整体仍稳定，未出现大起大落，变动最大的是杂志和纪录片节目，与节目制作的变动相呼应，其余则均未超过1个百分点。（表14）

4. 数字电视：数字频道向高清标准发展

2011年年底，法国完成地面数字电视网全境覆盖任务之后，DTT信号接收装置的全境覆盖几乎同时完成。因而这两方面数据还停留在完成的那一时刻，不再更新。

合作、融合、共进：2014 法国传媒产业发展报告

表13 法国各类电视节目的制作份额：2008～2012

单位：%

电视节目	2008年	2009年	2010年	2011年	2012年
电视电影	4.6	4.7	4.3	4.2	4.2
电视剧	18.8	18.1	16.3	25.5	25.6
游戏节目	8.0	8.2	8.1	3.8	3.8
真人秀	5.6	5.4	5.5	7.1	6.9
新闻节目	5.5	5.6	5.2	2.3	2.3
杂志和纪录片	32.4	33.3	36.3	29.6	30.8
体育节目	3.2	2.4	3.2	2.0	1.9
青少节目	8.5	9.0	8.0	10.0	9.7
广告	6.6	6.4	6.9	7.7	7.6
其他	6.8	6.9	6.2	7.8	7.2
总计	100	100	100	100	100

数据来源：法国国家电影中心（Centre National du Cinéma et de l'image animée, CNC）电视节目报告，www.cnc.fr。

表14 法国各类电视节目的收视份额：2008～2012

单位：%

电视节目	2008年	2009年	2010年	2011年	2012年
电视电影	5.1	5.2	4.7	5.5	5.3
电视剧	25.1	25.4	22.7	26.8	25.7
游戏节目	10.8	11.9	12.6	9.8	9.8
真人秀	4.0	4.0	4.0	4.5	4.3
新闻节目	14.1	13.7	13.4	11.1	10.9
杂志和纪录片	20.2	20.9	21.6	22.2	23.7
体育节目	5.3	4.1	6.0	3.8	4.8
青少节目	2.6	2.5	2.1	3.7	3.4
广告	8.7	8.6	9.4	9.2	8.9
其他	4.1	3.7	3.5	3.4	3.2
总计	100	100	100	100	100

数据来源：法国国家电影中心（Centre National du Cinéma et de l'image animée, CNC）电视节目报告，www.cnc.fr。

但这并不意味着法国数字电视停滞不前，其发展主要体现在：①开通新的数字电视频道，2012年12月12日，法国又有6个全国性高清免费数字频道（HD1、L'Equipe 21、6ter、Numéro 23、RMC Découverte HD 24、Chérie 25）新开播，使得法国数字频道增至82个（33个全国频道，49个地方频道）；②提高地面数字系统的标准，法国计划2015年年末用MPEG-4标准全面替代目前的

151

MPEG-2标准，在此后逐渐推广更高清的 DVB-T2 标准，并兼容 HEVC 标准；③DTT 接入方式中 ADSL 的比重越来越高，2012 年底已增长至 37.1%。

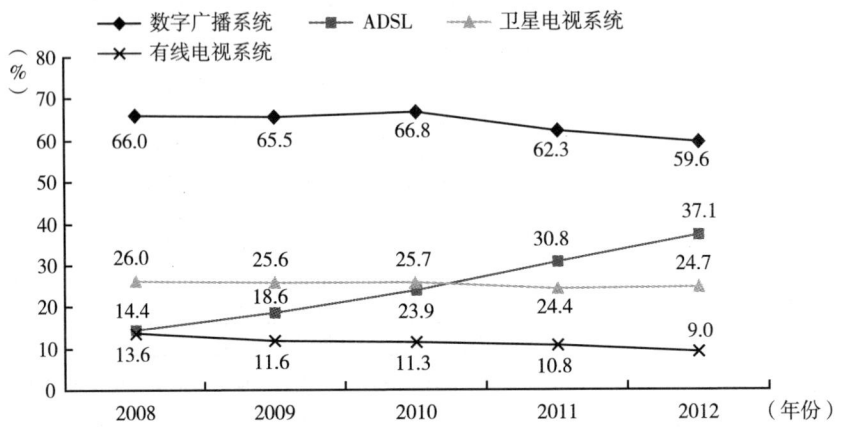

图 23　法国 DTT 接入方式份额：2008～2012

数据来源：*Bilan Financier de L'annee 2012 des Chaines Nationales Gratuites*，法国高等视听委员会 CSA，www.csa.fr。

2012 年，法国免费数字频道收入 5.66 亿欧元，在上年的基础上继续增加3100 万欧元，增幅 6%。

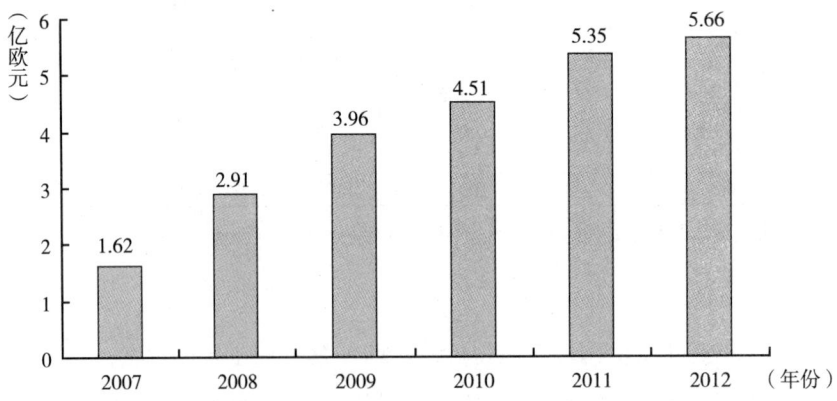

图 24　法国免费数字频道收入情况：2007～2012

数据来源：*Bilan Financier de L'annee 2012 des Chaines Nationales Gratuites*，法国高等视听委员会 CSA，www.csa.fr。

（四）互联网

1. 订用：低速网络订户的市场份额已不到1%

2012年，法国互联网订户数在上年的基础上增加113万人，至2418万人，增幅4.9%，较上年的增幅减少0.8个百分点。高速网络订户数增至2395.9万人，较上年增加122万人，增幅5.4%，占总订户数的99.1%。低速网络订户数则降至22.5万人，在总订户数中所占份额已不到1%，可见法国网络提速的必然趋势。

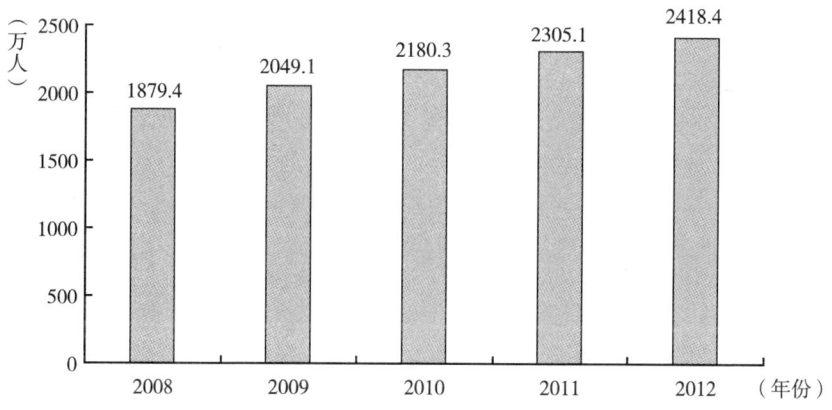

图25　法国互联网订用情况：2008~2012

数据来源：综合法国电信管理局（ARCEP）2012年年报，www.arcep.fr。此报告中对2008~2011年的数据进行了调整，本报告采用了最新发布的数据。

2. 收入：总收入增长速度继续大幅放缓

2012年，法国互联网订用收入在上年基础上增长至94.67亿欧元，增加了6.44亿欧元，增幅7.3%，与上年持平。广告收入22.42亿欧元，较上年增加1.06亿欧元，增幅5%，是法国媒体广告市场上难得的一支增长力量。因而，2012年互联网总收入117.09亿欧元，较上年增加7.5亿欧元，增幅6.8%，增长速度在上年基础上较大幅度放缓。

2012年，法国高速网订用收入继续强势增长，其中普通高速网络订用收入81.77亿欧元，较上年增加4.39亿欧元，增幅5.7%；超高速网络订用收入

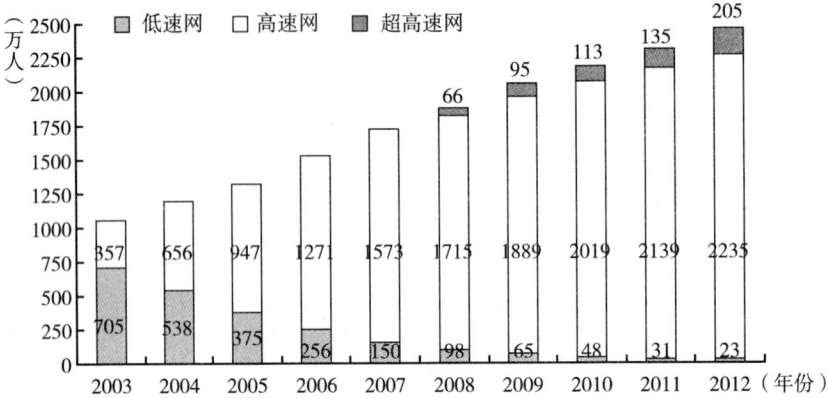

图 26　法国各速度网络订用情况：2003~2012

数据来源：综合法国电信管理局（ARCEP）2008~2012 年年报，www.arcep.fr。2012 年报告中对 2008~2012 年的数据进行了调整，本报告采用了最新发布的数据。

12.7 亿欧元，增加 2.16 亿欧元，增幅 20.5%，有着值得期待的发展前景。而低速网络订用收入则继续下滑至 0.2 亿欧元，在网络订用收入中几乎可以忽略不计。

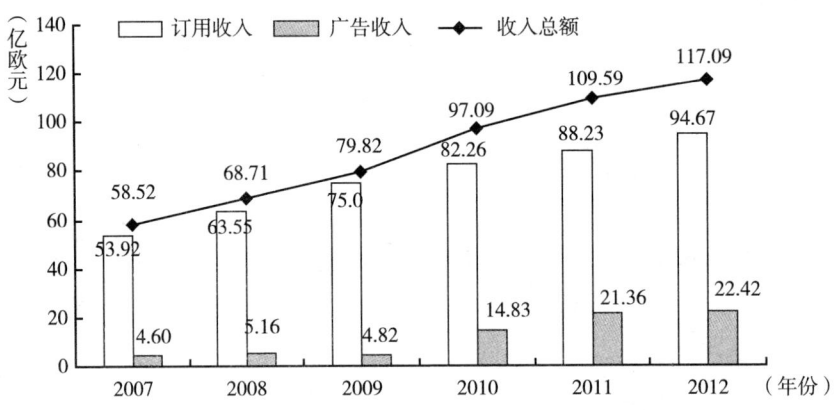

图 27　法国互联网收入情况：2007~2012

数据来源：订用收入情况来源于法国电信管理局（ARCEP）2011 年、2012 年年报（www.arcep.fr）。此两个报告中对 2007~2011 年的数据进行了调整，本报告采用了最新发布的数据。广告收入情况来源于法国广告研究院（Institut de Recherches et d'Etudes Publicitaires，IREP），www.irep.asso.fr。

合作、融合、共进：2014法国传媒产业发展报告

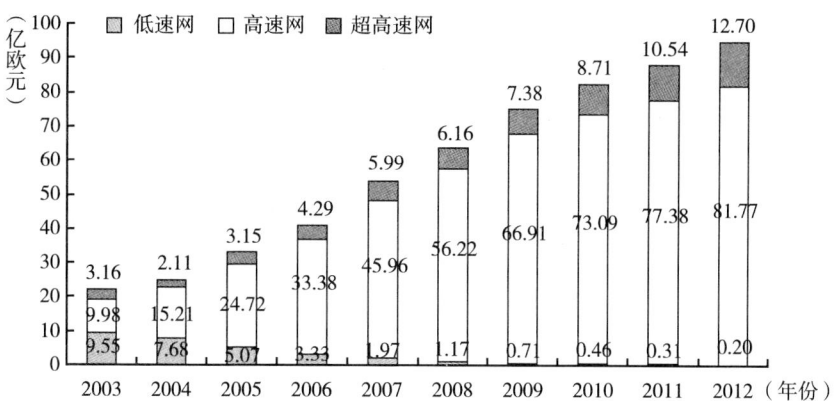

图28 法国各种速度网络订用收入情况：2003～2012

数据来源：综合法国电信管理局（ARCEP）2008～2012年年报，www.arcep.fr。2012年报告中对2008～2012年的数据进行了调整，本报告采用了最新发布的数据。

（五）电影

1. 基础建设：影院资源的分配进一步集中和优化

2012年，法国电影院数量虽然有所减少，但电影屏幕及影院座位的数量有所增加，其中有一部分是新增的，有一部分则是旧屏幕改造后重新投入使用。2013年，法国电影基础设施延续了这一趋势，电影院数量进一步缩减了10家，而屏幕数增加了近80块，影院座位增加了约8000个。出现这种情况，主要是因为关闭的多是屏幕数少的小影院，新开的多为屏幕数多的大影院，这也使得相关资源的分配更加集中、优化。

截至2013年年底，法国已有1921家影院进行了数字化改造，占法国影院总数的94.9%，较上年增加277家，增幅16.8%。数字屏幕已有5472块，占法国屏幕总数的97.9%，较上年增加455块，增幅9%。1187家影院安装了2954块3D屏幕，分别较上年增长了6.6%和4.7%。

从地区来看，法国电影屏幕数字化实现程度最高的三个大区分别为：利穆赞大区（电影屏幕数字化程度100%）、北部-加来海峡大区（电影屏幕数字化程度98.9%）、阿基坦大区（电影屏幕数字化程度97.9%）。

表15 法国电影基础设施：2008~2013

设施	2008	2009	2010	2011	2012	2013
电影院(家)	2069	2066	2049	2033	2035	2025
电影屏幕(块)	5390	5470	5467	5467	5508	5587
影院座位(万个)	106.7	107.7	107.4	106.6	107.1	107.9

数据来源：*Bilan 2013 du CNC*，法国国家电影中心（Centre National du Cinéma et de l'image animée，CNC），www.cnc.fr。由于与前几年数据来源（法国文化部年报）不同，数据上较之前几年有所出入。

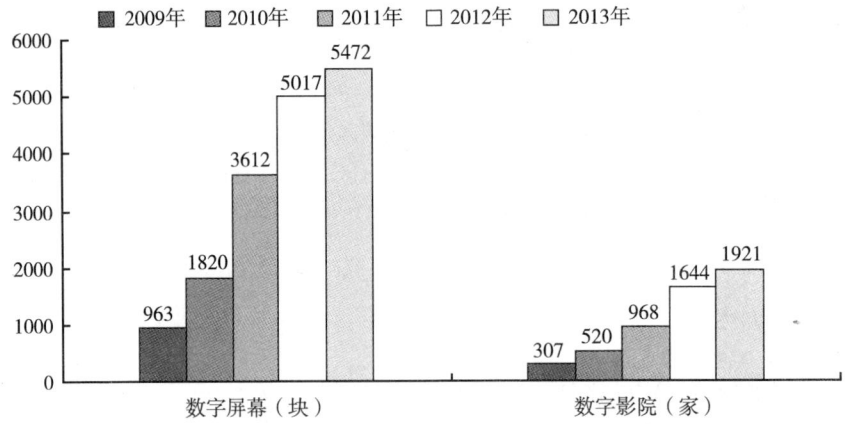

图29 法国电影院数字改造情况：2009~2013

数据来源：法国国家电影中心2011~2012年影院数字改造计划季报，www.cnc.fr。

2014年，法国文化部在电影方面的预算约为6.68亿欧元。其中以设备自动化为基础的影片发行改革预算4.07亿欧元，"数字计划"（Plan Numérique）预算0.64亿欧元，"数字计划"之外的选择性资助预算2.17亿欧元，无论其金额还是结构，均与上年基本相当。①

2. 电影制作：制作与投资向法国独立影片倾斜

2013年，法国电影获得12.5亿欧元投资，在上年基础上继续减少0.87亿欧元，降幅进一步增大，至6.5%。其中法方投资9.8亿欧元，较上年减少0.42亿欧元，降幅4.1%，占总投资的78%；外方投资2.7亿欧元，较上年减

---

① 数据来源：法国文化部2014年年度预算报告，www.culture.gouv.fr。分项数据中有交叉部分。

少0.45亿欧元，占总投资的22%。投资结构与上年基本相当。

共制作电影长片270部，较上年减少9部，这9部均来自于外方主导合作片。近10来，外方主导合作片的数量整体呈持续上升趋势。2005年，该类影片从36部激增至53部，增加了17部。此后一年又回落至39部，之后开始持续、稳步增长。2012年，外方主导合作片的数量达到70部，创历史新高。从其发展曲线来看，2013年的减少也许可以被理解为是冲击更高点的起点。法方独立和主导制作的影片209部，与上年所达到的近10年最高点持平。其中，法国独立制作电影154部，较上年增长4部，创历史最高点；而法方主导制作电影则相应减少4部，为55部。

2013年，法国国际合作影片获得5.53亿欧元投资，较上年减少1.64亿欧元，降幅22.9%。而影片数量也减少至116部，较上年减少13部，因而，片均所得投资477万欧元，较上年减少79万欧元，降幅14.2%。而法方独立影片获得7.02亿欧元的投资，较上年增加0.77亿欧元，增幅12.3%。而片均所得投资456万欧元，较上年增加39万欧元，增幅9.4%。可见，无论从制作还是从投资来看，均对法国本土有较明显的倾斜。

在国际合作影片中，法国主导合作影片获得投资3.18亿欧元，较上年减少1.22亿欧元，降幅27.7%，片均578万欧元，较上年减少168万欧元，降幅22.5%；外方主导合作片获得的投资金额是2.35亿欧元，较上年减少近4200万欧元，片均385亿欧元，较上年仅减少10万欧元，降幅2.5%。

从内容上看，法国共制作纪录片38部，其中36部由法方独立或主导制作，投资经费5576万欧元，较上年的4185万欧元增长了1391万欧元，增幅33.2%；制作动画片6部，较上年减少一半，投资经费为9105万欧元，较上年的1.38亿欧元减少了4668万欧元，降幅33.9%；制作故事片226部，其中169部由法方独立或主导制作，比例与上年持平。

3. 观影市场：美国电影在法国取得超过50%的市场份额

2013年，法国首映654部电影，较上年增加近40部，增幅6.3%，创历史新高。值得注意的是，这一年法国电影首映330部，在上年基础上继续增加30部，增幅10%。美国电影152部，欧洲电影105部，其他国家电影67部，均较上年有小幅增长。

表16 法国各类方式制作的电影数量：2008~2013

单位：部

电影类型	2008年	2009年	2010年	2011年	2012年	2013年
故事片						
法国独立或主导制作	154	151	169	173	162	169
外方主导合作	41	44	56	53	63	57
总计	195	195	225	226	225	226
纪录片						
法国独立或主导制作	33	27	25	29	37	36
外方主导合作	2	3	2	7	5	2
总计	35	30	27	36	42	38
动画片						
法国独立或主导制作	9	4	9	5	10	4
外方主导合作	1	1	0	5	2	2
总计	10	5	9	10	12	6
总体情况						
法国独立制作	145	137	143	152	150	154
法国主导合作	51	45	60	55	59	55
外方主导合作	44	48	58	65	70	61
总计	240	230	261	272	279	270

数据来源：*La Production Cinématographique En 2013*，法国国家电影中心（Centre National du Cinéma et de l'image animée, CNC），www.cnc.fr。

表17 法国国际合作电影概况：2008~2013

	2008年	2009年	2010年	2011年	2012年	2013年
国际合作电影数（部）						
合作电影总数	95	93	118	120	129	116
国际合作电影投资（亿欧元）						
法方投资	2.84	2.46	3.43	4.00	4.00	3.18
外方投资	2.67	2.07	3.49	3.26	3.17	2.35
总计	5.50	4.53	6.92	7.26	7.17	5.53
法国独立或主导制作电影投资（亿欧元）						
法方投资	11.74	8.52	10.19	10.10	9.67	9.32
外方投资	0.85	0.76	0.94	1.18	0.99	0.88
总计	12.59	9.27	11.12	11.28	10.66	10.20

数据来源：*La Production Cinématographique En 2013*，法国国家电影中心（CNC），www.cnc.fr。

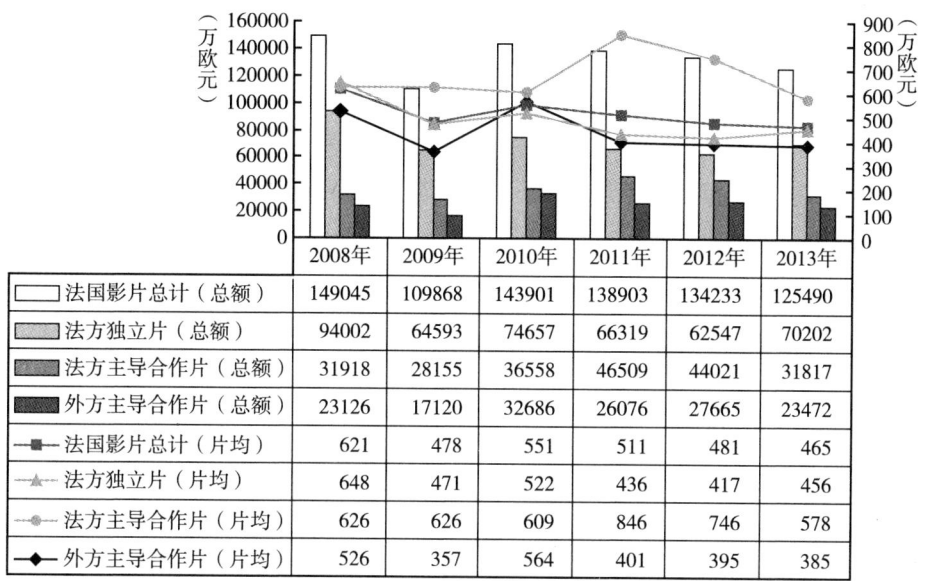

	2008年	2009年	2010年	2011年	2012年	2013年
法国影片总计（总额）	149045	109868	143901	138903	134233	125490
法方独立片（总额）	94002	64593	74657	66319	62547	70202
法方主导合作片（总额）	31918	28155	36558	46509	44021	31817
外方主导合作片（总额）	23126	17120	32686	26076	27665	23472
法国影片总计（片均）	621	478	551	511	481	465
法方独立片（片均）	648	471	522	436	417	456
法方主导合作片（片均）	626	626	609	846	746	578
外方主导合作片（片均）	526	357	564	401	395	385

图30　法国国际合作影片投资情况：2008～2013

数据来源：*la production cinématographique en 2013*，法国国家电影中心（CNC），www.cnc.fr。

虽然法国首映电影的数量创了历史新高，观影人数和票房收入却不容乐观。观影人数方面，1.94亿人次，在上年的基础上继续下降4.9%，低于近10年的平均值（1.95亿人次）；票房方面，12.5亿欧元，较上年减少5600万欧元，降幅为4.3%。造成这种情况的部分原因是，2013年没能有1部影片的观影人次超过500万，而上年则有3部影片的观影人数达到甚至超过了500万。超过300万观影人次的影片仅有8部，而这一数值在上年为12部。

从影片来源看，2013年观看法国电影的人次为6452万，占观影总人次的33.8%，较上年减少6.7个百分点，票房份额也相应从39.0%减至31.9%。而美国电影的观影人次突破1亿，达到1.04亿，其份额也超过观影总人次的一半，达到54.2%，较上年增加11.2个百分点，票房份额从44.6%增至55.9%，增加了11.3个百分点。欧洲其他国家电影的观影人次为1393万，较上年减少了近一半，份额为7.3%，较上年减少了5.7个百分点，票房份额从12.8%减少至7.6%。其他地区电影的观影人次增长23.7%，至891万，其份额也由3.6%增加至4.7%，票房份额的变化与之一致。

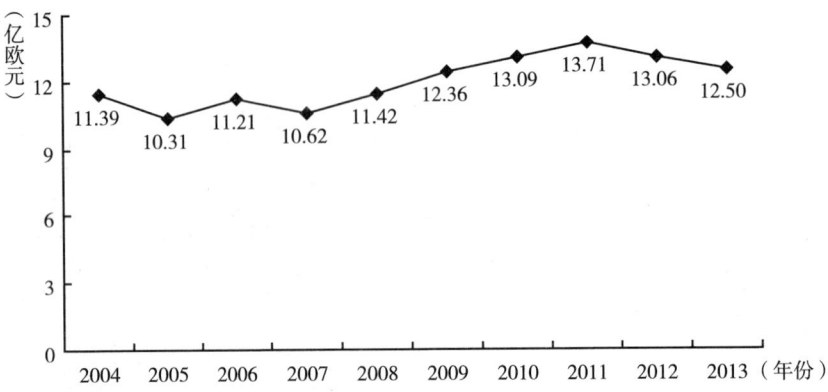

图31　法国电影票房收入：2004~2013

数据来源：*Results 2013*，法国国家电影中心（CNC），CNC，www.cnc.fr。

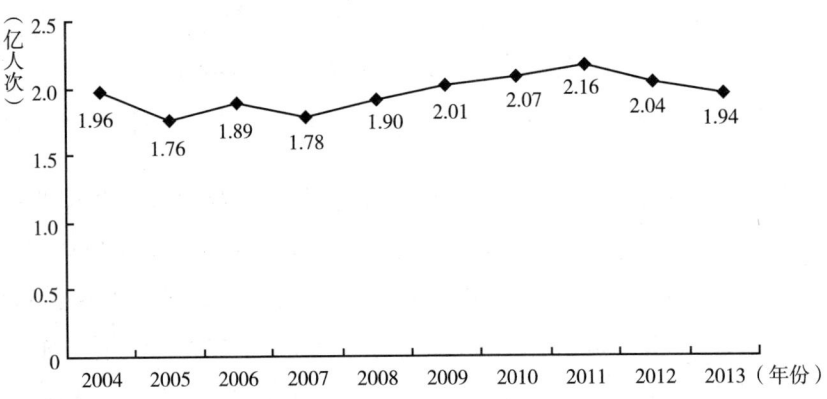

图32　法国观影人数：2004~2013

数据来源：*Results 2013*，法国国家电影中心（CNC），CNC，www.cnc.fr。

4. 电影出口：亚太及拉美地区观影份额有较大幅度提升

2013年，法国出口电影495部，较上年的历史最高值567部减少72部，降幅达12.7%。世界各国观影人次4590万，较上年的1.44亿减少67.4%，而票房收入也随之下降68.7%，减至2.78亿欧元。

从出口地区的观影情况来看，2013年世界法国电影的观影结构较之上年有较大变化，其中值得引起注意的变化主要包括：北美份额从28.6%锐减至18.0%；亚洲从7.2%增至17.0%；大洋洲从1.6%增至3.2%；拉美从4.5%

合作、融合、共进：2014法国传媒产业发展报告

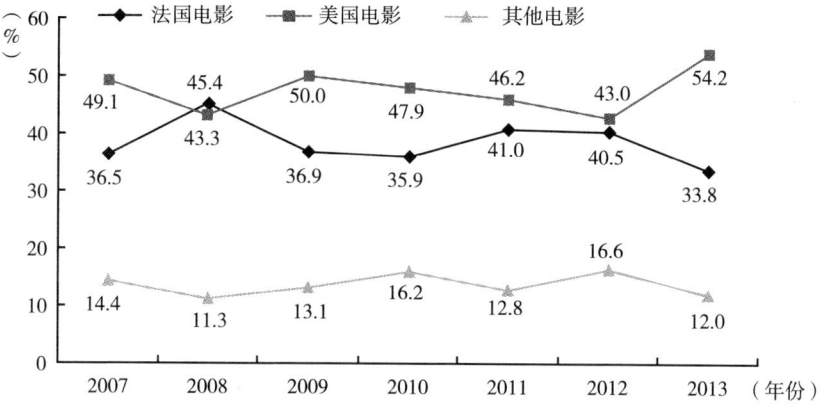

图33 法国各种来源电影的观影市场份额：2006～2012

数据来源：*Results 2013*，法国国家电影中心（CNC），CNC，*www.cnc.fr*。

增至11.1%。西欧虽然仍是法国电影最大的出口对象，占世界观影市场份额的38.5%，但较上年的42.8%减少了4.3个百分点。

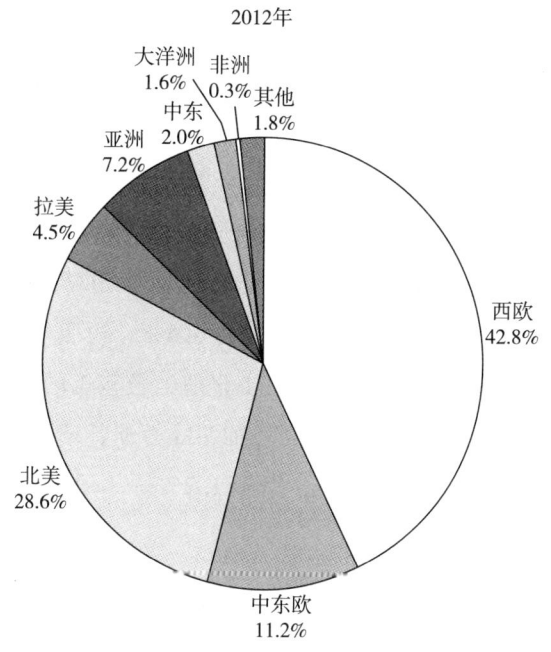

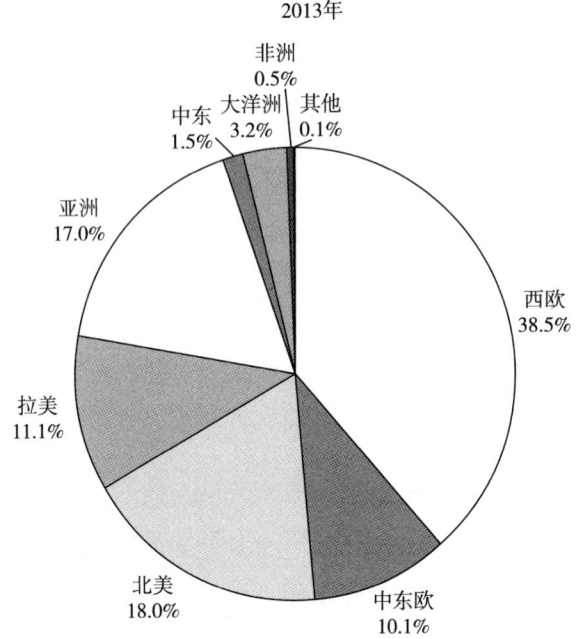

图34　法国电影业出口区域分布：2012 VS 2013

数据来源：*Results 2013*，法国国家电影中心（CNC），CNC，www.cnc.fr。

（六）图书

1. 图书出版：种数和印数均继续增长，而单册印数继续下降

2012年法国共出版图书86295种，较上年增加5027种，增幅6.2%。其中新书44678种，较上年增加2774种，增幅6.6%；再版书41616种，较上年增加2252种，增幅5.7%。印刷图书6.31亿册，较上年增加1100万册，增幅1.8%。其中新书印刷3.87亿，较上年增加700万册，增幅1.8%；再版书印刷2.44亿册，较上年增加300万册，增幅1.2%。单册图书的印刷量为7311册，在上年基础上继续下降。

从图书类型来看，2012年印刷册数有明显增长的是工具书/百科全书，增幅7.4%，其次是青少年读物，增幅4.0%。人文社科、漫画类图书的印刷册数有所增加，增幅不超过1.0%。而科技/医学/管理和地图两类图书的降幅均超过10%，分别为18.9%和10.6%。其余有较明显降幅的还包括实用图书（8.4%）、学校教育（8.2%）、宗教信仰（5.2%）和纪实/新闻/散文（4.9%）等几类图书，文学类图书的印刷册数虽有下降，但幅度很小，仅0.2%。

表18 法国图书出版情况：2007～2012

单位：%

图书类型	2007年	2008年	2009年	2010年	2011年	2012年
图书种数(种)						
新版书	37326	38334	38445	40023	41904	44678
重版书	38059	37850	36343	39285	39364	41616
总计	75385	76184	74788	79308	81268	86295
图书册数(亿册)						
新版书	3.90	4.48	3.71	3.86	3.80	3.87
重版书	2.65	2.64	2.38	2.46	2.41	2.44
总计	6.55	7.12	6.09	6.32	6.20	6.31

数据来源：Fiches Marché Du Livre，法国出版商协会（Syndicat national de l'édition，SNE），www.sne.fr。

表19 法国图书分类册数：2012

单位：万册

图书分类	2012年	2011～2012年的变化(%)	图书分类	2012年	2011～2012年的变化(%)
学校教育	5901.3	-8.2	纪实/新闻/散文	1288.9	-4.9
科技/医学/管理	463.7	-18.9	青少年读物	9049.5	+4.0
人文社会科学	1897.9	+1.0	漫画	4390.0	+0.9
宗教信仰	608.5	-5.2	实用图书	6492.4	-8.4
工具书/百科全书	1788.6	+7.4	地图	1160.4	-10.6
文学	11049.1	-0.2			

数据来源：Fiches Marché Du Livre，法国出版商协会（Syndicat national de l'édition，SNE），www.sne.fr。由于2014年法国文化部调整了相关数据发布方式，数据来源及统计方式变得更加多元化，使得2013年数据与往年或有差异，或不匹配。本部分几经努力，均无法找到能与上年相匹配、可比较的数据，因而这一部分仅提取了2012年数据。

2. 图书收入：整体下降，但人文社科类图书收入增长超过10%

在种数和印数均增长的情况下，2012年法国图书收入反而减少了3300万欧元，为27.71亿欧元，降幅1.2%。其中图书售卖收入26.39亿欧元，较上年下降1.1%；版权收入1.33亿欧元，较上年减少1.5%。

表20 法国图书收入：2007～2012

单位：亿欧元

收入种类	2007年	2008年	2009年	2010年	2011年	2012年
售卖收入	27.62	27.00	27.03	27.07	26.69	26.39
版权收入	1.32	1.30	1.26	1.31	1.35	1.33
总计	28.94	28.30	28.29	28.38	28.04	27.71

数据来源：*Fiches marché du livre*，法国出版商协会（Syndicat national de l'édition，SNE），www.sne.fr。

从图书类型来看，人文社科类图书的收入有明显增长，较上年增加11.9%，青少年读物也较上年增长了3.5%。其余有所增长的图书类型还包括宗教信仰（+0.3%）和漫画（+1.0%）。科技/医学/管理类图书较上年缩减了13.6%，地图、工具书/百科全书、实用图书和学校教育类图书也有较大的缩减幅度，分别为8.0%、7.3%、6.6%和4.0%。另外，文学（-0.2%）和纪实/新闻/散文（-0.7%）类图书的收入也有所减少。

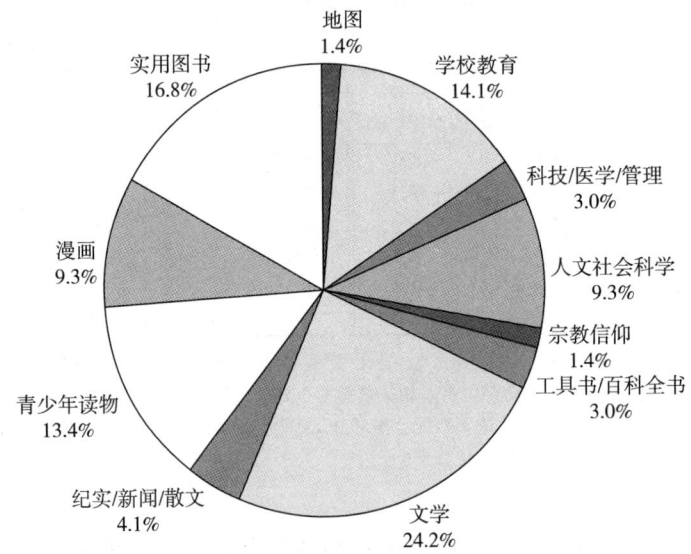

图35 法国各类图书总收入份额：2012

数据来源：*Fiches marché du livre*，法国出版商协会（Syndicat national de l'édition，SNE），www.sne.fr。

合作、融合、共进：2014法国传媒产业发展报告

表21 法国各类图书售卖收入情况：2012

单位：亿欧元

图书类型	2012年	2011~2012年的变化(%)	图书类型	2012年	2011~2012年的变化(%)
学校教育	3.72	-4.0	纪实/新闻/散文	1.07	-0.7
科技/医学/管理	0.79	-13.6	青少年读物	3.54	+3.5
人文社会科学	2.45	+11.9	漫画	2.46	+1.0
宗教信仰	0.36	+0.3	实用图书	4.44	-6.6
工具书/百科全书	0.80	-7.3	地图	0.37	-8.0
文学	6.39	-0.2	总　　计	26.39	-1.1

数据来源：*Fiches Marché Du Livre*，法国出版商协会（Syndicat national de l'édition, SNE），www.sne.fr。由于2014年法国文化部调整了相关数据发布方式，数据来源及统计方式变得更加多元化，使得2013年数据与往年或有差异，或不匹配。本部分几经努力，均无法找到能与上年相匹配、可比较的数据，因而这一部分仅提取了2012年数据。

3. 图书进出口：逆差有所拉大，与欧盟的交易呈现逆转迹象

2012年，法国图书出口额6.67亿欧元，在上年基础上继续增长300万欧元，增幅0.5%；进口额7.23亿欧元，在上年基础上增加2300万欧元，增幅3.3%，达到近10年来的第二高值，仅次于2008年的7.51亿欧元，逆差较上年有所拉大。

2012年，法国与欧盟成员国的图书交易呈现逆转的迹象，即近年来持续下降的进口额有所回升，增长1100万欧元，增幅2.2%；持续增长的出口额有所下跌，减少200万欧元，降幅0.6%。与美国的图书交易中，出口额仍符合近年的波动规律，虽然增幅达14.3%，但实际增长金额仅为300万欧元；进口贸易持续下降的趋势有所改变，增加200万欧元，增幅15.4%。与中国的图书交易中，出口额增加了200万欧元，增幅100%；进口额在上年基础上继续增长，至9700万欧元，增加1700万欧元，增幅22.5%，两国间贸易逆差进一步拉大。

（七）音像制品

1. 唱片：种数激增未能带来销量和收入上的收益

2012年，进入法国国家图书馆名录的唱片14669种，是近10年来出现的首次增长，较上年增加5114种，增幅高达53.5%，创下2003年以后的最高

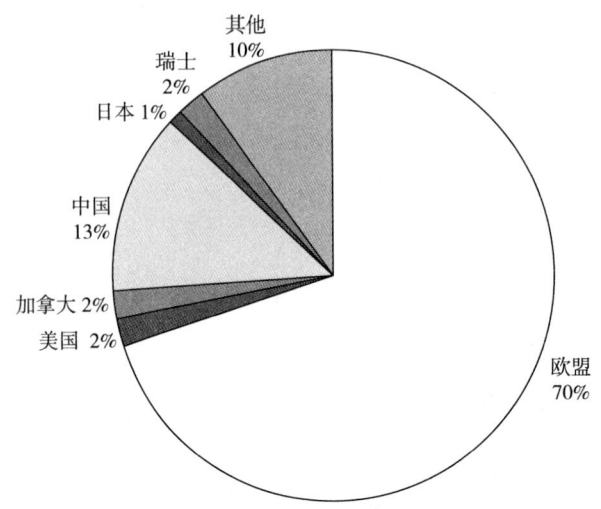

图36　法国图书进出口贸易国家与地区份额：2012

数据来源：法国文化部（Ministère de la Culture et de la Communication）发布的文化产品进出口报告 *Importations et Exportations de Produits Culturels*，www. culture. gouv. fr。

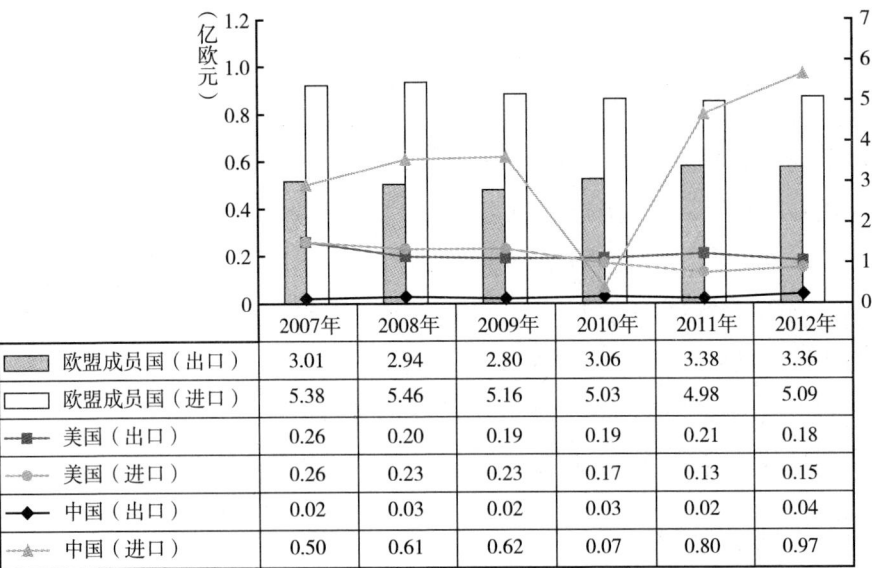

	2007年	2008年	2009年	2010年	2011年	2012年
欧盟成员国（出口）	3.01	2.94	2.80	3.06	3.38	3.36
欧盟成员国（进口）	5.38	5.46	5.16	5.03	4.98	5.09
美国（出口）	0.26	0.20	0.19	0.19	0.21	0.18
美国（进口）	0.26	0.23	0.23	0.17	0.13	0.15
中国（出口）	0.02	0.03	0.02	0.03	0.02	0.04
中国（进口）	0.50	0.61	0.62	0.07	0.80	0.97

图37　法国与部分国家图书进出口交易收入情况：2007~2012

数据来源：法国文化部（Ministère de la Culture et de la Communication）发布的文化产品进出口报告 *Importations et Exportations de Produits Culturels*，www. culture. gouv. fr。

值。但其销售情况不容乐观,共出售9830万张唱片,较上年减少260万张,降幅2.6%;收入4.89亿欧元,在上年基础上继续减少3400万欧元,降幅6.5%,这也意味着新的唱片未能带来市场收益。

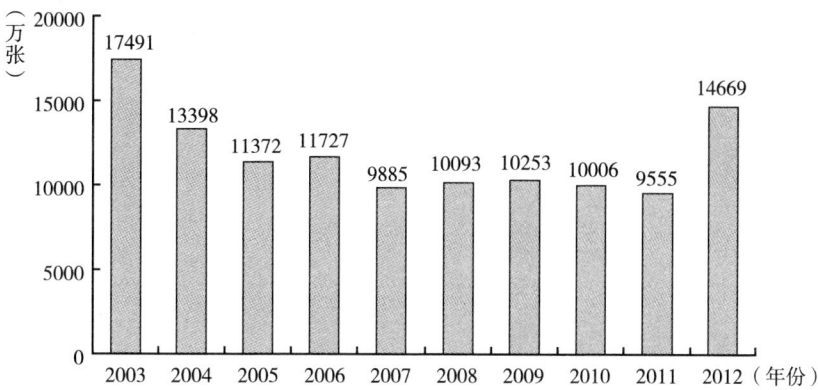

图38　法国年度唱片种数(国家图书馆名录):2003~2012

数据来源:法国国家图书馆(BnF),www.bnf.fr。

法国售出的9830万张唱片中,专辑5170万张,单曲4460万张,MV200万张,其中单曲的销量延续了前几年的上升态势,继续增加70万张,增幅1.6%。专辑未能继续上年的增长,较上年下降了4.4%。MV销量已降至200万张,降幅高达31.0%。

表22　法国年度唱片销量:2007~2012

单位:万张

唱片种类	2007年	2008年	2009年	2010年	2011年	2012年
专辑	6700	6110	5650	5270	5410	5170
单曲	2260	2520	3060	3500	4390	4460
MV	590	370	360	320	290	200
总计	9550	9000	9070	9090	10090	9830

数据来源:全法唱片联盟(Syndicat national de l'édition phonographique),www.disqueenfrance.com。

法国唱片市场销售收入中,实体唱片销售额为3.64亿欧元,在上年的基础上继续下滑11.9%,数字唱片销售额为1.25亿欧元,在上年基础上继续增长12.6%，其份额在唱片总收入中占25.6%，较上年增加4.4个百分点。虽然通过数字唱片的发展带动整个唱片市场繁荣还要假以时日，但实体唱片市场的萎缩和数字唱片市场的扩张是毋庸置疑的。

表23 法国唱片销售收入：2007～2012

单位：亿欧元

项目	2007年	2008年	2009年	2010年	2011年	2012年
法国实体唱片销售收入						
专辑	5.77	4.85	4.65	4.18	3.81	3.41
单曲	0.20	0.10	0.07	0.04	0.03	0.01
DVD	0.65	0.35	0.40	0.44	0.29	0.21
总计	6.62	5.30	5.12	4.66	4.13	3.64
法国数字唱片销售收入						
互联网	0.21	0.24	0.40	0.47	0.57	0.63
手机	0.30	0.49	0.20	0.16	0.14	0.10
流媒体	—	0.04	0.18	0.25	0.50	0.52
总计	0.51	0.77	0.78	0.88	1.11	1.25
法国唱片销售总收入						
总计	7.13	6.07	6.00	5.54	5.23	4.89

数据来源：全法唱片联盟（Syndicat national de l'édition phonographique），www.disqueenfrance.com。

在数字唱片销售渠道中，互联网和流媒体都在持续稳定地增长，而互联网上销售收入的增长似乎更快一些，较上年增长10.5%，流媒体上销售收入的增长幅度在2012年显著减缩，仅4%，与上年100%的增幅有较大差距。而手机唱片销售业绩则在上年的基础上继续下滑，至1000万欧元，降幅高达28.6%。

2010年，法国唱片收入统计中增加了版权收入一项，当年的版权收入8800万欧元，使得唱片收入总值达到6.42亿欧元。2011年，这项收入增至9400万欧元，增幅6.8%，唱片收入总值为6.17亿欧元。2012年，唱片版权收入增加至1.01亿欧元，增幅7.4%。从目前的发展趋势来看，版权收入在2013年还将继续增长，它有望成为唱片收入中越来越重要的一个来源。

2. 录像制品：DVD销售和收入继续减少，市场份额逐渐缩减

2012年，法国录像制品被列入法国国家图书馆名录的共有13277种，较上年增加了4443种，增幅达到50.3%。虽然种数激增，但销售量1.20亿件，

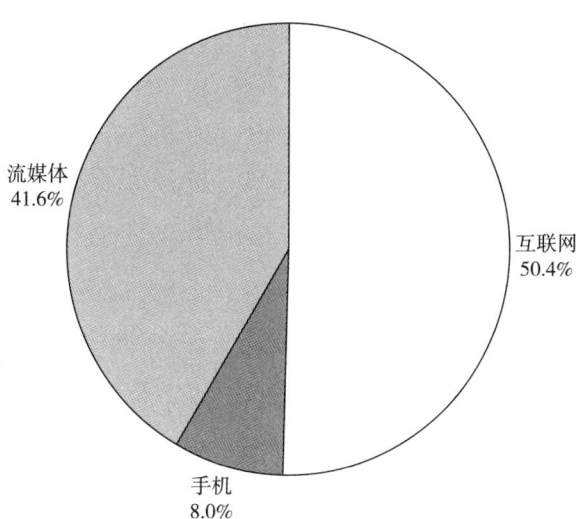

图 39　法国数字唱片销售渠道份额：2012

数据来源：Baromètre Vidéo CNC-GfK：le marché de la vidéo physique en 2012，法国国家电影中心（CNC），CNC，www.cnc.fr。

较上年减少 881 万种，降幅 6.8%；收入 11.16 亿欧元，较上年减少 1.07 亿欧元，降幅 8.7%。

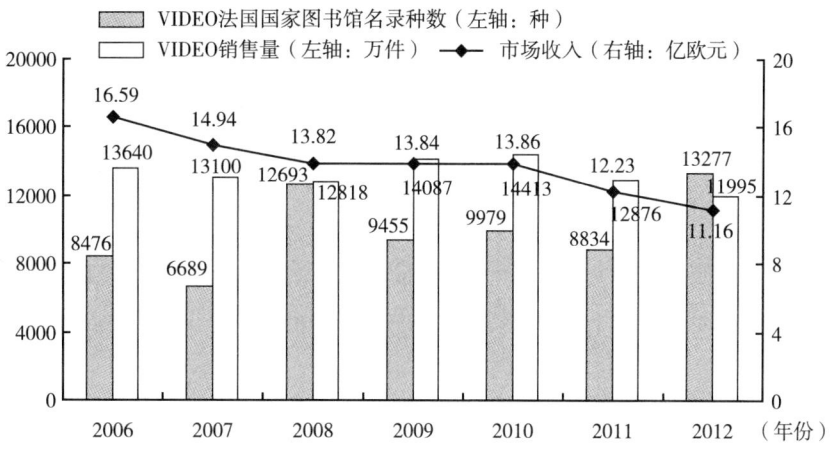

图 40　法国录像制品市场状况：2006~2012

数据来源：Baromètre Vidéo CNC-GfK：le marché de la vidéo physique en 2012，法国国家电影中心（CNC），CNC，www.cnc.fr。

2012年，法国售出的录像制品中电影的份额有些许下降，为49.8%，略少于一半。电影录像制品销售收入6.92亿欧元，较上年减少6200万欧元，降幅8.2%，占总收入62%，略较上年增加1个百分点；非影片录像制品销售收入3.81亿欧元，较上年减少4800万欧元，降幅11.2%；促销品销售收入0.43亿欧元，较上年增加了300万欧元，增幅7.5%，但未改变近年来围绕0.4亿欧元波动的规律。

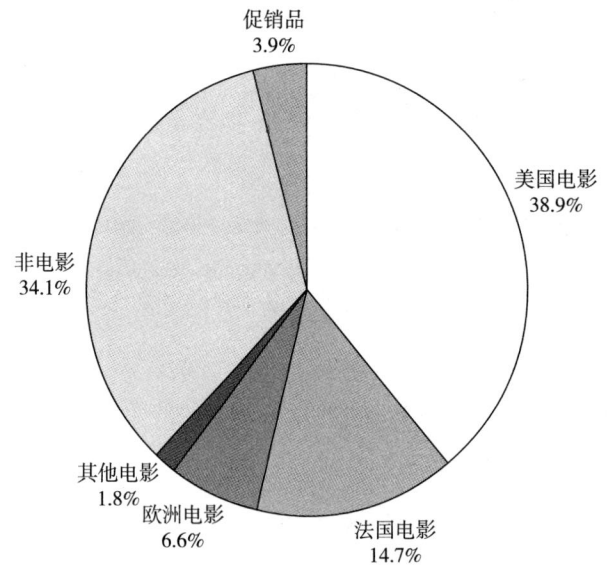

图41 法国各类录像制品收入份额：2012

数据来源：Baromètre Vidéo CNC-GfK：le marché de la vidéo physique en 2012，法国国家电影中心（CNC），CNC，www.cnc.fr。

根据录像制品的材质，可分为录像带（VHS）、DVD和蓝光光碟。VHS目前正在消失，自2007年开始不再进入统计。2012年，该类录像制品出售29961份，收入3.3万欧元。DVD自2009年销量达到最高点（1.36亿份）之后持续下跌，至2012年已降至1.06亿份，较上年减少1000万份，降幅8.6%。收入则近年来持续下降，至2012年已降至8.92亿欧元，较上年减少1.26亿欧元，降幅12.4%。蓝光光碟自2007年正式进入统计范畴，是目前录像制品中唯一持续增长的一类，经过2008～2011年的快速增长后，至2012

年,增长速度已较大幅度下降,其销售为1400万份,较上年增长7.7%,收入2.24亿欧元,增幅9.3%。

表24 法国不同质地录像制品销售数量与销售收入:2007~2012

年份	销售数量(亿份)			销售收入(亿欧元)		
	DVD	蓝光光碟	总计	DVD	蓝光光碟	总计
2007	1.31	0.005	1.31	14.80	0.14	14.94
2008	1.26	0.02	1.28	13.31	0.51	13.82
2009	1.36	0.05	1.41	12.77	1.07	13.84
2010	1.34	0.10	1.44	12.12	1.74	13.85
2011	1.16	0.13	1.29	10.18	2.05	12.23
2012	1.06	0.14	1.20	8.92	2.24	11.16

数据来源:《录像制品市场报告》,法国国家电影中心(CNC),CNC,www.cnc.fr。

三 市场主体分析

(一)总体情况:收入略有增减,排名基本稳定,TF1跌出世界50强

2012年世界50大传媒集团排行榜中,法国维旺迪集团(Vivendi)、拉加代尔集团(Lagardère)和法国国家电视集团(France Télévisions)位列其中,法国电视1台(TF1)则跌出榜单。

维旺迪集团以95.57亿欧元的收入位列第9,较上年增加5.03亿欧元,增幅5.6%,排名提升1位;拉加代尔集团收入73.70亿欧元,较上年减少2.87亿欧元,降幅3.7%,排名较上年退后2位;法国国家电视集团收入31.53亿欧元,较上年增加1.49亿欧元,增幅5%,排名却退后1名;法国电视1台收入26.21亿欧元,与上年基本持平,但它与榜单上最后一家传媒集团(美国Netflix集团)的收入(28.09亿欧元)存在较大差距,因而其被甩出榜单也就理所当然。

表 25　法国前四大传媒集团收入状况：2007～2012

单位：亿欧元

传媒集团	2007 年	2008 年	2009 年	2010 年	2011 年	2012 年
维旺迪集团	92.33	92.04	88.93	91.61	90.54	95.57
拉加代尔集团	85.82	86.28	78.92	79.66	76.57	73.70
法国国家电视集团	29.28	27.50	30.61	31.40	30.04	31.53
法国电视 1 台	27.64	25.95	23.65	26.22	26.20	26.21

数据来源：传媒政策研究所（Institut für Medien- und Kommunikationspolitik），www.mediadb.eu。由于本报告的数据来源有别于前面的报告，因而在数据上存在些许差距，以本报告为准。

（二）法国维旺迪集团市场表现：媒体与内容收入继续稳定增长

2012 年下半年，维旺迪集团（Vivendi）出售动视暴风公司和摩洛哥电信公司，因而集团收入数据的发布进行了调整。出售后，维旺迪集团 2012 年的收入由 289.94 亿欧元变成 225.77 亿欧元，EBITA 从 52.83 亿欧元变成 31.63 亿欧元，EBIT 为 8.05 亿欧元。

2013 年维旺迪集团总收入 221.35 亿欧元，较上年减少 4.42 亿欧元，降幅 2.0%；EBITA 值为 24.33 亿欧元，较上年减少 7.30 亿欧元，降幅 23.1%；EBIT 为 -4.35 亿欧元，较上年减少 12.40 亿欧元，降幅 154.0%。

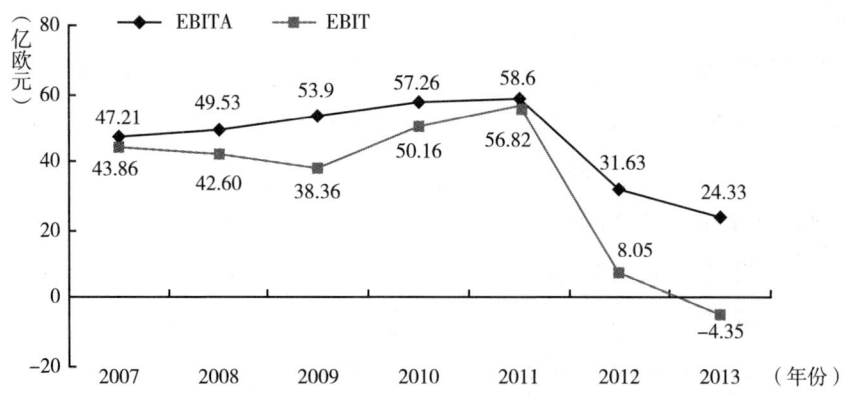

图 42　维旺迪集团 EBITA 及 EBIT 情况：2007～2013

数据来源：综合参考维旺迪集团 2007～2013 年年报，www.vivendi.com。

虽然近年来维旺迪集团整体收入略有下降，但在媒体与内容①的收益上还是呈稳定上扬趋势。2013 年，维旺迪集团的该项业务收入 119.06 亿欧元，较上年增加 6.33 亿欧元，增幅 5.6%。

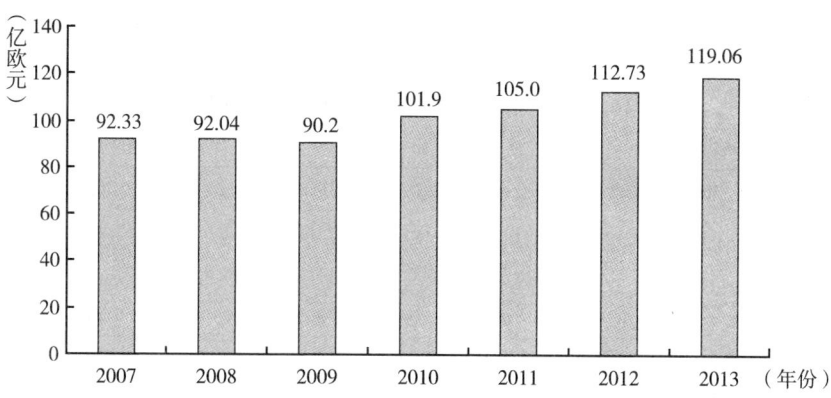

图 43　维旺迪集团媒体与内容收入：2007～2013

数据来源：综合参考维旺迪集团 2007～2013 年年报，www.vivendi.com。

从旗下各公司的发展情况来看，环球唱片公司和 Canal + 公司继续保持增长势头，分别增加 3.42 亿欧元和 2.98 亿欧元，增幅分别为 7.5% 和 5.9%。GVT 公司自 2009 年创办以来收入首次下滑，较上年减少 700 万欧元，降幅 0.4%。SFR 公司继续了上年较大幅度的滑坡，收入减少 10.89 亿欧元，降幅高达 9.6%。

表 26　维旺迪集团旗下各公司收入状况：2007～2013

单位：亿欧元

公司名称	2007 年	2008 年	2009 年	2010 年	2011 年	2012 年	2012（R）年	2013 年
动视暴雪公司	10.18	20.91	30.38	33.30	34.32	37.68	—	—
环球唱片公司	48.70	46.50	43.63	44.49	41.97	45.44	45.44	48.86
SFR	90.18	115.53	124.25	125.77	121.83	112.88	112.88	101.99
摩洛哥电信公司	24.56	26.01	26.94	28.35	27.39	26.89	—	—
GVT	0	0	1.04	10.29	14.46	17.16	17.16	17.09
Canal + 公司	43.63	45.54	45.53	47.12	48.57	50.13	50.13	53.11
其他	-0.68	-0.57	-0.45	-0.54	-0.41	-0.24	-0.24	-0.25
总　　计	216.57	253.92	271.32	288.78	288.13	289.94	225.77	221.35

数据来源：综合参考维旺迪集团 2007～2013 年年报，www.vivendi.com。

---

① 维旺迪集团旗下承担媒体与内容业务的公司包括 Canal + 集团、GVT、环球唱片公司。

近年来，维旺迪集团产品销售收入逐年上升，2013年该项收入仍然保持较高的增长速度，较上年增加3.15亿欧元，增幅6.0%；服务收入则在上年的基础上继续减少7.31亿欧元，降幅4.2%；其他收入金额小，起落幅度较大，2013年该项收入减少2600万欧元，降幅达48.1%。

表27 维旺迪集团各部分收入状况：2007~2013

单位：亿欧元

收入项目	2007年	2008年	2009年	2010年	2011年	2012年	2012(R)年	2013年
产品销售	58.35	67.11	73.78	76.83	75.98	82.62	52.28	55.43
服务收入	157.87	186.57	197.34	211.69	211.75	206.48	172.95	165.64
其他	0.35	0.24	0.20	0.26	0.40	0.84	0.54	0.28
总计	216.57	253.92	271.32	288.78	288.13	289.94	225.77	221.35

数据来源：综合参考维旺迪集团2007~2013年年报，www.vivendi.com。

从地区来看，2013年维旺迪集团在美国和欧洲的收益较上年有较大发展，分别增加2.89亿欧元和2.61亿欧元，分别为18.1%和11.8%，其在总收入中的份额也分别从7.1%和9.8%增至8.5%和11.1%。而法国本土收入则在上年的基础上继续下降，为146.62亿欧元，较上年减少10.02亿欧元，降幅6.4%，其在总收入中的份额从69.4%降低至66.2%。以上数据反映了维旺迪集团国际化特点进一步凸显。

表28 维旺迪集团各地区收入状况：2007~2013

单位：亿欧元

国别	2007年	2008年	2009年	2010年	2011年	2012年	2012(R)年	2013年
法国	134.03	159.67	168.98	170.97	168.00	159.55	156.64	146.62
欧洲	23.52	27.66	30.46	30.61	31.73	33.93	22.04	24.65
美国	23.19	28.89	31.53	33.75	30.85	33.95	15.94	18.83
摩洛哥	21.39	22.21	22.48	22.96	21.66	20.29	—	—
巴西	0	0	1.47	10.84	15.27	17.97	17.76	17.76
其他	14.44	15.49	16.04	19.65	20.62	24.25	13.39	13.49
总计	216.57	253.92	271.32	288.78	288.13	289.94	225.77	221.35

数据来源：综合参考维旺迪集团2007~2013年年报，www.vivendi.com。

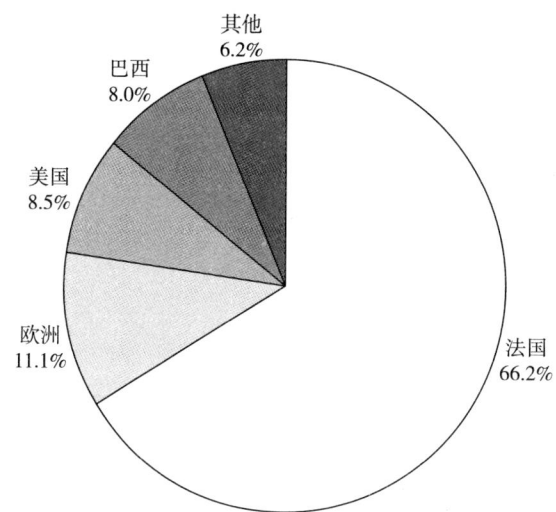

图 44 维旺迪集团各地区收入份额：2013

数据来源：维旺迪集团 2013 年年报，www.vivendi.com。

（三）拉加代尔集团市场表现：电子书业务在美国和英国市场继续大幅增长

2013 年，拉加代尔集团（Lagardère Group）收入在上年基础上继续下降，为 72.16 亿欧元，较上年减少 1.54 亿欧元，降幅 2.1%。EBIT 为 3.72 亿欧元，较上年增加 1.44 亿欧元，增幅 63.2%；可支配现金流从上年的 -1.44 亿欧元增至 34.45 亿欧元，净现金也扭转负债局面，较上年增加 20.61 亿欧元，至 3.61 亿欧元。

表 29 拉加代尔集团传媒净销售额及分项销售额：2007~2013

单位：亿欧元

	2007 年	2008 年	2009 年	2010 年	2011 年	2012 年	2013 年
出版业务	21.30	21.59	22.73	21.65	20.38	20.77	20.66
传媒活动	22.91	21.11	17.25	18.26	14.41	10.14	9.96
商业服务	37.21	35.00	33.87	35.79	37.24	38.09	37.45
其他	4.40	4.44	5.07	3.96	4.54	4.70	4.09
总 计	85.82	82.14	78.92	79.66	76.57	73.70	72.16

数据来源：综合参考拉加代尔集团 2007~2013 年年报，www.lagardere.com。

拉加代尔集团出版收入20.66亿欧元，较上年减少1100万欧元，降幅0.5%。其中电子书收入约2.2亿欧元，占出版总收入的10.4%，较上年增加2.6个百分点。目前，拉加代尔集团的电子书业务仍主要在美国和英国开展，其中在美国市场上收入增加33%，在英国市场上收入增加42%。法国和西班牙市场处于开发的早期阶段。

传媒活动收入9.96亿欧元，较上年减少0.18亿欧元，降幅1.8%。其中杂志发行量下降5.4%，由此使得相关广告收入下降，广播收入稳定且稍有增长（增幅0.3%），但媒体广告收入总体下降6.6%。

另外，拉加代尔服务收入37.45亿欧元，较上年减少6400万欧元，降幅1.7%；其他收入4.09亿欧元，较上年减少6100万欧元，降幅13.0%。

跨国传媒集团拉加代尔2013年开展业务的地区性结构与上年基本持平，仅在法国、西欧、东欧和其他地区市场收入的份额较上年有1个百分点的差别，北美、亚太地区的份额与上年相同。

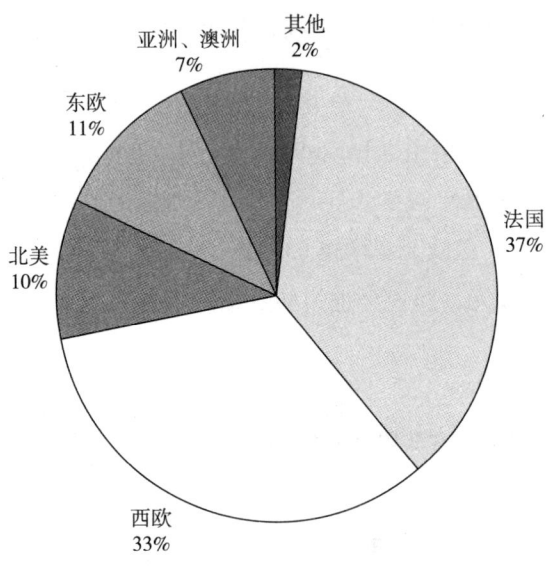

图45　拉加代尔集团地区收入份额：2013

数据来源：拉加代尔集团2013年年报，www.lagardere.com。

四 传媒政策分析

(一)报刊资助策略改革:现代化与新读者

为促进创新性和加强资助管理,法国文化部于2014年对报刊发展策略基金(Aides Le Fonds Stratégique Pour Le Développement de La Presse)进行深度改革。

该基金的使用目的在于消弭印刷媒体与数字媒体之间的界限,主要由三个部分组成:一是致力于转变时政类日报产业的运营及现代化情况;二是用于技术革新,特别是时政类日报和部分专业报刊的数字化;三是致力于征服新读者。

为了更好地支持这一改革,法国报业还引入惩罚机制,对不遵循商业规范的出版单位进行告诫和处罚。

2014年,法国推出"税收超级减免计划"(Taux Super Réduit),增值税减至2.1%,新闻出版联合委员会(CPPAP)会员有机会享受这一优惠。相应的,这些报刊也在建设合作发行系统方面做出了努力。

2015年底,法国国家邮政局和报刊企业将签订施瓦兹协议(Schwartz),以增强邮发、投递、数字等发行方式之间的互补性、协同性。

(二)图书出版:图书支持计划

2014年,为保护图书业编辑多样化、产业多元化、业态发展平衡化,法国启动图书支持计划(Plan Livre),优先支持独立书店。该年,更多政府资金投入了出版业。另外,该计划重视出版业发展的地区平衡性,支持计划照顾法国全境,保证产业链的密集和多样。

此外,法国政府认为,对电子书和纸质书区别对待是不合理的。自2012年1月1日起,法国电子书的增值税率由19.6%降为7%,和纸质书一样,尽管此举遭到了欧盟的强烈抵制,但法国政府方面坚定不移。

(三)法国国家电影中心的"新媒体项目帮助计划"

2007年以来,法国国家电影中心的"新媒体项目帮助资金"(le fonds

d'aide aux projets pour les nouveaux médias）帮助了360多部视听产业，尤其是网络和移动视听产业作品的完成和推广。2012年，95部作品得到240万欧元资助。2014年，该计划继续实施，帮助了更多新媒体领域作品的制作和推广。

"新媒体项目帮助资金"资助方式主要有以下三种。

一是选择性支持电视、电影领域的内容创作和制作，只要该作品满足以下几个条件便可申请到最高5万欧元的资助：内容为原创新颖的新媒体领域作品；面向包括电影或电视等多种媒体播放；作品语言为法语。

二是选择性支持面向网络和移动终端的视听作品（除游戏外）内容创作，只要该作品满足以下几个条件便可申请到最高2万欧元的资助：内容为原创新颖的面向网络和移动终端的视听作品；作品语言为法语。

三是选择性支持面向网络和移动终端的视听作品（除游戏外）内容制作，只要该作品满足以下几个条件便可申请到最高10万欧元的资助：内容为原创新颖的面向网络和移动终端的视听作品；作品语言为法语；作品需同时得到网络或移动终端方面的财力支持。

（四）"4欧元电影票价计划"

针对观影人数逐年下降的情况，法国采取多项措施刺激电影产业活力，吸引更多观众走进电影院。一方面，电影票增值税将降低至5%；另一方面，于2014年1月1日正式启动"14岁以下少年儿童4欧元电影票价计划"，以开发青少年观影市场。该计划不仅为青少年走近、了解本国文化创造了有力的条件，同时，由于家长的陪同，也增加了其他年龄段观众的观影机会。另外，少年儿童来电影院次数的增加，将逐渐使他们养成上影院观影的习惯，为未来几年内法国观影人群的增长奠定基础。

该计划实施后，1月份法国观影人次1789万，同比增加22.8%，这个数值仅次于2010年1月的观影人次（1889万）。其中，3~14岁少年儿童观影人次同比增长1倍，达到6年来的最高值，其份额占观影总人次的21.6%，而这一数值在上年同期仅为13%。

B.9 CanCon：发展与保护中的加拿大数字内容产业

姬德强*

摘　要： 本章介绍了以"加拿大内容"（CanCon）为核心的加拿大数字内容产业的发展状况。在所有相关子产业中，在线视频增长最快，并逐渐向移动平台转移。数字广播正逐渐成为加拿大人生活中的重要组成部分，尤其是在信息获取等功能性应用方面。随着电子阅读器的普及，加拿大的数字出版市场呈明显上涨趋势。电子游戏是加拿大领先世界的数字内容产业，该产业目前呈现产品多元和资本集中两个趋势。加拿大的移动应用市场出现 Android 和 iOS 两强主导的态势，本土 RIM 公司的份额持续下跌。未来加拿大的数字内容产业将在跨国市场竞争和本土政策保护两股力量的共同影响下发展，相关产业已经开始调整市场策略，借助融合的媒介力量拓展新的增长空间。

关键词： 加拿大内容　数字内容　在线视频　数字广播　电子游戏　移动应用

"数字内容将逐渐成为知识经济时代最根本的创意基础设施，并成为健康、教育和文化行为的中心。"（OECD 数字经济文件）[①]

---

* 姬德强，中国传媒大学广播电视研究中心编辑，博士。
① Organization for Economic Co-operation and Development, "Digital Broadband Content: Digital Content Strategies and Policies," *OECD Digital Economy Papers*, 119, OECD, 2006.

作为经济发展与合作组织（Organization for Economic Co-operation and Development，简称 OECD）成员，在数字化基础设施（digital infrastructure）建设方面，加拿大一直处于世界领先地位。如何利用好这一覆盖广泛和技术先进的硬件网络，更好地发展加拿大的数字内容行业，为政府、企业、各类社会部门和全体加拿大公民服务，也就成为该国近年来的核心政策之一。

2014年4月4日，哈珀政府向全社会公布了《数字加拿大150》（Digital Canada 150）计划①。该计划的五个主要发展原则是：互联、保护、经济发展、数字政府和"加拿大内容"（Canadian Content）。除了更多地普及数字和网络技术，使得全加拿大人在这一数字化转型中获益之外，在数字内容产业中保护和发展"加拿大内容"，并借助这一本土性内容延续加拿大的文化传统和国家认同，将是这一计划的另一重要目标。

根据加拿大图书馆协会（Canadian Library Association）发布的《提升加拿大的数字优势》（*Improving Canada's Digital Advantage*）报告，"作为全世界数字技术领域的领导者，加拿大并未完全利用好这一基础设施网络。因此，加拿大政府需要在继续投资发展硬件设施的同时，大力支持发展内容产业和基于数字网络的公共服务，比如对各类文献档案的数字化和公开使用，将有利于各个行业的可持续提升，以及整体数字经济的壮大；另外，要平衡版权保护和公开的界限，做到保护和使用能够相得益彰；更重要的是，保证公共部门数据的公开获取，真正保证公共数据成为数字经济、技术和教育创新的核心基础设施要素。"②

因此，加拿大的数字内容产业发展基本上是以市场为导向，尤其是在媒介融合的政策框架之内；另一方面，基于加拿大各省和联邦政府对于本国文化多样性和文化市场的保护，以及长久以来形成的公共服务（通过资助计划和税收抵扣等方式）传统，媒体内容产业的数字化也是一个保证"加拿大内容"原创性的重要途径。两个部分的制度设计和发展逻辑虽不一

---

① Harper Government Unveils Plan for Canada's Digital Future, http://news.gc.ca/web/article-en.do?nid=835379.
② Canadian Library Association, Improving Canada's Digital Advantage, http://publications.gc.ca/collections/collection_2010/ic/Iu4-144-2010-eng.pdf.

样，却是互为依存的两股力量，共同维护和提升着"数字加拿大"在全球的领导地位。

一 加拿大内容产业的制度框架和发展概况（2012~2013）

自2013年起，加拿大广播电视与电信委员会（Canadian Radio-television and Telecommunications Commission）就将其年度《传播产业监测报告》（Communications Monitoring Report，以下简称《监测报告》）从以部门划分为主线，更改为三个具有"顶层设计"特征的结构，即"创新"（create）、"连接"（connect）和"保护"（protect），分别从内容、渠道和规制三个层面，为加拿大传播产业和传播服务的整体有效运行保驾护航。

该委员会2014年的《监测报告》继续贯彻了这一新的认知和规制框架。在"创新"部分，《监测报告》从"媒介类型"和"语言"两个角度介绍了2012~2013年加拿大内容产业，尤其是针对"加拿大内容"的投资和产出的发展状况①。

首先2012~2013年间，加拿大的广播产业（broadcasting）总共向加拿大内容生产投资32亿加元，比之前一年略少5.5%。其中，商业广播（commercial radio broadcasters）投资超过0.52亿加元，比前一年减少5%；这同时意味着，商业广播每赚1加元，只有3.2分投向了这一领域。其次，电视广播（television broadcasters）在加拿大内容方面共投资27亿加元，占节目总支出的66%，但比前一年减少5.5%。作为电视广播业的最大一笔开支，这意味着每赚1加元，电视广播商就向生产和收购加拿大内容投资62分。再次，有线和卫星广播公司将收视费收入的5%投向了加拿大节目的制作和生产；在这一比例中，46%进入了加拿大媒介基金（Canada Media Fund），27%支持了社区有线频道和其他地方资源，16%提供给了地方节目提升基金（Local

---

① Canadian Radio-television and Telecommunications Commission, Communications Monitoring Report 2014, i–ii, http：//www.crtc.gc.ca/eng/publications/reports/policymonitoring/2014/cmr4.htm.

Programming Improvement Fund），11%投向了独立基金。因此，总体而言，电视产业是投资和生产"加拿大内容"的主要力量，也凸显了传统电视产业在音视频内容制作方面的巨大优势。

就内容的语言差异而言，2012～2013年，在英语内容市场，加拿大人更多地选择和观看加拿大内容服务，与此同时，观看非加拿大节目的时间减少了1.1%，也就导致了整体节目收看时间减少了1.1%。在法语内容市场，加拿大人观看本国和国外电视节目的时间均呈现减少趋势，比例分别为0.3%和2.7%，并因此导致整体观看时间减少2.5%。2012～2013年，魁北克的法语市场中，加拿大人收看本国法语节目的每周平均时长比重从2011～2012年的63.2%减少到61.4%；而在法语市场之外，加拿大人收看本国英语节目的每周平均时长比重也从2011～2012年的43.8%减少到43.4%。仅从语言的角度来说，观看"加拿大内容"的本国观众均出现减少，尽管比例不大，却是一个重要的市场信号。

就数字内容产业而言，"根据加拿大国贸局的数据显示，该国的数字内容市场规模约达35亿美元，目前约有2300家数字内容厂商，其中以'动画和特效'、'电玩和计算机游戏'、'教育和培训产品'及'商业应用和网络营销'等领域最具国际竞争的优势。"[1]

另外，一个重要的发展趋势是，越来越多的数字内容正在通过跨平台或多平台（multi-platform）的方式被消费，主要的平台类型包括智能手机、个人电脑和平板电脑，而以智能手机为代表的移动平台或屏幕正在成为最具发展潜力的数字内容消费市场。

伴随着数字内容市场繁荣的是数字开发平台的发展。加拿大信息与传播技术委员会（Information and Communications Technology Council）于2013年调查了100家数字平台服务商，考察了不同平台的功能和对收入的贡献[2]。结果显

---

[1] 《加拿大数字内容产业发展蓬勃》，http：//www.taiwanslot.com.tw/web2011/chs/unit_detail.php?serial=548#.VFwuZ0vDNnI。

[2] Information and Communications Technology Council, Canada's Digital Imperative：Measuring Digital Platforms' Labour Market and Economic Impact，http://www.ictc-ctic.ca/wp-content/uploads/2013/10/ICTC_CanadasDigitalImperative_EN.pdf.

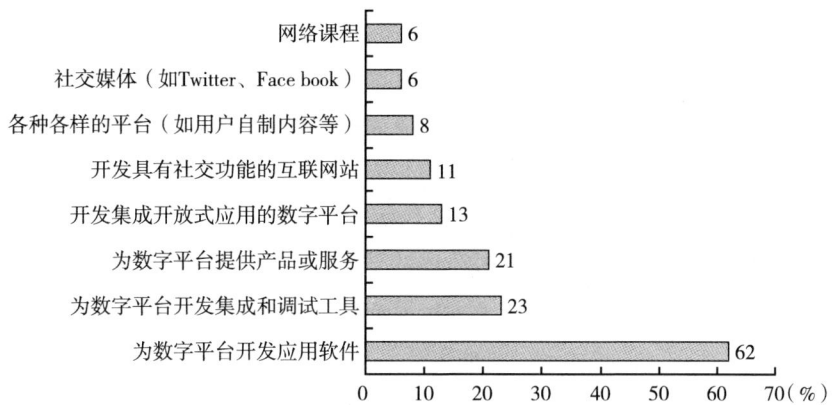

图 1　加拿大数字内容平台服务的分类和市场份额

示，62%的服务商为数字内容平台开发应用软件，23%的服务商为数字内容平台开发集成、调试等工具，21%的服务商为数字平台提供产品和服务。

二　加拿大不同行业数字内容的分行业发展

从技术或平台的角度来说，"数字内容"（digital content）可以划分成多个子类，如在线音视频、数字出版、电子游戏等，这既涉及传统媒介产品的数字化转换，也包含诞生于数字和网络技术基础上的崭新内容形态。加拿大在以上多个市场部门中都有着快速的发展，尤其是在电子游戏领域多年来领全球市场之先。下文就几个重要分支部门进行详细介绍和分析。

1. 在线视频

根据普华永道的预测[①]，2011~2015 年间，全球娱乐和媒介产业将以年均 5.7% 的速率增长，其中，电子/数字内容产业（包括电影和电视节目）是增长最快的市场。尽管加拿大和美国的数字内容产业都保持了年均两位数的增长，但由于基础设施建设和市场发展起步较慢，加拿大的增长率要远高于美国。

---

① Canadian Media Production Association, Content Everywhere: Mapping the Digital Future for the Canadian Production Industry, http://www.cmpa.ca/sites/default/files/documents/industry - information/studies/CONTENT_ EVERYWHERE – 2012 – 02 – 27. pdf.

在所有的数字内容产业中,"在线视频"(online video)成为加拿大增长最快的部门。比起近邻美国,加拿大人观看了更多的在线视频(见图2)。根据comScore的统计,仅在2011年10月,每个加拿大人平均收看的在线视频数量就多达303.7个,而美国只有286.3个。到2013年,加拿大平均每人收看在线视频时长为1769分钟,显著高于美国人的1237分钟。除此之外,74%的加拿大人在2013年观看了在线视频,33%的观看了移动在线视频[①]。而在所有在线视频内容中,加拿大人更喜欢一般新闻、电视节目、网购、音乐和游戏(见图3)。总体而言,如图4所示,2011~2015年在线视频这一市场的复合年增长率将达到26.6%。随着新的互联网平台——如Netflix、Hulu、Roku和Boxee,以及传统平台——如YouTube的快速发展,加拿大的数字视频产业正在面临前所未有的挑战:这一挑战不仅来自媒介融合的技术和市场力量,以及产业界对规制结构调整的诉求,更来自近邻美国在网络视频领域的强大优势。保证"加拿大内容"和加拿大制作在本土视频市场上扮演主导力量,成为产业自主发展和进行规制保护的重要考量。

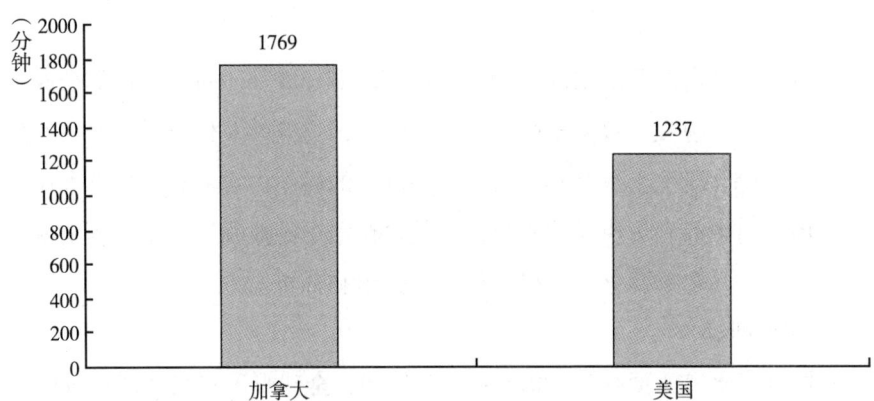

图2　2013年加拿大和美国平均每人观看在线视频时长比较[*]

* ComScore, *Canada Digital Future in Focus 2014*, https://www.comscore.com/Insights/Presentations-and-Whitepapers/2014/2014-Canada-Digital-Future-in-Focus.

---

① Carmi Levy, Canadian Online Video Consumption, Premium Pricing on a Collision Course, https://ca.finance.yahoo.com/blogs/dashboard/canadian-online-video-consumption-premium-pricing-collision-course-150245529.html.

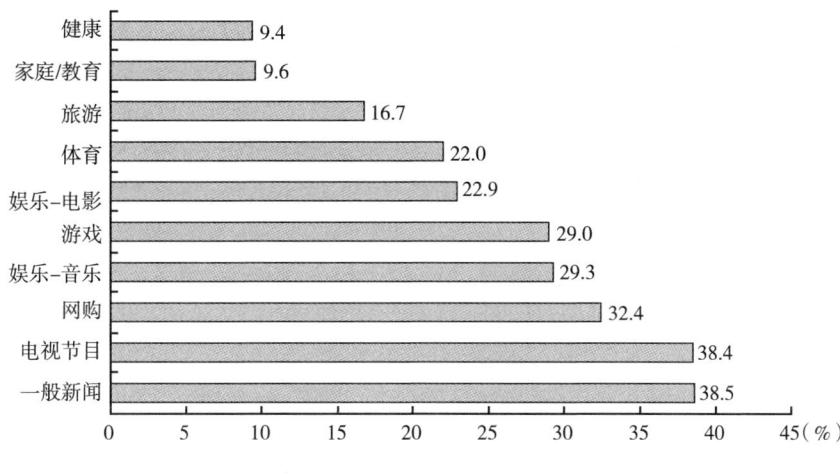

图 3　加拿大在线视频内容的消费比例＊

＊ ComScore, *Canada Digital Future in Focus 2014*, https://www.comscore.com/Insights/Presentations-and-Whitepapers/2014/2014-Canada-Digital-Future-in-Focus.

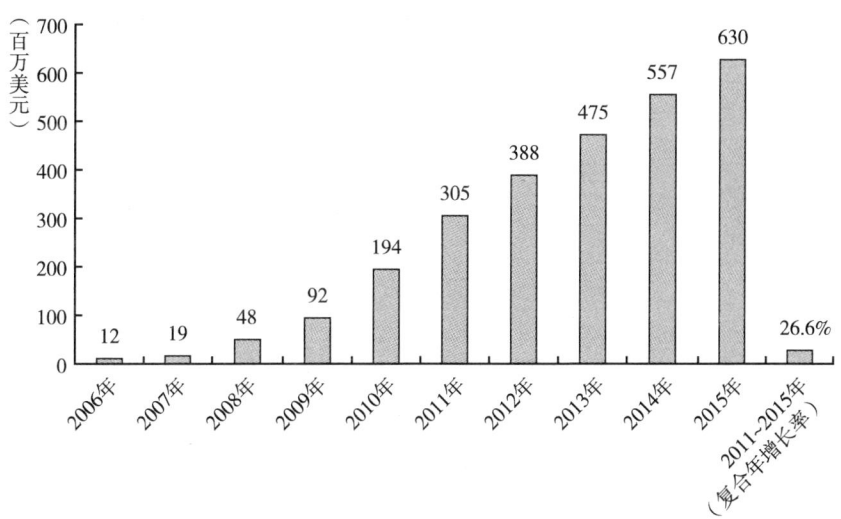

图 4　加拿大在线视频产业的市场规模

另外，随着移动设备的普及，加拿大人越来越喜欢用智能手机和平板电脑观看在线视频。比较 2012 年，2013 年的统计数据显示，不管是频率还是种类，加拿大移动用户观看在线视频都出现了明显的上涨趋势（见图 5 和图 6）。

全球的在线视频产业正在朝两个方向发展：一个是以 YouTube 为代表的用

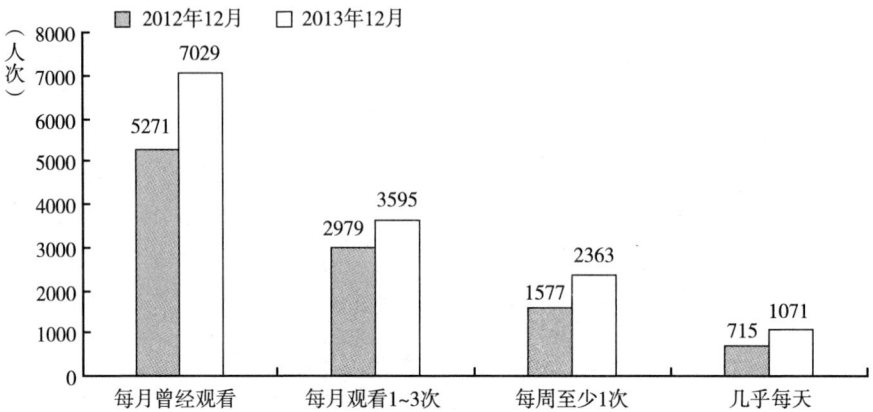

图5　加拿大人观看移动视频的频率*

* ComScore, Canada Digital Future in Focus 2014, https：//www.comscore.com/Insights/Presentations – and – Whitepapers/2014/2014 – Canada – Digital – Future – in – Focus.

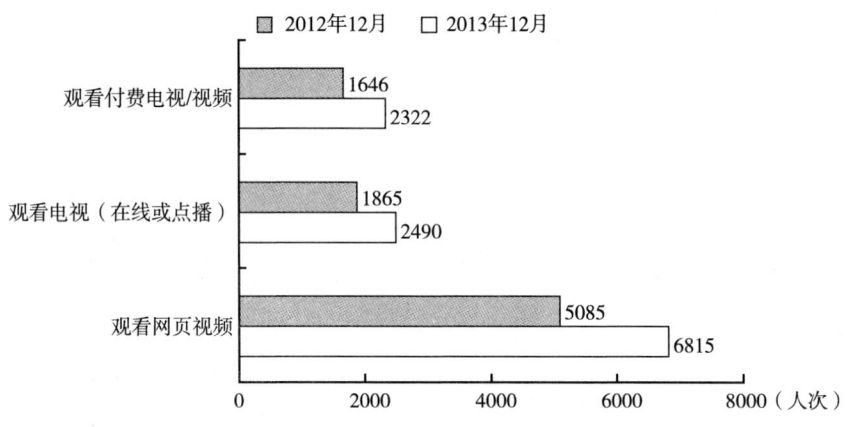

图6　加拿大人观看移动视频的种类*

* ComScore, Canada Digital Future in Focus 2014, https：//www.comscore.com/Insights/Presentations – and – Whitepapers/2014/2014 – Canada – Digital – Future – in – Focus.

户自制内容（UGC）长盛不衰。统计显示，仅在2012年，平均每60秒上载到YouTube上的视频内容就达到60小时，而每月访问YouTube的用户则达到5亿人次。另一个是制作更多专业和高质量的视频正在成为各类内容生产和集成商获取高额市场回报的发展方向。在这一背景下，提升源自加拿大的在线视频的市场份额也就成为一个急迫的挑战。早在2011年，在所有被观看的在线视频中,加拿大广播公司(CBC)的视频节目排名19。近几年来的发展也展现出来自国外尤其是美国的在线视频内容正在与加拿大本土的制作实力进行竞争。

基于此,加拿大媒介生产协会(Canadian Media Production Association)就本国在线视频的发展提出了如下两条建议:第一,随着在线视频的市场逐渐超越国界走向全球,加拿大制作人可以继承和延续长久以来吸引国际观众的经验,发挥内容制作优势;第二,更多的用户/消费者意味着更多的竞争,而竞争的增加则是一件好事。市场的分化和技术的催逼将有助于内容产业的壮大,尤其是对传统的电影和电视公司来说,更有效地把自身的制作水平与加拿大较高的在线视频用户规模结合起来,是未来发展的出路;与此同时,相关的政策支持,甚至是公共财政补贴对上述产业重心转移也是必不可少的。

2. 数字广播

Vision Critical[①]于2012年调查了两千余名年龄在12岁以上的加拿大人,结果发现,听广播被认为是加拿大人生活中"必不可少"的组成要素。传统AM/FM广播让加拿大人感觉到"连接",而以互联网广播(internet radio)为代表的数字广播则更便于细分市场(如音乐)的发展。随着Pandora在美国市场的成功,加拿大广播产业也希望更多地将服务搬上网络平台。

表1 加拿大人收听数字广播的渠道

单位:%

渠道	电脑	电视	手机	平板电脑
占比	18	8	6	3

上述调查显示,接近30%的被访者通过非传统渠道收听广播,主要有电脑、电视、手机和平板电脑。同时,大约2/3的被访者在上网时会偶尔收听在线广播,收听的原因包括获取新闻和信息、听歌等(见表2)。

---

① Vision Critical, Radio Engagement in Canada, http://www.brc.ca/sites/default/files/presentations/RadioEngagementInCanada Feb. 13. pdf.

表2　加拿大数字广播听众的收听需求

原因	比例(%)	原因	比例(%)
获取新闻或信息	50	获取节目信息	13
只是一个喜欢的电台	37	听网站上的其他音乐	12
浏览电台	36	查阅博客	11
赢得奖励	29	查阅听众评论	11
听歌	27	查阅广告	8
获取音乐会等活动信息	16	写评论	7

根据加拿大广播电视与电信委员会①的统计，2013年加拿大共有1200个左右的广播服务，其中99%是无线接收的。在所有的广播服务中，有61%隶属于私营商业机构，加拿大广播公司（CBC）则占有8%的份额。

而就网络广播的市场而言，如图7所示，2013年加拿大全国市场中，Youtube占据了高达50%的份额，排名二、三的分别是传统广播电台的在线服务以及定制化的网络音乐服务。而从语言市场的划分（见图8）来说，英语市场表现出稳定的增长或持平，而法语市场则有下降趋势。这也凸显法语市场，主要是魁北克省在网络广播方面的发展较为滞后，而其更多地源自非技术的社会和文化原因。

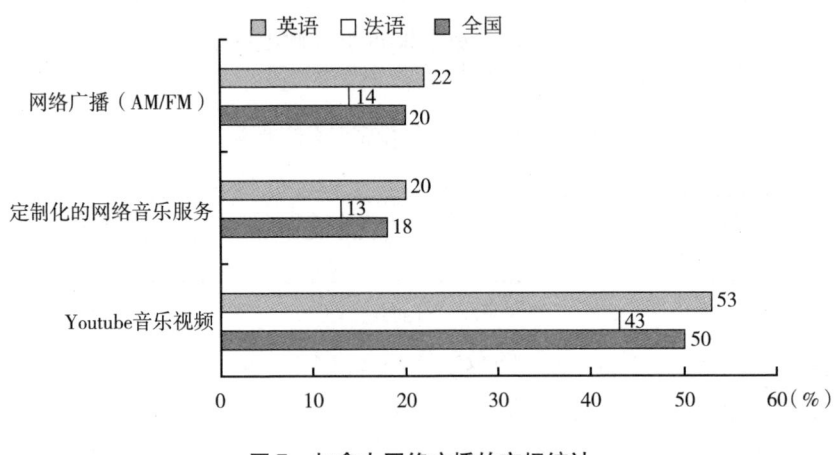

图7　加拿大网络广播的市场统计

---

① Canadian Radio-television and Telecommunications Commission, Communications Monitoring Report 2014, http://www.crtc.gc.ca/eng/publications/reports/policymonitoring/2014/cmr4.htm.

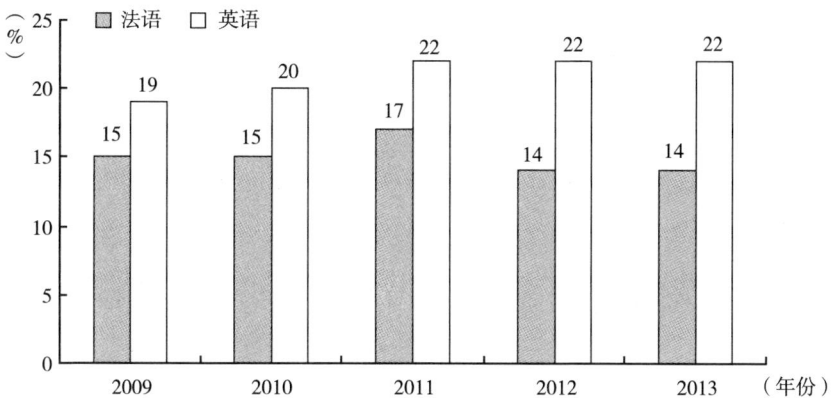

图8 加拿大网络广播语言市场占比的发展趋势

3. 数字出版

2013年秋季,BookNet Canada针对加拿大的电子出版市场进行了首次全国调查①,超过80家出版商和发行商参与了此次调查。随着电子阅读器如Kobo和Kindle的流行,加拿大消费者开始更多地选择电子出版产品,并不断调整阅读习惯,加拿大出版商也快速调整进入这一崭新的市场领域。

图9显示出,加拿大出版商具有极高的本土性,94%的被调查出版商把总部设在本国;表3和图10显示,高达89%的出版商已经开始制作发行电子书,尤其是大型出版商;另外,更多的中小型出版商也开始介入电子出版,从而使得电子出版市场格局十分多元和充满活力。

表3 被调查出版和发行商的电子书生产状况

单位:%

出版商规模	已经出版电子书	开始出版电子书	计划出版电子书
小型/个人(<100万加元)	89	3	8
中型(100万~1000万加元)	88	6	6
大型(>1000万加元)	100	0	0

---

① BookNet Canada, The State of Digital Publishing in Canada 2013, http://www.booknetcanada.ca/storage/research - education/state - of - digital - publishing/BNC _ Research _ TheStateofDigitalPublishinginCanada_ 2013. pdf.

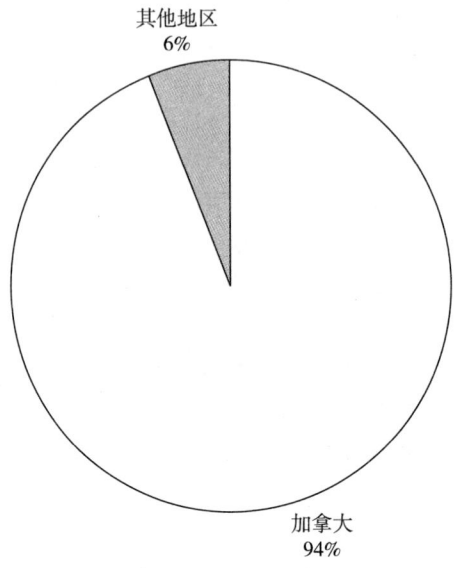

图9 被调查出版和发行商的总部所在地

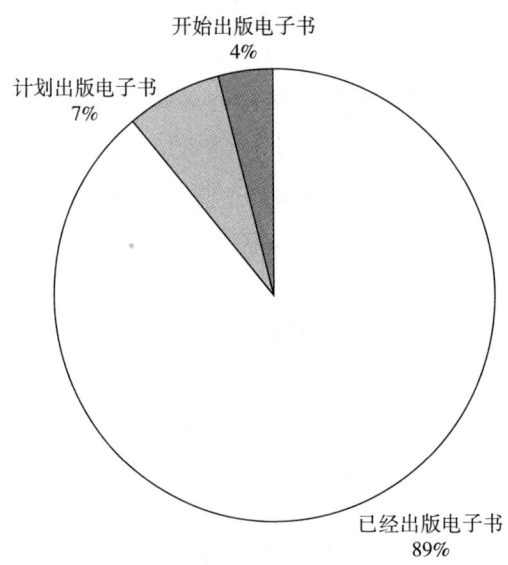

图10 被调查出版和发行商的电子书生产比例

被调查的出版商中,接近90%的已经在生产电子书。虽然最主要的动机在于提高总收入(74%),但对大多数出版商来说,最具诱惑力的要素则在于消费行为的驱动,比如可使用性(72%)和需求(68%)。另外,有接近一半的被调查者声称,其生产的超过50%的纸质版图书已经数字化,而19%的被调查者已经将全部纸质图书转化为数字格式。

就电子书的格式来说,除了一般的文字和图片之外,更多的媒体特效正在被出版商所使用,以求最大可能地提高"易读性"和阅读乐趣。图11展示的是最受欢迎的特效,由高到低分别是音频、视频、动画、互动图像、幻灯片和其他类型。而使用特效的效果如何?图12给出的统计结论比较悲观和谨慎,仅有7%的被调查出版商认为有着积极正面影响。换句话说,读者市场也许更加偏向传统图书的阅读方式,但接受使用更加便携的电子阅读器。

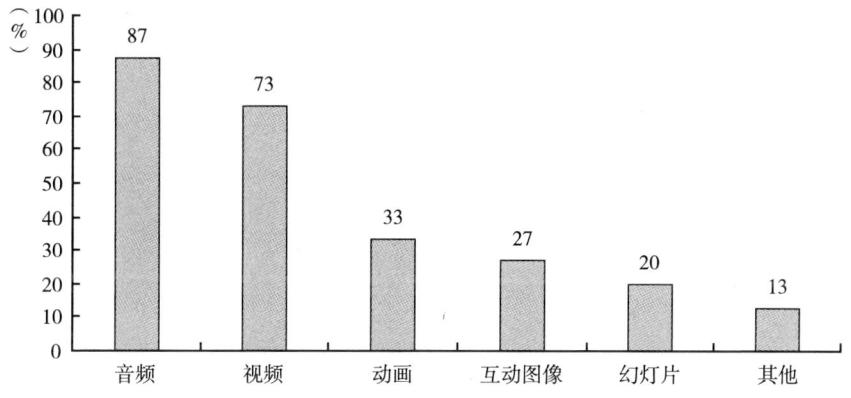

图11 电子书特效的使用比例

由于阅读电子图书一般需要特定的阅读设备,所以被调查出版商为移动设备(如智能手机和平板电脑)开发相应软件的积极性并不高。如图13所示,仅有22%的被调查者开发了移动应用,高达77%的被调查者尚未启动这一工作。另外,制作电子书需要特定的电脑软件,图14所展示的是数字内容制作工具或渠道的使用率,除了特定的软件,我们发现,外包给第三方成为诸多出版商的选择。这样确实有利于自身降低开发和制作成本,但也表明了数字内容制作是一个专业领域,不同于传统的图书出版。

从销售渠道上来说,91%的出版商选择电子书零售商店,42%的直接售卖给消费者,45%的采用批量销售的方式。但总体而言,出版商往往多个渠道并

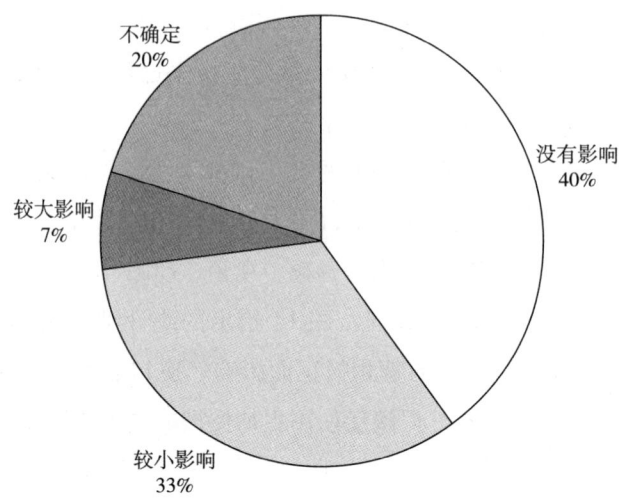

图12　电子书特效对市场销量的影响

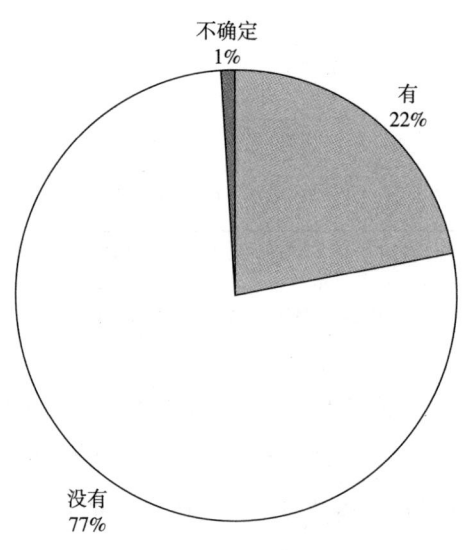

图13　出版商开发移动应用软件的比例

用,以求最大程度获取市场份额。

就消费者/读者市场而言,上述调查显示,2012~2013年间,在接受调查的加拿大消费者中至少有58%的人至少阅读过一次电子书。而同样由BookNet Canada组织的两项相关调查揭示了细分领域的发展现状:"加拿大图书消费

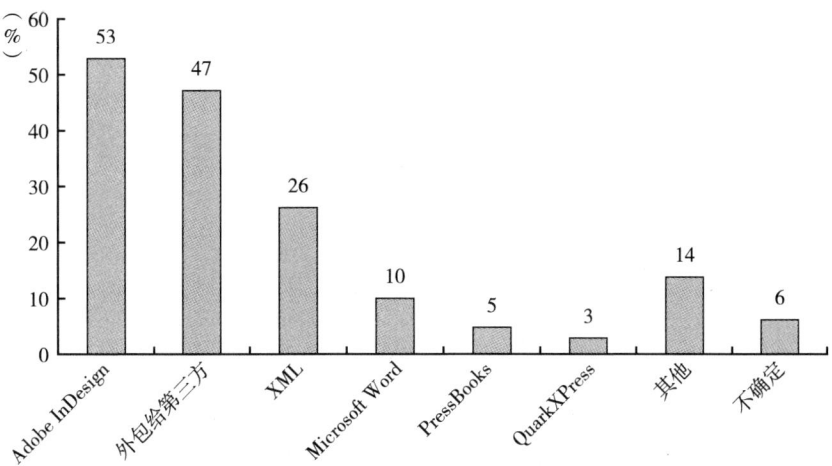

图 14　数字内容设计制作的主要工具或渠道

者"（The Canadian Book Consumer）调查揭示出，2012~2013年间，20%的图书消费者购买了至少一本电子书；儿童和青少年对电子内容的态度和选择调查（Measuring Attitudes and Adoption of Digital Content for Kids and Teens）发现，41%的家长和27%的青少年在阅读电子图书。

4. 电子游戏

在全球范围内，电子游戏是增长最快的娱乐产业之一，而加拿大多年来始终在这一产业中处于领先位置。根据加拿大娱乐软件协会（Entertainment Software Association of Canada）的统计①，2012年全加拿大共有游戏公司329家，其中88%为小型或微型企业，76%为私营企业，并由加拿大人拥有或实际控制。截止到2012年，这一行业总共雇用了大约16500名全职员工，比2011年提高5%，所雇员工均为技术和创意人才；与此同时，这一行业还间接创造了大约15000个工作岗位。

2012年，全行业共投入16亿加元，总收益为23亿加元，完成了大约910个游戏计划，主要提供给了移动设备（43%）、电脑（22%）和游戏平台（console，16%）。在所有游戏产品中，休闲游戏（casual game）在数量上占

---

① 有关游戏产业的数据来自：Entertainment Software Association of *Canada*, *Canada's Video Game Industry in 2013*（*Final Report*），http：//www.theesa.ca。

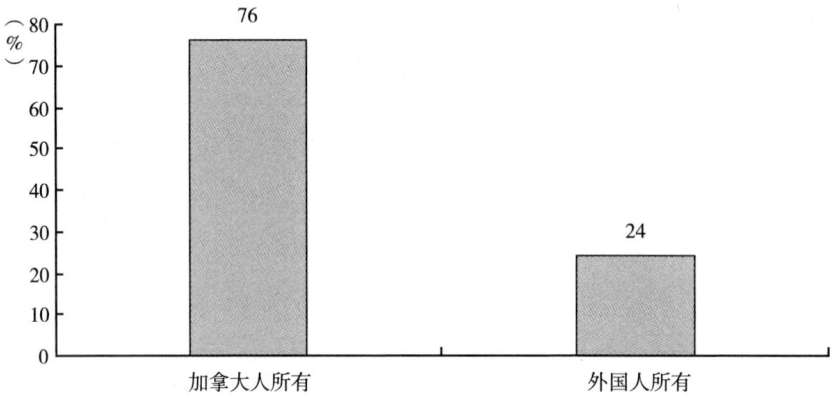

图 15　2013 年加拿大电子游戏公司所有权结构

比最大，大约为 34%，其次是动作和探险游戏（action and adventure game），所占比例为 13%。

加拿大娱乐软件协会的调查统计显示，越来越多的普通消费者现今更倾向于使用移动设备玩游戏，这也导致了电子游戏公司出现了分化：以往的大中小型公司结构，正在向大型和小型公司的二元存在转化，其中小型公司致力于生产低质量和低成本的移动休闲游戏，而大型公司则专注于制作复杂和高附加值的平台游戏。

智能移动平台正在成为游戏开发者的重点领域。上述调查显示，一方面，苹果 IOS 系统占据了大约 90% 的份额，其次是 Android，为 75%，再次是 Windows Mobile，为 15%；少于 5% 的开发者在为 BlackBerry 和 PlayStation Mobile 平台生产游戏。另一方面，传统 "游戏平台" 虽然在数量上不占优势，在吸引投资和创收方面却是无可置疑的市场主导者。图 16 的统计数据表明，仅在 2012 年，游戏平台的年度开发预算占比就高达 88.6%。高昂的制作成本和稳定的用户群成为支撑这一预算投入的基础。

然而，从收入来源上来说，在 2012 年完成的所有针对移动平台的电子游戏计划中，仅有不到 11% 的收入是由加拿大电子游戏公司所产出的。因此，尽管大多数中小型企业都由加拿大人控制和运作，但整体市场表现仍无法和大型游戏企业相抗衡，这也使得有关加拿大电子游戏产业 "外部依赖性" 的讨

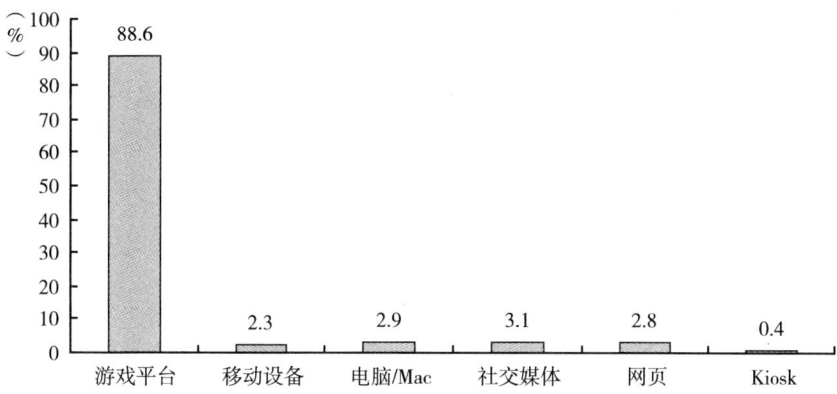

图16　2012年各平台电子游戏的预算占比

论进入公共议程。在市场国际化程度极高的电子游戏领域保证和保护"加拿大内容"亦成为一个棘手的挑战。

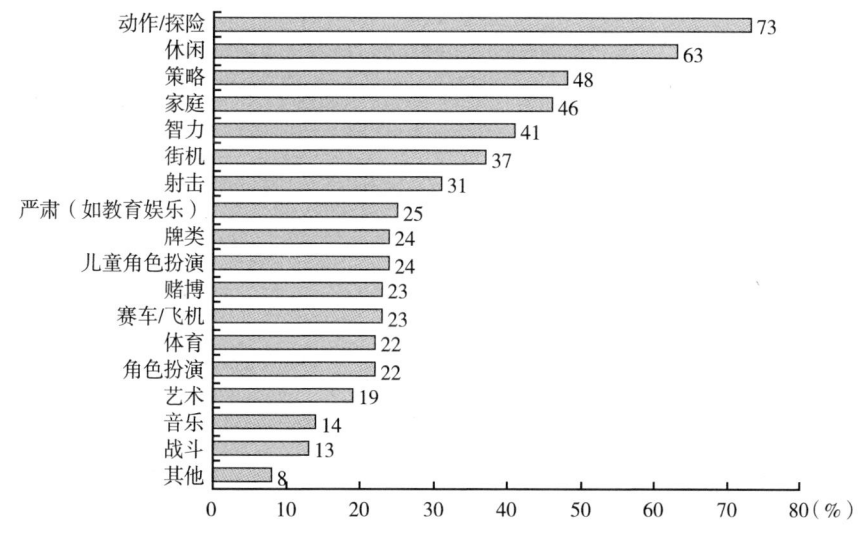

图17　加拿大电子游戏产业的产品种类

从本国的行业收入来说，2012年加拿大电子游戏产业有16.3%来自公共机构，比如联邦和省政府的抵免所得税、拨款和其他支持项目。另外，全年整体收入的65%来自出口，其中美国市场占比60%，是最大的海外市场，欧洲市场所占比例为23%。从不同平台的收入贡献来说，游戏平台占比高达66.5%,其次是电脑/Mac,为21.7%,再次是移动智能平台,为10.8%。

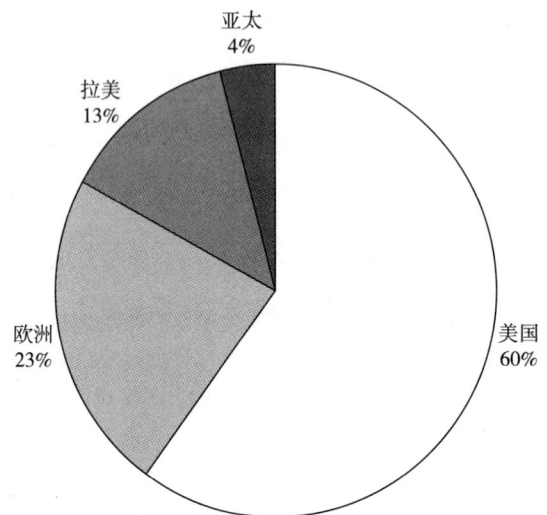

图18 加拿大电子游戏产业的海外市场

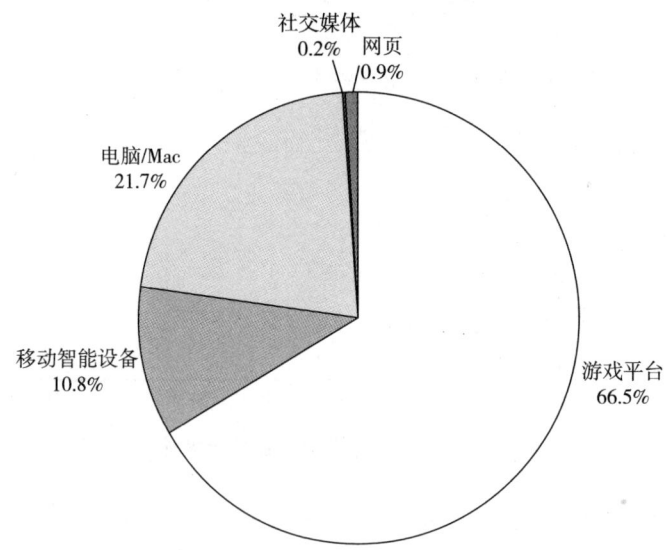

图19 加拿大电子游戏产业收入的平台分类

在加拿大电子游戏产业的发展过程中,加拿大联邦和省政府发挥了重要的支撑性作用。在所有的政府公共政策中,最受产业界欢迎的是对研究和人力资源发展的支持。另外，抵免所得税是最具实质性的经济推动力。

未来加拿大电子游戏产业发展方向——根据被调查从业者的观点——主要指向三个层面，即收入的增长、产业的国际化扩张和在移动平台上的拓展。

5. 移动内容和应用（APP）

移动设备目前已经成为数字内容的首要消费平台。如图20所示，2008～2012年间，全世界的移动应用数量整体持续攀升，尤其表现在苹果的IOS平台和Google的Android平台。虽然加拿大人在移动数字内容消费，尤其是应用的购买使用上排名OECD国家的中游，仅就该国的发展历史而言，却发生了显著的变化。图22显示加拿大移动用户在2012～2013年间增长了一百多万人，达到2323.3万人。其中，智能手机用户占所有移动用户的75%，比2012年增长13%。

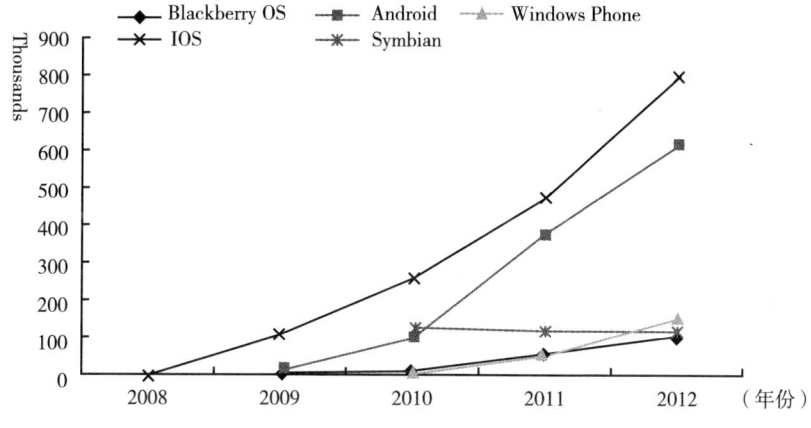

图20　2008～2012年全球移动应用数量增长趋势＊

＊OECD（2013），"The App Economy"，OECD Digital Economy Papers，No. 230，OECD Publishing，p9，http：//dx. doi. org/10. 1787/5k3ttftlv95k－en.

从智能手机操作平台的角度而言，Google的Android系统表现出强势增长，2012～2013年间增长4个百分点，占据了44%的市场份额；其次是苹果的IOS系统，同一时间内增长2个百分点，达到37%；加拿大本土企业RIM的黑莓系统（Blackberry）持续衰退，2012～2013年间竟下降了5个百分点，仅占有15%的本土市场份额。

从移动内容的消费来看，各类内容的消费量都出现了显著增长，排名前三

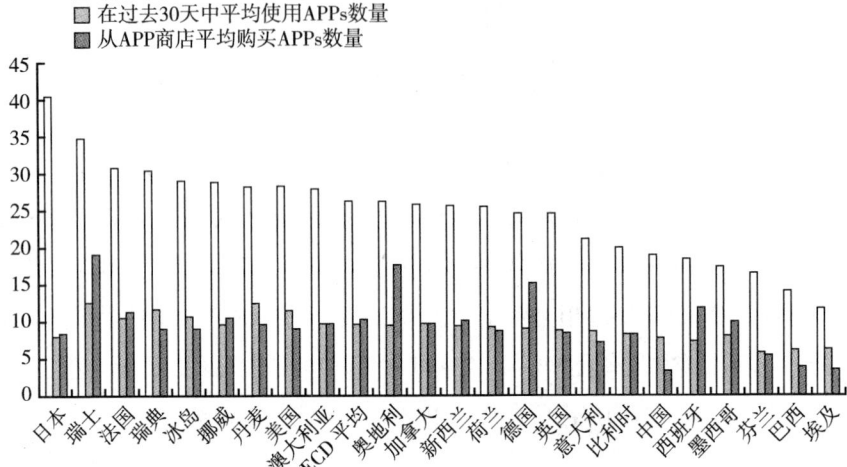

图 21　OECD 国家智能手机用户使用移动应用的平均数据统计＊

＊OECD（2013），"The App Economy"，OECD Digital Economy Papers，No. 230，OECD Publishing，p9，http：//dx. doi. org/10. 1787/5k3ttftlv95k – en.

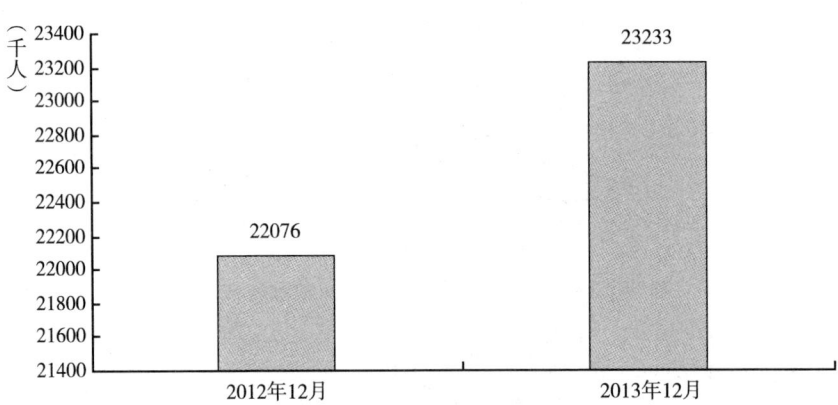

图 22　加拿大移动用户数量增长＊

＊ComScore，Canada Digital Future in Focus 2014，https：//www. comscore. com/Insights/ Presentations – and – Whitepapers/2014/2014 – Canada – Digital – Future – in – Focus.

的分别是天气、社交和搜索。根据 comScore 的调查，4.0 寸以上屏幕的智能手机的销售量呈现大幅增长。这也预示了以"大屏"为特征的数字内容将会更加受到消费者的欢迎，如视频、游戏等。

CanCon：发展与保护中的加拿大数字内容产业

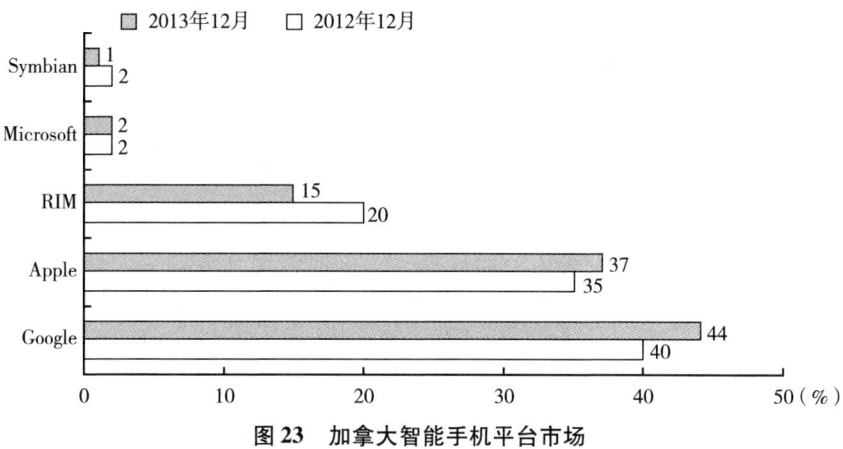

图23 加拿大智能手机平台市场

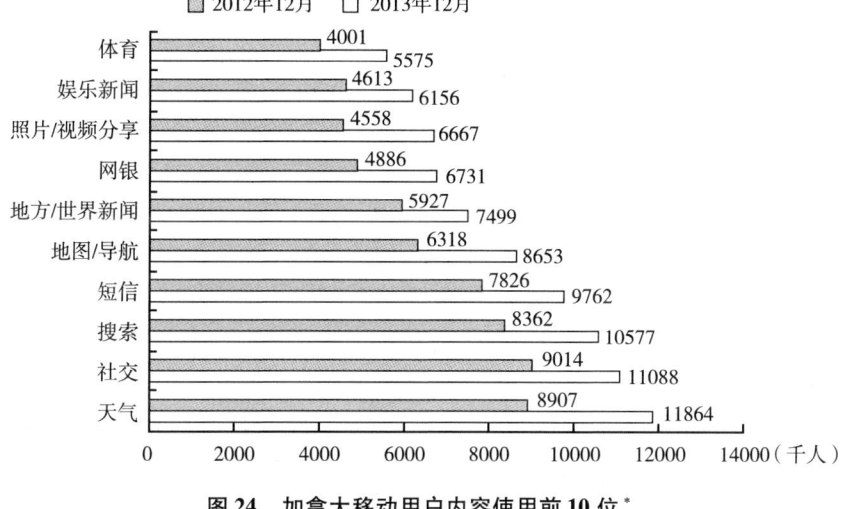

图24 加拿大移动用户内容使用前10位＊

＊ComScore, Canada Digital Future in Focus 2014, https：//www.comscore.com/Insights/Presentations－and－Whitepapers/2014/2014－Canada－Digital－Future－in－Focus.

三 CanCon 和加拿大数字产业的未来

加拿大的各类数字内容产业都处于蓬勃发展期，但市场在规模经济和范围经济方面的发展并不是这一过程的唯一面向，也许并不是主要面向；更重要的，如我们之前多次提到的，是如何借助数字技术和融合媒介的平台，创新"加拿大内容"的生产、流通和消费方式，保护"加拿大内容"在整个数字内容产业中的核心角色。多年来，即便是在加入北美自由贸易区的过程中，加拿大都保留了对自身文化传播的主导权。但2012年加入由美国主导的"跨太平洋伙伴关系协议"（Trans-Pacific Partnership，简称TPP）后，加拿大失去了对本国内容在媒体市场中配额保护的权利，这也促使加拿大社会各界开始考虑，如何在参与全球竞争的同时，更好地传承本国文化和保护文化多样性。

除了政策规制和直接的财政支持外，加拿大媒介生产协会2013年发布的报告《可发现性：全球在线市场中加拿大数字内容生产者的战略选择①》也许提出了一个源自产业界自身的具有启示性的策略——即在竞争激烈的全球市场中，借助多种传统和新型市场营销策略，增加加拿大数字内容的"可发现性"，主要的操作手段包括如下。

第一，有效的市场营销技巧，主要包括使用社交媒体、优化的搜索技术、吸纳普通用户的数字广告活动，以及传统的营销渠道（如印刷媒体广告等）。

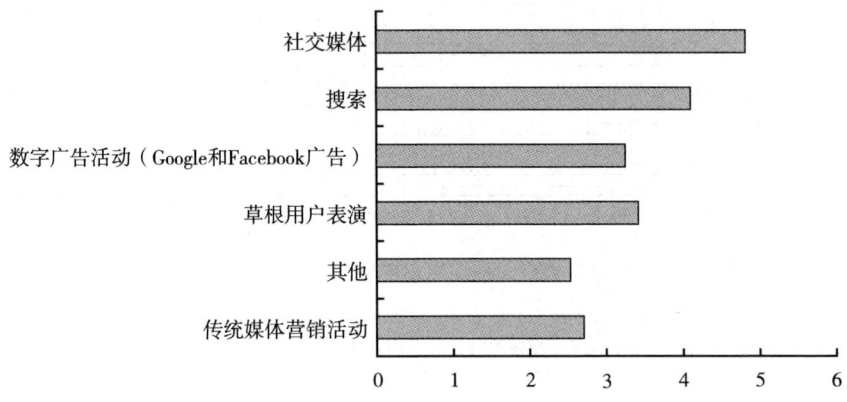

图25 被访者评价各类市场营销技巧

说明：1～6指重要性依次增加。

---

① Canadian Media Production Association, Discoverability: *Strategies for Canada's Digital Content Producers in a Global Online Marketplace*, http://www.cmpa.ca/sites/default/files/documents/industry - information/studies/CMPA%20DISCOVERABILITY%20STUDY.pdf.

第二，充分重视社交媒体在提高"可发现性"上的首要角色。

第三，在在线活动中，充分发掘具有影响力的用户（influencers）在激活其他用户/粉丝群体参与和传播加拿大内容方面的积极性。

第四，充分考虑到不同传播渠道的特质，制作不同类型的数字内容。

第五，加强与用户/粉丝群体在不同平台上的沟通。

专题篇

Special Topic

B.10
全球电视节目收视情况及发展趋势报告

周亭 王韶霞*

摘　要： 本报告分析了2013～2014年全球代表性国家电视节目收视情况，并对其收视特点进行了相关概括。分析了电视收视率统计数据的多样化和网络自制节目的专业化特征，认为这将是电视（视频）节目领域发展的新趋势。

关键词： 电视节目收视　电视节目模式

一　全球代表性国家的电视节目收视情况及特点分析

网络新媒体的快速发展让传统电视媒体走衰的预言始终没有停止，然而从

---

* 周亭，中国传媒大学广播电视研究中心副研究员，研究领域为媒介生产、国际传播；王韶霞，中国传媒大学2013级传播学硕士研究生。

全球电视节目收视情况及发展趋势报告

2013~2014年度全球电视节目收视情况来看，电视媒体依旧保持着良好的发展态势。不少优质的节目模式在全球范围交易流通，并取得很好的收视效果。

（一）美国：体育节目最有群众市场，老牌真人秀收视稳定

表1是由尼尔森统计的2013年美国黄金时段单次播放类节目的收视排行，范围包括无线电视网、有线电视网与西班牙语电视广播网。从表1可以看出，2013年位居收视榜首的第47届"超级碗"收视率高达37.6%，平均收看人数达108693000人次。收视前十中有九项是体育赛事类节目，占有绝对的收视优势，奥斯卡金像奖以14.0%的收视率排在第7位。2014年2月2日的48届"超级碗"的平均观众人数达到了约1.115亿人次①，与2013年相比增加了约280万。这些数据反映了美国电视节目收视的一大特点：超级碗和职业棒球联赛堪称是群众基础最好的电视节目类型。

"超级碗"在美国电视节目中的地位难以撼动，能够为紧随其后播出的电视节目起到强大的前导作用。"超级碗"的转播权一般由CBS、FOX、NBC等电视网轮流获得，获得该年转播权的电视网会对"超级碗"的后续节目做出十分慎重的决策，有时甚至可以起到挽救整个电视网收视率的作用。例如，2013年的"超级碗"轮到CBS转播，CBS在比赛后的黄金时段播出了其力推的电视剧《基本演绎法》，获得非常好的收视表现。NBC在2012年"超级碗"赛后播出的《美国好声音》也获得了巨大的收视提升。

表1 2013年美国电视节目排行榜——单次播放类*
（数据统计自2012年12月31日至2013年12月8日）

单位：%，人次

排名	节目	电视台	播出日期	收视率	平均观众人数
1	SUPER BOWL XLVII 第47届"超级碗"	CBS	2013-02-03	37.6	108693000
2	SUPER BOWL XLVII - DELAY 第47届"超级碗"-延时	CBS	2013-02-03	36.8	106556000

---

① http://www.nielsen.com/us/en/newswire/2014/super-bowl-xlviii-draws-111-5-million-viewers-25-3-million-tweets.html.

续表

排名	节目	电视台	播出日期	收视率	平均观众人数
3	SUPER BOWL XLVII PST - GAME 第47届"超级碗"赛后节目	CBS	2013-02-03	21.9	63260000
4	SUPER BOWL KICK - OFF "超级碗"开球	CBS	2013-02-03	21.8	63003000
5	AFC CHAMPIONSHIP ON CBS CBS 美式橄榄球联会冠军赛	CBS	2013-01-20	16.5	47707000
6	FOX NFC CHAMPIONSHIP FOX 美国国家橄榄球联盟冠军赛	FOX	2013-01-20	14.5	41974000
7	THE OSCARS 奥斯卡金像奖	ABC	2013-02-24	14.0	40376000
8	FOX NFC WILDCARD GAME FOX 美国国家橄榄球联盟外卡赛	FOX	2013-01-06	13.2	38088000
9	AFC DIVISIONAL PLAYOFF-SU 美国橄榄球联盟分区季后赛-周日	CBS	2013-01-13	13.0	37657000
10	AFC DIVISIONAL PLAYOFF - SA 美国橄榄球联盟分区季后赛-周六	CBS	2013-01-12	12.2	35274000

* Nielsen: http://www.nielsen.com/us/en/newswire/2013/tops-of-2013-tv-and-social-media.html.

表1显示的是2013年美国单次播放类节目的收视情况，虽能反映美国观众偏好体育节目的收视特点，但单次播放类节目多为特殊的媒介事件，并不能展现美国的电视收视状况全貌。相比单次播放类节目，定期播放类节目更能反映美国民众的整体收视情况。表2是尼尔森统计的2013年美国黄金时段定期播放类电视节目排行。

表2 美国电视网黄金时段节目收视状况——定期播放类

（数据统计自2012年12月31日至2013年12月8日）

排名	节目	首播电视台	收视率（%）	平均观众人数（人次）
1	NBC SUNDAY NIGHT FOOTBALL NBC 周日橄榄球之夜	NBC	7.4	21734000
2	SUNDAY NIGHT NFL PRE-KICK 周日橄榄球之夜NFL赛前节目	NBC	5.3	15708000
3	THE OT NFL 赛后分析：THE OT	FOX	5.0	14753000
4	NCIS 海军罪案调查处	CBS	5.0	14692000

续表

排名	节目	首播电视台	收视率(%)	平均观众人数(人次)
5	DANCING WITH STARS 与星共舞	ABC	4.7	13862000
6	NFL REGULAR SEASON NFL 常规赛	ESPN	4.6	13446000
7	AMERICAN IDOL-WED 美国偶像 – 周三	FOX	4.6	13384000
8	THE BIG BANG THEORY 生活大爆炸	CBS	4.5	13217000
9	AMERICAN IDOL-THUR 美国偶像 – 周四	FOX	4.5	13136000
10	DANCING WITH STARS RESULTS 与星共舞决赛	ABC	4.5	12890000

* Nielsen：http：//www.nielsen.com/us/en/newswire/2013/tops－of－2013－tv－and－social－media.html.

如表2所示，在定期播放类节目收视排行中体育类及其相关节目占据了前三，《NBC周日橄榄球之夜》以7.4%的收视率位于榜首，比第二位高出2.1%。除体育类节目之外，真人秀节目《与星共舞》和《美国偶像》占据了4个席位，剩余的两个名额则留给了电视剧《海军罪案调查处》和《生活大爆炸》，其中《海军罪案调查处》以5.0%的收视率取得了第4名。由此不难发现2013年真人秀节目在美国电视收视市场中依旧占据重要地位。虽然每年都会上档全新的真人秀节目，但老牌的真人秀节目仍然拥有稳定且较高的收视率。

（二）英国——节目模式输出大国，国内电视市场一家独大

英国电视产业在创意领域居世界领先地位，拥有强大的节目模式研发团队和经典的原创模式，是全球娱乐节目模式最大的输出国。节目模式出口为英国带来了巨大的经济收益，2012年为英国创造了6.77亿美元的价值。2013年交易额为6亿美元①，尽管相对于2012年有所下降，但在欧洲仍然名列第一。

---

① http：//www.researchandmarkets.com/reports/2775713/tv_formats_in_europe_2014.

表3 2013～2014年英国两周收视情况*

2013年7月1～7日一周收视排行

排名	节目	节目类型	电视台	观众数（百万）
1	WIMBLEDON（温网锦标赛）	体育比赛	BBC1	10.32
2	CORONATION STREET（加冕街）	电视剧	ITV 1	8.22
3	EASTENDERS（伦敦东区）	电视剧	BBC1	7.94
4	THE APPRENTICE（学徒）	真人秀	BBC 1	7.53
5	LUTHER（路德）	电视剧	BBC 1	6.43
6	EMMERDALE（爱默戴尔）	电视剧	ITV 1	6.24
7	TOP GEAR（英国疯狂汽车秀）	社教类（汽车）	BBC 2	5.31
8	FORMULA ONE：THE GERMAN GRAND PRIX HIGHL（F1德国大奖赛）	汽车竞赛	BBC 1	5.26
9	COUNTRYFILE（农村生活）	纪录片	BBC 1	5.16
10	LONG LOST FAMILY（失散的家人）	真人秀	ITV1	5.15

2014年2月3～9日一周收视排行

排名	节 目	节目类型	电视台	观众数（百万）
1	CALL THE MIDWIFE（呼叫助产士）	电视剧	BBC1	10.23
2	THE VOICE UK（英国好声音）	真人秀	BBC1	9.41
3	CORONATION STREET（加冕街）	电视剧	ITV 1	8.64
4	DEATH IN PARADISE（天堂命案）	电视剧	BBC 1	8.45
5	EASTENDERS（伦敦东区）	电视剧	BBC 1	8.30
6	TOP GEAR（英国疯狂汽车秀）	社教类（汽车）	BBC 2	6.97
7	EMMERDALE（爱默戴尔）	电视剧	ITV 1	6.96
8	COUNTRYFILE（农村生活）	纪录片	BBC 1	6.74
9	INSPECTOR GEORGE GENTLY（乔治·詹特利探案）	电视剧	BBC 1	6.48
10	DCI BANKS（刑侦督察班克斯）	电视剧	ITV 1	6.37

* http：//www.tv-ratings.free-satellite-tv.co.uk/tv-ratings/uk-tv-ratings-070713.htm.

表3是2013年7月和2014年2月中任意一周的收视情况。从表中我们不难发现，与美国相似，体育比赛类节目在英国也很受欢迎。温网决赛以1032万的观众数位居榜首，远远超出其他类型节目。从两周的收视排行中我们还可以看出，收视前十名几乎被BBC1和ITV两家电视台瓜分，BBC2仅凭《TOP GEAR》这一汽车秀节目占据一个席位。其中BBC1的收视可谓占有绝对优势，在前十名中独占六位。

（三）韩国——韩剧、综艺平分秋色，真实的综艺节目风格独特

近年来亚洲各国阶段性刮起"韩风"，随着《我是歌手》、《爸爸去哪儿》等韩国综艺节目引进中国，包括《继承者们》和《来自星星的你》等韩剧在中国广受欢迎，中国的"韩流"在2013年迎来了新的高潮，韩国也成为中国真人秀节目新的模式来源地。

表4　韩国一周收视情况*（2013年7月22~28日）

排名	节　　目	类型	电视台	收视率(%)
1	最佳李纯信	电视剧	KBS2	26.2
2	听见你的声音	电视剧	SBS	23.5
3	至诚感天	电视剧	KBS1	20.8
4	KBS 9点新闻	新闻	KBS1	17.9
5	金子轻松出来吧	电视剧	MBC	17
6	搞笑音乐会	娱乐搞笑	KBS2	16.6
7	日夜系列(爸爸！我们去哪儿？真正的男人)	真人秀(户外)	MBC	15.4
8	丑闻	电视剧	MBC	15.3
9	丛林的法则 in 加勒比海	真人秀(户外)	SBS	14.2
10	LOVEIN 亚洲	真人秀(户外)	KBS1	13.6
11	瞬间捕捉世上竟有这样的事	社教类	SBS	13
12	全国歌唱比赛	音乐类	KBS1	12.4
13	人间剧场	人物纪录片	KBS1	12.6
14	欧若拉公主	电视剧	MBC	12.2
15	你的女人	电视剧	SBS	12.1
16	火之女神井儿	电视剧	MBC	11.8
17	我独自生活	真人秀(户外)	MBC	11.4
18	无限挑战	真人秀,(户外)	MBC	11.3
19	惊人的大会	真人秀(室内)	SBS	10.9
20	明星青少年 show – 鲫鱼面包	儿童谈话类	SBS	10.8

* http：//www.agbnielsen.co.kr/.

如表4所示，在韩国电视节目的收视中，综艺节目和电视剧平分秋色，成为韩国电视节目市场的两大主力。收视前20名中，电视剧占有8个席位，综艺类则占有11位，可见这两种节目类型深得观众喜爱。新闻类中只有《KBS

9点新闻》进入排行榜，但也取得了第4名的好成绩。

除电视剧以外，韩国的娱乐节目以创新性和真实性而广受观众的喜爱，其中户外真人秀已发展得非常成熟，包括《爸爸！我们去哪儿?》、《真正的男人》、《丛林的法则》等。

表5　韩国无线电视台娱乐节目一周收视排名*（2013年1月28日至2013年2月3日）

排名	节目名称	节目特点	播出时间	电视台	收视率(%)
1	星期天真好—Running Man	户外，游戏	周日	SBS	20.4
2	搞笑音乐会	搞笑	周日	KBS2	19.3
3	两天一夜	户外	周日	KBS2	18.6
4	丛林的法则 in 亚马逊	户外生存	周五	SBS	18.4
5	惊人的大会	才艺挑战	周六	SBS	14.8
6	无限挑战	户外，游戏	周六	MBC	14.6
7	星期天真好—Kpop Star	音乐选秀	周日	SBS	13.3
8	全国唱歌比赛	音乐类	周日	KBS1	13.0
9	大国民脱口秀你好	脱口秀	周一	KBS2	12.3
10	明星青少年show - 鲫鱼面包	儿童谈话类	周六	SBS	11.6
11	动物农场	动物类·纪实	周日	SBS	11.5
12	改变世界的问答	知识，娱乐	周六	MBC	11.3
13	爸爸！我们去哪儿?	户外，亲子	周日	MBC	10.6
14	不朽的名曲	音乐	周六	KBS2	10.5
15	挑战千曲	音乐	周日	SBS	10.4

* http://www.agbnielsen.co.kr/.

由表5中可以看出SBS、KBS2、MBC三家电视台都拥有自己的王牌娱乐节目。其中SBS的优势比较明显，《Running Man》、《丛林的法则》等都拥有非常高的人气。KBS2的《搞笑音乐会》、《两天一夜》也拥有比较稳定的收视率。而MBC的《无限挑战》是韩国"Reality + Variety show"（真实的综艺节目）的开拓者，作为长寿节目也拥有极高的收视率和社会影响力。"Reality + Variety show"顾名思义，即将真人秀与综艺秀有机结合后产生的新的节目类型。其既具备了真人秀节目的无台本、真实拍摄及现场感等特点，也加入了综艺节目中明星参与、游戏互动、情景剧等要素，是韩国对海外真人秀节目模式本土化后开创的全新节目类型，在国内赢得了观众的喜爱。

（四）日本——体育节目受关注，谐星成综艺主力

日本的电视产业在亚洲处于前列，在世界范围内也占有重要位置，曾向欧美国家出口过许多优秀的电视节目模式。日本的电视独具特色，拥有许多长寿节目。

表6　2013年日本电视节目家庭收视率排行*

排名	节目名称	电视台	类型	播放日期	平均收视率（%）
1	第64届NHK红白歌唱大赛	NHK	音乐	12月31日（周二）	44.5
2	周末剧场·半泽直树·大结局	TBS	电视剧	9月22日（周日）	42.2
3	2014FIFA世界杯亚洲区预选赛（日本VS澳大利亚）	朝日	体育	6月4日（周二）	38.6
4	2013世界棒球经典赛第二回合（日本VS荷兰）	TBS	体育	3月10日（周日）	34.4
5	报道Station	朝日	新闻	3月8日（周五）	33.0
6	新闻	NHK	新闻	11月10日（周日）	30.7
7	24小时用爱拯救地球	日本	慈善综艺	8月25日（周日）	30.5
8	新闻·天气预报	NHK	天气预报	11月16日（周六）	30.0
8	索契冬奥会·日本选手选拔赛（女子花样滑冰）	富士	体育	12月23日（周一）	30.0
10	第89届东京箱根大学生往返长跑接力赛	日本	体育	1月2日（周三）	29.1
11	日本职业棒球联赛（乐天VS巨人）	TBS	体育	11月2日（周六）	28.4
12	超人气法律咨询事务所	日本	综艺	8月25日（周日）	27.5
13	NHK晨间剧·多谢款待	NHK	电视剧	10月16日（周二）	27.3
14	NHK晨间剧·海女	NHK	电视剧	9月16日（周一）	27.0
15	Doctor-X·外科医·大门未知子	朝日	电视剧	12月19日（周四）	26.9

* http://www.videor.co.jp/data/ratedata/best30.htm.

从表6可以看出，2013年日本最受关注的节目类型以体育为主，在收视前15名中占了1/3。体育之外的电视剧、新闻、综艺节目实力相当。不过这一统计存在的缺陷是其中的体育节目以及《NHK红白歌唱大赛》都属于单次播放类节目，并不能反映日本民众日常的收视习惯。

日本 Video Research 在统计日常电视收视率时，将电视节目分为新闻、教育实用、音乐、电视剧、动漫、电影、体育、其他娱乐节目等八大类。表7是日本2013年6月17~23日一周内"其他娱乐节目"的收视情况。

表7 日本"其他娱乐节目"收视排名*2013年6月17~23日一周

排名	节目	电视台	类型	播出时间	收视率(%)
1	笑点	日本	曲艺	周日	17.6
2	与鹤瓶的家族干杯	NHK	纪实类·旅游	周一	15.9
3	Kan·Kan(特别节目)	TBS	纪实类·旅游	周五	15.5
4	超人气法律咨询事务所	日本	法律常识类	周日	15.4
5	前往世界尽头的Q!	日本	纪实类·旅游	周日	14.9
6	奶油猜谜奇迹九(3小时特别节目)	朝日	猜谜益智类	周三	14.7
7	洒落主义	日本	谈话类	周日	13.8
8	跳舞吧！秋刀鱼殿下!	日本	谈话类	周二	13.3
9	隧道二人组之托大家的福	富士	娱乐搞笑类	周四	13.3
10	松子与有吉的愤怒新党	朝日	谈话类	周三	13.0
10	有吉反省会	日本	谈话类	周日	13.0

* http://www.videor.co.jp/data/ratedata/backnum/2013/vol25.htm.

从表7可以看出在日本的娱乐节目中很少有在英美广受欢迎的真人秀节目，而是以搞笑类谈话节目偏多。日本综艺节目的主持人多由谐星或谐星组合来担任，他们是日本电视节目中的重要力量。例如《隧道二人组之托大家的福》中的主持人"隧道二人组"由石桥贵明和木梨宪武两位谐星组成，他们在节目中表现得诙谐幽默，在日本拥有极高的人气。此外，参加这些节目主体也大多是日本艺人，这一点与英美国家的真人秀节目注重表现平常人存在很大差别。

除搞笑类谈话节目之外，纪实类旅游节目在日本也很受欢迎，例如表中《与鹤瓶的家族干杯》、《Kan·Kan》等都属于介绍日本各地美景的综艺节目，表7前5名中有三档节目都属于此类型。此外，日本益智类综艺节目也比较发达，其在娱乐的同时还能达到益智教育的社会效果，因此在日本也拥有较多的收视人群。

（五）中国——节目模式依赖引进，韩国节目或将成为"新宠"

2013年前半年中国电视屏幕上综艺娱乐节目一片火热，各大卫视都不惜将大笔资金倾注在综艺娱乐节目的制作上。表8数据显示，在2013年第一季度里，综艺娱乐节目的播出比重只有7.88%，但收视比重则达到了16.58%，在各类型节目的收视比重中仅次于电视剧位居第二。其资源使用率（收视份额减去播出份额再除以播出份额）更是高达110.41%，在各种类型节目中占有绝对优势。综艺娱乐节目已经成为各大卫视吸引观众、获得高收视率的重要手段。

表8　2013年第一季度上星频道主要节目类型收播比重和资源使用率（71城市）*

类别	播出比重(%)	收视比重(%)	资源使用效率(%)
电视剧	31.15	30.45	-2.25
新闻/时事	10.27	12.24	19.18
生活服务	7.99	6.35	-20.53
综艺	7.88	16.58	110.41
青少	6.21	5.80	-6.60
专题	9.35	6.62	-29.20

*秦政：《2013第一季度上星频道综艺节目回顾》，《收视中国》2013年6月刊：http://www.csm.com.cn/index.php/knowledge/showArticle/kaid/948.html。

2013年中，各大卫视在综艺节目上展开了更加火热的比拼，出现了许多像《中国好声音》、《我是歌手》、《爸爸去哪儿》等创下高收视率的节目。但不得不指出的是，电视台在综艺娱乐节目的比拼上不是靠原创节目模式而是靠模式引进，显示出中国综艺娱乐节目的自身造血能力缺乏的弊病。2012年浙江卫视播出的《中国好声音》引进来自荷兰的模式大获成功，同时也引发了2013年各大卫视大规模的模式引进潮流。

表9　2013年中国主要综艺节目引进情况

节目名称	播出频道	播出时间	节目原型	原产国
我是歌手	湖南卫视	2013-01-18	I Am a Singer	韩国
中国星跳跃	浙江卫视	2013-04-06	Celebrity Splash	荷兰
星跳水立方	江苏卫视	2013-04-07	Stars in danger:High diving	德国
舞出我人生	央视一套	2013-04-14	Dancing with the Stars	美国
中国最强音	湖南卫视	2013-04-19	X Factor	英国
中国梦之声	东方卫视	2013-05-09	American Idol	美国
最美和声	北京卫视	2013-07-20	Duets	美国
爸爸去哪儿	湖南卫视	2013-10-11	爸爸！我们去哪儿？	韩国

表9一方面反映出2013年各大卫视热播的综艺娱乐节目全部是引进的外国模式，另一方面也反映出综艺娱乐节目类型单一化、同质化的问题，比如音乐类真人秀节目过度集中。随着2013年9月广电总局下发"限唱令"之后，各卫视开始寻求新的突破，其中《爸爸去哪儿》引发了2013年最后一个季度的收视高峰。表10是来自于尼尔森网联（Nielsen – CCData）的关于《爸爸去哪儿》在北京、广州、成都、杭州四城市中的收视数据。

表10　《爸爸去哪儿》前六期重点城市收视情况*

单位：%

分期	播出日期	播出时间	北京	广州	成都	杭州
第一期	2013年10月11日	21:59	1.09	0.74	1.95	0.82
第二期	2013年10月18日	21:58	2.63	3.19	4.63	2.52
第三期	2013年10月25日	22:00	2.76	4.43	5.53	3.15
第四期	2013年11月1日	22:00	2.69	5.16	5.84	3.5
第五期	2013年11月8日	22:01	3.3	5.01	6.37	4.62
第六期	2013年11月15日	22:01	3.58	4.57	6.07	4.08

* http://www.nielsenccdata.com/index/index.ht.

从表10中可以看出《爸爸去哪儿》从第二期开始收视率一路保持增长，在成都甚至取得了高达6.37%的收视率。相比2013年前半年充斥电视屏幕的音乐类选秀节目，《爸爸去哪儿》以其新颖的节目模式为电视屏幕吹来了一阵新风，给观众带来了全新的视听体验。在观众对趋于饱和的歌唱类选秀节目已经产生观赏疲劳之时，《爸爸去哪儿》用户外拍摄和亲子互动的特色抓住机会取得了成功。韩国原版的《爸爸！我们去哪儿？》中突出亲情、表达温馨的节目基调与中国的家庭文化具有文化上的同构性，这也是《爸爸去哪儿》能够在众多节目中脱颖而出的重要原因之一。

正是因为《爸爸去哪儿》的成功，中国综艺节目掀起了一股"韩流"，韩国节目模式正在成为中国综艺节目界的"新宠"。即将上档的节目包括湖南卫视已引进的《花样姐姐》、《真正的男人》，东方卫视引进的《不朽的名曲》、《花样爷爷》，四川卫视的《两天一夜》，以及确认落户浙江卫视的韩国经典户外挑战节目《Running Man》、《爸爸回来了》等。

全球电视节目收视情况及发展趋势报告

二 全球电视节目的发展趋势

随着全球新媒体日新月异的发展,传统的电视节目领域也在发生着变化。

(一)电视收视率统计的多样化趋势

传统意义上的收视率主要由专门的收视率调查公司通过电话、问卷调查、机顶盒或其他方式抽样调查获得。日记法和人员测量仪法是采集收视率数据时最常用的两种方法。但随着新媒体的不断发展,传统的电视收视习惯正在被不断地重塑。电脑、手机、平板电脑等智能移动终端都成为受众观看视频的媒介,电视的家庭开机率在不断下降,用电视来统计收视率已经不能全面反映收视情况。据尼尔森报告称,2013年在美国有超过500万人不再通过传统渠道观看电视节目,占美国人口的5%,与2007年相比这一数字增长逾1倍。然而这500万人并非不看电视节目,他们中有将近67%[①]的人通过网络电视、智能手机、平板电脑等其他设备来观看相应的电视节目,按照传统的收视率统计方法这一部分人的收视情况难以准确呈现。

另外观众在通过新媒体观看视频的同时,常常伴随着通过各大社交媒体对相应的节目进行评价的行为,很多节目尽管在电视中收视表现一般,却会在社交媒体中成为讨论的话题。根据卓越研究理事会(the Council for Research Excellence,CRE)的最新研究[②],有16%的电视观众在观看电视节目时会同时使用社交媒体,其中有约7%的人用社交媒体参与与电视节目相关的讨论。使用最多的主要是Twitter、Facebook等在世界范围内拥有大量用户的社交媒体以及其他的社交平台。

为了应对受众接触媒介习惯的新变化,尼尔森与Twitter合作在美国市场推出了电视节目评分服务。尼尔森从2013年10月7日开始推出每周一次的"Twitter电视收视率"。用户发表在Twitter上的评论会提高该节目的收视率,

---

① http://www.nielsen.com/us/en/newswire/2013/zero-tv-doesnt-mean-zero-video.html.
② http://www.199it.com/archives/205196.html.

即"将Twitter上对话转化成了收视率"。此外,尼尔森指出,2013年第二季度有1900万Twitter用户对电视节目进行过讨论和评价,比2012年同期增加了24%。"Twitter电视收视率"的推出无疑进一步完善了收视率的统计。针对社交媒体在人们生活中的不断普及,可以想象Twitter收视率在未来将会越来越受到重视,社交媒体的收视率也将会囊括除Twitter之外更多的社交平台。

Twitter电视收视率与传统的收视率相比有其特有的优势,它统计的数据更为准确,而且测量成本相对较低,用户针对性也更强,电视广告商能轻松地接触到Twitter用户,甚至可以根据用户对电视的评价内容来确定其是否为自己的目标用户,增强了广告投放的有效性。

但Twitter收视率也存在问题,目前为止尚不能完全取代传统的收视率。例如,Twitter用户大多集中在年轻人或城市人口中,其用户具有一定的局限性,这说明Twitter收视率可能更大程度上只是代表着青少年或城市人群的收视情况。

图1显示了Twitter和Facebook用户年龄段比重情况。二者用户的年轻化趋势在图中表现得十分明显,用户人群主要集中在18~44岁年龄段,65岁左右的老年用户只是一小部分。除了用户年龄的限制之外,Twitter收视率主要由用户发表的推文等相关内容决定,具有很大的可变性和可操作性,如果出现大量水军就会在很大程度上影响其收视率统计的准确性。

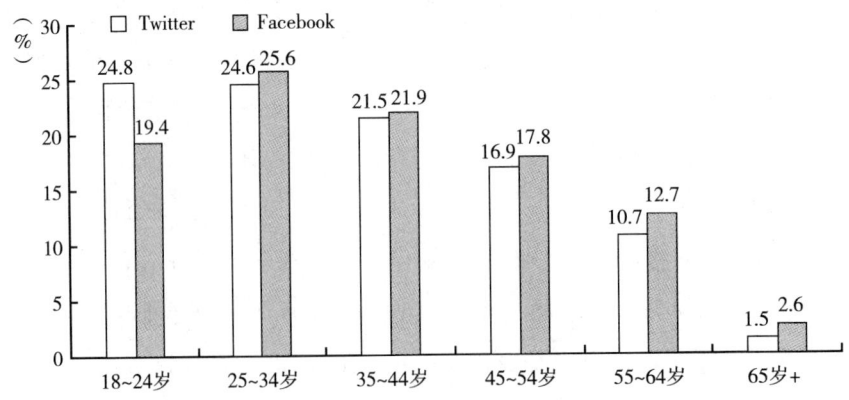

图1 Twitter和Facebook用户年龄段比重

资料来源:中国互联网数据资讯中心,http://www.199it.com/archives/176394.html。

尽管 Twitter 的电视收视率存在不少缺陷，但是它在 2013 年与尼尔森达成合作之后，2014 年 3 月底又宣布收购了欧洲两家电视数据分析公司，显示出其进军电视收视数据领域的决心。目前与 Twitter 合作的国家已经扩展至澳大利亚、意大利、日本、德国、荷兰等多国。在中国电视收视率统计领域也出现了相似的举措，2014 年 1 月央视索福瑞和新浪微博达成合作，共同推出微博收视率。

收视率统计的多样化将是未来评估电视（视频）节目的一大趋势，尼尔森从 2014 年 9 月开始把来自智能手机和平板的访问观看数据也纳入了收视数据之中，电视收视率统计将不再仅限于家庭电视机的观看数据。

（二）网络视频平台自制节目的专业化趋势

网络视频平台基于互联网技术为用户提供上传、下载和视频点播等全方位服务。2005 年自美国 YouTube 网站成立并取得了成功后，全球范围内出现了大量类似的视频网站，如美国的 Hulu、Netflix，中国的优酷、土豆等，它们为用户提供资源丰富、形态多样的视频内容。通过与用户和传统电视媒体的合作，视频网站逐步发展成为集合上传、下载、分享、点播、直播等功能于一体的播出平台，吸引了大量的用户，成为传统电视之外人们观看视频节目的主要渠道。

对于网络视频平台来说，传统电视台的电视节目是其播放内容的重要部分，因此视频网站往往需要花大量成本从电视台购买节目版权。美国的 Netflix、Hulu 等网络视频平台通过播放各大电视台的节目成为电视台的重要合作伙伴。但近年来，网络视频商开始拍摄自己的原创剧，并且取得了很好的成绩，正在成为各大电视台新的竞争对手。最典型的例子莫过于 Netflix，它作为目前全球最大的网络视频平台之一，在美国有 2800 万[①]付费订阅用户，在全球拥有 3600 万用户。它斥资约 1 亿美元打造的《纸牌屋》深受好评，一次性播放的方式也改变了受众传统的收看模式。

网络自制节目相对于传统电视节目制作来说，最大的优势在于可以根据对

---

① http：//tech.qq.com/a/20130720/000097.htm.

用户点播数据的分析更好地把握用户喜好。Netflix 在决定拍摄《纸牌屋》之前，发现英国老剧《纸牌屋》在其网站上是点播的热门，他们还发现这些点播用户"几乎和大卫·芬奇、凯文·史派西的粉丝圈重合"①，因此他们决定重拍美国版《纸牌屋》。大数据的分析和应用为该剧的成功发挥了重要作用，而这恰恰是传统电视媒体不具备的能力。

2013～2014 年间中国的视频网站也出现了不少广受关注的自制剧，例如优酷、土豆推出的《万万没想到》，腾讯视频的《快乐 ELIFE》，搜狐视频的《屌丝男士》以及爱奇艺的《灵魂摆渡》等。相比境外网站自制剧，中国自制剧的风格以无厘头搞笑居多，常被冠以"山寨"的称号。不过《灵魂摆渡》、《探灵档案》等剧探索出了悬疑类电视剧的新市场，获得受众较好的评价，具有一定的发展潜力。

三 全球经典节目模式介绍

（一）The Taste《黄金舌头》

播出频道：美国 ABC 电视网

首播时间：2013 年 2 月 22 日

节目时长：42 分钟

节目宣传口号：一切只与美味有关

四位评审各选四名选手加入自己的厨师队伍，参赛选手中既有专业厨师也有业余厨师。评委通过盲品的方式选择是否把该选手纳入自己的队伍，盲品过程中导师对于菜品的厨师和材料以及烹饪过程都不知情，其选择的唯一标准就是菜品的味道。

节目流程：节目流程以第一季为参照案例。第一集与第二集是选手选拔赛，每位选手有一小时的准备时间，经过选拔后，四位导师每人选择四位选手组成团队参加之后的比赛。从第三集开始团队比拼，每集都会有两名选手被淘

---

① 艾瑞网：http://video.iresearch.cn/iptv/20140219/227120.shtml。

汰。从第三集开始节目主要分为如下三个环节。

第一环节：由导师带队指导自己的团队完成符合节目主题的四道菜，然后从中选择一道与其他队比拼，此环节导师不参与评审，而是由其他专业人员盲品评出优胜选手。获胜者个人会赢得赦免权，其团队则会在下一环节获得专业人员的指导。

第二环节：单人菜品比拼。根据节目设置的主题各组队员独立完成自己的菜品，导师不参与指导，在第一环节中获胜的小组可以得到专业人员的指导。作品完成后，由四位导师同时盲品。

第三环节：通过盲品，四位导师共同选择四位最佳以及四位最差选手的作品。由于是盲品，导师很有可能在最差部分选中自己团队的成员，增加了节目的悬念和看点。最终由四位导师商量共同决定从四名最差选手中淘汰两名。

在各环节中都会适当加入选手或导师的独白，对节目的气氛起到了很好的烘托作用。最后的获胜者将会得到高额的奖金及豪车等奖励。

（二）The Biggest Loser《终极减肥者》

播出频道：美国 NBC 电视网

首播时间：2004 年 10 月 19 日

节目时长：约 43 分钟（以第 15 季为例）

节目宣传口号：减肥改变生活，拥有健康生活

《终极减肥者》是一档关于减肥比赛的真人秀节目，抓住了美国民众对肥胖问题的高度关注，将减肥效果作为节目的看点，吸引了广泛的社会关注。节目中选手在专业教练的指导下接受各种训练和挑战，他们在节目中竞技的不是歌舞才艺或餐厨手艺，而是比谁减得更多。其节目名称"The Biggest Loser"可谓一语双关，减磅量最多的将成为节目中获胜者，可以获得节目提供的奖励。节目中还加入了各种游戏和挑战，比赛规则多变，令单调的减肥变得更有趣味性，淘汰环节更是为节目增加了悬念感和看点。节目中间会接入选手的内心独白，有许多使人潸然泪下的感悟，增加节目中的感性成分。同时节目传达的主题思想即坚定信念、减肥终将改变生活，容易在观众中引起共鸣，有广泛的观众基础，也具有一定的社会价值。

节目流程：节目主要分为回顾与复活、挑战、训练、上秤、淘汰等五个环节，各环节衔接流畅。在每个环节中间都会加入选手独白，渲染气氛。

第一环节：对上一期节目进行回顾，营造鼓舞人心的节目氛围，在节目开头就对主题进行了强化，突出选手们减肥的决心，以及对健康生活的向往。

第二环节：挑战环节。节目不断更新挑战游戏，使挑战环节增加了许多未知性和趣味性。选手通过团队合作或单人参赛与其他队员比拼，挑战成功者将会获得赦免淘汰权或者其他奖励。

第三环节：记录选手们的训练情况，包括教练与选手的矛盾，个别选手产生心理压力等各种情况。节目会适当加入选手或教练的独白，讲述他们在训练过程中的心理变化。此环节重在讲述引发观众共鸣的故事，是节目中最为动情的部分。

第四环节：上秤。此环节选手以组队或个人参赛的形式逐个上秤，减肥效果最差的个人或团队将面临淘汰。此环节将选手们一周的训练反映在秤表中，将他们的训练效果量化呈现。

第五环节：根据减肥的成果确定淘汰人选。淘汰者将由其他选手投票决定，有的淘汰选手还会根据不同的规则在一段时间后复活。

（三）世界の果てまでイッテQ!《前往世界尽头的Q！》

播出频道：日本电视台

首播时间：2007年2月4日

节目时长：47分钟

节目宣传口号：解密与冒险

该节目最初的主题是为解答人们的疑问，由主持人和嘉宾带领大家走向日本或世界各地展开探索和冒险，节目名称中的Q即英语单词"question"的缩写。其中有对各地独特文化的探索，也有对大自然的解密。节目中间加入了各种游戏和挑战，兼顾知识性和趣味性，是一档集旅游、益智、冒险于一身的娱乐节目。搞笑艺人和组合是该节目中的主力，他们卖力的表演给节目带来许多看点。

节目流程：一期节目一般情况下由几个不同的主题旅游内容组成，每个主题都由不同的搞笑艺人和组合带领完成。节目的主题每年会有变化，例如近几年的主题有：世界上最热闹的节日是什么、Q 男子队出发、前往世界尽头的温泉同好会、"珍禽猎人 imoto 的环球旅行"系列"男人的挑战"系列以及 Q 登山部等主题。本文以 2013 年 12 月 3 日的节目为例来介绍节目的大致流程。

第一环节：室内拍摄，主持人对本期节目进行预告，指出本次节目由哪些主题构成。参与本次主题旅游的搞笑艺人或组合讲述此次旅行中的趣事。此环节所占时间较短，对节目起引导性作用。

第二环节："世界上最热闹的节日是什么"主题旅游，室外拍摄。此环节艺人根据节目安排参与各种游戏和挑战，游戏中搞笑艺人卖力表演，极具笑点。在游戏的同时介绍了该地的节日文化。

第三环节："前往世界尽头的温泉同好会"主题旅游。由日本女性搞笑三人组合"森三中"前往芬兰拍摄。她们亲身体验当地著名的旅游景点，中间有不同的挑战和游戏，也会有对当地景点和文化的介绍。

（四）しゃべくり007《闲聊007》

播出频道：日本电视台

首播时间：2008 年 7 月

节目时长：50 分钟

节目宣传口号：60 分钟说不停

节目流程：这是一档由 7 名谐星主持的搞笑脱口秀节目。节目中主持人的问题和谈话常常出其不意，笑点百出。在嘉宾出场前，主持人对谁是嘉宾，以及今天的谈话内容都不知情，在谈话过程中，工作人员会通过提示板告知主持人谈话的主题和环节，即兴谈话是节目最大的看点。一般情况下每期节目会请一至两位（组）嘉宾展开谈话。节目进行过程中，7 位主持人中有 1 人担任主要主持，其余 6 位则跟嘉宾一起配合主持人展开谈话。谈话内容根据工作人员的提示围绕嘉宾展开，中间会加入一些问答、即兴表演、游戏等环节来活跃气氛。整个谈话过程中谐星主持人发挥自己的特长，不断制造笑点。日本综艺节目中类似的搞笑娱乐类脱口秀节目很多，谐星或谐星组合在其中发挥了重要的作用。

(五) Running man

播出频道：韩国 SBS 电视台

首播时间：2010 年 7 月 11 日

节目时长：1 小时 30 分钟

节目宣传口号：不要走，跑起来

该节目由主持人和嘉宾共同完成节目组设置的游戏和挑战，最终获胜的个人或团队将会获得相应的奖励。节目组每期会设置故事情很强的游戏主题，让游戏在有情节的故事中展开。该节目是韩国观众最喜爱的电视节目之一，在周边国家包括中国也十分受欢迎。

节目流程：每期节目会设置一个主题，包括电视剧衍生话题、历史传说、美食、体育活动等等，主题多变且富有新意，故事性强。节目根据相应的主题展开，其间穿插各种各样的挑战和任务。

第一环节：主持人和嘉宾登场。根据节目主题设置的不同，将嘉宾和主持人进行分组，各组在之后的挑战中以团队形式展开竞争。

第二环节：任务和游戏部分。此环节是节目的主体环节，节目组会根据主题设置各种游戏或任务，任务常相互衔接，各团队需逐次完成挑战。主持人与嘉宾会不失时机地创造笑点，提高节目的娱乐性。

第三环节：最终任务。根据每组在第二环节中任务的完成情况，来决定其在最终任务中是否享有特权。最终任务经常是追逐战，嘉宾及主持人背后贴有姓名条，游戏中姓名条若被摘除则意味着该成员被淘汰，摘除姓名条也成为节目中最具趣味性的一个环节。最终任务中的胜利者或团队将获得由节目组提供的奖励。

B.11 北欧数字内容产业发展创新

杭 敏*

摘　要： 创新为北欧经济与社会发展注入了源源不断的内生动力。北欧国家遥遥领先于其他国家的创新能力，应归功于其全民创新机制的推行，企业始终是创新的主体，教育科研机构提供创新的技术支持，而政府在创新体系中扮演着指挥者、支持者和协调者的角色，由其统筹公共研发资金，架构创新系统，配置创新资源，最终构建了一个执行力极强的全民创新机制。

关键词： 北欧数字　内容产业　创新体系　全民创新

一　北欧文化创意产业发展概述

（一）北欧的创新机制

北欧，主要包括瑞典、芬兰、丹麦和挪威四国，是世界经济发达程度最高的地区之一。

虽然北欧四国的人口数量和经济规模远不及其他欧洲国家，其创新能力却极强。在《全球最具创新力国家和地区排名》[①]中，北欧诸国的创新能力均名列前茅，其中芬兰创新力高居全球第一、瑞典第三，而丹麦和挪威也在前十之列。

---

* 杭敏，清华大学新闻与传播学院副教授。
① 英国《经济学人》信息部（EIU）2011年发布。

创新为北欧经济与社会发展注入了源源不断的内生动力。北欧国家遥遥领先于其他国家的创新能力，应归功于其全民创新机制的推行，企业始终是创新的主体，教育科研机构提供创新的技术支持，而政府在创新体系中扮演着指挥者、支持者和协调者的角色，由其统筹公共研发资金，架构创新系统，配置创新资源，最终构建了一个执行力极强的全民创新机制。

鼓励创新作为北欧各国社会发展的首要目标，融入社会文化和教育生活的方方面面。比如，在瑞典，这片诞生了诺贝尔奖的土地上到处可以感受到创新的文化气息，国家利用展览、艺术设计、媒体宣传等多种手段来传播创新精神。世界各地的消费者也受益于瑞典的创新文化产品，从艺术设计（如宜家）到网络通信（如Skype网络电话）。在瑞典，只要有创新的设计与思想就有可能获得政府的资金支持。为鼓励创新，瑞典专门成立了国家创新署（VINNOVA），其主要职责就是打造世界领先的创新型国家。国家创新署每年投资约22亿瑞典克朗，培育大学研究机构及有创新能力的企业。有调查显示，2008~2012年间，超过60%的瑞典企业都积极从事各类创新活动，而中小企业从事创新活动的比例超过七成。①

同样得益于创新机制，芬兰和丹麦也培育出像诺基亚、诺维信这类具有代表性的创新型通讯传媒企业。芬兰经济曾以森林造纸业和金属工业为主，后来转向以诺基亚为代表的传媒信息技术，如今又在经历重大结构转变，艺术设计、电子科技、传播通讯等文化相关产业日渐成为未来发展的支柱产业。

北欧四国受益于创新体制的建立和创新思想的传播，社会经济发展一直保持着旺盛的活力。文化创意产业由于其传播社会创新精神和提供创新发展思想源泉的重要特性，近年来也成为北欧社会发展的核心产业。

（二）创新中的北欧文化创意产业

北欧四国将创新精神与文化创意产业的发展紧密结合，文化创意产业（CCS，Culture and Creative Sector）被视为面向未来的重要产业。从2009年开始，文化创意产业发展被纳入政府战略的核心议程，与政府及相关机构的总体

---

① 数据来源：瑞典国家创新署 www.vinnova.se。

建设目标相融合。

北欧文化创意产业的发展以创意为中心，以文化为核心，其指导方针是：保持文化发展的可持续性，政府对创新创意大力支持，在创新创意过程中风险共担。与此同时，知识产权保护也是发展文化创意产业中的重要内容。

北欧的文化创意产业在2010年的产出超过2500亿欧元，占北欧国家GDP总量的3.5%。在金融危机期间，文化创意产业的发展没有像其他传统产业一样受到冲击，仍然表现出良好的增长态势。目前，北欧文化创意产业的就业人口占总就业人口比为13%，为北欧社会提供了超过79.5万个就业岗位。[①]

为持续推动文化创意产业的发展，近年来，北欧成立了国家之间的合作联盟KREANORD（Creative Nordic，即"创意北欧"）。KREANORD是北欧各国文化经济领域的第一个跨国合作联盟机构，构建了北欧国家文化创意产业合作与发展的基础。

KREANORD旨在为北欧国家的文化创意产业发展制定总体目标、构建战略合作关系以及促进地区间的文化知识传播。KREANORD将各国政府部门、文化组织和创意产业联系起来，建立文化创意产业之间的合作组织，从而创造价值、鼓励创新和促进发展。KREANORD的具体任务包括：

——提供资金：KREANORD为北欧国家的文化创意产业提供资金支持，同时也帮助其进入全球市场，发现国际市场新的资金和投资机会。

——鼓励文化、创新和创业：KREANORD广泛促进各个层面的文化创新及创意教育。近年来，KREANORD组织了一大批推动文化产业创新以及推广北欧艺术和文化教育的项目。

——构建泛北欧文化市场：KREANORD致力于建设一个泛北欧的联合文化市场，推动相关创意项目和文化产业的发展。

KREANORD成立以来积极发展电影、电视、游戏等产业，建立了多个次级联盟项目和机构，比如：专注于游戏产业发展的"北欧游戏"（Nordic Game）、影视领域的"北欧电影与电视基金"（Nordisk Film and TV Fond），以及创意经济领域的"KREANORD创意经济"（KREANORD Creative Economy）等。

---

① 数据来源：www.kreanord.org。

KREANORD 于 2013 年 10 月召开文化产业国家间会议，推动北欧地区文化创意产业的跨国交流。2013 年 11 月，在"全球创意周"期间，还举行了"创意经济杯"活动。KREANORD 正在开展的项目还包括"KREANORD 和欧盟"（KREANORD and the EU）、"创意创业"（Creative Entrepreneurship）、"KREANORD 投资者"（KREANORD Investor）等。

KREANORD 未来发展的重点是国际化。北欧国家计划大力发展国际化市场，加强北欧和其他国家之间的合作与联系，在文化创意产业领域寻求更多有效拓展的机会。[①]

随着数字技术与文化创意产业发展的融合，数字文化产业成为北欧文化创意产业发展的新内容。创新同样也成为北欧数字内容产业发展的主要驱动力。

（三）北欧各国文化创意产业发展

1. 瑞典

瑞典是北欧文化创意强国，近年来文化产业发展迅速，正在形成强大的产业集聚效应。电影与音乐是瑞典最具国家代表性的文化创意产业部门。瑞典是全球第三大音乐输出国，电影产业的发展更是成功，数十年产生了许多经典名片和电影制作奇才。

根据瑞典统计局公布的文化预算报告，该国政府自 2006 年起在文化方面的投入连年增长，2013 年文化投资预算额为 68.51 亿瑞典克朗，2014 年则达到了 69.27 亿瑞典克朗。

瑞典也加大对文化机构的投入。瑞典皇家歌剧院的重新装修与改造是近年瑞典文化领域的大事。政府希望通过改造，增加皇家歌剧院与国际一流艺术团体合作的机会。瑞典国家历史博物馆、瑞典文化政策研究会和提尔斯卡画廊等文化机构的发展预算也都在新的年度中有所提升，这些数据显示了政府对文化艺术投入的持续稳定增长。[②]

2. 丹麦

丹麦政府对文化创意产业的价值与创造力有充分认识，文化创意产业已成

---

① 《瑞典文化部 KREANORD 介绍报告》，2014 瑞典文化部会议材料。
② 来源：http://www.scb.se，瑞典统计局 2014 年数据。

为带动丹麦经济发展的一股最重要的力量。丹麦文化部和贸易产业部共同发表《创意潜力报告》详细阐述了丹麦文化创意产业的范围，以及产业政策的策略重点。其中，国家将文化创意产业划为九大领域，每一领域都包括从产品制造、关联产业部门到相关服务的产业链。电影产业、音乐产业、新兴媒体的内容生产和文化产业化是丹麦文化产业发展的四个重点领域。

3. 芬兰

从全球来看，以生产诺基亚著称的芬兰是信息产业最为发达的国家之一。现代信息技术的发展促进了芬兰经济和文化的融合，芬兰信息发展协会在《内容创造启动方案》（SISU）中强调要大力发展以市场运作为依托、以现代传媒技术为平台的文化内容生产，把芬兰文化以及由芬兰文化符号包装的文化产品推向世界。

芬兰国家技术创新局发布的信息显示，2007年芬兰聚合了13个国家级数字内容产业集群（Digital Content Cluster）。芬兰将促进数字内容生产与发展信息社会相结合，关注数字信息与文化建设，数字内容创造成为国家创新体系的重要组成部分。①

目前，以芬兰为代表的北欧国家正在讨论建立"北欧数字内容创造基金"的可能性。在欧盟层面已产生诸如"电子内容计划（eContent）"的数字内容创造项目，欧洲委员会也通过其Eurimegas基金促进内容创造的发展。芬兰的目标是与国际组织协作，为数字内容创造提供支持。②

4. 挪威

挪威文化创意产业的机制有其特殊性。文化创意资助基金并不直接划拨给政府，而是交给由专家组成的专业机构（如艺术协会等），由专业机构对经费的使用把关。文化艺术创作人员可以向专业组织申请，以获得政府的资助。同时，政府每年也提供大量奖学金，鼓励有潜力的优秀青年免费学习文化创意内容。挪威的国内建筑不论是公共还是民用，都会留出约30%的经费给设计公司或艺术家参与室内装潢或室外雕塑设计。艺术创作者有新作出版，国家也会出资购买赠送给各地图书馆。这些资助培育了挪威艺术家，使他们的设计与产

---

① "Supporting Finland Mobile and Digital Industry"，芬兰国家技术创新局（Tekes）2013年发布。
② http：//www.chinairn.com.

品走出了北欧,走向了世界。我们所熟知的谷歌的搜索引擎网站设计、CCTV三维动态软件等很多都出自挪威艺术家之手。①

二 北欧数字内容产业介绍

随着传媒技术的更新和数字化进程的不断推进,近年来,北欧各国都着力推动数字内容产业的发展。以下从数字视频、动漫、游戏和音乐四个方面介绍北欧数字内容产业。

(一)数字视频

瑞典政府从2012年起加大投资力度,计划在2016年底实现全国电影视频数字化的目标。瑞典文化部和工业与能源部联合声明,提出政府将投资6000万瑞典克朗,重点扶持小城市电影院进行数字化转型。在实现数字化之后,瑞典全国的电影院不仅可以多厅同时放映热门影片,还可以实况转播歌剧、音乐会、话剧和大型体育比赛等活动。

目前,瑞典电影学会使用Front Porch Digital公司的DIVArchive V7.0内容存储管理(CSM)系统保存了约8000部瑞典电影的数字母带,其中最早的一部影片可追溯至1897年。Front Porch Digital将把数码后的影片转换成AXF格式,并建立数据库。届时,瑞典电影院将弃用35毫米胶片放映,全面转向数字化。瑞典电影学会也将成为首批实现数字化存储的电影档案馆之一。②

(二)动漫

从动漫产业来看,北欧动漫的风格与美日商业动漫不尽相同。由于在制作上没有日美的票房压力,北欧动漫在动画创作理念上更讲究原创。在形式和风格上北欧的动漫不拘一格,将北欧人的闲散、浪漫以及趣味融入其中,讲究创意和艺术的夸张表述。北欧动漫在绅士般的幽默中,探讨属于自己的生命议题。

---

① http://my.icxo.com/273758/viewspace-108160.html.
② 《瑞典电影学会使用数码技术保存影片》,2013年1月24日,搜狐IT。

尽管瑞典动漫在国际动漫界并不非常显眼，但由于依托欧洲基础深厚的传媒优势，其动画的艺术性得到了广泛好评。和欧洲其他国家一样，瑞典的动漫制作机构以小型工作室为主，大多数兼营广告、MTV 等业务，也承接少量影视后期制作以及动漫系列片制作。瑞典动漫作品中比较著名的是 Happy Life 公司制作的《派特森与芬达猫》，这是基于瑞典本土作家的小说故事，提供了一个让全球观众了解瑞典的窗口。

（三）游戏

1. 瑞典

瑞典既具备先进的无线通讯技术开发能力，又是电子游戏程序的纯出口国，所以，欧盟对瑞典移动游戏产业进行了大量投资，希望其在未来的世界移动游戏市场中取得领先地位。

根据《瑞典游戏开发指数报告》，瑞典的游戏开发产业主要面向出口，现已形成了一个高度国际化的市场运作机制。近几十年来，瑞典的游戏产业从只面向爱好者的"兴趣产业"，飞速升级成长为具有文化和经济意义的全球性产业。2012 年《瑞典游戏开发指数报告》显示：

瑞典游戏产业的总体营业额在 2012 年增长了 60%，共计 4.14 亿欧元。从 2010 年至 2012 年，游戏产业总体营业额增长了 212%；

有超过 60% 的游戏开发公司实现赢利，整个游戏产业连续四年合并赢利；

游戏产业中的工作机会和就业率增长了 30%；

从 2006 年至 2012 年，游戏产业的平均年度增长率（CAGR）达到了 34%；

整个游戏产业内，活跃公司数量达到 145 家，其中新设公司 35 家，增幅为 24%。①

瑞典的游戏开发以其质量高和分布广泛为特征，游戏开发者被评为 AAA 级，其数字化分布、社交游戏、移动终端游戏和专业的承包商等方面都在全球处于领先地位。预计整个瑞典游戏产业将在未来几年中持续扩张。目前，瑞典斯德哥尔摩－乌普萨拉地区已经成为仅次于伦敦的欧洲第二大游戏开发中心。

---

① 《瑞典游戏开发指数报告》，瑞典游戏协会 2012 年发布。

瑞典游戏产业的快速发展首先归功于其扎实的技术基础。游戏作为专业被引入大学教育，这使得游戏创作与技术发展和科学研究相结合，提高了游戏的技术含量。其次，瑞典游戏独特的背景和杰出的叙事手法也是其受到欢迎的一个原因。瑞典人鼓励创新，开发者设计出的游戏创意往往显得与众不同，深受玩家的喜爱。①

2. 芬兰

芬兰游戏产业的代表作之一是 Rovio 公司推出的"愤怒的小鸟"。"愤怒的小鸟"登陆苹果公司 iOS 平台后，因价格低廉且趣味性强，深受用户欢迎，累计全球下载量已突破 20 亿次。Rovio 公司主要设计开发电子娱乐休闲产品，在从因特网向移动互联网的转型中，芬兰游戏公司发现了网络娱乐休闲产业正经历的变革——越来越多的用户倾向于在手机移动终端中使用娱乐休闲产品。"愤怒的小鸟"正是芬兰游戏产业转型中的代表性产品。该款产品在 77 个国家和地区的 AppStore 的下载量排名第一，在 Android 平台上的用户数已超过 1000 万个，累计用户超过 5000 万。该产品在 AppStore 的销售收入达 1300 万欧元，这对于一个仅有 40 人团队的 Rovio 公司来说是一个令人瞩目的成绩。此外，公司还通过销售"愤怒的小鸟"系列 T 恤衫、卡通玩具，在美国好莱坞拍摄"愤怒的小鸟"电影等，拉长产业链，取得了更大的商业利益。

以"愤怒的小鸟"为代表，芬兰游戏产业在过去 5 年中发展极为迅速。截至 2013 年第四季度，芬兰游戏产业拥有 200 多个游戏公司，其中 90% 的游戏产品用于出口。

（四）音乐

1. 瑞典

国际唱片业联盟 2013 年发布报告称，2012 年全球音乐产业的收入为 165 亿美元，较上年增长了 0.3%，尽管数值与上世纪峰值时的 380 亿美元相去甚远，却是音乐产业收入 13 年来首次迎来增长，数目微小，却振奋人心。其中，唱主角的数字音乐收入占总体收入的近 1/3，较上年增长 9%。国际唱片业联盟首席执行官弗兰西斯·莫尔表示，"全球唱片业正在复苏的道路上前行"。

---

① 《电脑游戏：瑞典继 ABBA 乐队之后最大的文化出口产品》，2013 年 7 月 5 日，瑞典官方网站。

北欧数字内容产业发展创新

在北欧，瑞典占据在线音乐服务市场的大部分份额。瑞典音乐产业复苏势头强劲，数字音乐占据了市场大部分份额。

瑞典数字音乐发展的典型案例：Spotify

瑞典音乐平台Spotify是一个数字音乐发展的典型案例。Spotify拥有2400万活跃用户，来自全球25个国家，其中600万人为付费用户。付费后，用户收听音乐可以不再插入广告，而是能够获取播放列表的移动访问服务，即使不在线，也可以用手机来收听。

Spotify拥有如此多的付费用户，秘诀在于"感情连接"。当用户与其朋友相连，便可以探索朋友的播放列表，所以Spotify成为好友之间分享音乐的数据库。

2011年Spotify实现2.5亿美元的收入，2012年全年总收入约为5亿美元。Spotify的赢利渠道主要有两个：一是广告，二是付费用户订阅。Spotify对瑞典和英国用户每月收费为15美元，美国用户收费10美元。只要是乐曲的合法版权拥有者，无论是艺术家还是作曲家，一首歌曲的点击率越高，他们的收入就越多。

Spotify目前已经得到了华纳音乐、索尼、百代等全球几大唱片公司的支持，其提供的音乐都为正版。与现今最流行的媒体播放器ipod相比，Spotify操作流畅、使用方式更加简便，可选择曲目也更多；最重要的是：Spotify可以免费。如此一来，这种免费又不存在法律和道德风险的网络音乐传播方式大受欢迎。

Music2.0在数字音乐商业化程度非常高的欧美国家是一个新概念，而Spotify在音乐传播上的强势无不向世人表明这是一款不一样的音乐播放器和服务，在Spotify上，音乐更像一种服务而非产品。从营收上看，流媒体网络模式已经大获成功，以Spotify为代表的公司商业模式上的创新，为数字音乐产业带来了改观；基于社交形态出现的音乐分享模式，也让从业者见证了流媒体社区如何帮助更多的用户发掘音乐热情。

2. 芬兰

作为芬兰音乐产业的代表，Hitlantis是首屈一指的音乐服务提供商，为世界各国乐队提供网络推广服务。

该公司网站的创新之处是将不同风格的原创作品用气泡的方式表现出来，不同的颜色代表不同风格的音乐，如粉红色为摇滚乐，紫色为重金属音乐，蓝色为流行乐，浅绿色为乡村音乐；气泡的大小及其在用户界面的位置表明该作品受关注的程度，用户可以在这个新奇的界面上通过免费在线试听找到自己可能会喜爱的歌曲。

Hitlantis 还能在极短的时间内把某一音乐作品向特定对象推广，其目标是将音乐人推广放在音乐人自己和他们的乐迷手中。因此，音乐人的流行程度是根据他们乐迷的数量、收入、歌曲下载量、歌曲播放量和专辑销量决定的。根据这些指标，音乐人可以赢得奖品和曝光机会。音乐人可以在 Hitlantis 建立账号，添加个人档案、歌曲、视频和巡演资料等内容。一些乐队借此得以推广，网站也能获取商业回报。短短半年内，就有2500多个乐队在该公司网站注册，一些用户开始付费下载，公司已经开始从歌曲销售中得到收入。最近，Hitlantis 公司获评欧洲最大的国际音乐社团，公司的目标是拓展亚太市场，并推出手机版的用户界面为乐队提供推广服务。①

三 北欧数字内容产业发展的特点：以创新为驱动力

以上简单介绍了北欧数字内容产业发展的情况。创新是北欧经验的核心，为此，我们总结了北欧数字内容产业发展的三个要点。

（一）建立创新体制

创新是北欧数字内容产业发展的第一驱动力。北欧国家建立了一整套培育创新、鼓励创新和支持创新的体制机制。政府在创新中有效指挥和协调，发挥了强有力的支持作用。瑞典的国家创新署（VINNOVA）每年资助创新项目，且资助力度逐年提升。芬兰的国家技术创新局（Tekes）实施国家创新体系（NIS），利用"资源整合"的思维，贯彻创新思想，培养文化创新意识。挪威创新局（Innovation Norway）建立创新体系，鼓励与推动国家的创新与全球化

---

① http：//www.21cbh.com/2011/jjrb_119/79947.html.

发展，推出"让源自本土的创意插上遨游全球的翅膀"的核心理念。

在创新体制的驱动下，北欧的数字内容产业得到迅速发展。以文化创意为主的中小企业从创新体制中获取发展的资源与成长的条件，涌现出一大批诸如Spotify、King、Skype、Hitlantis等数字内容产业中的成功者。

创新作为北欧数字文化产业发展的驱动力，极大地提升了文化企业的活力，加快了技术更新的速度，也促进了市场的繁荣，保证了北欧数字内容产品在国际市场中的竞争力。

（二）构建区域联盟，提升国际实力

近年来，北欧各国致力于建立区域联盟，通过地区间的合作来促进数字内容产业的发展。前文中介绍的"创意北欧"（KREANORD, Creative Nordic）是北欧各国文化创意领域的第一个区域联盟，它构建了北欧国家区域合作的基础。近几年，我们也看到"创意北欧"之下各个专门化联盟项目纷纷出现。

区域联盟促进了北欧各国数字内容产业之间的交流与合作，也整合了北欧资源，使北欧国家得以共同开拓国际市场，提升了北欧创意文化的影响力，推动了北欧数字内容产品在国际的传播。

"国际化"是北欧数字文化产业发展设定的主要目标。极具创新力的北欧小国希望通过以创新为核心的文化内容来加速其国际化进程，让世界了解北欧，让北欧文化在世界舞台上展现实力。

（三）支持科技教育发展

教育与科技的发展为数字内容产业提供了技术支持与人才资源。北欧各国都非常重视以创新为主导的科技研发和文化教育，教育为数字文化产业的发展提供了具有活力的内容资源。

瑞典的Hyperisland是北欧地区提供数字内容教育的创新典范，它以一种崭新的模式培养数字创意人才，学生就业率达到90%以上。遍布全国的创新示范园区中也有很多研究数字技术和内容生产的研发机构，这些研发机构都获得了瑞典国家创新署（VINNOVA）的资助。可见，政府对科技和教育的有效支持是北欧地区数字内容产业发展的另一重要特点。

B.12 数字内容生产的五大误区
——The Daily 失败的警示

张建军*

摘　要： 2012年12月，默多克与苹果公司合作不到两年的数字媒体The Daily关闭。分析其历史，我们认为The Daily存在五大误区：单一产品设计、陈旧商业模式、科层制组织结构、忽视成本控制以及未能及时应对变化。就此提出数字内容生产的五个要点：多样的产品形态、创新商业模式、网型组织结构、成本控制、迭代创新。

关键词： 数字内容生产　The Daily　商业模式

2011年1月，新闻集团与苹果公司合作开发了一款只在iPhone手机和iPad上传播的付费阅读产品The Daily。一个是媒体大佬，拥有《华尔街日报》、福克斯新闻网、《卫报》等全球著名媒体；一个是科技新贵，在个人电脑、智能手机、平板电脑等领域引领全球变革，当时大家都认为没有再比他们更完美的组合了。要内容有内容，要通道有通道，苹果的应用商店连付费的问题都解决了。说这个合作是全球内容之王与最潮硬件之王的天作之合，毫不为过。

没有纸质版、只在苹果的数字平台传播、网络付费，The Daily 可以说是完全数字化制作的媒体。两年间，默多克先后为这个项目投入近3000万美元。然而，世事难料，2012年12月15日，The Daily 宣布关闭，原因是持续亏损。

两年过去了，尽管 The Daily 失败了，成功的数字内容案例依然鲜见，但不论

---

* 张建军，博士，天津师范大学新闻传播学院讲师。

是传统媒体还是新媒体公司,都依然在这个领域积极探索,甚至比三年前更急迫。

2014年以来,中国的媒体也是动作不断,7月上海报业集团计划投入4亿元资金,打造全新数字媒体"澎湃";深圳前海也投入重金建立前海传媒,目标同样也是新媒体。这些来自传统媒体以及财团资金的新的尝试,在整个传统媒体影响力与营收日下的背景下,引来众多欢呼与掌声,一切似乎都很乐观,因为这些新项目一如当年The Daily一样,投资者与运作人堪称黄金组合。

我们不应忘记The Daily失败的教训,有必要再一次回顾其短暂的生命,剖析其失败的原因。同时,根据两年来互联网以及移动互联网最新的发展状况,为数字内容生产提出建议,避免后来者重蹈覆辙。

具体而言,我们认为The Daily存在五大误区。

误区一:科层制组织结构

The Daily尽管是数字化的内容生产,但其组织结构依然是传统媒体的科层制结构。脱胎于传统媒体,穿了数字化的新鞋,走的还是传统媒体的老路。数字化内容生产不仅仅是产品生产、发行以及付费的数字化,还必须适应互联网所带来的新的生态系统,建立全新的组织结构。

如何建立真正适应数字内容生产的组织结构,有必要回到最基本的问题——"何为互联网",来考察这种新系统的核心实质。

什么是"Internet",目前较为广泛被认可的是美国联邦网络委员会(FNC)1995年10月给出的定义。他们认为互联网是全球信息系统,包括如下特征:根据互联网协议(IP)或其今后的扩展协议及后续协议,由全球唯一的地址空间逻辑地连接在一起;能够支持使用传输控制协议/互联网协议(TCP/IP)集或其今后的扩展协议/后续协议,和/或其他与IP兼容协议的通信;并且提供公用或者专用,使用、接入高水平、全方位的服务,基于上述通信及相关的基础设施之上。[①]

---

① COMISSION F N. Definition of "Internet" [EB/OL] [2013-03-01]. http://www.nitrd.gov/fnc/Internet_ res. aspx.

这个定义说了三点，一是互联网是个全球信息系统；二是TCP/IP协议是这个系统的核心技术；三是这个系统是不断变化更新的。

互联网核心技术TCP/IP协议，是1974年卡恩和瑟夫在《关于包交换网络相互通信的一个规范程序》（A Protocol for Packet Network Intercommunication）论文中提出的。这篇论文描述了网络传输控制协议（Transmission Control Protocol，以下简称TCP协议）的设计哲学和具体规划。文章提出的TCP协议，解决了计算机联网的两个根本问题：如何将计算机联起来，如何实现信息的准确高效传输。

实现这两个目标最终的技术设计是"开放结构"（Open Archtecture）。这个设计对新加入网络的计算机，只要求其认可TCP协议，不需要任何人批准，就可以平等加入系统、使用整个网络。这种"开放"也意味着"平等"，二者成为互联网的核心精神。不要求网络做任何的改变就可以作为独立的个体使用整个网络，这样的结构赋予了个体充分的自由与权力。

遵循TCP协议，众多计算机联接以后形成的网络是网型结构。在人类社会中，无论是自然科学还是社会科学领域，联网的形态可以大致分为三种：星形网络、树形网络和网形网络（见图1）。

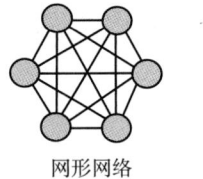
网形网络

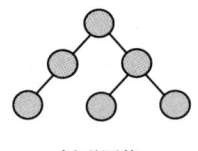
树形网络

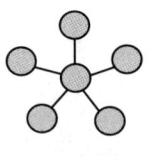
星形网络

图1 三种基本网络形态

不同的网络结构中，网络成员地位和网络的属性截然不同。比如，社会组织的科层制结构，就是树形结构，由主干和主干下面的枝叶构成，存在中央的核心节点。这样的网络结构中，信息从顶点到枝叶或者从枝叶到顶点，都需要经过多个层级，信息衰减、效率低下。星形结构，存在核心节点，众多孤立子节点之间地位平等。信息传递路径单一，不稳定。网状结构中，无中心节点，节点地位平等，彼此联络，互相依赖。

传统媒体组织结构是典型的科层制树形结构。这种树形结构自然难以适应互联网的网形结构要求。

对策：网形组织结构

新的互联网网形结构，去中心化，赋予个体充分的平等地位。在媒介组织中，就是减少层级，改变原有的科层结构，去除中间环节，让具体的栏目、频道、版面成为一个个独立的主体，让主力记者、优秀主持人、制片人拥有更大的独立自主权，从内容、推广到运营等都拥有更多行动空间。央视的罗振宇，从电视台走出来，成功创立全新的数字媒体"罗辑思维"，堪称样板。网形组织结构，充分赋予个体权力，激发个体活力，是数字内容生产的制度保证。

在赋予底层充分权力的同时，所有的领导者、决策者必须深入产品一线，参与产品的研发、推广与更新，要做头号产品经理。只有这样才能真正懂得数字内容生产的核心问题与解决路径。

误区二：单一产品形态 APP

The Daily 仅有 APP，且只在苹果的应用商店发布，甚至没有在网民普遍使用的社交媒体 Twitter 和 Facebook 建立账号。只在苹果的平台发布，放弃了更多用户使用的谷歌 Android 平台，这也是与苹果合作的局限。

The Daily 开始就将自己"束缚"在了一个"小空间"，单一押宝 APP。

建立一个 APP 很容易，组织技术团队投入一笔钱就可以了。但是，想要建立一个好的 APP 并不容易。

什么叫好的 APP？对数字内容生产而言，用户能够经常打开使用的 APP 就是好的。在 APP 泛滥的今天，用户能够每天使用的并不多。

好的媒体 APP，要有两个必须条件，好的内容加好的用户体验。

第一点，好的内容。很多传统媒体人认为自己没问题，而事实上，在互联网上用户的需求越来越多元化，传统的报纸、电视、广播的编辑在原有的媒介中，实际上并不能准确了解每个用户的需求。互联网和手机，一定程度上可以满足用户的个性化信息需求。彭兰认为，"传统媒体的经验真的不一定会成为

新媒体的财富,也许更可能是一个包袱。传统媒体的一个自信是:我们的人员是经过专业训练的,他们更懂得如何进行新闻价值判断、如何进行新闻写作或加工、如何进行版面的处理。实际上媒体的这些价值判断、加工与处理,与网民的需求未必总是吻合的"①。

The Daily 聘请了 100 多个传统媒体的记者,每期 100 多页,订户仍然认为缺乏独特性,与网络上见到的内容区别不大。海量互联网信息,已经将网民的信息阅读口味培养得非常"刁",真正要生产独特的内容,并非传统媒体人想象得那么容易。

第二点,APP 的易用性。移动互联网发展到今天,已经到了非常专业的程度,大到内容设置、菜单布局,小到推送时间,都已经精细入微,而且需要大量用户使用行为数据的支撑。媒体公司想要做到与互联网平台级公司一样好用的产品,基本上很难。即使做到了,投入的时间成本和资金成本是不可承受的。就 The Daily APP 而言,其易用性难以令人恭维,每期内容数据就达 40M,最多一期 1G,完全忽视移动互联网的特殊性,用户体验堪称糟糕。

从内容到易用性,The Daily 都没有卓越的表现。

另一个层面而言,APP 是否为数字内容发布的最佳选择呢?麻省理工学院《技术评论》的发行人和编辑杰森·庞廷在讲述自己杂志的 APP 实验时说:"APP 试图把旧式的、封闭的印刷媒体气质强加于崭新的、开放的数字化空间。"北京大学新闻传播学院的胡泳也认为:"APP 本质上是有墙的花园,读者无法进行互动评论。这和用户在互联网上的信息获取习惯迎面冲突:读者希望应用程序拥有互联网式的链接,并且可以随意评论。"②

对策:构建用户服务矩阵

数字内容产品不应该局限在单一的 APP 上,而应该在读者希望的任何地方、任何时间和任何平台上提供信息服务,服务的途径可能是微博、微信、

---

① 彭兰:《领悟新媒体法则——从〈The Daily〉的失败中学习什么?》,《新闻记者》2013 年第 1 期,第 3 页。
② 胡泳:《解析〈The Daily〉之死》,《新闻记者》2013 年第 1 期,第 4 页。

APP、Web网页、视频，甚至是图书、相关线下活动。这些服务彼此打通，形成传播矩阵，产生协同效应。

误区三：陈旧商业模式——广告与发行

默多克这个传统媒体帝国的大佬，思维路径依赖，即使在全数字化的 The Daily 项目上，商业模式依然是原来的报纸模式——广告加发行。

建立 APP，希望通过广告将用户卖给广告主。不是说，卖广告不可以，而是在数字媒体时代，传统媒体的原有广告模式难以维持新媒体的正常运转，更别提赢利。更严重的问题是，广告主已经在抛弃媒体，通过互联网与用户对话。2014 年年初，张瑞敏宣布，海尔不再投放杂志的硬广告。招商银行在微博微信平台上做得有声有色，小米这样的新兴公司，更是从产品设计开始到营销全部互联网化，让用户参与整个过程。媒体原来的广告主正在将媒体边缘化。

The Daily 尽管通过苹果的平台，建立了付费墙，有人欢呼，付费墙是数字内容产品的发行模式创新。其定价设定延续了纸媒的定价策略，1 美元 1 期。单一的定价策略，显然没有考虑到互联网用户的多样性需求。

对策：满足不同用户需求，建立差异化付费模式

数字内容生产，要适应虚拟世界新的生态结构。在互联网上，生产者与用户之间的关系可以更加紧密。凯文·凯利提出了 1000 铁杆粉丝定律来诠释这种关系。在《技术元素》一书中，他认为，"任何创作艺术作品的人——只需拥有 1000 名铁杆粉丝便能糊口。铁杆粉丝指无论你创造出什么作品，他（她）都愿意付费购买。他们愿意驱车 200 英里来听你唱歌。即便手上已经有了你的低清版作品，他们仍愿意去购买重新发行的超豪华高清版套装。他们会在谷歌快讯里添加你的名字，时刻关注与你有关的信息。他们会收藏售卖你的绝版作品 eBay 页面。他们参加你的首场演出。他们购买你的作品，要你在上面签名。他们购买与你相关的 T 恤、马克杯和帽子。他们迫不及待要欣赏你的下一部作品"[1]。

---

[1] 凯文·凯利：《技术元素》，电子工业出版社，2012。

数字内容的生产重要的是建立用户数据库,维护良好的用户关系,培养忠实的铁杆粉丝。

铁杆粉丝可以通过多种方式支持数字内容生产者,包括参与提前预售、购买更多作品、出更高价格参与到数字内容的生产传播中、自愿赞助、购买更多服务等。

具体到 The Daily 而言,1 美元定价,绝对是对那些铁杆粉丝的"侮辱"。在互联网上,要给用户提供多样化的选择,单一的媒体定价策略无法满足多样用户的不同需求,在定价这个问题上也是同样的道理。只有一个价格的选择是不对的,要有不同价格选择,相应提供不同的服务内容。

这里,借用京东众筹上一部电影的用户服务与付费设置来说明多样化的服务与定价策略。这部电影一共设置了 8 个付费价格选择,相应提供 8 个不同的服务内容礼包,每个礼包限制一定的人数,价格不同,提供不同的服务①(见表1)。具体的内容包括在其制作人微博、微信和博客上致谢;颁发赞助书、片尾特别鸣谢、限量版电影文化衫、限量版的特别花絮 DVD、主创人员的亲笔感谢信、首映礼特别 VIP 嘉宾、参加晚宴以及单独与主创人员交流等内容。

表1 一部电影的服务与定价

类别	付费金额(元)	限制人数	服 务 内 容
第一档	50	500	微博、微信、博客致谢;微信公众平台 VIP 会员;可以向剧组提建议;赞助人证书;京东优惠券
第二档	300	500	第一档内容,还有限量签名海报和明信片一张
第三档	800	200	第二档内容,还有创作人设计的电影限量版 T 恤一件
第四档	1500	100	第三档内容,电影制作花絮 DVD 一张;导演和全体演员签名道具一份
第五档	3000	100	第四档内容,还有参加首映礼和与主创团队见面活动
第六档	10000	5	第五档内容,首映礼 VIP 与登台获取证书,与导演主创团队合影;参加晚宴
第七档	20000	5	第六档内容,导演亲笔感谢信,神秘惊喜
第八档	60000	1	电影出品人,既然都是出品人了,那回报可以单聊

---

① 京东. 京东众筹王小兄弟 - 群像微电影《你》[2014 - 08 - 02],http://z.jd.com/project/details/35.html。

数字内容的生产，要为用户提供差异化服务，满足不同用户的需求，从而实现价格差异化。

误区四：土豪思维，不控制成本

The Daily 在关闭之时，有 85 万订阅用户。这个订户不少了，理论上来说，可以维持一家像样的数字内容生产者了。无奈默多克"土豪"，烧钱太猛，投入 3000 万美元，只烧了不到两年。

默多克花钱雇用了来自《纽约人》、《福布斯》、《纽约邮报》等知名媒体的 100 多位资深新闻人，如此众多经验丰富的传统媒体记者，花钱自然不少。

默多克在技术层面也投入了大量的资金。

在大量投入以后，85 万订户带来的收入和广告费，显然难以维持盈亏平衡。

对策：开源节流、控制成本

数字内容生产必须开源节流，控制成本。

内容领域的控制成本，可以通过用户生产内容模式（UGC），不一定需要那么多全职的记者，引入非媒体行业的具体专业人士贡献内容，与此同时要强化编辑的作用，由编辑来统领整合数字内容。

渠道领域要减少自己投入软硬件设施和技术人力，尽可能利用互联网免费开放的技术平台资源，比如免费视频网站、微博、微信以及免费开源软件等。

在推广方面，让用户参与内容的生产与产品的营销。

误区五：僵化保守，不懂迭代

在 The Daily 近两年的生命旅程中，显然不是到最后才发现有问题的。那么为何没有及时调整，解决存在的问题呢？

一定程度而言，这与传统媒体起家的默多克所实施树形组织结构有关，信息反馈慢，反馈信息不真实、不全面，真正的决策者对一线产品不了解，更别提因时而动、因势而动，及时作出调整。

对策：灵活应变、迭代修正

在互联网上做数字内容产品，要关注市场、用户，要不断试错，迭代修正，最终满足用户需求。YY语音的创始人李学凌当年离开网易，起家做的是一个博客订阅网站"狗狗"，后来发现没有市场，迅速修正，将目光转移到网络语音服务上，专注于网络语音，不断迭代修正，最终在与腾讯的竞争中奇迹般生存下来，还活得很好。

具体到数字内容生产而言，不可能设定目标就能成功，要跟随互联网的节奏，根据市场变化、用户反馈及时调整，大到整个产品的定位，小至产品的内容细节。修正、更新，不断迭代，调整，更新。而这种迭代要求最高决策者也要全程参与，设计、测试、生产、更新，只有这样才能保证整个团队真正执行到位。

结　　论

数字内容生产，不要痴迷内容为王，不要依赖组织化生产，不要认为卖广告是唯一的，不要孤注一掷相信APP是重要的，万万不能再忽视用户。

数字内容生产要建立网形组织结构，充分赋予个体权力，激发个体的活力。

数字内容产品的形态，不应该是简单的APP，而应该在读者希望的任何地方、任何时间和任何平台上为他们提供信息服务，形态可能是微博、微信、APP、Web网页、视频，甚至是图书，相关线下活动，这些服务彼此打通，形成矩阵，产生协同效应。

数字内容生产要建立用户数据库，培养铁杆粉丝，提供多元付费服务。

数字内容生产要控制成本，开源节流。

数字内容生产，要根据市场变化、用户反馈及时调整，不断迭代、更新。

B.13
巴西媒体中的金砖国家传媒

Fernando Oliveira Paulino; Marianna Holanda, César Bolaño *

Abstract:

This paper analyzes the Brazilian media coverage of other BRICS members (Russia, India, China and South Africa) using the *Correio Braziliense* as a reference to individually and collectively verify media representations of the BRICS nations as a power block. In order to do that, we produced a "composed month" corpus (31 editions) with 2012 editions, applying the notion of the "imagined community" and techniques concerning content and discourse. The analysis took the thematic focus of the following texts into account: 13 on BRICS, 63 related to Russia, 35 to India, 107 to China and 31 mentioning South Africa. An important discovery made in this research is the hegemony of BRICS States and a lack of civil society from these countries in analyzed news. A significant number of news published references mainly based on cultural marks or stereotypes. In addition, people of civil society within the BRICS states do not have a way to voice their opinion or cultural themes, different from coverage in the United States or European countries. In order to change and improve this, it would be important to stimulate coverage in other BRICS countries and try to establish more inter-academic and professional dialogues. The realization of academic research and events coupled with cultural exchange can be reflected on the agenda

---

* Fernando Oliveira Paulino, Professor at University of Brasilia (Brazil) and Director of Latin American Communication Researchers' Association (www.alaic.net) paulino@unb.br; Marianna Holanda, Undergraduate Student at University of Brasilia (Brazil) mari.holanda@gmail.com; Dr. César Bolaño, Professor at Federal University of Sergipe (Brazil) and president of the Latin American Communication Researchers' Association (www.alaic.net) bolano@ufs.br of the newspapers and on the maturing of the BRICS concept of community, transcending the relationship between states, ultimately reaching civil society.

Keywords:

BRICS; Brazilian media; Correio Braziliense

1. Introduction and methodology

This paper analyzes Brazilian media coverage on other BRICS members (Russia, India, China and South Africa), using the *Correio Braziliense* as a reference to individually and collectively verify local and global media representations of the BRICS nations as a power block. For that, we produced a "composed month" corpus (ANDI, 2007) with 2012 editions, applying the notion of the "imagined community" (Anderson, 1991) and techniques concerning content and discourse (Rocha & Deusdará, 2005). The analysis took the thematic focus of the texts into account and was not based on the size of the reports or the comparison of each one of the published discourses (interviewees, analysts or journalists).

The BRICS members are all newly industrialized countries or developing into them and are characterized by their large, significant influence on regional and global affairs and their fast-growing economies. In 2012, the BRICS countries represented almost 3 billion people, with a total nominal GDP of USMYM13.7 trillion.

The "*Correio Braziliense*"[①] is the reference newspaper in Brasilia, the capital of Brazil. It has a large impact inside and outside the Federal District; a region of almost 2.5 million inhabitants. This newspaper was chosen for this paper because Brasilia is Brazil's diplomatic headquarters and houses the BRICS country embassies. This reference newspaper sells close to 55000 editions and has a permanent section dedicated to international news.

The newspaper's daily editorials are: "Politics", "Economy", and "Cities". News related to day-to-day life in the Federal District is printed in the sections "Opinions", "Health/Science/Technology" (edited together), "SuperSports",

---

① Printed edition also available to subscribers on: www.correiobraziliense.com.br)

and "Art and Entertainment". There are also weekly inserts on "Vehicles", "Tourism", "The Correio Magazine", "Super" (children's insert), "I, Student", "Employment and Education", "Have Fun", "Law and Justice", "Know How to Live", and "Technology". Even though the number of readers is not comparable to those of a Western number (Reuters, 2012), the *Correio Braziliense* influences other newspapers, radios and TV stations, as well as Internet websites.

The Brazilian media sector is known for its concentration (Bolaño, 2007) and high level of political parallelism using similar practices and data as those of southern European countries (Hallin, 2004). Another important national characteristic is the reduced number of media accountability experiences, low level of printed media access, Internet growth, and the beginning stage of Public Broadcasting experiences (Paulino, 2011).

Historically, the Brazilian media has had less international news than the media from centered countries (Natali, 2002). However, step by step over the last few years through economic growth and inversions, the media, mainly the newspapers, have increased coverage dedicated to international coverage. Through the findings in this paper, it is possible to note this increase if we compare 2012 to previous years. There is more journalistic attention to BRICS countries focusing on political and economic events or tragedies; a result connected to previous conclusions presented in the MacBride Report (1980).

The methodology used in preparing this article was the composed month methodology based on a study conducted by the News Agency for Children's Rights (Andi, 2007). In order to accomplish this, a random sample of 31 editions was developed inside 366 newspapers in 2012. The months were taken into account as having the following number of days: 29 (February), 30 (April, June, September, and November) and 31 (January, March, May, July, August, October and December) and the days of the week (Mondays, Tuesdays, Wednesdays, Thursdays, Fridays, Saturdays, and Sundays).

2. BRIC or BRICS?

Out of the 31 analyzed editions, thirteen texts directly referenced BRICS or BRIC (no letter "S" representing *South Africa*). Six were found in the *Economy* section,

four in *Politics*, one in *Opinions*, one in *World* and one in *Art and Entertainment*.

Mostly, the materials compare Brazilian economic growth to that of other BRICS countries (Russia, India, China and South Africa). This is explained in the interview by economist Jim O'Neil, creator of the BRIC concept, in the February 6 edition of the editorial "Economy". He says "Brazil has grown and garnered the attention of other countries. It is seen as one of the highlights among BRICS and has many opportunities". The same line of thought is present in the material about President Dilma Roussef's visit to the USA: "The Giant's Appetite" (Sep. 04, page 7, the cover of "Economy"), an article which indicates the importance of Brazil on the contemporary international scene: "Brazil could be a very important ally on the world scene, for economic crises and conflicts, and to emphasize the Brazilian democratic institution in comparison to other BRICS countries: "the country is an ally, yet at the same time has its own voice. Out of the BRICS countries, it is the closest to the United States yet North American politics still does not see this".

BRICS is also referenced when used as a parameter in analyzing Brazilian performance and production. In the September 10 edition of "Economy" (p. 8), competition in the Brazilian economy is compared to the other BRICS member countries, concluding that the country was behind only China.

3. Russia coverage: the conflict in Syria and sports

In the 31 sample editions, 63 texts were published referencing Russia: 19 in the section "World", 17 in "SuperSports", 11 in "Economy", 6 in the insert "Arts and Entertainment", 3 in "Politics", 3 in "Science", 2 in "Opinion" (including a newspaper article), 1 in "Cities", 1 in "Law and Justice", and 1 in "Vehicles".

A significant part of the content is about the crisis in Syria. One such example is the report from December 25 (p. 10) which states that "behind the scenes, it is expected that Russia and China will not re-block a text condemning the crackdown on protests against Al-Assad". The March 6 edition (p. 23) of the newspaper published a note in the section "World" entitled "UN tries to ensure passage", which expressed the debate on the situation in Syria by the Arab League and the Russian government as "one of the countries that blocked the approval of a UN Security Council condemning the Al-Assad regime".

From another article on the conflict in Syria entitled "Bombings leave 27 dead", (March 18, p. 24): "on Thursday, humanitarian aid and human rights organizations appealed to Moscow and Peking for help to intervene against the Syrian government". This theme was also present in "UN suffers attack, talks of civil war" (June 13, p. 19) and also in the section "World" which cites Russian support in the conflict: "A resident of Homs, the activist Rama is not surprised by complaints of Moscow attack helicopters". "Russia supports Al-Assad and helps kill us (...) I'm starting to feel that the Russians are our enemies". On July 7, p. 18, on the first page of the section "World", the article entitled "A blow to the Syrian regime" included references to the deserted General connected to Bashar Al-Assad and to "the analyst who sees the fall of the dictator. Hillary Clinton pressures the stance of Russia and China".

The troubled election won by Vladimir Putin was also present on the pages of the Correio Braziliense. The article "Iron and Fire" in the "World" section, March 6, focuses on observers "who see a series of fraudulent elections. Police react violently and detain at least 550 protestors". In the article, "100 thousand against Putin", published on the cover of the June 13 edition of "World", a reference to the opposal of the current Russian president: "Despite pressure from the police, opponents to the president lead crowds down the streets of the capital demanding the annulment of the March elections. The government stands strong and complains of US involvement".

Russia was a significant presence in articles on the Olympic Games. Here are two examples of confrontations between Russian and Brazilian athletes: On August 12, in the section "SuperSports", the article "They're Brazilian and never give up" reports on the women's volleyball final: "the green and yellow team needed to beat Russia, the winner of the last two world championships". On the same day, the article "Men go for a three-peat" reported on the men's match: "the match between Brazil and Russia pits two of the most traditional schools of worldwide volleyball against each other".

4. India as an economic parameter and cultural exchange

Mostly, the texts based on India used the country as an economic parameter to compare it to Brazil, and did not fully express the "actual" Indian reality. We found

35 references to India (10 in "Economy", 8 in "Arts and Entertainment", 5 in "World", 4 in "Politics", 2 in "Computer", 2 in "Science / Technology", one in "Supersports", one in the "Correio Magazine", one in "Politics" and one in "Cities").

In the report "the World will grow less, says IMF" (July 7, p. 13), numerous indicators that have deteriorated are mentioned (investment, employment and production) "not only in Europe or the United States, but also in numerous key emerging countries such as Brazil, China and India", according to Christine Lagarde, director of the organization, during a visit to Japan.

In "It will only improve in 2013", from November 28, p. 13, on projections of economic growth: "India should jump from 4.5% this year to 5.9% in 2013, while Russia may grow 3.4 % in 2012 and 3.8% in 2013". A note published on August 12 showed other estimates: "India hires in the U.S.", p. 18, referring to remuneration in BRICS: "wages in India are still miserable, as in China, even though they are rising. These small gains have already led to deals where the difference between profits and losses is measured in cents, such as in the production of textiles, footwear, and clothing which is relocated from China and India to poorer neighbours such as Vietnam, Cambodia and Bangladesh".

In the column "Brasil S/A" of the "Economy" section (Sep. 10, p. 8), a text entitled "Educate to compete" was published which included India as a comparative base to state that the other countries of the emerging groups had small drops in rankings. South Africa dropped from 50th to 52nd, India from 56th to 59th, and Russia from 66th to 67th. This numerical focus is also used in the report "Huge Threat" on page 1 of the section "Technology" including the excerpt "Brazil is fourth on the list of countries that lose the most money to cybercrimes, tied with India".

The cooperation between Brazil and India was also evident in the pages of the Correio Braziliense. On March 31, pg. 14, after President Dilma Roussef's visit to India, the newspaper printed the report "Brazil and India advance together". This report highlights the signing of the agreements between the two countries "to promote cooperation between the two countries. Both agreements will allow for cooperation in the fields of science, technology, biotechnology and education. They will also encourage cultural exchange and promote gender equality, as well as women's and children's rights". The following month, on pg. 9 of the April 5th section "Politics" under the heading "MEC (Ministry of Education) far from its goal" India was included as one of the partner countries in the Science Without Borders Program. For the next rounds of talks about the program, the Ministry of Education intends "to include institutions from Ireland, India, Norway, Finland, China and Japan".

In addition to the economic approach, India has a significant presence in cultural coverage in the Correio Braziliense. On February 6th, pg. 2 of the Arts & Entertainment section, the column "360 degrees" mentioned the Cinema Club session which was showing the film Black on February 9th; an Indian movie about the life of Helen Keller. The same column also mentioned the country's audiovisual production as "Images of contradiction" which included the citation: "Indian filmmaker Girish Kasaravalli shows a diverse social view of the image of exoticism which identifies the country". On May 10th, in the insert "Arts & Entertainment", on pg. 3, the report "Box-Office Superpowers" writes about the film "The Avengers" and refers to the fact that "the markets in South America, parts of Europe, Oceania and some countries in Asia (including India) were the first countries to see the film launched in the last week".

On July 19th, in the insert "Arts & Entertainment", p. 3, the headline "Rajesh Khanna Dies" reports on the passing of the Indian actor "adored by his female fans and the face of the Indian cinematography industry for many years" who appeared in more than 160 films. On August 12, the first page of "Arts & Entertainment" mentions Indian plays in the article "The dragonfly of the Louvre": the "biggest museum in France and the largest collection of Islamic art in the country, a collection of 18.5 thousand pieces representing the Islamic culture which flourished between Spain and India for more than 10 centuries". On December 25th, on the cover of "Arts & Entertainment", information on the film "Life of Pi" includes India as the location of the opening scene and evaluates the production as "containing elements to charm the shopping center crowds as metaphysical questions are dealt with through the protagonist known as Pi and his journey".

5. China: partnership, threat and sporting power

With the obvious exception of Brazil, China is the most referenced Bloc country in

the Correio Braziliense. Most of the texts published in relation to China (107 references) highlight the fact that the country has the largest consumer market and the second largest economy in the world. Due to this fact, 35 of the 107 texts can be found in the section "Economy", 20 in "World", 20 in "Supersports", 10 in "Politics", 5 in "Science", 5 in "Opinion", two in "Arts & Entertainment", two in "Health", two in "Correio Magazine", two in "Vehicles", one in Know how to Live", and one in "Cities".

Many published texts refer to the fact that China is Brazil's main economic partner. Paulo Delgado's January 1st article "What's Coming?" in the "World" section looks towards paths that "Brazil, currently the sixth largest economy in the world (…), can it count on its four largest business partners (China, the United States, Mercosul, and the European Union) this year?" On January 13th, pg. 11, the article "China is the biggest target" states the fact that China could be seen as a threat: "the main focus of the investigations against unfair competition from the Brazilian government has intensified this procedure and intends to close the circle on dumping".

"Vale and Petrobras drag Ibovespa", published on March 6th, p. 12, describes the Chinese market as "the main miner purchaser". Ari Cunha's column, "China-Brazil in Portuguese", published on May 15th ("Opinions", p. 15), highlights the "large trading power the two countries possess", using the "presentation on investment opportunities and cooperation between China and Brazil held in Sao Paulo", as an example. On Sep. 25, the text "China is a motive for criticism and fear" ("Economy", p. 12) talks of the Brazilian government's concern that "its major trading partner further devalues the Yuan in order to make its exports more competitive." In "It will only get better in 2013", published in the section "Economy" on Nov. 28, "the Brazilian economy is more dependent on trade with China and needs to open its doors to more investments in order to grow quickly".

The financial-economic reference is also alluded to in the article "Negative Executives" (Jan. 25, "Economy", p. 10). It cited China, the United States and Brazil as "the countries considered the most important in terms of business expansion in 2012". In the article "Google asks Apple" (Feb. 18, "Economy", p. 13) Em "Google questiona Apple" (18/2, "Economia", p. 13), an agenda on trade disputes: "China, the largest cellphone market in the world, is not an easy country for Apple to do business with". The conflict between transnationals was also on the agenda "the EU may investigate conflict between Apple, Microsoft and Motorola". This was published on March 13 in the section "Economy", p. 17, and describes the moment where it was revealed that Apple and its main third party manufacturer of textiles, Foxconn, closed a deal to resolve work condition violations for 1.2 million employees who assemble iPads and iPhones. "In a historic decision that could change the way Oriental companies operate in China".

The article "China's Fury" (March 18, p. 17, "Economy") highlights the trading policies: "The Chinese are against the appreciation of the Yuan which forces the USA to devalue the Dollar and the EU to devalue the Euro". The note "More popular than Lula", inserted in the column "Brasil S/A" ("Economia", p. 15, April 5) A nota "Mais popular que Lula", inserida na coluna "Brasil S/A", na editoria "Economia", de 5/4, p. 15, also talks about the possibilities of devaluing the currency, mentioning President Dilma Roussef's criticism that "Europe, the USA and China are also manipulating their currencies". On June 8, p. 9, "Economy", the article "China cuts interest rates to boost growth" reports the surprising decision made by the Central Bank of China to lower basic tax rates "yesterday by 0.25% to stimulate the country's growth".

In the article "Chinese Doubt" (Sep. 10, "Economy", p. 9), the Chinese slowdown was present because the country's industrial production "recorded the lowest growth rate in three years in August, reinforcing the tendency to slowdown the second largest economy in the world". In the column "Brasil S/A", (Sep. 25, p. 15, "Economy") the article "From bad to unthinkable" considers that "despite the crisis the US is still the pivot of global economy and Europe, China and Japan alone will not have the strength to build a brighter outcome since the collapse of abundant credit in the world".

In an interview published on August 12, "Economy", p. 16, Finance Minister Guido Mantega says "Priority is an investment, not a readjustment of servers". He emphasizes the growth of the Brazilian market which had become "the third largest buyer of cars, overtaking Germany, placing itself behind only China and the United States".

Another fact that the collected texts draw attention to is the coverage of the Communist Party (PCC) summit meeting in 2012. Paulo Delgado's article "What is to come?" (Jan. 1, "World", p. 15, cited earlier), reflects on the next few years, speculating on whether "a Chinese reform might be on the horizon?" Or will the new leaders insist on an outdated, ridiculous and cruel isolation? (…). In China, the last chess pieces are being moved into place towards a redevelopment of its central command. There is a conflict inside the PCC over the two future models: either greater liberalization and promotion of free enterprise from the Guangdong province, or more protectionism through broad State expansion from the PCC province of Chongqing".

The note "Safe two in one" ("Brasil S/A", March. 31, p. 14) refers to social demands: "the pressure for social improvements in China is no longer deferrable. Either China's rulers take responsibility for the reforms or they will be hamstrung by the developed world's decisions, leading them to ruin". On Nov. 7, p. 11, the column "Brasil S/A" presents a text referring to the power struggle between the two blocs on the objective of "increasing internal consumption – and disagreeing on more privatization of state banks or the reinstatement of master planning". On the same date, an article in "Mundo" entitled "Summit meeting rejuvenates government" was based on the Chinese elections: "the 18th Communist Party Congress (PCC) starts tomorrow and will rejuvenate the party's summit meeting and therefore rejuvenate the group of men and women who will lead our country for the next 10 years". However, contrary to contemporary American dispute between Obama and Mitt Romney, the text does not offer the same level of analyses of Chinese electoral candidates, specialists or academics.

Reports link China and Russia to the Syrian crisis. On Feb. 6, the article "Arab split in Syria" ("World" cover, p. 14) points out that "behind the scenes, it is expected that Russia and China will not re-block a text condemning the crackdown on protests against Al-Assad". The two countries vetoed "the UN Security Council resolution to put pressure on the Damascus regime". On April, 9 ("World", p. 13) the article "Guarantee for ceasefire" reiterates the fact that the UN Security Council did not take "a decision on this matter because Russia and China, allies and trading partners with Damascus, are against the ousting of Assad from power".

In the text "Brazilians will oversee agreement", (May 10, "World", p. 19) the Sino-Russian position is evident: "while the Western powers, the Arab League and a part of the population struggle to oust Al-Assad from power, Russia and China are blocking it", this position is also evident in the text "Shots against the UN" (June 8, "World", p. 15): "the UN Security Council, in turn, faces more charges from Russia and China, two of the five permanent bloc members who have the power to veto, in relation to a possible direct intervention". On July 7 ("World", p. 18), the article "A blow to the Syrian regime", emphasizes the two countries' position: "the siege on Al-Assad tightened even more with increased pressure for the international community to show displeasure towards Russia and China's vetoes against direct action towards Damascus".

The Chinese presence in the London Summer Olympics is also reflected in the pages of the Correio Braziliense. In "The Success Formula" (May 27, "Supersports", p. 12 – 13) the "two sports powerhouses of today, China and the United States, each in their own way, know how to focus on individual sports very well. Four years ago in Beijing, the host country finished first place in the medal count, standing on the podium 100 times." China was also on the agenda when a local club tried to hire a Brazilian coach which shows a sports exchange between Brazil and China.

6. South Africa, Apartheid and the World Cup

There are 31 references to South Africa in the collected samples. Many of these references are in articles that only mention the country. Three examples are: a) "Foreign things made in Brazil (May 27, "Economy" cover, p. 14) found in the excerpt "The main consumer market is in Japan, followed by Hong Kong, China, Saudi Arabia, the United Arab Emirates, South Korea, Singapore and South Africa"; b) in "AIDS-related Deaths at 24%" (July 19, "Brazil" section) the subject material reports that in 2011 "worldwide investments for disease treatment and prevention reach USMYM16. 8 billion. South Africa alone was responsible for USMYM1. 9 billion of this total"; and c) in Juliana Borre's article "Educate to compete" (Sep. 10, "Economy"), South Africa fell from 50th to 52nd, India from 56th to 59th, and Russia from 66th to 67th".

The article "Get the next one" (Nov. 28, "Supersports", p. 6 – 7) also refers to South Africa: "During the World Cup in South Africa, coach Dunga had several rough discussions with the Brazilian press".

Comments about the Apartheid regime and former president Nelson Mandela were prevalent in texts published in the Correio Braziliense. On March 18 ("World", p. 23) the article "the difficult Apartheid inheritance" analyzes the last twenty years of Apartheid: "two decades ago the white minority voted to end the racial separation but democracy did not give the Negros the economic or social equality that Nelson Mandela dreamed of". On May 15 ("Politics", p. 4) the text "Protests and warnings about the Truth Commission" mentions how ex-president Fernando Henrique Cardoso suggested that the Brazilian Truth Commission would adopt "the current South African model responsible for revising the crimes committed during Apartheid".

It is possible that there have been a significant number of references to sports and to South Africa due to the fact that Brazil is the location for the upcoming World Cup of Football and the 2016 Summer Olympics. A complete article on athlete Oscar Pisturius entitled "Close to the first time" (March 18, "Sports") mentions the World Cup on the same date as "Zoo Inheritance". Furthermore, some reports published on the new Brazilian football team selection are linked to Brazil's elimination from the Cup in South Africa ("Kmow more" on June 8, and "Now he is colorado" on July 7, p. 4 – 5).

On Sep. 10, references to Brazilian coach Carlos Alberto Parreira at the helm of the South Africa team are in texts on the friendly between Brazil and South Africa in São Paulo. In "Seats still available to see Tahiti" (Dec. 25, "Supersports") the Correio Braziliense published an article comparing the ticket purchasing system programmed for Brazil in 2013 for the Confederations Cup to the tournament in South Africa, 2009.

Lastly, it is important to reiterate a note selected from an interview by Jim O'Neal (Feb. 6, "Economy", p. 9) that perhaps the Correio Braziliense pays greater attention to China, Russia and India than South Africa. Even though South Africa was the last country to be included in the bloc, O'Neal believes that there is only BRIC, not BRICS. The GDP of South Africa accounts for only one fifth of that of Russia. The country is not big enough to be in the same group".

7. Conclusions

It can be concluded that most of the texts published by the Correio Braziliense on

BRICS in the collected sample editions from 2012 addressed the main issue of economic issues, a direct consequence of the prevalence of trade between countries compared to other areas of exchange such as sports and culture.

Besides economic and financial issues, it is also important to highlight the coverage the Correio Braziliense gives to Russia and China's political position regarding Syria, to their sports activities in the Olympic Games, and to Indian cultural activities.

An important discovery made in this research is the hegemony of BRICS States and a lack of civil society from these countries in analyzed news. A significant number of news published references mainly based on cultural marks or stereotypes (Hall, 1997): such as "Russians and authoritarianism"; "India and its statistics and culture"; "China, closed regime and economical threat"; and "South Africa and its apartheid's heritage". Beyond that, the people in the bloc states do not have a way to voice their opinion or cultural themes in civil society, different than coverage on the United States' or Europe's facts.

To change and improve it, it would be important to stimulate analyses of coverage in other BRICS countries and try to establish more inter-academic and professional dialogues. The realization of academic research and events coupled with cultural exchange can be reflected on the newspaper agendas on the maturing of the BRICS concept of community, transcending the relationship between states and ultimately reaching a civil society.

8. References

Agência de Notícias dos Direitos da Infancia (ANDI). *Mídia e políticas publicas de comunicação*. Brasília: ANDI, 2007. Available in: < http://www.andi.org.br/sites/default/files/midia%20e%20ppcom_ ppc.pdf >

Anderson, Benedict. *Comunidades imaginadas*. São Paulo: ática, 1989.

Bolaño, César Ricardo Siqueira Bolaño (2007). *Qual a lógica das políticas de comunicação no Brasil?* São Paulo: Editora Paulus.

Hallin, Daniel & Mancini, Paolo (2004). *Comparing Media Systems: Three Models of Media and Politics.*

Natali, João Batista (2004). *Jornalismo Internacional*. São Paulo: Contexto.

Paulino, F. O.; Leal Filho, Laurindo; SILVA, Luiz Martins da (2011). Radio

Ombudsman Services of Brazilian Public Radio (EBC) as Media Accountability Instruments. Central. European Journal of Communication, v. 5, p. 275 – 283, 2012. Available in: < http: // ptks. pl/cejc/wp – content/uploads/2013/01/CEJC_ Vol5_ No2_ Filho. pdf >

Reuters Institute. JOURNALISM. REPORT. *Ten Years that Shook* the Media World. Big Questions and Big Trends in International. Media Developments (2012). RasmusKleis Nielsen. Available in < http: //reutersinstitute. politics. ox. ac. uk/ fileadmin/documents/Publications/Working_ Papers/Nielsen_ – _ Ten_ Years_ that_ Shook_ the_ Media. pdf >.

Rocha, Décio &Deusdará, Bruno. Análise de conteúdo e Análise do discurso: aproximações e afastamentos na (re) construção de uma trajetória. Alea. Estudos Neolatinos, Rio de Janeiro, v. 7, n. 2, p. 305 – 322, 2005.

UNESCO (1980) Many Voices, One World. The MacBride Report.

B.14
中国电视节目对外传播策略分析

张 钊*

摘　要：

改革开放30多年来，通过在海外调整频道落地、节目销售、新媒体等战略，中国电视对外传播事业的发展突飞猛进，对外传播格局已经基本形成，极大地塑造了中国良好的国际形象。至今，中国已经成为国际上电视节目生产制作大国，但还不是真正的电视强国。中国要取得与其政治、经济发展相称的国际地位，必须加强电视节目的生产制作与对外传播，以扩大其在国际上的公信力和影响力。根据大量翔实的最新资讯及数据，本文将重点分析中国电视节目对外传播的基本格局及存在的问题，并提出中国电视节目对外传播的应对策略。

关键词：

中国电视节目　对外传播

随着全球化、经济一体化的进程，中国经济及综合国力已经跻身世界前列。从2010年，中国经济GDP总量已经正式超过日本，持续位居世界第二，仅次于美国。但中国要取得与其相称的大国地位，必须加强文化"软实力"建设。在对外传播"软实力"中，我们拥有广播、电视、报纸、网络等众多传播媒介，但对外电视传播仍占据主导的地位，其以独特优势在中国对外传播中充当着"领头羊"的角色。

但与发达国家相比，我国电视媒体在海外传播的覆盖范围、传播能力和影

---

* 张钊，博士，副教授，在央视工作，研究方向为国际新闻传播学。

响力等方面,均存在较大差距。目前,中国电视对外传播注重了频道的落地,但未能很好地解决电视节目入心、入脑的问题。本质而言,电视节目的生产、创意、制作等环节直接关系中国形象的对外传播,也直接关系传播效果。因此,在众多传播策略中,必须加强对外电视节目的策划、制作和传播,真正做到中国观点、国际表达。

一　中国电视节目生产制作状况

1. 电视节目分类

按照《广播电视辞典》的解释,"电视节目"指电视台各种播出内容的最终组织形式和播出形式。它实际上涵盖了电视台和其他电视制作机构制作的、供播出或交流的、具有特定内容和形式的电视作品。电视节目内容丰富,形式多样,节目系统具有灵活机动的特点。①

"电视节目"指电视台通过载有声音、图像的信号传播作品的节目。电视节目制作主要分成三个过程:创意与选题、拍摄、后期制作。②

一般来说,在国内,电视节目大致可分为新闻类节目(综合、专题、访谈等)、文化娱乐类节目(影视、综艺、体育、音乐、娱乐资讯等)、教育类节目(社会教育、青少教育等)、生活服务类节目(包括生活见闻、公益广告、理财等)四大类。由于电视节目的发展,许多节目复杂多样,包含了多种类型。在所有电视节目资源中,最具影响力的莫过于电视新闻、电视剧、纪录片等文化及生活类节目。因此,本文重点探讨电视新闻、电视剧、纪录片等节目的对外传播。

2. 中国电视节目生产制作现状

电视被公认为20世纪最为重要的发明之一。至今,它仍是人们获取信息、教育及娱乐的最主要方式。随着中国观众对电视节目的需求日益多元化,中国电视节目制作呈现如下特点。

---

① 赵玉明等主编《广播电视辞典》,北京广播学院出版社,1999,第220页。
② 《360百科》,"电视节目",http://baike.so.com/doc/5387393.html。

(1) 中国电视节目制作、播出数量和质量不断提高。

2012年，全国共生产制作电视节目343.63万小时，同比增长16.46%，增速较2011年翻一番。其中，产量居前三位的是专题服务类、新闻资讯类和广告类电视节目，产量分别为89.25万小时、88.69万小时和55.52万小时，占节目总产量的比重分别为25.97%、25.81%和16.16%。①

从央视的节目生产制作来看，截止2012年12月31日，央视共有25个公共频道，栏目总数达399个，全年总播出量达342084小时，日均播出量近937小时，内容涵盖新闻资讯、专题服务、综艺益智、影视剧等。②

这表明，中国电视节目生产、制作的数量逐年上升，其中新闻、综艺及电视剧等节目制作、播出比例较大，反映了观众的需求变化，而且节目质量也在不断提升。

(2) 电视新闻制播：主流媒体核心业务。

电视媒体的对外传播核心载体是新闻。在现代传播格局中，世界主要国家十分重视新闻在对外传播中的作用，通过广播、电视、报纸、新媒体等多种方式，努力争抢国际新闻这一阵地，传达各自国家政府的立场。

进入20世纪90年代，世界各主要国家和地区，无论公营还是私立电视媒体纷纷开办了电视新闻频道，24小时不停地向全球播出新闻，使当代重大事态的发展与电视传播的有机运动基本实现同步，抢占国际舆论制高点。

央视作为国家的喉舌和政府核心的舆论阵地，秉承"新闻立台"的策略，凭借遍布全国甚至全球的记者站和分中心，在新闻影响力和权威性方面具有其他国内电视机构无法比拟的优势。20世纪90年代起，央视先后开办了24小时新闻频道、中文国际频道、英语新闻频道，并陆续开办了以新闻为主的多语种综合性频道，法语频道、阿拉伯语频道、西班牙语频道以及俄语频道，向世界传达中国的声音，同时让中国了解世界，以扩大中国的对外传播力和影响力。据统计，2013年央视新闻频道收视率0.31%，收视份额2.76%，全国排名第7。

这表明，中国电视新闻的制播无论在国内还是国际上都具有举足轻重的作

---

① 庞井君主编《中国广播电影电视发展报告（2013）》，国家新闻出版广电总局发展研究中心，社会科学文献出版社，2013，第84页。
② 胡占凡主编《中国中央电视台年鉴2012》，中国广播电视出版社，2013，第31页。

用,起到了很好的传播效果。

(3)电视剧、动画片、纪录片等节目制作呈快速增长趋势。

早在1955年,中国首部电视剧诞生。1983年,我国电视剧年产量仅为500集;2003年,电视剧年产量首次突破1万集。2010年,我国电视剧年产量达到14685集,平均每天生产40集左右,创历史新高。我国在较短时间成为世界电视剧生产大国,实现电视剧发展的重大突破,创造了世界电视史上发展的一个奇迹。①

2011年,全国生产完成并获得发行许可证的电视剧共计469部14942集,比2010年增加33部257集。2011年,生产现实题材剧共计237部,占比50.53%,超过一半;历史题材剧共计219部,占比46.7%;重大题材共计13部,占比2.77%。②

2012年,全国获得发行许可证的电视剧总计506部17703集,比2011年增加了37部2761集,同比增长7.89%和18.48%,再创历史新高。其中,现实题材剧目284部,历史题材216部,重大题材6部243集。③ 现实题材剧逐渐占据影视剧生产的主流,契合了人民群众的审美需求,凸显了政策调控的效果。

截至2012年年底,全国共有"电视剧制作许可证(甲种)"机构137家,"广播电视节目制作经营许可证"机构6175家,比上年度增加812家,增幅为15.14%。其中,民营影视制作机构超过5000家,已成为节目制作的重要力量,多种所有制共同发展格局已经形成。④

从动画片制作来看,2010年,中国制作完成的国产电视动画片385部220530分钟,是2005年的5.16倍。目前,中国动漫产业已经形成47个动漫产业基地,6000多家动漫企业,年产量超过20万分钟动画片,短短7年,中国取代日本成为世界第一动画生产大国。⑤

---

① 田进:《加强引导 提升品质 努力开创电视剧繁荣发展新局面》,《电视研究》2011年第6期,第4页。
② 庞井君主编《中国广播电影电视发展报告(2012)》,社会科学文献出版社,2012,第7页。
③ 庞井君主编《中国广播电影电视发展报告(2013)》,社会科学文献出版社,2013,第67页。
④ 庞井君主编《中国广播电影电视发展报告(2013)》,社会科学文献出版社,2013,第82页。
⑤ 转引自《中国动漫节现场成交128亿》,《电视研究》2011年第6期,第21页。

在2011年，中国动画制作机构自主生产的动画片数量大幅增加，全年制作完成国产电视动画片共435部、26.12万分钟，比2010年的385部、22.05万分钟，分别增长12.99%和18.46%。2012年，制作完成国产电视动画片395部222938分钟，同比减少了40部38286分钟。① 在经历连续8年高速增长后，中国动画片逐步由产量规模增长向质量、效益提高方向转变。但"动漫大国"不等于"动漫强国"。

2012年，国产纪录片飞跃发展，全年央视、中央新影集团、中国教育电视台和主要省级制作机构生产的纪录片总量达3000小时，是2010年的3倍。②

虽然中国已经成为世界第一的电视节目生产大国，也拥有了全世界最多的观众，但还不是真正意义上的电视强国。目前，我国新闻节目在国际舆论方面的引导力、影响力还不够，而电视剧、动画片、纪录片等节目大多是面向国内市场的，真正适合海外市场尤其是国际主流市场的非常少。归根到底，尽管我们的电视节目数量增长很快，但节目质量不高。

二 中国电视节目对外传播基本特征

对外传播是一种传播活动，传播对象是境外人士，传播载体为传播媒介，传播目的是让世界了解中国。

经过50多年的发展，中国电视产业取得了非凡的成绩，形成了以频道落地、节目输出、新媒体发展等多渠道、多层次、全方位发展的对外传播格局，树立了中国负责任的大国形象，扩大了中国的国际影响力，世界舆论西强我弱的格局正在发生变化。

1. 转变传播理念，提升新闻节目对外传播力度

向世界说明中国，首先要转变传播理念，变"对外宣传"为"对外传播"。在中国媒介中，对外传播、国际传播或新闻报道基本上都称为对外宣

---

① 庞井君主编《中国广播电影电视发展报告（2013）》，社会科学文献出版社，2013，第48页。
② 庞井君主编《中国广播电影电视发展报告（2013）》，社会科学文献出版社，2013，第7页。

传。汉语中,宣传一词的含义属中性,没有明显的贬义。而在西方社会,宣传常常被认为是有意地隐瞒事实、欺骗等,而且具有单向传输的特点。简单而言,对外宣传更多意味着比较主观的、以我为主的一种报道,而对外传播则更强调相对的客观性、中立性,或者客观和中立的立场、方式与方法。

长期以来,对外宣传一直是我国广播影视工作、新闻报道和文化交流中的一项重要工作。但随着中国国际地位的变化,中国电视正逐渐从对外宣传转变为对外传播,更多地强调对外传播规律,尽可能地遵循新闻报道及节目制作的国际惯例以及观众习惯,有针对性地进行选题,增加新闻报道及节目制作的贴近性与亲切感,以提升中国电视对外传播的公信力和权威性。

央视作为国家电视台,在传播中国声音、塑造中国国家形象方面起到举足轻重的作用。为加强电视新闻对外传播,央视采取以下措施,提升新闻对外传播力度。

第一,整合了台内资源,成立大新闻中心。2010 年,央视加大新闻资源整合力度,实现内外宣传新闻资源共享,把英、法、西、阿、俄 5 个外语频道整建制划入新闻中心,统筹国内、国际新闻传播。深入推进新闻资源整合,信息量大增,新闻报道更加及时,内容更加丰富。新闻频道日均播出新闻由 270 多条增加到 600 多条,新闻首发量由 70 多条增加到 300 多条,收视份额比改版前提升 52.9 个百分点。中文国际频道日均播出新闻由 120 多条增加到 220 多条,新闻类节目在频道的贡献份额提升 12 个百分点。由于新闻采集能力的增强,2010 年,央视将英语频道由综合频道改版为新闻频道。改版后,英语新闻频道直播新闻近 19 小时,栏目设计、播报风格、节目包装等也更加国际化。改版以来,英语新闻频道的新闻自采率增加了 4 倍,新闻首发率增加了 50%。[1]

第二,加强在海外建立新闻报道站点,提供第一手信息。中国新闻海外采编逐渐覆盖全球一些重要国家、地区和主要城市,新闻信息采集的快速反应能力明显增强,国际新闻信息的原创率、首发率和转引率等快速提高,中国电视对外传播全面前移。

---

[1] 胡占凡主编《中国中央电视台年鉴 2011》,中国广播电视出版社,2012,第 49 页。

2011年，央视的国际新闻自采率从2010年的19%提升到39.8%，新闻频道首发率从2010年的47.24%提升到51.18%。外语频道进一步定位，强化为以新闻为主的综合频道。①

2012年，央视非洲分台和北美分台正式开播，标志着央视已建成了包括2个海外分台、5个区域中心记者站、63个记者站共70个海外记者站构成的全球电视新闻采编网络。2012年，央视国际新闻自采消息的比重占50%～60%，五年前却仅占10%都不到。海外记者站共发稿1.65万多条，占全台国际新闻播出量的54%，重大事件现场到达率高达97%，基本上实现了在重大国际突发事件中与美国CNN、英国BBC等国际一流媒体同步报道，甚至快于对方的要求。②

据统计，2013年，央视全球采编网络的新闻到达和报道能力持续增强，播发的自采国际新闻占比大幅提升，71个海外记者站全年发稿量2.2万多条。新闻节目本土化制作进一步加强。北美分台区域制作中心每天播出的节目由1小时增至2小时，非洲分台区域制作中心由1小时增至1.5小时，使英语新闻频道播出的由央视自采的国际新闻占比从几年前的3%提升至76%，彻底改变了国际新闻主要依赖西方媒体的局面。

第三，对外电视节目从单一语种的节目转变为多语种节目。

无可讳言，中国对外开放以来，对外电视传播在质和量两方面都取得了令人瞩目的成就。1990年以前，对外电视基本上是中文节目，从1991年起，逐步发展为以中文节目为主，英、法、西班牙语节目为辅的多语种节目结构。2000年9月25日，CCTV-9（英语频道）正式开播。从此，央视拥有两个对外传播的电视频道。英语频道的正式开播对加快中国电视进入外国主流社会具有重要意义，是中国电视走向世界与国际电视接轨的关键性举措。

2010年，央视创办了英语新闻频道；2011年，西、法、阿、俄语频道实施全面改版，加强了文化传播力度；2012年，开办英语新闻频道北美和非洲区域制作中心，实现了英语新闻频道全球制播。

---

① 胡占凡主编《中国中央电视台年鉴2011》，中国广播电视出版社，2012，第52页。
② 胡占凡主编《中国中央电视台年鉴2012》，中国广播电视出版社，2013，第47页。

全球传媒蓝皮书

当前，央视是全球唯一用6种联合国工作语言对外传播的电视机构，中文国际频道、英语新闻频道、西班牙语国际频道、法语国际频道、阿拉伯语国际频道、俄语国际频道改版优化，针对对象国家的调查数据显示，中文国际频道始终占据海外华语媒体收视率第一的位置。外语国际频道已经成为海外观众了解中国信息的第一渠道，观众的接触率、收视率和满意度超预期。[①]

第四，通过新媒体平台传播中国新闻资讯。

2010年12月25日，央视确定以公司化的方式启动国际视频发稿平台项目。该平台的建成将央视新闻传播方式拓展为"新闻播出+视频发稿"。这直接将新闻素材推送到国外主流媒体新闻编播环节，对外传播效果更为直接、快捷、深入。该平台目前与美联社、路透社合作，面向全球800多家视频媒体用户，发送央视的新闻视频和英语文稿。

据统计，2013年1~12月，国际视通各语种对外发布央视新闻4.82万条，较2012年全年发布量增长25%。2013年，有71个国家和地区的1653家电视台（频道）累计采用央视新闻素材61.9万余次，较2012年增长约55%。此外，在对外发布的39场央视重大新闻直播信号中，有533家次海外媒体以全程报道、插播、重播等方式累计使用7500多次。这不仅在发布流程上借鉴国际标准，也可以直接进入全球各类视频媒体，特别是主流电视媒体和各类新闻媒体终端。

总之，央视新闻频道年度收视份额实现四连增，在上星频道排名中更进一步；英语新闻频道国际新闻自采率近70%，多档外语节目落地北美、非洲等主流媒体平台；"央视新闻"微博、微信、客户端的总用户数量接近6000万。新闻节目在国际上的影响力逐步扩大，建立了"中国了解世界，向世界了解中国"的窗口。

2. 电视节目制作：全球化与本土化的结合

央视已经搭建起了一个覆盖全球的报道网络，大大提高了全球报道能力。在国际新闻报道领域，基本扭转了依赖西方媒体的局面，可以用更加客观、公正的报道打破西方媒体的垄断。

[①] 胡占凡主编《中国中央电视台年鉴2012》，中国广播电视出版社，2013，第43页。

依托非洲分台和北美分台,央视国际频道实现了全球化、本土化制播,内容更加丰富,传播的针对性、贴近性更强。

央视英语新闻频道在新闻报道方面进行了较大力度的改革,国际化及本土化同步推进。以非洲分台为例,目前,非洲分台拥有17名非洲当地记者,分布在11个国家,每名记者通过片区管理负责3~5个国家,报道范围覆盖非洲所有54个国家。据统计,非洲分台开播以来,这些记者已经在40多个非洲国家进行过报道,采制了3000多条新闻。在非洲分台,雇用当地的记者、编导、主持人制作《非洲直播室》等节目,"用非洲人报道非洲",传播效果显著。非洲分台制作的本土化节目逐步在国际电视媒体中建立优势,在某些方面已经超越长期处于垄断地位的西方媒体。

2013年,央视英语新闻频道扩大了本土化节目制作比例,全天本土化节目的制作规模由2小时增加到6小时。北美区制作中心的节目由1小时扩版至4小时。非洲直播室已经成功进入肯尼亚和乌干达等国家电视台进行植入式播出,利用其本土传播平台,扩大了实际的覆盖率和影响力。同时,在国际报道中,大量使用外籍记者和海外特约报道员,突出国际化特色。

就全球化而言,央视纪录英语频道做出了有益的探索。2013年,CCTV-9 Documentary 成功探索出"节目品质国际化,传播路径市场化"的有效对外传播模式,实现了"走出去、进主流、打亮点、扩影响、树品牌"的国际合作与国际传播局面。截至11月底,纪录频道全年共计新译制播出国产纪录片节目达500余小时,(纪录频道)在节目编排上进一步强化针对不同时区观众的"差异化"编排,推动纪录国际频道的内容更加贴近国际主流电视观众的需求。

3. 电视节目的对外营销再创新高

据不完全统计,2011年,全国影视文化产品与服务出口总额共计1.56亿美元,出口覆盖五大洲100多个国家和地区。其中,影视节目出口约1.6万多小时,出口额6700多万美元。①

据不完全统计,2012年全国电视节目和服务出口约4.95亿美元,其中电视剧、动画片、纪录片、综艺专题等电视节目出口7455万美元,影视服务出

---

① 庞井君主编《中国广播电影电视发展报告(2012)》,社会科学文献出版社,2012,第10页。

口 4.2 亿美元。①

目前，中国国际电视总公司是国内最大的对外节目销售代理公司。公司拥有遍布亚洲、大洋洲、北美洲、南美洲、非洲等 100 多个国家和地区上百家电视机构的国际营销网络，销售节目有效播出覆盖 120 多个国家和地区，每年向海外媒体机构销售 10000 多小时的电视剧、电视电影、纪录片、卡通片和综艺、专题类节目，数量和种类多年来一直位居国内之首。

2011 年，中国国际电视总公司大力拓展国际营销渠道，共向境外主流媒体交流央视节目 2350 部/集（约 350 小时），对外销售影视节目 13000 小时，金额 1200 多万美元。大型文献纪录片《旗帜》等节目打入非洲、欧洲、美洲和东南亚市场，海外市场反响良好。②

2012 年，中国国际电视总公司海外销售影视节目 1 万多小时，对外销售同比上年增长 25.6%，金额 1395 万美元，连续四年国际营销收入突破 1000 万美元，特别是电视剧《李小龙传奇》，纪录片《舌尖上的中国》、《超级工程》等节目受到海外客户欢迎，进入了国际主流市场。③ 2013 年，总公司向海外发行央视纪录片 78 部，影视节目出口总额超过 1500 万美元。

纪录片节目销售成为中国电视节目海外销售新的增长点。2012 年，中国纪录片海外出口达 2200 万元，占影视文化产品海外销售额的 14%；央视纪录频道的开播直接拉动央视纪录片海外销售额，2012 年海外销售额同比增长达180%，总金额突破 248 万美元，创造了中国纪录片海外发行的最好成绩。《南海一号》、《故宫 100》、《春晚》、《超级工程》、《舌尖上的中国》等纪录片，已经实现在全球 60 多个国家和地区销售播出。

但总体而言，与国际主流电视媒体相比，中国电视节目的海外销售数量还不多，且收入甚微。如 2010 年，中国电视剧出口 199 部 6717 集，出口金额还不到 3000 万美元。④

---

① 庞井君主编《中国广播电影电视发展报告（2013）》，社会科学文献出版社，2013，第 157 页。
② 胡占凡主编《中国中央电视台年鉴 2011》，中国广播电视出版社，2012，第 53 页。
③ 唐世鼎：《增强国际传播能力　推动国际一流媒体建设》，《电视研究》2013 年专刊（上），第 70 页。
④ 田进：《加强引导　提升品质　努力开创电视剧繁荣发展新局面》，《电视研究》2011 年第 6 期，第 7 页。

4. 制作、推广具有中国文化内涵的电视节目

中国电视对外传播要从文化的高度来确定目标和出发点，注重文化内容的传播。当前，我国主流电视对外传播是以新闻为主，以赢得国际话语权。这是无可厚非的，但从我国电视对外传播所处的环境和面临的挑战来说，文化内容在当前我国电视对外传播中具有举足轻重的作用。正如央视总编辑、副台长罗明所说，作为主流媒体，电视台要担当提升中国文化走出去的责任。我们实行中国文化"走出去"，要两条腿走路，一是整频道落地，二是节目在所在国主流频道播出。①

对电视频道来说，文化吸引力的核心是节目内容。在这方面，央视纪录频道英文国际版起到了很好的垂范作用。该频道主要播出介绍中国自然地理、社会现实、历史人文等方面的内容，向海外观众系统展现中国文化图景，着力提升中国文化的影响力和吸引力。

2012年，中国国际电视总公司精选国产电视剧如《楚汉传奇》、《大秦帝国Ⅱ》等颇具中国文化、历史特色的重点影视节目远销欧美国家，受到海外媒体和观众的欢迎和好评，也给公司带来可观收入。② 2013年，中国国际电视总公司向海外发行了纪录频道出品的经典文化类节目，如《超级工程》、《丹顶鹤》、《京剧》、《舌尖上的中国》等，进入欧美等主流电视市场。

2012年，中文国际频道《远方的家》栏目推出百集系列特别节目《北纬30度——中国行》、《走遍中国》栏目推出百集系列片《中国古镇》以及50集系列《留住手艺》等一大批文化韵味浓厚、品质高雅的节目，受到海外观众好评。2012年9月，中文国际频道向全球孔子学院赠送了《北纬30度——中国行》光盘作为辅助教材，也是央视优质电视节目"借船出海"的一种形式，借助孔子学院的全球平台，进一步扩大自身的海外传播力和影响力。③

2014年4月中旬，《舌尖上的中国》（第二季）由央视制作完成，并在有关频道中播出。该纪录片在电视国际传播领域，已成为推动中华文化"走出去"的亮点，是央视纪录片在国际传播领域的一次成功突破，将为未来更多

---

① 胡占凡主编《中国中央电视台年鉴2012》，中国广播电视出版社，2013，第17页。
② 庞井君主编《中国广播电影电视发展报告（2013）》，社会科学文献出版社，2013，第155页。
③ 胡占凡主编《中国中央电视台年鉴2012》，中国广播电视出版社，2013，第334页。

电视作品走向世界提供宝贵的经验借鉴。

这些电视节目通过国际频道播出或者销售到国外,在国外主流电视媒体中播出,极大地传播了中华优秀文化,加深了国外观众对中国的深层次了解。

5. 强化电视节目的国际合作,采用多种形式"走出去"

随着中国对外传播进程的加快,中国电视媒体机构采用多种方式,促进电视节目走出去。电视节目的国际合作涉及节目的交换、联合制作、并购等多种形式。

首先,在新闻方面,中国电视机构加强与国外主流媒体的合作,进行新闻素材和节目交换。

除了商业化的运作方式外,中国电视媒体同国外电视机构开展双边或多边新闻素材和节目交换。

央视中文国际频道建立全球媒体合作机制,建立海外电视媒体协作平台,进一步加强中文国际频道与全球华语电视机构的合作。依托中文国际频道《今日亚洲》栏目建立的"亚洲媒体合作平台",已与亚洲 28 个国家的 33 家电视台建立了新闻交换合作关系,扩大了央视在亚洲媒体中的影响力。

目前,央视已经与 100 多个国家和地区的 130 家电视台建立了业务联系,在扩大新闻交换、突发新闻报道直播授权、互派特约报道员等领域展开合作,尤其是央视新闻频道、体育频道、财经频道等与国外主流通讯社、电视台如美联社、CNN、BBC 等签署新闻交换协议,每年交换大量的新闻素材。这既分享了电视节目,也节省了大量的节目制作费用,进一步提升了央视国际新闻报道的时效和国际影响力。

其次,在纪录片领域,国内纪录片制播机构加强了与国际纪录片制播机构的合作,利用对方的海外制作、发行渠道,让中国纪录片进入更多的海外播出平台。

央视纪录频道与 BBC、国家地理频道、韩国 KBS、意大利国家电视台、法国国家电视台等国际影视机构联合拍摄《改变地球一代人》、《秘密中国之天坑》、《新中国传人》、《利玛窦,延续至今的传奇》等多部纪录片。此外,还通过版权购买、委托制作等方式,向海外推出优秀纪录片。纪录频道与 BBC 联合摄制的纪录片《改变地球的一代人》和《生命的奇迹》,由 BBC 旗下两个顶尖团队负责节目的制作,BBC 环球负责全球发行,其中《生命的奇迹》

已与 2013 年年初在 BBC2 黄金时段播出；与美国国家地理频道联合制作了《春晚》60 分钟国际版，国家地理频道在全球 120 个国家播出。[1] 纪录频道正在成为国际纪录片行业迅速崛起的品牌，代表着亚洲的重要一极。

再次，民营企业采取投资、联合制作、并购等方式，促使中国电视节目"走出去"，成为中国对外传播的一支新生力量。

2007 年以来，北京四达时代公司在非洲卢旺达、几内亚、尼日利亚、坦桑尼亚、肯尼亚、乌干达等 10 多个国家投资建设了数字电视运营项目，还开办了影视、功夫、音乐等电视频道，成为中国影视节目走进非洲的传播平台。到 2013 年 1 月，其非洲地区数字电视用户已超过 210 万户，日均发展新用户 1 万多户。预计，到 2015 年可覆盖 30 个非洲国家，用户规模可达 5000 万户。[2]

2009 年 2 月，西京文化传媒全资收购了英国普罗派乐卫视（Propeller TV），成为首个进入欧洲主流电视播出体系的中国电视台。该台在保持原有节目风格基础上，陆续加大具有大量中国元素的节目量，精心推出了《对视》、《中欧艺术秀》、《魅力中国》等栏目，全天 18 小时英语播出，已累计播出介绍中国文化、旅游、风土人情、文化类节目共 6000 多小时。截至 2013 年 3 月，该频道已经覆盖欧洲 45 个国家和地区，用户规模达 2300 多万户，其中英国有 1300 多万户家庭。

2009 年 7 月，俏佳人传媒并购了美国国际卫视后成立了"美国 ICN 电视联播网"，拥有 16 个频道，截至 2013 年 3 月，覆盖人群达 1 亿人以上；2011 年 7 月，俏佳人传媒出资并购了美国大纽约侨声广播电台，并整合了 ICN 电视、侨声电台媒体资源，建立了多层次、全方位的北美传播覆盖网络，内容包括本土化自制新闻、娱乐节目和来自海峡两岸的高收视率新闻、娱乐、社教节目。[3]

三 中国电视节目对外传播存在的主要问题

在 21 世纪里，国际传播格局中存在的不平等现象依然十分严重。西方主

---

[1] 庞井君主编《中国广播电影电视发展报告（2013）》，社会科学文献出版社，2013，第 80 页。
[2] 庞井君主编《中国广播电影电视发展报告（2013）》，社会科学文献出版社，2013，第 157 页。
[3] 庞井君主编《中国广播电影电视发展报告（2013）》，社会科学文献出版社，2013，第 157 页。

流国家占据并垄断了国际传播技术、内容制作、规则制定等重要方面,通过对国际事务的"议程设置"等方式主宰了国际传播工具及国际传播话语权,而经济、技术力量薄弱的欠发达国家让世界听到自己的声音变得非常困难。西方大国凭借其经济实力和国际传媒的垄断优势,借助软实力,对包括中国在内的广大发展中国家进行大规模思想、文化渗透,试图把西方的社会政治制度、意识形态、价值观念强加于别国。

近年来,中国电视传媒在频道建设、节目制作、新技术研发与运用等方面取得了长足的发展,"走出去"步伐加快,国际传播能力建设成效显著。但整体而言,中国电视节目对外传播存在以下主要问题。

1. 宏观而言,对电视节目对外传播规律把握不够

在对外传播初期,中国电视传媒机构过分强调宣传的功能。目前,总体上,能制作比较适合国外观众的电视节目,但仍存在较大差距,尤其在新闻节目制作方面差距比较突出。在重大国际事件报道上,国外受众并不首先选择中国新闻报道作为其信息源。其中原因之一,是对新闻节目制作规律把握不够。对外新闻报道应该遵循国际传播规律。应强化受众意识和效果意识,注重传播方法和手段的多样性,不能一成不变地进行宣传,而应适应当地的需求进行有变化的传播。

西方主要媒体在新闻节目报道上,强调事实的客观性,只报道事实,不加任何倾向性评论,进行正反两方面的平衡报道,以显示公正性。新闻报道的核心原则是公正、平衡和信源多样化,而中国电视媒体在新闻报道中有时过分重视正面报道或者宣传。因此,时常会造成中国主流传媒机构在国内重大新闻事件对外报道中的失语和缺席。其实,正面报道如果报道不当,可能产生负面的效果;而负面报道如果处理得当,也可能产生正面的效果。

2. 从微观而言,节目制作缺乏国际化表达,节目创新不足

在电视节目制作方面,中国电视传媒机构在节目形态、编排、议程设置等方面缺乏国际视野,对国外受众对中国信息的需求、心理及思维模式,国外受众收视偏好和习惯等缺乏深入了解。因此,在节目制作中时常缺乏国际化的表达,难以用国外受众听得懂的语言和可接受的方式,从而影响传播效果。

在国际新闻报道时,中国电视媒体未能充分了解国际受众需求。其实,外国受众最想了解的是中国大众的生活,是在中国发生的大事,一些具有新闻价值的信息。在采访、写稿、编辑、出镜和配音等微观方面,新闻工作者应遵守一些国际上通行的电视节目制作标准。同时还要根据国外观众的不同欣赏习惯和收视特点在节目包装、节奏处理、画面选取等方面进行国际化表达。

此外,中国电视节目创新力度不足,跟风模仿问题突出,本土原创节目较少,节目模式开发更是凤毛麟角,尤其是综艺节目。目前,活跃在中国电视屏幕上的综艺节目,90%以上都能在海外找到原版模型,完全本土原创节目寥寥无几。节目同质化、盲目跟风等问题比较严重。

2013年,中国电视综艺节目中,引进海外模式的超过50档,虽然包括各地面频道、城市台在内的节目总量中原创节目占据95%,但能让人记住的,约90%都是版权引进节目,海外模式出现"井喷"现象。①

2013年是央视近年来创新节目最多的一年,全年共有32档新节目播出,较2012年的6档增加了433%,迅速提升了各频道的影响力和竞争力,全年总体收视份额达31.68%,创四年来新高。优秀节目如"最美"系列、《汉字听写大会》、《谁是球王》、《是真的吗》等新节目,内容贴切、生动,形成主流文化传播热点。但收视较高、竞争力较强的创新节目,如《舞出我人生》、《中国好歌曲》等,依然是引进或委托社会制作的节目。

在电视界,具有国内知名度的电视节目、主持人比较多,而具有国际知名度的中国电视节目、主持人则屈指可数。现今,中国电视节目大多只能进入海外华语电视台和港台地区产生影响,小部分进入包括日本、韩国在内的亚洲国家,而在欧美主流国家的影响力相对较小。

3. 电视节目商业化运营水平较低

广播影视实力是市场竞争力的基础和传播力的依托。目前,从全球竞争角度而言,中国电视节目运营的市场化程度较低,产业实力不强,对电视节目的版权及市场价值认识不足,多数节目制作没有考虑市场化的后续开发。

就经济总体实力而言,中国影视产业收入水平还比较低。2013年,央视总体收入规模约480亿元,稳中有升,其中,事业收入约300亿元,企业收入约180亿

---

① 苗棣等:《中国电视综艺节目2013年度盘点》,《电视研究》2014年第3期,第22页。

元。尽管收入同比有所提高,但与国际一流电视媒体相比,差距仍然不小。

以中国"长城平台"在美国商业化运作为例,该平台是由CCTV、地方电视台、香港等地的汉语、英语、西班牙语、法语等频道集成的海外播出平台。2004年以来,长城平台已经在北美、亚洲、欧洲、拉美、东南亚、澳洲和非洲播出,成为海外观众了解中国的一个重要窗口。截至2012年年底,全球付费用户突破12万户,取得一定的经济效益。目前,该平台已经发展成为世界上最大的付费华语电视平台,并带动中央和地方30多个中文和外语频道在国际主流电视媒体基本层落地。在美国,用户可以选择电信运营商COMCAST、卫星电视服务提供商"DISH NETWORK",或者美国最大的中文电视平台——麒麟电视台旗下的IPTV,订购长城平台套装以及中文精英套装的节目,或点播3万多小时的影视节目。

但总体而言,这些频道或视频点播节目所产生的经济效益相对较低,收视效果不理想,市场价值远未开发出来。

从电视剧来看,相对于美、日、韩等影视产业发达的国家,中国电视剧的产量和输出量比较小,商业化水平较低。我国电视剧的出口范围非常有限,这直接导致了其传播力与影响力都非常有限。我国电视剧的主要销售地局限在亚太地区,主要以东南亚地区为主,对该区的销售量占据了全部出口份额的2/3,真正打入国际市场的电视剧精品凤毛麟角。少量输出海外的电视剧中,类型主要是武侠剧、历史剧,有少量时装剧。

由此可见,中国电视节目要立足国际市场,把握好节目质量关,根据市场规则制作适合国际市场的电视节目。

四 中国电视节目对外传播策略分析

电视传播的核心竞争力是节目内容,坚持节目内容的原创性是关键;电视媒体要塑造观众心中的公信力和对舆论的影响力,关键要抓节目内容。综上所述,现就中国电视节目对外传播,提出如下应对策略。

1. 加大力度,确保电视新闻在对外传播中的核心竞争力

传播力决定影响力,话语权决定主动权。为了更好地传播中国声音、塑造

中国电视节目对外传播策略分析

国家形象、维护国家利益,必须加大力度推进电视新闻的国际传播能力建设与对外话语体系建设。继续推进重点电视新闻对外传播建设,完善全球新闻信息采集传播网络,提高新闻传播的"时、度、效",让中国的声音传出去。

近年来,央视秉持以新闻为主、新闻立台战略,办好品牌栏目。如中文国际频道自开播以来,始终把新闻节目作为频道发展重点。如今,《中国新闻》、《今日关注》、《海峡两岸》是中文国际品牌最具代表性的三个时事新闻类的品牌栏目。中文国际频道除实时新闻栏目、白天档电视剧外,所有节目实现了配打双语字幕,扩大了海外观众群。

继续改进国际传播语态,对外传播的贴近性、针对性有效增强。强化中国声音表达,依托海外分台和海外合作媒体大力加强本土化节目制作,以外国人视角制作了《我的中国梦》、《车行新疆》等反响积极。英语频道在非洲报道非洲、让非洲人报道非洲的理念得到非洲观众认同,央视已经成为非洲的主流国际媒体。

努力加快国际传播能力建设,讲好中国故事,传播好中国声音。进一步完善全球新闻报道布局,加快国内报道网络建设,优化亚洲、欧洲、非洲、北美洲等区域黄金时段编排,加大自制节目比重,增强快速反应能力、议程设置能力、舆论引导能力,力争进入国际新闻频道的第一阵营。西、法、阿、俄语频道进一步强化针对性,重点打造针对对象国的"一小时黄金节目带"。这意味着在国际新闻的报道领域,央视基本改变了依赖西方媒体的局面,打破了西方的垄断。

国际新闻要做到用"外国眼"看中国,用"中国眼"看世界。加强中国电视新闻的本土化和地方化制作。用外国眼看中国,就是要向国外观众提供他们感兴趣的中国新闻,以达到让世界了解中国的目的,而以中国眼看世界,就是要通过新闻节目反映中国政府在国际问题上的立场、观点,也就是国际新闻观点、观念的本土化。国际新闻是向其他国家、地区观众传达自己对所报道新闻事件、国际事务的观点的窗口。

2. 强化电视节目的本土化制作

实践证明,只有本土化的国际传播才是有效的国际传播。成立于1996年的半岛电视台(Al-Jazeera)已经成为阿拉伯世界颇具影响力的传媒机构,该电视台通过对阿拉伯和中东地区的报道，打破了西方媒体的霸权，很好地实践了本土化制作与传播。2013年8月20日，半岛电视台美国频道（AJA）正式播出。该频道是在收购美国潮流电视台（Current TV）后重新播出，实现了美国频道节目美国化，主要针对美国观众，以美国本土新闻和国际新闻为主。每天播出14小时新闻、纪录片等节目，其中新闻节目24小时滚动播出。该频道节目最大特点是长篇深入报道，力求按照美国观众的内容需求和收视习惯进行节目编排、栏目设计和内容采制。目前覆盖美国4000多万观众。

近年来，央视在电视节目全球化和本土化制作方面取得了重大进展。自央视建成开播北美、非洲分台后，本土化、专业化制作进入区域主流媒体行列。但在这方面央视还刚刚起步，与国际一流媒体的差距还很大。例如，路透社共有1.5万人，外籍雇员比例高达80%~85%；美联社在全球共有4200名工作人员，外籍雇员比例近36%；CNN有员工近4000人，外籍雇员近35%；而目前央视外籍雇员仅有1%。[1]

因此，要在总结经验的基础上继续推进本土化战略，聘用更多的当地雇员，实现人才的本土化、新闻采编的本土化。同时，要加大投入，提高节目制作的水平，建立激励机制，打造节目品牌，引进国际化专业人才，以本土化方式，制作适合不同国际观众的节目。

3. 加强国际合作，注重节目版式输出

多年来，中国媒体机构大力实施"走出去"工程，为促进电视节目交流、传播优秀民族文化、丰富人民精神生活做出了不懈努力，并取得了可喜的成绩。

节目模式销售成为全球娱乐业的领军产业，节目模式出口成为发达国家最有力的内容扩展方式。目前，中国成为世界主要影视机构输出节目模式重点对象国之一，引进模式占据高收视、强反响娱乐节目的绝大多数，少数本土原创节目虽然长播不衰，但节目设置环节相对简单，无法形成模式创造更多的价值。近年来，全球节目模式交易市场以每年30%左右的速度增长，2012年市

---

[1] 胡占凡：《让世界更好地读懂中国——加强国际传播能力建设的现状与前瞻》，《电视研究》2013年第3期。

场规模已经接近200亿欧元，英国等发达国家节目模式出口成为影视机构收入的重要组成部分。国内节目欠缺模式开发，直接造成节目模式收益的短缺，影响了本土原创节目的价值链循环。①

近年来，中国电视娱乐市场热闹非凡，排名前10的卫视热播的综艺节目中基本都引进国外节目版权，共有30多档来自英国、荷兰、美国、韩国等国的节目模式登陆中国电视荧屏，如央视《梦想合唱团》、东方卫视《中国达人秀》、浙江卫视《中国好声音》等。

然而，中国电视节目版式对外销售却寥寥无几，在国外影响甚微。2009年，中国向国外输出了第一部节目模式《挑战麦克风》。由湖南卫视制作的这一节目已经销往泰国的真实视觉（TrueVisions）电视台。2012年，江苏广播电视总台海外版权贸易创收仅100万美元，其中以《非诚勿扰》、《非常了得》为代表的品牌栏目稳固了现有销售渠道，覆盖亚洲、中东阿拉伯地区和北美地区，并在马来西亚及中国香港和澳门地区播出。2012年，东方卫视的《声动亚洲》的播出权成功输出到韩国、泰国、新加坡、马来西亚等国家，《百里挑一》的节目模式也走向国际市场。

在2014年法国戛纳春季电视片交易会上，英国国际传媒集团ITV旗下发行部门ITVSGE宣布订购了由央视综艺频道与灿星制作共同打造的大型原创音乐评论类节目《中国好歌曲》的国际发行权和英国播出权。该集团曾经成功制作播出过《英国达人秀》等众多节目，其中不少节目目前已引入中国。《中国好歌曲》成为中国输出海外的原创才艺模式节目的第一例。据悉，此次ITVSGE代理《中国好歌曲》模式全球发行，将在两年内制作成"英国好歌曲"，播出平台可能是ITV、BBC、Channel 4等其他英国电视台。这一里程碑式的合作备受世界瞩目，但其传播效果如何还需拭目以待。

4. 借助全媒体，打造中国电视节目的对外传播新格局

全媒体是一个集合了全部媒体的新型媒体，是各种新旧媒介形态，包括报刊、广播、电视、网络媒体、手机媒体等，借助文字、图像、动画、音频和视频等各种表现手段，进行深度融合而产生的一种新的、开放的、不断兼容并蓄

---

① 庞井君主编《中国广播电影电视发展报告（2013）》，社会科学文献出版社，2013，第17页。

的媒介传播形态和运营模式。当前，中国全媒体对外传播格局初具规模，要加快推进和新兴媒体融合，真正向全媒体过渡。

进入21世纪，中国在国际社会中的影响力不断扩大。要想加强对外传播的效果，我们必须整合更多的电视节目，从一个全面的、多元的、有效的角度来设计中国的形象，制作能够体现中国形象的各类节目，而不是每个频道重复地、无体系地、较为杂乱地播放中国文化方面的节目，特别是在内容的选择、语言的设计以及英文的翻译方面要精心加工，使它有更好的受众吸收性，达到更好的传播效果。

要加强传统电视媒体与新媒体实现深度融合，形成全新的全球传播格局。通过内部机构重组和业务流程再造，实现与新媒体平台的融合，将传统性、单向的业务流程再造为海量信息源，形成一次采集、多次发布、多层次生成、多媒体传播的业务流程，打通与新媒体的资源共享通道，形成新的传播格局，即传统广电媒体与新媒体全球竞争双重优势。2013年，美国主要电视机构如ABC、NBC、CBS等启动了"流媒体"战略，以"随时随地看电视"为基本理念，利用跨媒体传播技术，整合资源，在电视机、PC、PAD、手机以及移动客户端等任何屏幕上都能看到电视。传播力扩大，借助新媒体拓展发展空间。为此，中国应加大力度，迅速开展全媒体业务，加强传统电视与新媒体的融合。

此外，中国传媒机构要利用全媒体，努力打造世界级传媒集团。目前，中国传媒结构主要由国家电视台、广播台或者报业传媒机构组成，经营范围比较单一，尚未形成有国际影响力的跨国传媒集团，不具备做大、做强的基础。全媒体平台建立与运营才刚刚起步，其传播效果远远未达到，尤其是新媒体的对外传播影响力还有待挖掘。

五 结语

电视频道是载体，卫星、有线、无线、互联网等是传播媒介，而电视节目内容则是核心，是精髓。中国电视要尊重国际传播规律，参与全球媒体竞争，提升话语权，掌握主动；新闻报道要真实、客观，用事实说话，增加新闻节目可信度。这是对外传播的资源策略和技巧。在强调以我为主的前提下，要全面、公正、平衡地报道。对重大事件的报道，要观点明确、语言犀利，大胆进行议程设置，改变其目前在议程设置上的"二传手"的被动地位，抢占国际舆论制高点，掌握话语权，发出自己的声音，提高其传播影响力。

对外传播中，电视节目内容直接关系对外传播的效果。因此，要通过电视节目对外传播，构建国家形象，提升国家软实力，传播中华优秀文明成果，将中华文化的精华、精髓推向世界，将中国包容、诚信、向上及和平崛起的大国形象展示给世人。要加大节目内容的开发，将中国声音真正传播到世界，进入国外主流社会，占领世界舆论制高点，使中国电视媒体真正成为世界传媒中重要的一极。

B.15
全球视听新媒体产业发展现状与趋势

周　菁*

摘　要：
> 随着互联网的飞速发展，视听新媒体产业日新月异，人们的视听消费也逐渐互联网化，用户在数字视频上花费的时间越来越多，移动视听消费高速增长催生"低头族"。互联网特别是移动互联网的飞速发展将推动视听消费无处不在、无时不在，用户体验也成为视听新媒体服务的核心追求。

关键词：
> 视听新媒体　移动互联网　数字视听内容　用户体验

2013年，用"一切皆可连接"（The Internet of Everything）来描述互联网席卷全球的态势一点也不为过。随着全球近40%的人口联网，互联网视听媒体仍然持续高速发展，不仅深刻改变了人们的视听习惯，也对视听传媒产业的发展和监管带来了新的机遇与挑战。

一　全球视听新媒体产业发展情况

随着人们在互联网视听媒体上花费的时间越来越长，视听新媒体广告持续增长，视听新媒体不仅改变了人们消费视听服务的方式，也对传统电视产生了深刻的影响。

---

* 周菁，国家新闻出版广电总局发展研究中心产业所助理研究员。

（一）互联网广告收入持续快速增长

2013年，互联网广告继续蚕食传统媒体广告市场。根据数据统计机构eMarketer最新指数显示，全球广告收入5454亿美元，其中数字广告收入1401.5亿美元。① 美国互联网广告署（IAB）统计表明，2013年美国互联网广告收入428亿美元，比上年上涨17%。虽然互联网广告收入仍然没有超越由广播电视广告收入（401亿美元）和有线电视广告收入（344亿美元）组成的电视广告总收入（总计745亿美元），但2013年其增幅远高于同期电视广告收入的增幅（3%）。② 从总收入上算，电视广告仍然是广告市场的霸主，但是其份额明显受到数字视频广告的挤压，不仅收入增速逐年下降，而且报价大幅下跌。电视台不得不增加广告时段，在节目中插播大量广告来增加收入，这种"杀鸡取卵"的举动，将会进一步驱离电视观众。与此同时，视频网站开始吸引大量受众，未来网络视频广告会越来越受重视，其价格也会高于其他形式的广告。

移动互联网广告更为引人注目。美国市场研究机构Strategy Analytics最新研究报告称，2014年全球移动广告和内容收入将达到670亿美元。③ 美国移动互联网广告2013年收入达71亿美元，比上一年度增长109%，在互联网广告中的份额也从2012年的9%上升到17%。这是移动互联网广告收入连续第三年出现三位数的增长，2011年同比增长150%，2012年同比增长111%。④

随着在线广告市场的扩张，程序化广告（Programmatic advertising）投放模式越来越受重视。程序化广告是指通过数据驱动及实时竞价（RTB）的模式进行的互联网广告投放。借助投放平台提供的优化算法，广告主可以实时了解到广告应该在哪些渠道、什么时间、以何种方式展现给网络用户，而且全程自

---

① 中文互联网数据资讯中心：《2014年全球广告支出超过5千亿美元，数字广告占四分之一》，http://www.199it.com/archives/254384.html。
② IAB，*IAB Global Mobile Advertising Revenue Hits MYM 19.3 Billion (14.6 Billion) in 2013*，http://www.iab.net/research#sthash.RYpjTDJp.dpuf。
③ 腾讯科技：《今年全球移动广告和内容收入将达670亿美元》，http://tech.qq.com/a/20120422/000038.htm。
④ IAB，*Internet Advertising Revenue Report 2014*，Jan 30，2014。

动、实时进行,能有效取代传统媒体规划及优化过程中的人为决策。程序化广告已经开始重塑整个数字广告市场。

(二)互联网用户在数字视频上花费的时间越来越多

随着数字视频消费的扩张,越来越多的互联网用户观看在线视频。根据美国互联网流量监测机构 comScore 的统计,2013 年 1 月到 2013 年 12 月间,全球网络视频观看量增加了 45%。2013 年 12 月,12 岁以上的网民在过去一个月内观看过在线视频的比例均超过 83%,其中年龄在 18~24 岁的网民观看比例甚至高达 91%。①

用户在网络视频上花费的时间也越来越多。2013 年平均每个美国人观看在线数字视频的时间超过 20 小时,全年美国 85.1% 的网民观看过在线视频,每段在线视频平均网络观看时长为 4.4 分钟。②

(三)移动视听消费高速增长催生"低头族"

移动互联网使用量持续增长。2013 年,全球移动互联网流量占互联网整体流量的 25%,而上一年度这个数据仅为 14%。③ 移动互联网用户偏爱使用移动设备进行视听消费。2012~2014 年,移动视听量观看年均复合增长率高达 152%。④ 国际数据集团(IDG)2014 年针对 43 个国家的 2.35 万手机用户展开调查发现,近年来使用移动设备观看视频的数量爆发式的增长。3/4 的受访者使用智能手机观看视频,2012 年这个数字只有 61%。⑤ 移动视频观众也并非仅仅匆匆一瞥,移动设备上的视频观看时长也持续增长。2013 年第四季度手机和平板电脑上在线视频的观看时间比 2011 年第四季度增长了 719%。48% 的用户观看移动视频长度在 30 分钟以上,超过 3/4 的人观看视频内容时长不少于 10 分钟。⑥

---

① ComScore, VideoMetrix Dec, 2013.
② ComScore, VideoMetrix Feb, 2014.
③ Mary Meeker, Internet Trends 2014, May 28, 2014.
④ Ooyala, Online Video Global Index Report 2014 Q1. 该报告是针对全球 239 个国家、1.5 亿个观看行为进行分析后得出的数据。
⑤ http://www.199it.com/archives/247316.html.
⑥ Ooyala, Online Video Global Index Report 2014 Q1.

全球视听新媒体产业发展现状与趋势

移动观看催生了"低头族",美国华盛顿的一条街道上甚至出现了手机用户专用道以保障移动消费族群的安全。低头族的产生有多方面的原因:首先,全球范围内可以观看在线视频的移动设备激增。根据美国高德纳咨询公司(Gartner)的统计,2013年全球平板电脑、智能手机及超移动个人电脑的出货量增加5.9%,达到23.5亿台。① 其次,移动宽带发展迅速。截至2013年底,全球移动宽带用户已经突破20亿。② 再次,主流播出机构积极开展多屏部署并提出优先发展移动视听服务的战略,积极占领移动端。

(四)优质内容和直播节目的视听消费渐趋"设备无关"③

对于一些有吸引力的内容,比如优质剧集、体育直播等,受众在消费的时候渐渐摆脱了接入设备的限制。一般来说,受众在观看在线视频特别是10分钟以上的长视频时,选择在哪个平台上观看的依据往往是显示面板的大小和视听内容的质量。因此一般情况下超过30分钟的长视频主要通过联网电视观看,10分钟以上30分钟以下的视频在平板电脑上观看比较普遍,6分钟以下的视频主要在智能手机上观看。但令人意外的是,调查显示,2014年智能手机在线视频观看时间的35%用在观看超过30分钟的长视频。④ 研究机构针对5万人展开的一次调查发现,大约有65%的移动视频观众表示他们更愿意在自己的手机上观看全时长电影或者电视连续剧,而不是观看诸如音乐电视、电影剪辑等这些精简的视频内容。另一项调查也发现几乎有80%的用户都表示自己愿意在手机上观看电视连续剧,更有高达88%的受访者表示他们愿意通过手机观看全时长电影。⑤ 这表明对于用户期待的内容,终端不再成为决定性的因素,用户在选择如何进行视听消费时越来越趋向于设备无关。

---

① 环球网:《调查称2013年移动设备全球销量稳步增长》,http://tech.huanqiu.com/it/2013-06/4062435.html。
② ITU,《2013年世界信息通信技术事实与数字》。
③ device-agnostic 设备无关或者接入无关,是指用户在选择视听节目的时候不再受到设备的限制。
④ Ooyala, Online Video Global Index Report 2014 Q1. 该报告是针对全球239个国家、1.5亿个观看行为进行分析后得出的数据。
⑤ 中文互联网数据资讯中心:《BuzzFeed:80%的用户更愿意通过手机观看长视频》,http://www.199it.com/archives/190786.html。

（五）全球范围内数字鸿沟进一步拉大

数字鸿沟（Digital Divide）是指由于信息化发展水平的不同，在通信和信息新技术领域内出现的一系列失衡。一是发达国家与发展中国家通信产业发展的失衡导致发展中国家和发达国家之间在互联网覆盖率、联网人口、宽带价格、网速等各个方面存在差异。截至 2013 年年底，全球 39% 的人口约 27 亿人已经连接互联网，发达国家 77% 的人口联网，在发展中国家联网人口仅占 31%。欧洲联网人口比例达 75%，非洲仅为 16%（见图 1）。[1] 究其原因，一方面是发展中国家在通信基础设施方面的投入较少，限制了网络覆盖和主干线的质量；另一方面是发展中国家生活水平较低，而互联网业务基础设施的使用费用太高。例如发展中国家宽带使用费占月均每人国民总收入（GNI）的 30.1%，远远高于发达国家 1.7% 的比例。二是同一国家内由于性别、年龄、种族等各种因素造成的不同族群之间互联网消费的不平衡。截至 2013 年年底，全球男性互联网在线率[2]为 41%，女性在线率为 37%。发达国家女性互联网在线率仅比男性互联网在线率少 2 个百分点，这一差距在发展中国家被拉大，发展中国家女性互联网在线率比男性少 16 个百分点。[3] 互联网服务也显示出

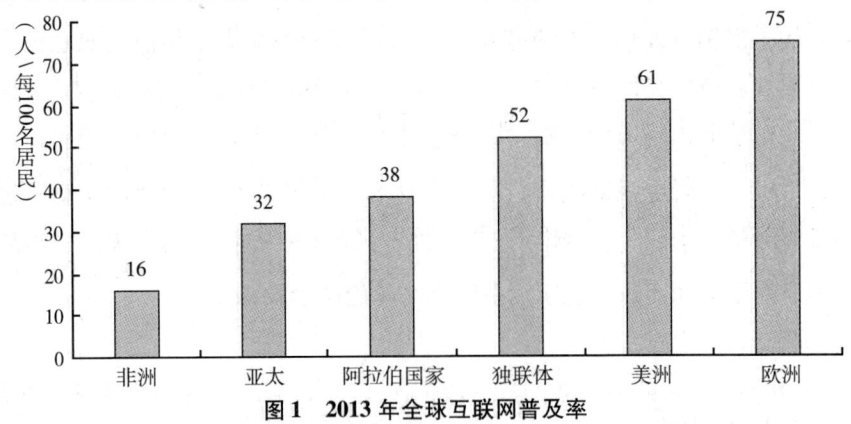

图 1　2013 年全球互联网普及率

数据来源：ITU。

---

[1] ITU，《2013 年世界信息通信技术事实与数字》。
[2] 使用互联网的人口占总人口的比重。
[3] ITU，《2013 年世界信息通信技术事实与数字》。

年龄差异，特别是55岁以上的年长者享受互联网等先进科技服务的比例较低。例如全球15～24岁的人口中有26%是互联网用户，25～34岁的有26%，35～44岁的有20%，45～55岁的有14%，55岁以上的只有13%。①随着新媒体的迅速发展，信息富有者和贫困者的差距在加大。在全球范围内，包括国际电信联盟在内的很多机构都在致力于缩小数字鸿沟，在科技方面让人们享有同等待遇。

二 全球视听新媒体产业链布局情况

（一）原创数字视听内容成为必争之地

在信息爆炸的大数据时代，内容仍占据重要地位，数字视听内容仍然是视听产业布局中兵家必争之地。思科公司预计到2018年视频消费流量将占互联网流量的84%，视频消费将成为互联网消费的最重要内容。视频服务领域的竞争也趋向白热化，原创视频成为2013年的竞争热点。一方面，独家优质内容是吸引用户的重要因素，长视频、独家视频、原创视频在视听服务领域内拥有无可比拟的竞争力，这是视听新媒体公司纷纷开辟数字内容蓝海的重要原因。如果内容不是独家的，同时出现在其他平台上，即使观众很乐于在这个平台上观看但是仍不能真正留住用户。国际互联网巨头奈飞（Netflix）、亚马逊（Amazon）、葫芦（Hulu）、YouTube等都投身于原创视频的购买和生产。2014年7月14日，YouTube进军好莱坞，资助独立制片商制作时长少于30分钟的优质网络视频内容，并计划为每套节目提供100万～300万美元的支持。另一方面，数字内容收入也是视听新媒体企业重要的收入来源之一。2014年，苹果公司的数字内容成为公司利润增长的重要驱动力，预计全年将为公司贡献约300亿美元的收入，仅这部分收入就超过了Facebook、Twitter、雅虎、领英

---

① ComScore, China Digital Future in Focus 2013, Oct 2013.

(LinkedIn)和奈飞(Netflix)这五家公司收入的总和。①

在这种情况下,更多的互联网企业加入在线数字视频内容竞争领域,其中一家名为 Reddit 的美国公司值得关注。该公司拥有 25 名工作人员,依靠网民聚合新闻和发表跟帖评论起家。他们将网站聚合的热点新闻及相关内容改编成原创视频发布。2014 年 3 月,其推出了系列视频节目《把我当五岁孩子讲给我听(Explain Like I'm Five)》,用通俗易懂的方式解释复杂的科技政治等话题,节目得到了教育行业的欢迎。该公司进入原创视频领域的创新模式或许给互联网上拥有大量用户的内容开拓视频产业链提供了思路。

(二)视听新媒体产业展开全产业链整合

在云服务、大数据等技术的驱动下,视听新媒体企业正在经历转型,逐步整合终端、内容、存储平台、流媒体播放服务,纷纷建立了自成体系的一站式服务的封闭系统。谷歌、苹果、Facebook、亚马逊等公司已经拥有了"硬件设备+云端数据+APP应用"全产业链优势。谷歌公司的业务全面铺开,除了传统搜索服务,还先后推出安卓平台、智能云服务。在智能终端领域,先后推出了智能手机、智能电视、智能家居、智能可穿戴设备等。亚马逊低价推出机顶盒、电子书、智能电视(Fire TV)、智能手机等一系列硬件设备之后,围绕硬件设备向用户出售服务。报告显示,2013 年 3 月至 2014 年 3 月,亚马逊的流媒体视频流量增长了近 300%,其点播视频服务 Prime Instant Video 的流量超过葫芦(Hulu)和苹果,成为仅次于奈飞(Netflix)和 YouTube 的第三大流媒体服务提供商。②

(三)互联网发展的动力在于带宽提升和移动化

带宽提升和移动化是未来互联网产业的推动力。根据国际电信联盟的统计,互联网的普及率在发达国家为 78%,在发展中国家仅为 32%。发达国家

---

① 腾讯科技:《苹果数字内容收入将超 iPad 未来贡献四成利润》,http://tech.qq.com/a/20140325/015099.htm。
② 中文互联网数据资讯中心:《从机顶盒到智能手机,亚马逊围绕硬件做"服务"的生意》,http://www.199it.com/archives/211151.html。

和地区的高速带宽比较普及，其中韩国、中国香港和日本等亚洲经济体以及保加利亚、冰岛和葡萄牙等欧洲国家的高速宽带采用率最高。韩国每秒10兆比特（10Mbps）以上的高速宽带采用率超过95％。但非洲和部分亚太、拉美及阿拉伯国家2Mbps速率以下的固定宽带应用还不足10％。① 整体上全球宽带带速在快速提升。根据阿卡迈公司（Akamai）统计，2014年第一季度，全球4Mbps以上宽带的使用率比2013年第四季度上升了1.7个百分点。② 英国高速宽带普及率已达78％，接下来的几年英国宽带速度将进一步提升，英国政府与英国电信和英国宽带传输框架（BDUK）积极合作，旨在于2017年将固定超高速宽带③覆盖率提高至95％。④ 全球宽带普及稳定的增长表明，宽带网络为满足新兴科技的需求而日益演进，视听新媒体行业将为4K等高清视频内容和服务迎来发展机遇。

移动宽带将成为通信市场最具活力的部分。思科公司预计到2018年无线和移动流量将占61％，届时固定互联网流量仅占39％。2013年移动和无线流量仅占44％。⑤ 全球移动宽带用户也从2007年的2.68亿攀升至2013年的21亿，年均增长率达到40％。⑥ 高速发展的背后是区域性差异的拉大。欧洲拥有4.22亿移动宽带用户，普及率达68％；美洲共有4.6亿用户，普及率为48％；独联体有1.29亿用户，普及率为46％；亚太地区拥有8.95亿用户，普及率为22％；阿拉伯国家拥有7100万用户，普及率为19％；非洲国家有9300万用户，普及率为11％。⑦ 全球仅有20个国家或地区的平均连接速度超过4Mbps，其中韩国平均移动连接速度达14.7Mbps，是全球唯一超过10Mbps的地区。⑧

随着移动数据的爆发式增长，WiFi作为移动连接实现的重要方式获得了飞速发展。WiFi速度更快、更稳定，系统容量和频谱利用率大大提高，同时

---

① ITU，《2013年世界信息通信技术事实与数字》。
② Akamai，Akamai's State of the Internet Report Q1 2014.
③ 英国政府采纳的超高速宽带标准是下载速度在每秒24Mbps以上。
④ Ofcom，The Communications Market 2014，Aug. 7，2014.
⑤ Cisco，Visual Networking Index：Forecast and Methodology，2013 – 2018，June 2014.
⑥ ITU，《2013年世界信息通信技术事实与数字》。
⑦ ITU，《2013年世界信息通信技术事实与数字》。
⑧ Akamai，Akamai's State of the Internet Report Q1 2014.

也拥有更强的抗干扰能力。世界各国在WiFi热点建设上雄心勃勃。2014年泰国将新安装15万个免费热点,美国纽约计划将9133座老旧的电话亭打造成WiFi热点,韩国计划到2017年将城市WiFi热点数量增加至1.2万个。随着WiFi部署加快,相关硬件产品的出货量也大幅增加。2013年全球WiFi芯片组出货量为1.3亿,预计2014年将达到26亿,未来五年总量将达到180亿。①

2014年2月,卫星WiFi也走进了人们的视野。美国媒体发展投资基金(Media Development Investment Fund)声称正在进行一项名为外联网(outernet)的计划,该计划准备在2015年6月前向近地轨道发射150颗迷你卫星,通过卫星向地球地面站持续释放无线网络信号,覆盖世界各地,在全世界使用任何电子终端都能连接上无线网。该基金目前正针对外联网计划开展融资。②

(四)在线视听服务网站纷纷建设内容分发网络

由于互联网视听消费流量的爆炸式增长,越来越多的视频流量开始通过全新的内容分发网络传输。根据市场调查机构Business Insider预计,2014年全美互联网消费流量3/5③的份额将通过内容分发网络传输。谷歌、苹果和Netflix等都在纷纷打造自己的内容分发网络。Netflix正试图通过同互联网服务提供商直接达成协议的方式来保证自己的流媒体视频质量。苹果的内容分发网络已经在美国和欧洲上线。内容分发网络允许用户每秒传输大量数据,允许服务提供商更高效地分发视听内容、传输软件升级补丁和进行其他活动。业内领先的CDN服务商主要有亚马逊公司的CloudFront、阿卡迈公司的智能平台、威瑞信公司的Networks Edge Optimizer等,这些公司都已经开始将CDN功能与互联网加速产品绑定在一起。

(五)终端新热点频出,可穿戴设备成新兴竞争力量

终端正以不可思议的速度发展。清晰、便携是屏幕发展的趋势。2014年,

---

① 中文互联网数据资讯中心:《ABI Research:2013年全球范围内WiFi热点部署量总计达到420万个》,http://www.199it.com/archives/228838.html。
② 腾讯科技:《美国组织欲通过卫星打造全球WiFi网络》,http://tech.qq.com/a/20140208/014371.htm。
③ 视频内容分发渠道还包括P2P、ISP、搜索引擎等渠道。

韩国LG集团发布了18英寸柔性OLED（有机发光二极管）屏幕以及18英寸的透明显示技术。利用该技术制作的可弯曲18英寸显示屏透明度可达30%，该公司预计于2017年发布60英寸以上大型透明可弯曲显示屏。这项技术无疑会给终端市场增加新的活力，可以让人们从头武装到脚的智能可穿戴设备或成为下一个移动智能终端热点。根据可穿戴智能设备研究公司Fjord的统计，目前市场上的可穿戴硬件包括用于阅读的头环、智能眼镜、智能耳机、智能头盔、智能夹克、智能T-恤、智能臂带、智能袜子、智能胸罩，还包括可以穿戴在身体任何部位的纽扣大小的智能设备。① 目前市场上70%的可穿戴产品用来监控身体健康数据或者追踪健身数据，其余有23%是为通讯设计的，7%为帮助睡眠而设计。科技巨头们在构建自己的智能生态体系时，普遍将可穿戴设备作为重要一环。亚马逊高薪聘请了谷歌智能眼镜项目前主管开发可穿戴设备。② 苹果也从国际奢侈品厂商路易威登（LV）聘请了高端腕表品牌销售副总裁，以打造苹果iWatch智能手表项目。③ 未来可穿戴设备不会成为占据用户大多数时间和精力的大众化计算设备，而是现有移动设备的有力补充，用于填补其他智能设备带来的碎片化时空。分析认为，目前可穿戴设备最大的竞争对手是智能手机，未来可穿戴设备可与音视频服务关联，将会成为智能终端市场强有力的竞争力量之一。

三 全球视听新媒体主要业务模式

（一）网络视频服务

2013年在线视频市场处于继续快速发展阶段。全年在线视频占互联网流量的比例为66%，根据思科公司预计到2018年将占79%，届时美国在线视频

---

① 雷锋网：《用穿戴设备"武装"全身》，http：//www.leiphone.com/wearable-for-whole-body.html。
② 福布斯中文网：《亚马逊挖走谷歌眼镜之父》，2014年7月15日。
③ 北京商报：《LV腕表高层跳槽苹果iWatch》，2014年7月9日。

流量占比将高达84%。① 在线视频流量的上涨并不意味着人们将观看更多的视频,而在各种设备上观看的视频内容清晰度更高,因此占据了更多的流量。

在新的视听消费环境下,清晰度、便捷性等用户体验成为视听消费首要考虑的问题,这使得视听服务平台融合趋势愈加明显,在全球范围内电视、在线视频(online video)、IPTV、OTT TV 等视听服务平台之间的界限逐渐变得模糊,人们甚至使用视频(total video)来指代不同平台提供的视听内容。

社交媒体与在线视频的交互发展,形成水乳交融密不可分的状态。一方面社交媒体在视频消费中的作用更加凸显,另一方面视频内容日益成为在线社交硬通货。根据皮尤研究中心(PEW)对美国成年互联网用户的调查表明,有18%的用户曾经将自制的视频上传到网络加以分享,有25%的用户曾经将他们网上下载的视频上传到视频分享网站。② 这说明视频分享已经成为人们重要的在线社交活动之一。

与电视相关的应用程序即互联网软终端日益普及。美国市场调查机构帕克斯研究表明,与电视相关的应用程序使用率逐渐上升,在美国55%的智能手机用户和61%的平板电脑用户每个月至少使用一次与电视相关的应用程序,很多用户将他们的智能手机变成了电视机或机顶盒的遥控器。预计到2019年全球电视应用程序用户数将达到12.9亿。③ 未来智能家庭和物联网里的内容应用程序可能会给在线视频服务带来新的趋势,这些应用程序的开发也越来越得到市场的重视。

移动端的巨大势能将为增速逐渐下降的互联网提供动力。移动数据流量的规模正以81%的惊人速度暴涨④,在线视频则将是移动数据增长的动力来源。世界杯期间,英国首个4G网络运营商EE已经创造了流媒体在线视频传输最高峰值,这个峰值发生在英格兰对阵乌拉圭的比赛直播视频和澳大利亚球星蒂姆·卡希尔对阵荷兰时的神奇进球的重播视频中。随着人们视频消费移动化趋

---

① Cisco, Visual Networking Index: Forecast and Methodology, 2013 – 2018, June 2014.
② PEW, Photos and Videos as Social Currency Online, http://www.pewinternet.org/2012/09/13/photos – and – videos – as – social – currency – online/.
③ 《与电视相关的互联网软终端日益普及》,载新闻出版广电总局发展研究中心内刊《国外广播影视动态》2014年第4期。
④ Mary Meeker, Internet Trends 2014, May 28, 2014.

势愈加明显，内容提供商会加大移动战略，预计到 2018 年网络视频消费的 1/4 将来自移动终端。

（二）网络音频服务

全球数字音频市场格局发生变化，数字音乐唱片销量逐年下滑，下载业务正在衰退，但在线流媒体音乐消费则呈现上涨态势。这表明消费者购买和消费音乐的兴趣仍然很强，只是消费和购买方式更加互联网化了。根据世界唱片业协会（IFPI）的年度报告显示，2013 年全球数字音乐唱片行业贸易收入为 150 亿美元，比 2012 年降低了 3.9%。在线流媒体音乐和有广告支持的用户订阅网站的收入在数字音乐收入中所占的比重逐步增加。2013 年全球数字音乐来自网络订阅和流媒体服务的收入比上一年度增加了 51%，达到 10 亿美元。①2014 年上半年数字音乐市场延续了这一发展趋势。根据尼尔森的统计，2014 年上半年，全球数字音乐销量降至 5.936 亿，比 2013 年上半年降低 13%，其中专辑销量则从 2.102 亿降至 1.802 亿，降幅为 14.3%。同期流媒体音乐消费量同比增幅达到 42%，仅在美国按需点播的流媒体音乐服务播放量就达到 700 亿次。②

互联网巨头们也纷纷布局流媒体音乐服务，谷歌收购了在美国和加拿大地区提供按听歌场景创建播放列表的免费流媒体音乐服务的 Songza 公司，该公司曾创造了推出应用 70 天的时间就获得了 100 万注册用户的纪录。YouTube 也计划推出付费音乐频道，向其付费用户提供收听无广告音乐、整专辑等服务。而同时，为了应对 iTune 推出后首次下载量下滑，苹果公司斥资 30 亿美元收购音乐流媒体服务和高端耳机制造商 Beats，希望通过增加服务挽回流量减少的损失。

越来越多的听众使用智能终端收听音频广播。目前，安装数字广播接收器的手机越来越少，人们多通过互联网或者应用软件来收听。根据英国通信办公室（Ofcom）的统计，2014 年英国 61% 的智能手机用户会用手机听广播，比上年增长了 12%。使用平板电脑听广播的用户占 44%，比上年增长 20%。③

---

① IFPI, Digital Music Report 2014, March 18, 2014.
② Nieslsen, 2014 Mid-year Music Industry Report, June 29, 2014.
③ Ofcom, The Communications Market 2014, August 7, 2014.

由于收入主要依靠广告同时面临着支付高额版权费用的问题,在线音频服务收益遭遇瓶颈。2013年,美国的在线音乐提供商潘多拉(Pandora)向唱片公司支付了3.13亿美元,相当于全年营业收入的49%,向发行商支付了大约2600万美元,相当于全年营业收入的4%。① Pandora通过音乐播放获得的广告收入需要高于版权费,公司才能实现赢利。有"音乐界YouTube"之称的音频分享平台SoundCloud②正在与环球、索尼、华纳三大唱片巨头谈判,将向三者分别提供3%~5%的股份,并承诺收入分成,以避免可能发生的版权纠纷。

四 全球视听新媒体产业发展几个趋势

(一)全球互联网换代升级,移动连接将带动视听新媒体服务转型

"端+云"的突破使全球快速步入移动宽带时代,移动宽带的发展将带动通信产业步入下一个快速发展的"黄金十年"。一方面,移动终端的出货量大量增加,预计到2015年全球平板电脑出货量将达到3.21亿台,超越个人电脑出货量;手机出货量将升至19亿台,其中大部分是智能机。③ 另一方面,移动宽带流量大增,最近几年移动宽带数据流量每年的增量都是过去所有年份流量的总和。视听新媒体产业也将面临巨大的发展机遇,根据预计到2016年,在线视频移动观看的数量将占在线视频观看数量的50%。④ 视听新媒体产业未来的发展主要依赖移动互联网视听服务市场的开拓。

---

① Pandora, Pandora Annual Report 2014, April 15, 2014.
② SoundCloud最初创建于瑞典的斯德哥尔摩,2007年8月,由编曲家亚历山大·埃里恩和艺术家埃里克·华尔福斯于德国柏林正式成立。网站创立是让音乐家们能自由交流各自的录音,后来转变成了一个同时也能推广音乐家曲目的公开平台。2013年SoundCloud发展迅猛,目前注册用户数量达3亿,每月有超过2.5亿的听众,每分钟有近12小时的音频上传。
③ Gartner, Gartner Worldwide IT Spending Forecast 2014 Q2, https://www.gartner.com/doc/2779918.
④ Ooyala, Online Video Index 2014 Q1.

（二）数字视听内容价值链扩展，带动内容产业升级

在网络视听消费过程中，用户为王规则下全方位完善用户体验成为视听新媒体服务最关注的内容。用户体验提升，直接面对用户的终端屏幕越来越大、展示效果越来越清晰、操作越来越便捷。"内容为王"渐渐回归人们视野，原因在于无论在何种终端、通过何种网络，优质和原创内容在吸引用户方面都具有无可比拟的优势。随着智能终端层出不穷，数字视听内容的展示平台继续增加，内容产业价值链不断扩展，面对多终端、多网络的消费格局，未来视听内容产业将进一步升级转型，并将有针对性地面向各类终端发布。

（三）用户体验成为主导视听新媒体服务市场的最主要因素

用户体验（User Experience，简称UX或UE）是指用户在使用一个产品（服务）的过程中产生的心理感受，是一种纯主观的评价。视听新媒体服务面对的是互联网连接背后的一个个用户，良好的用户体验会提升竞争力，带来高回报，用户体验也是国际互联网巨头们所关注的首要问题。2014年，亚马逊推出的Fire TV机顶盒就具有视频语音搜索服务，它能在一个比较吵闹甚至有回音的空间内分辨出用户的声音并自动进行相关操作。不仅如此，Fire TV机顶盒还可以和亚马逊电子书、手机等智能终端实现云共享，亚马逊还将在Fire TV上增加免费音乐应用Amazon MP3，并提供"自由时间"（Free time）应用帮助父母控制儿童观看视频的时间和内容等。

（四）监管机构职能不断扩展

随着越来越多的服务商提供视听内容服务，越来越多的国家将视听内容统一进行监管，而且在服务上也逐渐使用统一标准。监管机构的职能逐渐扩展到各种视听服务平台，随着未来视听新媒体终端层出不穷趋势的延续，监管机构将不断面临新问题，他们也需要解决新技术、新趋势带来的挑战。例如2013年美国网络电视公司Aereo通过微小天线接收卫视信号，并将其加以传送，用户只需要相当于有线电视收视费1/10的价格，就可以通过智能手机或者其他

便携设备收看有线电视公司的节目。[1] 这种传输服务是否合法、如何监管，都给监管机构带来了新的挑战。

各国监管机构在监管中也按照用户至上的准则，纷纷在提高用户体验上对视听服务提供者提出了高要求，或者在用户特别是特殊群体的新媒体应用方面加以指引。例如随着电视内容逐渐转移到数字化平台，美国联邦通讯委员会（FCC）规定2016年所有在线视听节目需加字幕，包括视频剪辑及其他在线直播视频节目，上传至第三方站点或应用的视频暂不需添加字幕。[2] 为了确保互联网高效运作，英国Ofcom2013年发布了《消费者互联网流量管理指南》，帮助消费者了解在繁忙的互联网高峰期如何更加有效使用宽带服务。[3] 这些都值得全球的视听新媒体监管者们学习和借鉴。

---

[1] 参见新闻出版广电总局发展研究中心内刊《新媒体动态》2014年第23期。

[2] FCC Eyes Changes to Online Video Clips, Businesses Say Don't "Underestimate the Difficulty", http://www.foxnews.com/politics/2014/07/05/fcc－eyes－changes－to－online－video－clips－businesses－say－dont－underestimate/.

[3] 新华网：《Ofcom发布〈消费者互联网流量管理指南〉帮助消费者进行"流量管理"》，http://news.xinhuanet.com/info/2013－09/18/c_132730958.htm。

B.16 浅析大数据时代Netflix的价值转移与创新

李艳伟　崔维珊*

摘　要： 随着互联网技术和终端技术的发展，OTT TV行业快速成长起来，并对传统电视行业产生了巨大冲击。本文以迈克尔·波特教授的"价值链"理论和克里斯滕森教授的"破坏性创新"理论为分析框架，通过对美国OTT TV公司Netflix的个案研究发现，从一开始的在线影片租赁服务到现在的流媒体视频服务，再到最近的原创内容发行，Netflix依托其技术基础显现出从视频资源汇聚到原创内容开发的价值转移，成为在线视频领域的"破坏者"，在生产制作、发行推广、播放方式等多个方面引领着付费视频行业新的变革。

关键词： Netflix　价值链　破坏性创新　大数据

OTT，Over the Top，指的是互联网公司越过运营商，发展基于开放互联网的各种视频及数据服务业务，强调服务与物理网络的无关性。随着互联网技术、终端技术的快速发展，在美国，以苹果、谷歌、Netflix、Hulu等为代表的OTT TV行业快速成长起来，市场规模不断扩大，并对传统电视行业产生了巨大冲击。OTT TV是OTT业务的一种，是基于开放互联网的视频服务，即互联网电视。OTT TV运营无需独立拥有自己的网络，只要具备资

---

* 李艳伟，中国传媒大学传播研究院2013级硕士研究生；崔维珊，吉林财经大学金融学院学生。

本、平台和内容的运营能力，就可以成为OTT TV的运营商，因此其运营主体多元化，来自各个行业和领域，如电视台NBC、有线电视运营商康卡斯特（Comcast）、互联网企业谷歌（Google）、电信运营商威瑞珍（Verizon）、终端厂商苹果公司、电商亚马逊（Amazon）、零售商沃尔玛（Wal-Mart）等等[1]。Netflix是美国最大的在线影片租赁商，凭借着对互联网发展的敏锐嗅觉，逐渐将其业务转向OTT TV，提供在线视频服务，致力于互联网电视的发展。

2013年2月1日，Netflix一次性推出由其投资1亿美元拍摄的自制剧《纸牌屋》（House of Cards）第一季13集，首播当日便创下收视高峰，正式进军原创内容市场。2014年2月14日，《纸牌屋》第二季上线，进一步引发收视狂潮。据宽带数据公司Procera发布的一份报告显示，有16%的Netflix订户在《纸牌屋》第二季上线后首个24小时之内至少观看了一集，这与上年第一季上线首日的收视率相比飙升了7倍[2]。2013年Netflix收费用户超过4000万人，与2012年相比新增用户达千万人，这很大程度上缘于《纸牌屋》这一首播原创剧的吸引力。

哈佛大学商学院教授迈克尔·波特于1985年曾提出"价值链"的概念，波特认为，企业的价值创造是通过一系列活动构成的，基本活动包括进货物流、生产制造、出货物流、市场营销、售后服务等；而辅助活动则包括采购、技术开发、人力资源管理和企业基础设施建设等，这些互不相同但又相互关联的生产经营活动，构成了一个创造价值的动态过程，即价值链。企业所创造的价值，实际上来自企业价值链上的某些特定的价值活动；这些真正创造价值的经营活动，就是企业价值链的"战略环节"。

从影片租赁到OTT TV再到发展原创剧集，Netflix逐渐将其业务重心从视频资源汇聚转向优质精准视频内容服务，显现出一个价值转移的过程。这一思路恰好与美国战略和创新大师、哈佛商学院教授克里斯滕森（Clayton M. Christensen）提出的"破坏性创新"理论相契合。该理论指出，一个领域的新

---

[1] 朱新梅：《美国OTT TV发展与监管政策研究》，http://www.sarft.net/a/162535.aspx。
[2] 福布斯中文网，http://www.forbeschina.com/review/201402/0031214.shtml。

进入者往往通过制定低利润赢利模式获得价格优势进入市场并在低端市场建立立足点,然后通过制订正确的产品改进次序向高端市场挺进①。这一理论在多个行业得到了验证,而在美国新闻学季刊《尼曼报告》(*Nieman Report*)2012年第三季刊中,克里斯滕森把这一理论拓展到了传媒业,指出在传媒业Huffington Post 和 Buzzfeed 扮演着"破坏者"的角色。最初他们只是聚合可爱的猫狗照片,而现在则已进入政治新闻,从汇聚资讯进化到原创内容,Huffington Post 的报道甚至赢得了新闻业的最高奖普利策奖②。

可以看到,Netflix 扮演的正是在线视频领域的"破坏者"的角色,《纸牌屋》的大获成功显示出 Netflix 价值定位的战略意义,其对传统视频领域价值链的创新也让老牌电视台感受到 OTT TV 的强势来袭。

一 Netflix 的业务转移:从流通渠道到内容生产

Netflix 是世界上最大的在线影片租赁商及流媒体(在线视频)服务商。公司由 Reed Hastings(现任 CEO)和 Marc Randolph 于 1997 年共同创立,最初提供在线影片租赁服务。这一想法缘于 Netflix 创始人 Reed Hastings 租借《阿波罗 13 号》缴纳 40 美元滞纳金的个人经历。1999 年,Netflix 推出了通过邮件寄送 DVD 的订阅服务,并且承诺可无限续借和无滞纳金,此举改变了美国人在周围实体店里租看电影的习惯,从而导致以前随处可见的影视出租连锁店百视达(Blockbuster)在 2010 年宣布破产③。这一时期,Netflix 将其大量时间和精力投入渠道建设中,凭借"优惠价格+便利查询+免费递送"成为全美最大的在线影片租赁公司。随着流媒体的发展,Netflix 的传统 DVD 租赁业务市场份额不断下滑,但是 Netflix 认为 DVD 存在一定的市场需求,尤其是在农村和郊区,所以 Netflix 会继续提供优质 DVD 租赁服务,并增加了 Email 邮寄视频的方式。

---

① 《破坏性创新》,http://wiki.mbalib.com/wiki/%E7%A0%B4%E5%9D%8F%E6%80%A7%A7%E5%88%9B%E6%96%B0。
② *Breaking News*,http://www.nieman.harvard.edu/reports/article/102798/Breaking-News.aspx.
③ 陈蒙蒙:《Netflix 付费流媒体视频网站的突围策略》,《传媒》2013 年第 8 期。

2007年，随着互联网技术的发展，Netflix开始将电影放在网络在线平台提供给订阅用户观看，以往需要等待邮寄电影的用户目前可直接上网观看视频，随后Netflix不断将业务重心向流媒体视频领域倾斜，除了提供在线正版影片包月观看外，Netflix还将服务延伸至有线电视点播业，Netflix逐渐成为美国最大的视频内容供应商之一，订阅用户持续增长（见图1）。

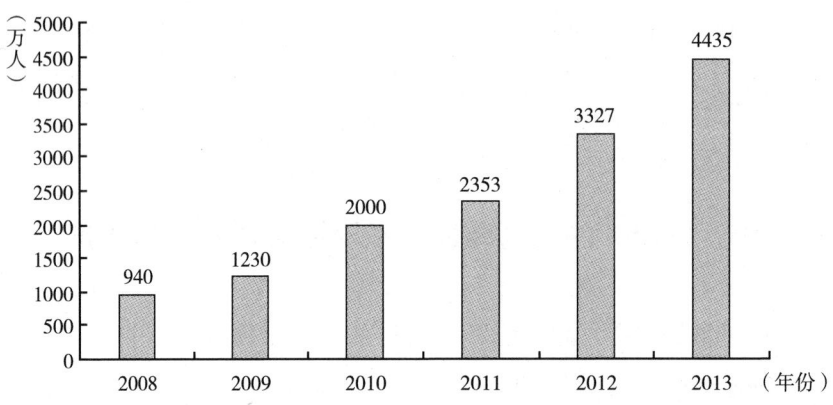

图1　2008～2013年Netflix付费视频订阅用户数

资料来源：《Netflix财报》，https://www.netflix.com/global。

2011年，Netflix实行了一项大胆的改革，Reed Hastings宣布将公司一分为二：Qwikster主营DVD服务，并提高60%的包月费用，Netflix主营流媒体服务，进一步显示出Netflix的业务重心。但是这一举动导致了用户的不满，Netflix股价持续下跌，直至最低点，最终造成了80万用户流失和近120亿美元的市值蒸发，Qwikster品牌也在发布仅22天之后宣布取消。Netflix不断调整策略，2013年，Netflix凭借《纸牌屋》打入原创内容市场，提供在线原创首播剧集，不仅用户数量激增，而且股价一路上扬。根据研究公司SNL. Kagan的调查数据，在2013年第一季度，Netflix在美国的用户达到2917万，首次超过HBO电视网。2013年4月23日，Netflix发布2013年第一季度财报，公司股价上涨26%，达到每股217美元，是2012

浅析大数据时代 Netflix 的价值转移与创新

年 8 月低谷价格的三倍以上①，2013 年 Netflix 的营收规模实现了大幅上涨（见图 2）。

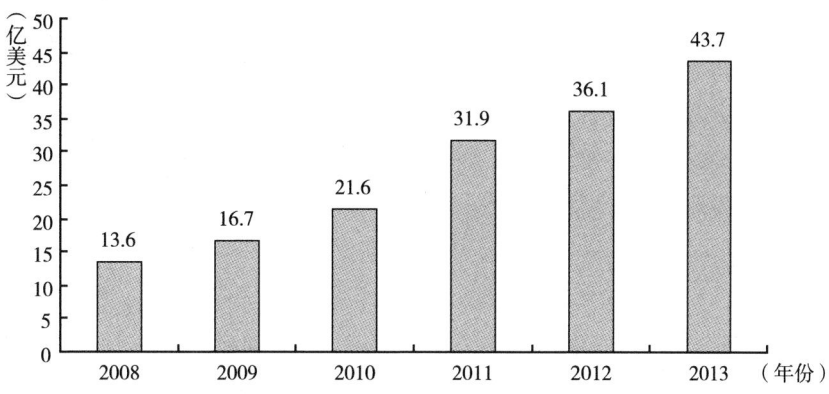

图 2　2008~2013 年 Netflix 营收规模

资料来源：《Netflix 财报》，https://www.netflix.com/global。

在公司内部文件中，Netflix 表明，其长期发展目标是互联网电视（Internet TV），即全力打造一个净广告的不受限的付费流媒体视频观看平台。为了更好地服务用户，Netflix 不断加强与其他公司的合作，在各个平台发展客户端，现已有 1000 多个平台可以观看 Netflix 视频。运营方面，Netflix 实行会员制和月费制（7.99 美元/月），提供一个月的免费试用期，试用期内，用户可以在各个平台上无限制地免费观看 Netflix 提供的视频，试用期结束后由用户自己决定是否继续订阅，没有任何额外的费用和义务。Netflix 拥有海量视频，并且不断更新其内容库，根据 Netflix 公司文件，2014 年 Netflix 用于内容生产的投资计划达 30 亿美元。

可以看到，从提供在线影片租赁服务到提供在线视频服务，Netflix 的业务重心逐渐由渠道建设转向内容服务。在 OTT TV 的各种运营商中，Netflix 采取的是与终端商和网络运营商合作的方式，单纯地向用户提供视频内容服务。Netflix 目标很明确，本身并不做终端，也不做运营，全面致力于优化用户体

---

① 丁萌：《互联网步入"内容为王"时代——Netflix 借〈纸牌屋〉叫板 HBO》，WORLDVISION，2013. NO. 10。

验,提供优质内容,并通过付费方式赢利。可以说OTT是Netflix的支撑,内容是Netflix的根本。在竞争愈加激烈的视频服务领域,Netflix不断突破自我,紧随时代潮流,以用户需求为核心,创新自身的模式,这是Netflix异军突起的重要原因,而上述业务转移也为传统视频领域的价值链带来了突破与创新。

二 Netflix对传统价值链的创新

传统的美国视频行业中商业电视一直占据主导地位。早先美国主要由ABC、NBC和CBS三大传统电视网所垄断,随后福克斯(FOX)公司、联合派拉蒙电视网(UPN)、华纳兄弟公司(WB)相继崛起。而随着美国跨媒体、跨行业兼并浪潮的兴起,包括Disney、Comcast、Viacom、News Corporation、TimeWarner、Sony在内的六大传媒集团几乎垄断了整个影视娱乐市场,它们不仅拥有内容制作公司,还掌握公共广播网、收费有线电视频道等发行渠道。总的来说,商业电视网、有线电视、公共电视、地方电视台、卫星电视等共同构成了美国庞大的电视传播网络。

借助独特的电视网体制与商业模式,美国电视业形成了自己的生产机制、播出制度与运作模式,包括:流水线生产制作模式、边拍边播的反应机制、辛迪加发行模式、演播季与周播方式。所有环节围绕市场和消费者,最高标准是市场价值最大化,美剧常常出现因为收视率不佳而中途被砍的情况。

随着互联网的发展,流媒体视频网站兴起,开始与传统商业电视在视频行业展开竞争。凭借对互联网的敏锐嗅觉,Netflix逐渐将其业务从在线影片租赁转移到流媒体视频服务,在付费视频市场占得了先机。Netflix发展早期主要在渠道建设方面发力,随着资源的积累,Netflix的业务重点逐渐转向内容生产,这一转向从更深层面对视频领域的传统价值链造成了冲击。《纸牌屋》的出现是Netflix向内容核心领域发力的典型代表,这一网络首播原创剧不仅在生产制作、发行推广、播放方式等方面焕然一新,更是对整个美国视频行业产生了巨大影响,进一步改变着美国视频行业的方向和格局,引起各大传媒巨头的重视。

1. 生产制作：依托大数据实现内容的精准定制

如上文所言，传统美剧采用的是流水线生产制作模式和边拍边播的反应机制。首先，制作公司会向电视网提供一个剧本提纲，包括电视剧的大致情节、主要人物设置、人物关系、场景设置等基本内容。在提纲获得认可后，电视剧制作公司就开始制作一集样片提供给电视网。电视网收到样片后，会组织观众或专业的节目分析师对样片进行评定，然后决定是否签单。获得电视网的订单之后，经纪人代理公司便介入其中，为制作公司挑选合适的演员，制作公司会为一部电视剧成立专门的，包括制作人、导演和技术人员在内的制作班底，并组织拍摄制作。在每个演出季开始的时候，制作公司一般会拍摄完成 4~5 集的备播量，有 1~2 集已经最后定稿的完成剧本，以及数量更多的剧本初稿和剧本梗概，剩下的在播出期间拍摄制作。这种方式决定了美剧可以根据观众的意见和市场表现随时做灵活的调整，根据观众的喜好决定人物的去留和情节发展的走向，有时甚至能将观众的意见写到剧本中去①。这种方式可尽可能地对市场反应做出回应和调整，以争取更多用户，实现市场价值最大化。

网络技术的发展对上述传统的生产制作模式进行了颠覆，通过数据挖掘分析，制作方可提前精准定位受众的需求并据此制作内容，《纸牌屋》就是很好的例子。数据显示，每天用户在 Netflix 上产生 3000 多万个行为，比如观看视频时点击暂停、回放或者快进，并且用户每天还会给出 400 万个评分，以及 300 万次搜索请求等。每次用户的搜索、正面或者负面的评分都会和第三方数据综合起来分析。此外，地理位置数据、设备数据、社交媒体分享数据、用户添加书签数据、每次用户登录授权的数据以及每部影片或者剧集的数据，都会进入 Netflix 庞大的数据分析系统里去②。通过用户数据分析，制片方完全可以根据受众需求定制符合其口味的原创影片或剧集，比如《纸牌屋》就是将观众喜欢的三种元素（BBC 经典剧集《纸牌屋》、大卫·芬奇导演、凯文·史派西的演技）融合在一起推出的原创剧集。

通过数据挖掘和分析，定制符合用户口味的剧集，颠覆了传统美剧的生产

---

① 《美剧生产模式启示》，http://news.163.com/09/0218/11/52EBB76400012QEA_2.html。
② 陈蒙蒙：《Netflix 付费流媒体视频网站的突围策略》，《传媒》2013 年第 8 期。

制作模式。《纸牌屋》的成功为Netflix打入原创内容市场提供了信心。据官网资料,除《纸牌屋》外,Netflix陆续推出的原创剧还包括《莉莉海默》、《女子监狱》、《铁杉树丛》、《发展受阻》,迷你剧《捍卫者》,以及将由《老友记》编剧Marta Kauffman和《吉姆说》编剧哈沃德·J·莫里斯主创的情景喜剧《格蕾丝和弗兰基》。这一系列原创剧集势必对传统视频行业产生巨大影响。

除用于生产定制内容外,现阶段Netflix的数据挖掘更多应用于个性化推送,Netflix的一个关键服务是个性化推荐引擎。Netflix用户可以在一个个性化网页上对影片做出1~5的评级,Netflix将这些评级放在一个巨大的数据库里,并使用推荐算法和软件来标识具有相似品位的观众对影片可能做出的评级,根据评级数据对用户做出相应的推荐。个性化推荐引擎于2000年首次推出,为了优化推荐引擎,Netflix特意设置了Netflix百万大奖,2006年第一个Netflix大奖成功为提供了50个以上评级的观众准确地预测了他们的口味。2009年第二个Netflix大奖团队成功地将Netflix影片推荐引擎的推荐效率提高了10%。通过优化推荐引擎,Netflix可以更好地发掘用户需求,不仅能提高影片资源的利用率,而且有利于提高用户满意度,这是改善用户体验的重要方面。

在2014年5月的纽约市Internet Week大会上,Netflix首席产品官尼尔·亨特(Neil Hunt)表示,Netflix正在努力完善其个性化技术,让用户不必大海捞针般搜寻心仪的电视节目和电影,推荐引擎将通过精心调整,向用户显示"一两个完全符合他们观看需求的建议"。他说,Netflix正在投入大量时间和精力构建个性化技术,其认真程度丝毫不亚于该公司当初打造传递内容的基础设施。未来,Netflix甚至会比你自己还清楚你想看什么电视节目,[①] 这甚至会改变未来人们观看电影电视的方式。

2. 播放方式:一次性连播的剧集播放形式

《纸牌屋》一反美剧常态,没有采用周播剧的形式,而是一次性推出全部剧集,并采用连播的形式,颠覆了之前Netflix"传统内容二次传播平台"的市场身份以及"老旧影片仓库"的角色定位,不仅对观众的收看习惯产生冲击,也对美剧的制作流程及播出方式造成一定影响。

---

① 《十年后,电视将变成什么样?》,http://www.sarft.net/a/165119.aspx。

浅析大数据时代 Netflix 的价值转移与创新

《纽约时报》的一篇文章指出，得益于 DVD 盒装剧集和 Netflix 的会员服务，"狂看片"已经成为美国人看电视的一种流行方式，也开始影响故事的叙述和发行方式，特别是那些每集一个小时的电视剧。Netflix 采用一次性推出全部剧集的方式主要考虑到其网络用户的收看习惯，给予用户最大的选择权。《纸牌屋》制片人博·威廉曼（Beau Willimon）称，随着电视更少受限于节目安排表，更适应于网络，"甚至可能会出现完全舍弃剧集之分的情况。你也许就一下子看 8 个或者 10 个小时，你自己决定什么时候暂停。"①

3. 发行推广：从传统的内容变现末端到原创剧首播平台

美剧的赢利模式主要有两种：一是广告收入；二是多级售卖获利，即辛迪加发行。一般来说，美剧首先在各大电视网首播，如果表现很好，就会在"辛迪加"重播。如果一部剧能够累积到 100 集左右，就会被节目制作商以比首播低得多的价格和每周 5 集连续播放的方式卖给地方电视台和其他有需要的电视经营机构。之后，一些节目还会发行 DVD 或被打包卖到国外。所以，考虑到市场价值，各大制片公司所制作的电视剧集，通常会在单次收益最高的平台首次露面，比如公共电视台或者收费有线电视频道，然后再到其他平台。在这一过程中，像 Netflix、Amazon Instant Video 等这种包月式收费的流媒体观看平台往往处于内容变现末端，而要想较早上线一些热门剧集，它们必须付出更高的版权费用。

Netflix 绕开大型传媒集团，与独立制片公司 MRC 合作，高价获得原创剧集《纸牌屋》的首播权，是 Netflix 对上述状况的突破。互联网首次取代传统电视成为《纸牌屋》的首播平台，战略意义远大。Netflix 同时与 Sony 公司合作进行《纸牌屋》的国际发行，组成了从独立制片公司、互联网播出平台到国际发行渠道的完整内容变现流程，对传统剧集的发行推广流程造成了一定的冲击。

总之，从最初的传统影视资源二次播放平台到现在的原创剧集首播平台，Netflix 逐渐从简单的视频资源汇聚发展到原创内容生产和制作，不仅形成了完整的生产制作、发行推广流程，而且在各个环节实现了突破与创新，极具变革精神，对整个付费视频行业产生了重要影响。

---

① 《你会一口气看 13 集美剧吗？》，http://cn.nytimes.com/world/20130202/c02binge/。

三 结语

2014年5月16日,美国智能宽带网络解决方案供应商Sandvine发布报告称,流媒体服务提供商Netflix在北美黄金时段的互联网流量正在不断增长。报告指出,截至2014年,Netflix用户在夜晚黄金时段占据了所有下载流量的34.2%,所占比例高于2013年下半年时的31.2%,并强调这一现象很大可能是Netflix推出的超高清内容不断增多①。随着技术的发展,4K超高清电视日益成熟,但适用于该技术的内容并不充足。Netflix不仅提供了4K流媒体播放平台,而且推出了实实在在的4K内容。Netflix首席产品官内尔·亨特(Neil Hunter)表示,不仅Netflix将放送4K版《纸牌屋》(House of Cards),而且未来所有主要原创内容都将采用4K技术进行拍摄②。Sandvine发布的报告显示出Netflix提供超高清内容服务这一举措的现实效果,Netflix又一次以其敏锐的嗅觉走在了时代前沿,凸显其"破坏者"的创新精神。

综上,Netflix通过与终端商、运营商的合作,以低廉的价格、简单的定价方式、先进的技术基础、精准的内容推送为运营做支撑,力求提供优质的流媒体视频服务,从多而全的内容逐渐扩展到多、全、新、酷的内容,并向其长期目标——互联网电视不断努力。作为互联网公司,Netflix重视用户价值,以人为中心,利用互联网优势,不断改善Netflix的用户体验,以赢得更多用户的"moments of truth",同时逐渐由渠道建设转向优质内容服务,不断实现自身的突破,取得了较好的成果。尤其是Netflix借助《纸牌屋》打入原创内容市场,赢得互联网平台首播权,在多个环节对美国付费视频产业形成了巨大的冲击。回溯上文提到的"破坏性创新"理论,Netflix扮演的正是视频服务行业的"破坏者"的角色,从视频资源汇聚到原创内容开发,Netflix逐渐向高端市场渗透,给传统市场带来了新元素和新力量,而这也正是"破坏者"的价值所在。

---

① 《Netflix流量持续增长已占34%黄金时间段》,http://www.sarft.net/a/164973.aspx。
② 《Netflix:电视产业和4K未来的主人?》,http://tech.qq.com/a/20140113/000507.htm。

中国移动社交 App 赢利模式分析

胡笑红*

摘　要： 以微信、手机 QQ、微博、人人网、陌陌、来往等为代表的社交 App 逐渐成为移动互联网用户生活、工作的重要社交工具，同时，商业化也成为社交 App 的发展目标。目前，以微信为代表，广告、社交游戏、移动电商、增值服务是移动社交 App 商业化过程中营利的基本形式。

关键词： 社交 App　营利模式

移动互联网作为"粉丝"经济，对用户价值的深度挖掘是其基础，社交工具是联系用户之间的纽带，可以大幅增加用户之间的黏性，进而有效提高用户的 ARPU 值。① 因此，移动社交是移动互联网营利模式的基础。在商业化过程中，营利则是移动社交 App 的终极目标。

一　中国移动社交 App 发展现状

细数国内移动社交 App 市场，规模可达几十种。按照社交目的可将其分为四类。

---

* 胡笑红，中国传媒大学传播研究院研究生。
① 来源：中文互联网数据资讯中心《2014 年中国移动互联网行业深度报告》，网址 http://www.199it.com/archives/256419.html。
ARPU：Average Revenue Per User，即每用户平均收入。

熟人社交，如"微信"、"人人"、"QQ"。这里的"熟人社交"并不只是熟人之间的社交，而且是在社交目的上更倾向于熟人之间互相通信、联系和交流。

婚恋社交，如"百合婚恋"、"有缘网"、"珍爱网"。这些应用都是从PC端发展起来，社交形态已经较为成熟。

陌生人社交，如"微博"、"陌陌"。微博主要是新闻类型的纯陌生人社交圈，陌陌则是基于地理位置的移动社交工具，用户可以通过陌陌认识某地理位置范围内的陌生人，查看对方的个人信息和位置，免费发送短信、语音、照片以及精准的地理位置。

兴趣社交，如"来往"。来往是阿里巴巴旗下的产品，来往5.0版的升级，根据用户偏好，分类为旅行、名人大腕、时尚、无厘头、音乐、美食、娱乐八卦等，帮助用户基于共同兴趣、爱好，建立起自己的社交网络。

（一）发展规模

根据艾瑞移动网民行为监测工具mUserTracker最新数据显示（图1），从2013年1月到9月，中国移动社交应用月度覆盖人数从1.29亿增长到1.55亿，增长率为20.2%。移动社交的活跃用户数量处于稳步增长中。

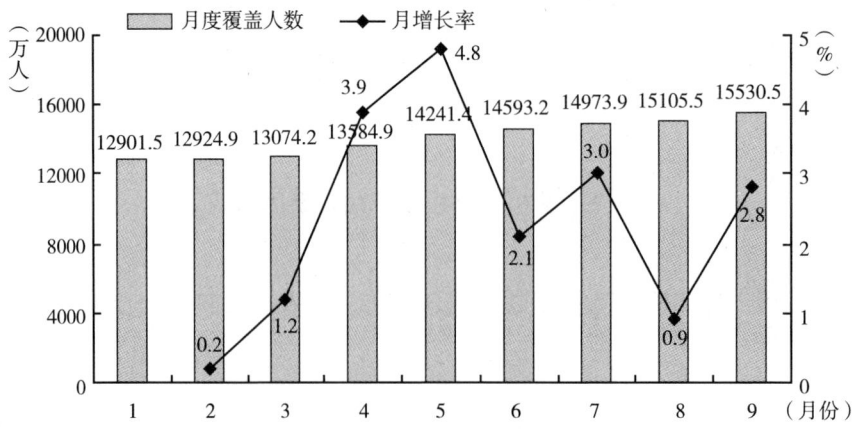

图1 mUserTracke-2013年1月到9月中国移动社交行业月度覆盖人数

资料来源：《iResearch-2014年中国移动社交应用市场研究报告》。

最新数据显示，移动社交 App 的用户数量逐渐增长。另据艾瑞咨询 2014 年第一季度的统计数据（见图 2），2014 年 2 月，在社交 App 端的服务月度使用时长同比增长显著，达到 255.7%。同时，在 PC 端，社交服务月度浏览时长同比增长仅为 2.5%。本季度社交 App 端流量首次超过 PC 端，其中，微信成为社交服务在 App 端迅猛增长的主要拉动因素。

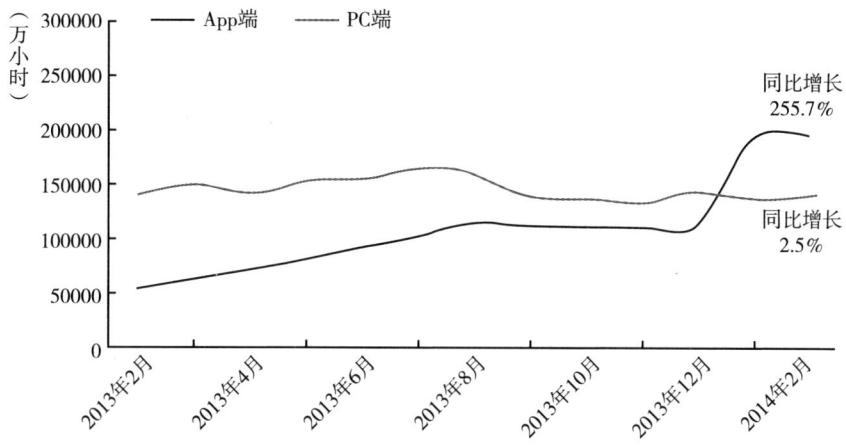

图 2　2013 年 2 月至 2014 年 2 月社交服务 PC 端/App 端月度浏览时长对比

来源：《艾瑞咨询：2014 Q1 社交 App 端流量首次超过 PC 端》。

（二）月活跃用户数最新统计

根据最新公布以及统计数据显示，微信拥有 3.55 亿月活跃用户（来自腾讯公司，2014 年 3 月）；新浪微博拥有 1.29 亿月活跃用户（来源：新浪公司，2014 年 3 月）；截止到 2014 年 6 月 30 日，陌陌总注册用户数 1.48 亿，月活跃用户数 5243 万，群组总数 356 万（来源：陌陌官网，2014 年 8 月）；截至 3 月 31 日，人人网第一季度的月活跃用户数增长到 5100 万，较 2013 年第四季度增加 600 万，环比增长 13.3%（来源：人人网 2014 年第一季度财务报告）。同时，根据艾瑞咨询网民网络行为连续性研究系统 iUserTracker 数据，移动端婚恋交友 App 月度覆盖人数达 2359.3 万人，环比增长 8.6%，同比增长

136.9%，相比PC端婚恋交友网站的平缓发展，移动婚恋交友已经开始飞速成长。①

根据"眼球经济"，中国移动社交App的发展规模以及用户数量的不断增长成为推动其商业化发展和逐渐成熟的重要动力。随着移动社交市场规模应用的逐渐扩大，再加上互动性强、用户黏度高、用户定位精准等优势，其商业化路径逐渐清晰，并且已发展出多种营利模式。

二 赢利模式探析

移动社交App目前营利的主要方式为广告、社交游戏、移动电商、增值服务，增值服务包括用户增值服务和企业增值服务。

（一）广告

广告是移动社交App最为基本的营利模式之一，也是互联网最为原始的一种营利方式。全球移动营销统计数据显示，手机横幅广告的点击率为2%，远高于互联网横幅广告0.15%的点击率。②

中文互联网资讯中心2013年5月在《AppsFlyer：研究显示在App应用营销社交分享比搜索产生的效果更好》的文章中指出：根据一项AppsFlyer的研究课题显示，在付费App应用营销领域，和搜索相比，社交平台上的口碑营销往往会产生更好的效果。同时，社交App集社交平台与精准个性化终端于一身，便于广告主深度挖掘用户的特点和属性，这也促使社交App成为企业进行广告投放的最佳载体。

在《BI移动互联网的未来》这份2014年移动互联网报告中提到，"我们可以从媒体历史中学到一个东西，即金钱跟着眼球走"，随着人们的眼球逐渐转向移动互联网，广告支出也逐渐流向移动互联网。

移动社交App广告投放方式主要有如下几种。

---

① 艾瑞网：《移动婚恋持续升温 婚恋交友市场变革在即》，网址：http://wireless.iresearch.cn/others/20140214/226868.shtml。
② 华筠：《App给力移动互联网》，《广告大观（综合版）》2011年第8期。

1. 展示广告

展示广告是基于移动互联网的社交媒体仍然使用的一种广告形式，横幅广告比较常见，如微博在账户"首页"上方会不定期设置广告横幅，陌陌在"附近"一页上设置展示广告，来往在其扎堆菜单的"广场"最上端设置动态的横幅广告。由于受到移动终端屏幕大小的局限，展示广告占用屏幕资源，用户的抵制情绪比较高，因此并不是广告营销的最佳形式。

"首屏广告"是一种特别形式的展示广告，也是运用越来越广泛的一种展示广告的形式，即在载入社交 App 内容之前的全屏图片或者动画，用户打开应用首先便看到了首屏广告，往往是以精美的画面展示，能够充分利用打开 App 的时间和吸引用户的注意力，与应用内横幅的展示方式相比用户的抵触情绪更低，传播效果更好。

2. 推广活动

推广活动主要是以企业通过营销活动反馈福利的方式，吸引用户参与以达到品牌推广的目的。推广活动比展示广告具有更高的吸引力，用户具有更自由的选择参加与否的权利。

在微博上，企业会采取一些推广活动，如转发企业官方微博赢得一次抽奖机会，或者参加现场活动发微博并@官方微博有机会赢得礼品等。微信的推广活动则是通过用户转发官方信息到朋友圈集一定数量的"赞"便能够获得一些礼品，利用人际传播进行品牌推广，如电影院还依托微信的支付功能发动抢购一元限量电影票，以发放福利的方式吸引用户积极参与。来往上分类齐全的扎堆功能更为各行业的企业推广提供了优势平台，尤其是以反馈福利的方式吸引用户参与的推广活动。百合网则通过"首屏广告"推广其收费会员制，并赠送京东购物卡；京东则通过这种合作方式进行品牌推广活动。

3. 原生广告

原生广告不同于展示广告和推广活动，是采取信息流方式的广告。原生广告应该具备三个条件，一是视觉整合，即以符合社交 App 特点的不突兀的方式出现；二是用户具有更自由的选择权，可自行选择是否点开广告；三是广告是有价值的内容，传达有趣、有教育意义、诉诸情感面的内容，并具有启发性

等特点。① 原生广告越来越成为社交 App 广告的主要形式。

新浪微博通过粉丝通的推送功能，基于统计海量用户的社交关系等大量数据对用户进行精准推送，出现在微博流的顶端或者近于顶端的地方，对用户的干扰降到最低。微信上的原生广告则是通过企业的订阅号或者服务号定期向关注用户推送有趣文章以进行品牌推广。陌陌则主要通过表情营销的方式，通过与广告主合作，在表情中注入该企业品牌形象，通过表情的人际传播途径实现企业的品牌推广。商家可以通过陌陌"设置"中的"申请商家"，在陌陌上按照地理位置进行精准投放，并且能和用户进行实时互动。来往则在扎堆中入住了聚划算、天猫商城、天天特价等商家，采用信息流的商品推送方式。

4. 第三方合作

与第三方合作是一种更为高级的广告形式，第三方是作为社交 App 应用服务的一部分。京东购物频道接入手机 QQ 和微信的应用中，如微信在"我的钱包"一项里加入了第三方服务，如手机话费充值、滴滴打车、京东精选、电影票、机票等。这种与第三方合作的形式也是一种广告展示形式，对用户来说在微信平台上获得了更便捷的消费方式。日常的网上充话费、打车、看电影、购物等活动在繁忙的工作生活中节省了更换不同应用软件的繁琐步骤及搜索时间，因此，这种广告形式不仅不会引起抵触情绪，反而更受欢迎。

（二）社交游戏

社交 App 游戏的设计具有社交元素，通过好友排名、好友推荐的社交方式，推动游戏和社交的相互结合，增加商家从用户中所得利润。

微博、微信、QQ、来往、陌陌、百合网都有游戏的服务设置，游戏在手机用户休闲时间是使用率较高的应用，娱乐消遣的功能是加强用户的使用黏度的有效途径。第 33 次中国互联网络发展状况统计报告中指出，手机游戏中引入社交关系可以弥补以往手机游戏缺乏社交和互动性的缺陷，增强用

---

① 资料来源于梅花网文章《网络广告不可否认的未来：原生广告》，网址：www.meihua.info/today/post。

户的使用黏性，社交App的游戏则可以在其社交功能的基础上逐渐创新具有社交元素的游戏，微信、来往、陌陌、百合网在社交游戏的开发上具有领先优势。

艾瑞资讯2014年第一季度的调查统计《2014Q1中国手机游戏市场》数据显示（见图3），2014Q1中国手机游戏市场规模为46.6亿元，环比增长18.9%，市场仍在快速发展。在手机游戏市场提供的有利环境下，凭借移动社交App庞大的用户基数和渠道优势，社交游戏成为其最大赢利点也是最为清晰的赢利点。微信的《天天酷跑》运营还不满一个月，收入即破亿元，瞬间引爆社交游戏的高潮，陌陌CEO唐岩在2014年2月的微博上透露，陌陌联运的第三款游戏《陌陌争霸》上线1个月营收即达1200万。①

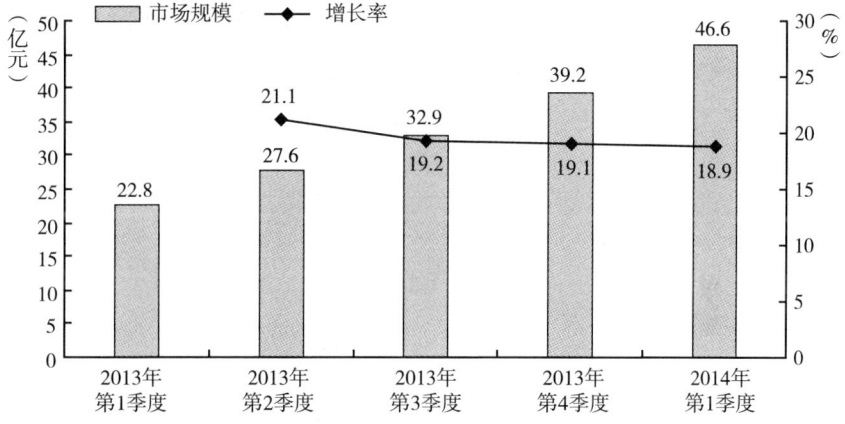

图3 2013年Q1到2014年Q1中国手机游戏市场规模

（三）移动电商

移动社交App与电子商务的结合可谓各取所长，并且将用户从体验到购买产品的过程进行了补充和完善。

移动社交App为线上与线下的结合提供了便捷的桥梁，重要的接口便是

---

① 艾瑞网：《190亿之外，扒一扒中国的移动社交应用市场》，网址：http://column.iresearch.cn/u/ksjlhy/669797.shtml。

"二维码"和LBS。如微信、QQ、来往、人人网等社交App都具有"扫一扫"功能,这一接口节省了大量的搜索时间和繁琐步骤,简单、方便地将商家与消费者联系起来。

LBS功能则是另一种将消费者和商家联系起来的便捷渠道。无论是陌陌这种基于地理位置进行陌生人交友的App,来往这种基于兴趣社交的App,还是微信、QQ这种比较传统的社交App都配备了LBS的服务功能。这种能够标识地理位置的社交功能,不仅能够帮助用户发现周围感兴趣的商品和娱乐,也能够帮助商家发现附近的用户,被称为精准营销的渠道。

陌陌通过附近活动的定位功能向用户推荐其所在地理位置附近的商业或者非商业活动,如演唱会、音乐节、电影等,用户根据自己的喜好选择感兴趣的活动或者群组,这种主要以地理位置进行用户细分的功能也为企业进行用户精准定位提供了重要的途径。微信与大众点评合作推出的"吃喝玩乐"服务通过定位用户的地理位置精确推送有关生活服务商品。

移动社交App的"扫一扫"和LBS功能将线上与线下结合、为商家与用户搭建便携的桥梁是其电商赢利模式的入口环节,对于移动社交应用而言更重要的在于形成一个完整的产业链条,从线下体验或者线上体验到购买,再到最后的线上支付的出口环节,是一个完整的生态链。因此,支付系统是电商赢利模式另外一个沟通用户和商户的重要一环。

有完善的电商赢利模式的移动社交App可以微信为代表。微信支付所完善的电商赢利产业链中不仅有手机花费充值服务,还提供理财服务的理财通、彩票,以及滴滴打车、京东精选、Q币充值、微信红包、吃喝玩乐、腾讯公益、信用卡还贷、电影票、AA收款、机票的生活服务,微信与电商的结合逐向垂直领域扩展,庞大的用户基数、社交所形成的共同诉求以及微信高度的用户黏性都助推微信电商领域垂直服务的挖掘,满足用户生活出行、购物、娱乐、投资理财等各个领域。

再以500彩票网为例,社交使得用户之间有共同的诉求,从而形成社会的需求,在垂直用户圈内推荐会大大提高电子商务的转化效率。500彩票网主要产品是体彩中的竞彩,需要对基本面进行分析和讨论,并结合买、跟买的投注模式形成用户黏性,这种黏性一旦形成,用户迁移成本非常高,从而提高了平台的 ARPU 值。据统计，500 彩票网的单个用户访问量远远高于以流量变现模式为主的淘宝彩票和 360 彩票。①

（四）增值服务

增值服务是移动社交平台根据用户的个性化需求提供个性化服务的一种赢利模式。移动社交 App 的增值服务包括用户增值服务和企业增值服务。

用户增值服务一方面是会员增值服务，如手机 QQ、百合网、人人网、陌陌、来往等，通过购买会员资格，能够享受更为高级的服务。如陌陌的会员可以享受悄悄查看消息、语音自我介绍、会员定点漫游、查看访客记录、会员专属标识、会员专属表情、游戏特权等一般用户所不具有的个性化服务；手机 QQ 的会员分为五个等级，等级越高，享有的特权越多；人人网的会员享有专属聊天表情、尊贵身份标识、隐身查看好友等功能特权以及专属手机主题的装扮特权；百合网的会员服务主要是提供更好的找男女朋友的条件；微博的会员有专属标识、个人主页微博置顶、屏蔽关键词的会员特权。

用户增值服务还有虚拟商品销售，如可以购买 Q 币、聊天表情、主题、背景等。如微信上某些需要付费的表情，陌陌表情商场可以用陌陌币购买表情。

企业增值服务一般具有不同于个人账号的功能，如企业的认证服务、对企业账号关注用户的群发功能等，一些移动社交 App 会根据企业账号进行收费。如微信的企业公众号和服务号，需要进行申请注册，付费后获得自定义菜单的功能以及向关注用户推送信息资讯服务的功能。

目前，广告、社交游戏、移动电商、增值服务是移动社交 APP 的赢利模式。广告作为传统的赢利方式在移动社交应用上也不断衍生出新的形式，社交游戏将社交和休闲游戏相结合是移动社交最清晰的赢利途径，移动电商赢利模式仍然需要完善，大多数的移动社交 APP 缺少支付平台使得电商的产业链不够完整，而增值服务则是从 PC 端迁移过来，是将用户流量和企业流量变现的一种赢利途径。

---

① 《2014 年中国移动互联网行业深度报告》，网址：http://www.199it.com/archives/256419.html。

三 案例分析——微信

据《2014微信公众平台生态白皮书》数据显示,截止到2014年5月,微信拥有近8亿的用户,2014年3月来自腾讯公司数据,微信拥有3.55亿月活跃用户,是中国移动社交App用户基数最大、月活跃用户数最多的移动社交应用。微信逐步开掘其商业化道路,拥有庞大的用户数和高度的用户黏性的优势,在赢利模式上也是移动社交应用中发展最为成熟的。

(一)微信的市场规模

艾瑞资讯2013年11月28日发表的《2013年微信商业化价值研究报告》统计数据(见图4)显示,微信月度覆盖人数从2012年8月到2013年9月月活跃用户增长了135.4%。数据同时显示,微信的月度覆盖人数在App总月度覆盖人数以及即时通讯月度覆盖人数中增长幅度是最大的,表明其在App以及即时通讯应用中的市场份额所占比例越来越大。

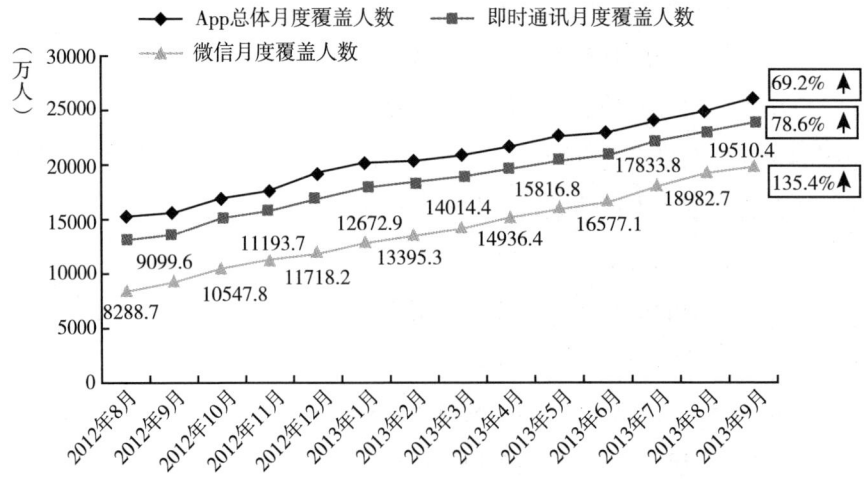

图4 mUserTracker-2012年8月至2013年9月微信月度覆盖人数变化趋势

来源:mUserTracker,基于对7万名iOS和Android系统的智能终端用户使用行为长期监测获得。

同时，微信的用户黏性也在持续加强，艾瑞资讯2013年11月28日发表的《2013年微信商业化价值研究报告》统计数据（见图5）显示，微信人均月度总有效使用时间不断增加，从2012年8月人均月度总有效使用时间91.1分钟增加到2013年9月人均月度总有效使用时间226.0分钟，增长了148.0%。

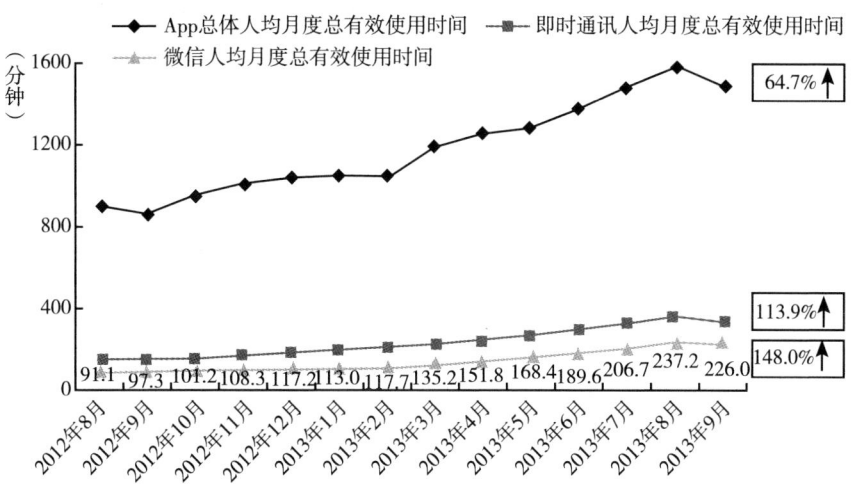

图5　mUserTracker－2012年8月至2013年9月微信月度人均总有效使用时间变化趋势

资料来源：来源：mUserTracker，基于对7万名IOS和Android系统的智能终端用户使用行为长期监测获得。

（二）微信的赢利模式

微信是中国移动社交App中用户基数最大、赢利模式也最为完善和成熟的社交应用。与微博、人人网、来往、陌陌相比，微信的赢利模式同时在广告、社交游戏、移动电商、增值服务上拓展（见图6），既充分利用丰富的用户资源也同时通过提供用户所需服务而加强用户使用黏性，搭建完整的商业生态环境。

1. 广告

微信在营销方式上更体现出用户自主性，用户对某个公共账号感兴趣可以自主选择关注或者取消，比原始的横幅广告更能够消解用户的抵触情绪，同

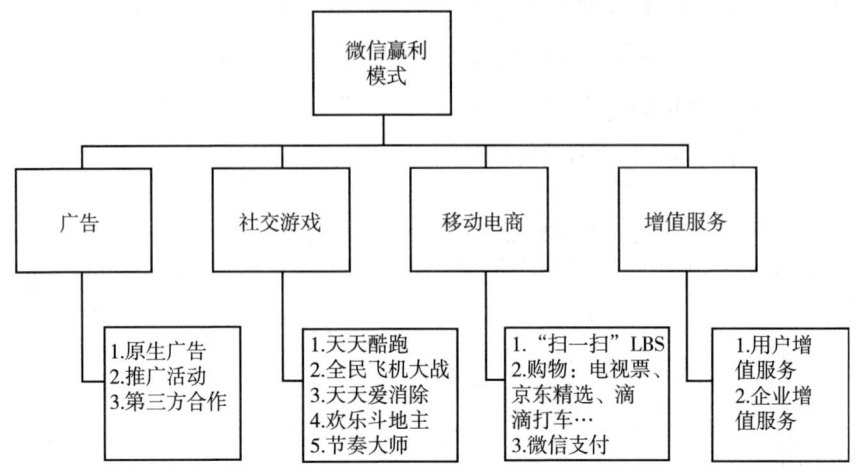

图6 微信的赢利模式结构

时,在后台技术的支持下,对所关注的用户进行属性分析可以实现精准营销,微信也成为各个企业所青睐的营销平台。

微信主要通过三种途径进行广告营销。第一,利用其公众平台如订阅号和服务;第二,通过朋友圈的分享,用点赞等形式吸引用户参与进而扩大其关注用户数量和进行品牌推广活动;第三,第三方合作的形式则是与其他的企业合作,如京东商城、滴滴打车接口微信,是一种最高级的营销方式,企业通过这种自然的呈现方式,将用户产生的排斥心理降到最低。

2. 社交游戏

社交游戏是吸金能力最强的赢利方式,微信社交游戏的市场规模持续扩大。据艾瑞咨询估算(见图7)显示,2013年微信的游戏市场规模为8亿元,2014年其游戏市场规模将达到36亿元。

目前微信上有11款游戏,如天天酷跑、全民飞机大战、天天爱消除、欢乐斗地主、节奏大师等,这些游戏门槛低,主要具有娱乐休闲的特点,同时具备好友排名、好友互动等社交元素,娱乐与社交相结合,为用户所喜爱。

3. 移动电商

移动新技术推动移动电商新玩法,移动电商是互联网思维的缩影。微信从线上线下的体验到购买最后到支付,是一个完整的用户消费产业链,如图8所示。

中国移动社交App赢利模式分析

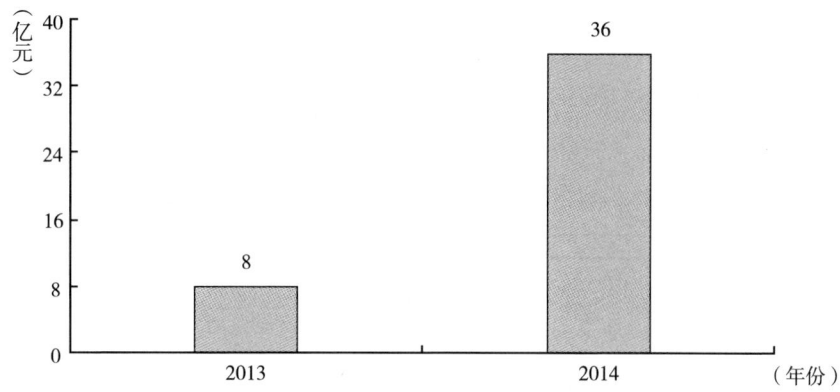

图7 2013~2014年微信的游戏市场规模

资料来源：艾瑞资讯。

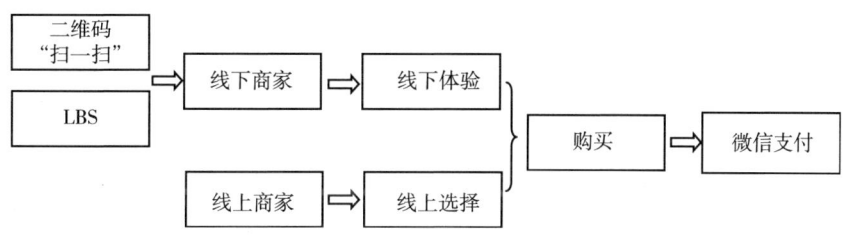

图8 微信移动电商产业链

移动社交技术支持下的"扫一扫"和LBS功能将线下商家与微信用户在微信平台上对接起来，用户可以先进行线下体验商品服务，决定购买后，可以通过微信支付完成消费。同时，取得微信接口的如京东商城、吃喝玩乐、电影票、飞机票等线上商家为用户提供互联网的购物环境，用户在线上选购商品后，通过微信支付完成消费行为。从线上线下用户体验到购物再到微信支付，微信具备电商产业链的每一个环节。

4. 增值服务

微信的用户增值服务在于提供付费表情，在对用户的内容增值服务上，微信则有较大的拓展空间，如图书内容、视频内容、音乐内容等内容服务都是微信拓展其增值服务的赢利点。

微信作为一个用户基数庞大的移动社交应用，再加上其技术上可对用户进行精准数据分析，对企业来说是进行营销的优质平台，因此微信也吸引了大量的企业入驻。微信的企业增值服务对象主要包括如下（见图9）。

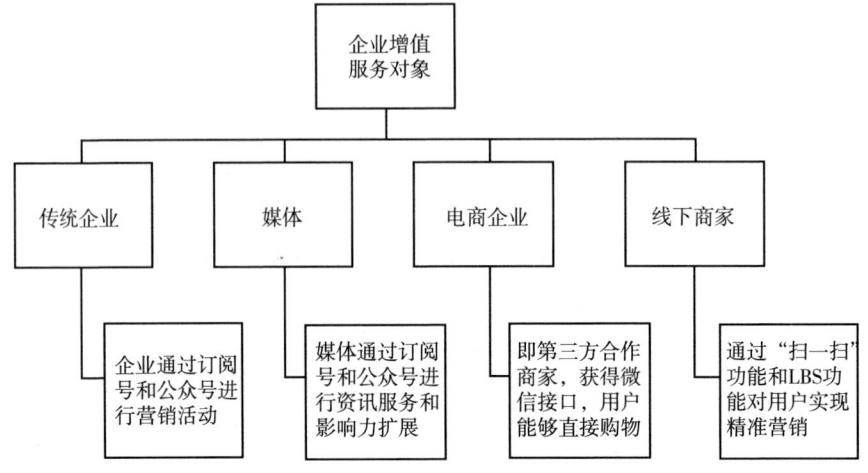

图9 微信平台上企业增值服务对象

传统的企业，通过付费向微信平台申请订阅号和服务号，获得自定义菜单功能以及向用户推送语音、视频、文字等讯息。《中国新闻周刊》、《南都周刊》等传统媒体在新媒体转型的目标上也通过微信的公众平台向用户推送新闻资讯，扩展影响力以及加强用户的忠诚度和关注度。另外，微信与一些电商企业进行合作，如京东商城、滴滴打车、大众点评网等第三方可以获得微信接口。线下商家通过"扫一扫"与LBS功能实现与微信平台的对接，如"微生活会员卡"是微信与朝阳大悦城合作，为用户提供虚拟会员卡的服务。会员卡打通了线下商家与微信用户的关系渠道，也通过向合作商家收费的方式实现企业增值服务。

四 总结

移动社交App商业化仍然处于发展的过程，广告、社交游戏、移动电商和增值服务是基本的赢利模式。2014年，微信将服务伸向可穿戴市场，将其作为智能硬件的接口，并首批选择四家国内智能硬件公司产品，包括iHealth、华为荣耀、乐心、咕咚，开辟了其商业化赢利模式的又一条可能路径。

皮书起源

"皮书"起源于十七、十八世纪的英国,主要指官方或社会组织正式发表的重要文件或报告,多以"白皮书"命名。在中国,"皮书"这一概念被社会广泛接受,并被成功运作、发展成为一种全新的出版型态,则源于中国社会科学院社会科学文献出版社。

皮书定义

皮书是对中国与世界发展状况和热点问题进行年度监测,以专业的角度、专家的视野和实证研究方法,针对某一领域或区域现状与发展态势展开分析和预测,具备权威性、前沿性、原创性、实证性、时效性等特点的连续性公开出版物,由一系列权威研究报告组成。皮书系列是社会科学文献出版社编辑出版的蓝皮书、绿皮书、黄皮书等的统称。

皮书作者

皮书系列的作者以中国社会科学院、著名高校、地方社会科学院的研究人员为主,多为国内一流研究机构的权威专家学者,他们的看法和观点代表了学界对中国与世界的现实和未来最高水平的解读与分析。

皮书荣誉

皮书系列已成为社会科学文献出版社的著名图书品牌和中国社会科学院的知名学术品牌。2011年,皮书系列正式列入"十二五"国家重点图书出版规划项目;2012~2014年,重点皮书列入中国社会科学院承担的国家哲学社会科学创新工程项目;2015年,41种院外皮书使用"中国社会科学院创新工程学术出版项目"标识。

法 律 声 明

"皮书系列"(含蓝皮书、绿皮书、黄皮书)之品牌由社会科学文献出版社最早使用并持续至今,现已被中国图书市场所熟知。"皮书系列"的LOGO( )与"经济蓝皮书""社会蓝皮书"均已在中华人民共和国国家工商行政管理总局商标局登记注册。"皮书系列"图书的注册商标专用权及封面设计、版式设计的著作权均为社会科学文献出版社所有。未经社会科学文献出版社书面授权许可,任何使用与"皮书系列"图书注册商标、封面设计、版式设计相同或者近似的文字、图形或其组合的行为均系侵权行为。

经作者授权,本书的专有出版权及信息网络传播权为社会科学文献出版社享有。未经社会科学文献出版社书面授权许可,任何就本书内容的复制、发行或以数字形式进行网络传播的行为均系侵权行为。

社会科学文献出版社将通过法律途径追究上述侵权行为的法律责任,维护自身合法权益。

欢迎社会各界人士对侵犯社会科学文献出版社上述权利的侵权行为进行举报。电话:010-59367121,电子邮箱:fawubu@ssap.cn。

社会科学文献出版社

权威报告·热点资讯·特色资源

皮书数据库
ANNUAL REPORT(YEARBOOK) DATABASE

当代中国与世界发展高端智库平台

www.pishu.com.cn

皮书俱乐部会员服务指南

1. 谁能成为皮书俱乐部成员？
- 皮书作者自动成为俱乐部会员
- 购买了皮书产品（纸质书/电子书）的个人用户

2. 会员可以享受的增值服务
- 免费获赠皮书数据库100元充值卡
- 加入皮书俱乐部，免费获赠该纸质图书的电子书
- 免费定期获赠皮书电子期刊
- 优先参与各类皮书学术活动
- 优先享受皮书产品的最新优惠

3. 如何享受增值服务？

（1）免费获赠100元皮书数据库体验卡

第1步 刮开附赠充值的涂层（右下）；

第2步 登录皮书数据库网站（www.pishu.com.cn），注册账号；

第3步 登录并进入"会员中心"—"在线充值"—"充值卡充值"，充值成功后即可使用。

（2）加入皮书俱乐部，凭数据库体验卡获赠该书的电子书

第1步 登录社会科学文献出版社官网（www.ssap.com.cn），注册账号；

第2步 登录并进入"会员中心"—"皮书俱乐部"，提交加入皮书俱乐部申请；

第3步 审核通过后，再次进入皮书俱乐部，填写页面所需图书、体验卡信息即可自动兑换相应电子书。

4. 声明

解释权归社会科学文献出版社所有

皮书俱乐部会员可享受社会科学文献出版社其他相关免费增值服务，有任何疑问，均可与我们联系。

图书销售热线：010-59367070/7028
图书服务QQ：800045692
图书服务邮箱：duzhe@ssap.cn

数据库服务热线：400-008-6695
数据库服务QQ：2475522410
数据库服务邮箱：database@ssap.cn

欢迎登录社会科学文献出版社官网
（www.ssap.com.cn）
和中国皮书网（www.pishu.cn）
了解更多信息

社会科学文献出版社 皮书系列
SOCIAL SCIENCES ACADEMIC PRESS (CHINA)

卡号：777485702906
密码：

子库介绍
Sub-Database Introduction

中国经济发展数据库

涵盖宏观经济、农业经济、工业经济、产业经济、财政金融、交通旅游、商业贸易、劳动经济、企业经济、房地产经济、城市经济、区域经济等领域，为用户实时了解经济运行态势、把握经济发展规律、洞察经济形势、做出经济决策提供参考和依据。

中国社会发展数据库

全面整合国内外有关中国社会发展的统计数据、深度分析报告、专家解读和热点资讯构建而成的专业学术数据库。涉及宗教、社会、人口、政治、外交、法律、文化、教育、体育、文学艺术、医药卫生、资源环境等多个领域。

中国行业发展数据库

以中国国民经济行业分类为依据，跟踪分析国民经济各行业市场运行状况和政策导向，提供行业发展最前沿的资讯，为用户投资、从业及各种经济决策提供理论基础和实践指导。内容涵盖农业，能源与矿产业，交通运输业，制造业，金融业，房地产业，租赁和商务服务业，科学研究，环境和公共设施管理，居民服务业，教育，卫生和社会保障，文化、体育和娱乐业等100余个行业。

中国区域发展数据库

以特定区域内的经济、社会、文化、法治、资源环境等领域的现状与发展情况进行分析和预测。涵盖中部、西部、东北、西北等地区，长三角、珠三角、黄三角、京津冀、环渤海、合肥经济圈、长株潭城市群、关中—天水经济区、海峡经济区等区域经济体和城市圈，北京、上海、浙江、河南、陕西等34个省份及中国台湾地区。

中国文化传媒数据库

包括文化事业、文化产业、宗教、群众文化、图书馆事业、博物馆事业、档案事业、语言文字、文学、历史地理、新闻传播、广播电视、出版事业、艺术、电影、娱乐等多个子库。

世界经济与国际政治数据库

以皮书系列中涉及世界经济与国际政治的研究成果为基础，全面整合国内外有关世界经济与国际政治的统计数据、深度分析报告、专家解读和热点资讯构建而成的专业学术数据库。包括世界经济、世界政治、世界文化、国际社会、国际关系、国际组织、区域发展、国别发展等多个子库。

权威·前沿·原创

社会科学文献出版社

皮书系列

2015年

盘点年度资讯 预测时代前程

社会科学文献出版社 学术传播中心 编制

社会科学文献出版社
SOCIAL SCIENCES ACADEMIC PRESS (CHINA)

社会科学文献出版社成立于1985年，是直属于中国社会科学院的人文社会科学专业学术出版机构。

成立以来，特别是1998年实施第二次创业以来，依托于中国社会科学院丰厚的学术出版和专家学者两大资源，坚持"创社科经典，出传世文献"的出版理念和"权威、前沿、原创"的产品定位，社科文献立足内涵式发展道路，从战略层面推动学术出版的五大能力建设，逐步走上了学术产品的系列化、规模化、数字化、国际化、市场化经营道路。

先后策划出版了著名的图书品牌和学术品牌"皮书"系列、"列国志"、"社科文献精品译库"、"全球化译丛"、"气候变化与人类发展译丛"、"近世中国"等一大批既有学术影响又有市场价值的系列图书。形成了较强的学术出版能力和资源整合能力，年发稿5亿字，年出版图书1400余种，承印发行中国社科院院属期刊70余种。

依托于雄厚的出版资源整合能力，社会科学文献出版社长期以来一直致力于从内容资源和数字平台两个方面实现传统出版的再造，并先后推出了皮书数据库、列国志数据库、中国田野调查数据库等一系列数字产品。

在国内原创著作、国外名家经典著作大量出版，数字出版突飞猛进的同时，社会科学文献出版社在学术出版国际化方面也取得了不俗的成绩。先后与荷兰博睿等十余家国际出版机构合作面向海外推出了《经济蓝皮书》《社会蓝皮书》等十余种皮书的英文版、俄文版、日文版等。截至目前，社会科学文献出版社共推出各类学术著作的英文版、日文版、俄文版、韩文版、阿拉伯文版等共百余种。

此外，社会科学文献出版社积极与中央和地方各类媒体合作，联合大型书店、学术书店、机场书店、网络书店、图书馆，逐步构建起了强大的学术图书的内容传播力和社会影响力，学术图书的媒体曝光率居全国之首，图书馆藏率居于全国出版机构前十位。

上述诸多成绩的取得，有赖于一支以年轻的博士、硕士为主体，一批从中国社科院刚退出科研一线的各学科专家为支撑的300多位高素质的编辑、出版和营销队伍，为我们实现学术立社，以学术的品位、学术价值来实现经济效益和社会效益这样一个目标的共同努力。

作为已经开启第三次创业梦想的人文社会科学学术出版机构，社会科学文献出版社结合社会需求、自身的条件以及行业发展，提出了新的创业目标：精心打造人文社会科学成果推广平台，发展成为一家集图书、期刊、声像电子和数字出版物为一体，面向海内外高端读者和客户，具备独特竞争力的人文社会科学内容资源供应商和海内外知名的专业学术出版机构。

社长致辞

我们是图书出版者,更是人文社会科学内容资源供应商;

我们背靠中国社会科学院,面向中国与世界人文社会科学界,坚持为人文社会科学的繁荣与发展服务;

我们精心打造权威信息资源整合平台,坚持为中国经济与社会的繁荣与发展提供决策咨询服务;

我们以读者定位自身,立志让爱书人读到好书,让求知者获得知识;

我们精心编辑、设计每一本好书以形成品牌张力,以优秀的品牌形象服务读者,开拓市场;

我们始终坚持"创社科经典,出传世文献"的经营理念,坚持"权威、前沿、原创"的产品特色;

我们"以人为本",提倡阳光下创业,员工与企业共享发展之成果;

我们立足于现实,认真对待我们的优势、劣势,我们更着眼于未来,以不断的学习与创新适应不断变化的世界,以不断的努力提升自己的实力;

我们愿与社会各界友好合作,共享人文社会科学发展之成果,共同推动中国学术出版乃至内容产业的繁荣与发展。

社会科学文献出版社社长
中国社会学会秘书长

2015 年 1 月

社会科学文献出版社　　**皮书系列**

❖ 皮书起源 ❖

"皮书"起源于十七、十八世纪的英国，主要指官方或社会组织正式发表的重要文件或报告，多以"白皮书"命名。在中国，"皮书"这一概念被社会广泛接受，并被成功运作、发展成为一种全新的出版形态，则源于中国社会科学院社会科学文献出版社。

❖ 皮书定义 ❖

皮书是对中国与世界发展状况和热点问题进行年度监测，以专业的角度、专家的视野和实证研究方法，针对某一领域或区域现状与发展态势展开分析和预测，具备权威性、前沿性、原创性、实证性、时效性等特点的连续性公开出版物，由一系列权威研究报告组成。皮书系列是社会科学文献出版社编辑出版的蓝皮书、绿皮书、黄皮书等的统称。

❖ 皮书作者 ❖

皮书系列的作者以中国社会科学院、著名高校、地方社会科学院的研究人员为主，多为国内一流研究机构的权威专家学者，他们的看法和观点代表了学界对中国与世界的现实和未来最高水平的解读与分析。

❖ 皮书荣誉 ❖

皮书系列已成为社会科学文献出版社的著名图书品牌和中国社会科学院的知名学术品牌。2011年，皮书系列正式列入"十二五"国家重点出版规划项目；2012~2014年，重点皮书列入中国社会科学院承担的国家哲学社会科学创新工程项目；2015年，41种院外皮书使用"中国社会科学院创新工程学术出版项目"标识。

经济类　　皮书系列 重点推荐

经 济 类

经济类皮书涵盖宏观经济、城市经济、大区域经济，提供权威、前沿的分析与预测

经济蓝皮书
2015年中国经济形势分析与预测

李 扬 / 主编　　2014年12月出版　　定价:69.00元

◆ 本书课题为"总理基金项目"，由著名经济学家李扬领衔，联合数十家科研机构、国家部委和高等院校的专家共同撰写，对2014年中国宏观及微观经济形势，特别是全球金融危机及其对中国经济的影响进行了深入分析，并且提出了2015年经济走势的预测。

城市竞争力蓝皮书
中国城市竞争力报告No.13

倪鹏飞 / 主编　　2015年5月出版　　估价:89.00元

◆ 本书由中国社会科学院城市与竞争力研究中心主任倪鹏飞主持编写，汇集了众多研究城市经济问题的专家学者关于城市竞争力研究的最新成果。本报告构建了一套科学的城市竞争力评价指标体系，采用第一手数据材料，对国内重点城市年度竞争力格局变化进行客观分析和综合比较、排名，对研究城市经济及城市竞争力极具参考价值。

西部蓝皮书
中国西部发展报告（2015）

姚慧琴　徐璋勇 / 主编　　2015年7月出版　　估价:89.00元

◆ 本书由西北大学中国西部经济发展研究中心主编，汇集了源自西部本土以及国内研究西部问题的权威专家的第一手资料，对国家实施西部大开发战略进行年度动态跟踪，并对2015年西部经济、社会发展态势进行预测和展望。

3

皮书系列重点推荐

经济类

中部蓝皮书
中国中部地区发展报告（2015）

喻新安 / 主编　　2015 年 5 月出版　　估价 :69.00 元

◆ 本书敏锐地抓住当前中部地区经济发展中的热点、难点问题，紧密地结合国家和中部经济社会发展的重大战略转变，对中部地区经济发展的各个领域进行了深入、全面的分析研究，并提出了具有理论研究价值和可操作性强的政策建议。

世界经济黄皮书
2015 年世界经济形势分析与预测

王洛林　张宇燕 / 主编　　2014 年 12 月出版　　估价 :69.00 元

◆ 本书为"十二五"国家重点图书出版规划项目，中国社会科学院创新工程学术出版资助项目，作者来自中国社会科学院世界经济与政治研究所。该书总结了 2014 年世界经济发展的热点问题，对 2015 年世界经济形势进行了分析与预测。

中国省域竞争力蓝皮书
中国省域经济综合竞争力发展报告（2015）

李建平　李闽榕　高燕京 / 主编　　2015 年 3 月出版　　估价 :198.00 元

◆ 本书充分运用数理分析、空间分析、规范分析与实证分析相结合、定性分析与定量分析相结合的方法，建立起比较科学完善、符合中国国情的省域经济综合竞争力指标评价体系及数学模型，对 2013~2014 年中国内地 31 个省、市、区的经济综合竞争力进行全面、深入、科学的总体评价与比较分析。

城市蓝皮书
中国城市发展报告 No.8

潘家华　魏后凯 / 主编　　2015 年 9 月出版　　估价 :69.00 元

◆ 本书由中国社会科学院城市发展与环境研究中心编著，从中国城市的科学发展、城市环境可持续发展、城市经济集约发展、城市社会协调发展、城市基础设施与用地管理、城市管理体制改革以及中国城市科学发展实践等多角度、全方位地立体展示了中国城市的发展状况，并对中国城市的未来发展提出了建议。

经济类 皮书系列 重点推荐

金融蓝皮书

中国金融发展报告（2015）

李扬 王国刚/主编　2014年12月出版　估价:69.00元

◆ 由中国社会科学院金融研究所组织编写的《中国金融发展报告（2015）》，概括和分析了2014年中国金融发展和运行中的各方面情况，研讨和评论了2014年发生的主要金融事件。本书由业内专家和青年精英联合编著，有利于读者了解掌握2014年中国的金融状况，把握2015年中国金融的走势。

低碳发展蓝皮书

中国低碳发展报告（2015）

齐晔/主编　2015年3月出版　估价:89.00元

◆ 本书对中国低碳发展的政策、行动和绩效进行科学、系统、全面的分析。重点是通过归纳中国低碳发展的绩效，评估与低碳发展相关的政策和措施，分析政策效应的制度背景和作用机制，为进一步的政策制定、优化和实施提供支持。

经济信息绿皮书

中国与世界经济发展报告（2015）

杜平/主编　2014年12月出版　估价:79.00元

◆ 本书由国家信息中心继续组织有关专家编撰。由国家信息中心组织专家队伍编撰，对2014年国内外经济发展环境、宏观经济发展趋势、经济运行中的主要矛盾、产业经济和区域经济热点、宏观调控政策的取向进行了系统的分析预测。

低碳经济蓝皮书

中国低碳经济发展报告（2015）

薛进军 赵忠秀/主编　2015年5月出版　估价:69.00元

◆ 本书是以低碳经济为主题的系列研究报告，汇集了一批罗马俱乐部核心成员、IPCC工作组成员、碳排放理论的先驱者、政府气候变化问题顾问、低碳社会和低碳城市计划设计人等世界顶尖学者，对气候变化政策制定、特别是中国的低碳经济经济发展有特别参考意义。

社会政法类

社会政法类

社会政法类皮书聚焦社会发展领域的热点、难点问题，提供权威、原创的资讯与视点

社会蓝皮书

2015年中国社会形势分析与预测

李培林　陈光金　张　翼/主编　2014年12月出版　定价：69.00元

◆ 本报告是中国社会科学院"社会形势分析与预测"课题组2014年度分析报告，由中国社会科学院社会学研究所组织研究机构专家、高校学者和政府研究人员撰写。对2014年中国社会发展的各个方面内容进行了权威解读，同时对2015年社会形势发展趋势进行了预测。

法治蓝皮书

中国法治发展报告No.13（2015）

李　林　田　禾/主编　2015年2月出版　估价：98.00元

◆ 本年度法治蓝皮书一如既往秉承关注中国法治发展进程中的焦点问题的特点，回顾总结了2014年度中国法治发展取得的成就和存在的不足，并对2015年中国法治发展形势进行了预测和展望。

环境绿皮书

中国环境发展报告（2015）

刘鉴强/主编　2015年5月出版　估价：79.00元

◆ 本书由民间环保组织"自然之友"组织编写，由特别关注、生态保护、宜居城市、可持续消费以及政策与治理等版块构成，以公共利益的视角记录、审视和思考中国环境状况，呈现2014年中国环境与可持续发展领域的全局态势，用深刻的思考、科学的数据分析2014年的环境热点事件。

社会政法类　皮书系列 重点推荐

反腐倡廉蓝皮书

中国反腐倡廉建设报告 No.4

李秋芳／张英伟／主编　2014年12月出版　定价:79.00元

◆ 本书抓住了若干社会热点和焦点问题,全面反映了新时期新阶段中国反腐倡廉面对的严峻局面,以及中国共产党反腐倡廉建设的新实践新成果。根据实地调研、问卷调查和舆情分析,梳理了当下社会普遍关注的与反腐败密切相关的热点问题。

女性生活蓝皮书

中国女性生活状况报告 No.9(2015)

韩湘景／主编　2015年4月出版　估价:79.00元

◆ 本书由中国妇女杂志社、华坤女性生活调查中心和华坤女性消费指导中心组织编写,通过调查获得的大量调查数据,真实展现当年中国城市女性的生活状况、消费状况及对今后的预期。

华侨华人蓝皮书

华侨华人研究报告(2015)

贾益民／主编　2015年12月出版　估价:118.00元

◆ 本书为中国社会科学院创新工程学术出版资助项目,是华侨大学向世界提供最新涉侨动态、理论研究和政策建议的平台。主要介绍了相关国家华侨华人的规模、分布、结构、发展趋势,以及全球涉侨生存安全环境和华文教育情况等。

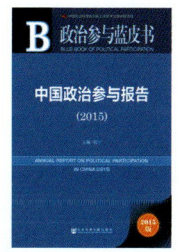

政治参与蓝皮书

中国政治参与报告(2015)

房　宁／主编　2015年7月出版　估价:105.00元

◆ 本书作者均来自中国社会科学院政治学研究所,聚焦中国基层群众自治的参与情况介绍了城镇居民的社区建设与居民自治参与和农村居民的村民自治与农村社区建设参与情况。其优势是其指标评估体系的建构和问卷调查的设计专业,数据量丰富,统计结论科学严谨。

皮书系列
重点推荐

行业报告类

行业报告类

行业报告类皮书立足重点行业、新兴行业领域，
提供及时、前瞻的数据与信息

房地产蓝皮书
中国房地产发展报告No.12（2015）

魏后凯 李景国/主编　2015年5月出版　估价：79.00元

◆ 本书汇集了众多研究城市房地产经济问题的专家、学者关于城市房地产方面的最新研究成果。对2014年我国房地产经济发展状况进行了回顾，并做出了分析，全面翔实而又客观公正，同时，也对未来我国房地产业的发展形势做出了科学的预测。

保险蓝皮书
中国保险业竞争力报告（2015）

姚庆海　王　力/主编　2015年12出版　估价：98.00元

◆ 本皮书主要为监管机构、保险行业和保险学界提供保险市场一年来发展的总体评价，外在因素对保险业竞争力发展的影响研究；国家监管政策、市场主体经营创新及职能发挥、理论界最新研究成果等综述和评论。

企业社会责任蓝皮书
中国企业社会责任研究报告（2015）

黄群慧　彭华岗　钟宏武　张蒽/编著
2015年11月出版　估价：69.00元

◆ 本书系中国社会科学院经济学部企业社会责任研究中心组织编写的《企业社会责任蓝皮书》2015年分册。该书在对企业社会责任进行宏观总体研究的基础上，根据2014年企业社会责任及相关背景进行了创新研究，在全国企业中观层面对企业健全社会责任管理体系提供了弥足珍贵的丰富信息。

行业报告类　皮书系列 重点推荐

投资蓝皮书
中国投资发展报告（2015）
杨庆蔚 / 主编　　2015 年 4 月出版　　估价：128.00 元

◆ 本书是中国建银投资有限责任公司在投资实践中对中国投资发展的各方面问题进行深入研究和思考后的成果。投资包括固定资产投资、实业投资、金融产品投资、房地产投资等诸多领域，尝试将投资作为一个整体进行研究，能够较为清晰地展现社会资金流动的特点，为投资者、研究者、甚至政策制定者提供参考。

住房绿皮书
中国住房发展报告（2014~2015）
倪鹏飞 / 主编　　2014 年 12 月出版　　估价：79.00 元

◆ 本报告从宏观背景、市场主体、市场体系、公共政策和年度主题五个方面，对中国住宅市场体系做了全面系统的分析、预测与评价，并给出了相关政策建议，并在评述 2013~2014 年住房及相关市场走势的基础上，预测了 2014~2015 年住房及相关市场的发展变化。

人力资源蓝皮书
中国人力资源发展报告（2015）
余兴安 / 主编　　2015 年 9 月出版　　估价：79.00 元

◆ 本书是在人力资源和社会保障部领导的支持下，由中国人事科学研究院汇集我国人力资源开发权威研究机构的诸多专家学者的研究成果编写而成。作为关于人力资源的蓝皮书，本书通过充分利用有关研究成果，更广泛、更深入地展示近年来我国人力资源开发重点领域的研究成果。

汽车蓝皮书
中国汽车产业发展报告（2015）
国务院发展研究中心产业经济研究部 中国汽车工程学会
大众汽车集团（中国）/ 主编　　2015 年 7 月出版　　估价：128.00 元

◆ 本书由国务院发展研究中心产业经济研究部、中国汽车工程学会、大众汽车集团（中国）联合主编，是关于中国汽车产业发展的研究性年度报告，介绍并分析了本年度中国汽车产业发展的形势。

国别与地区类

国别与地区类皮书关注全球重点国家与地区，提供全面、独特的解读与研究

亚太蓝皮书

亚太地区发展报告（2015）

李向阳 / 主编　　2015年1月出版　　估价：59.00元

◆ 本书是由中国社会科学院亚太与全球战略研究院精心打造的品牌皮书，关注时下亚太地区局势发展动向里隐藏的中长趋势，剖析亚太地区政治与安全格局下的区域形势最新动向以及地区关系发展的热点问题，并对2015年亚太地区重大动态做出前瞻性的分析与预测。

日本蓝皮书

日本研究报告（2015）

李　薇 / 主编　　2015年3月出版　　估价：69.00元

◆ 本书由中华日本学会、中国社会科学院日本研究所合作推出，是以中国社会科学院日本研究所的研究人员为主完成的研究成果。对2014年日本的政治、外交、经济、社会文化作了回顾、分析与展望，并收录了该年度日本大事记。

德国蓝皮书

德国发展报告（2015）

郑春荣　伍慧萍 / 主编　　2015年6月出版　　估价：69.00元

◆ 本报告由同济大学德国研究所组织编撰，由该领域的专家学者对德国的政治、经济、社会文化、外交等方面的形势发展情况，进行全面的阐述与分析。德国作为欧洲大陆第一强国，与中国各方面日渐紧密的合作关系，值得国内各界深切关注。

国别与地区类　皮书系列重点推荐

国际形势黄皮书
全球政治与安全报告（2015）

李慎明 / 张宇燕 / 主编　2014 年 12 月出版　估价 :69.00 元

◆　本书为"十二五"国家重点图书出版规划项目、中国社会科学院创新工程学术出版资助项目，为"国际形势黄皮书"系列年度报告之一。报告旨在对本年度国际政治及安全形势的总体情况和变化进行回顾与分析，并提出一定的预测。

拉美黄皮书
拉丁美洲和加勒比发展报告（2014~2015）

吴白乙 / 主编　2015 年 4 月出版　估价 :89.00 元

◆　本书是中国社会科学院拉丁美洲研究所的第 14 份关于拉丁美洲和加勒比地区发展形势状况的年度报告。本书对 2014 年拉丁美洲和加勒比地区诸国的政治、经济、社会、外交等方面的发展情况做了系统介绍，对该地区相关国家的热点及焦点问题进行了总结和分析，并在此基础上对该地区各国 2015 年的发展前景做出预测。

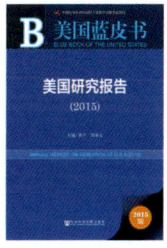

美国蓝皮书
美国研究报告（2015）

黄　平　郑秉文 / 主编　2015 年 7 月出版　估价 :89.00 元

◆　本书是由中国社会科学院美国所主持完成的研究成果，它回顾了美国 2014 年的经济、政治形势与外交战略，对 2014 年以来美国内政外交发生的重大事件以及重要政策进行了较为全面的回顾和梳理。

大湄公河次区域蓝皮书
大湄公河次区域合作发展报告（2015）

刘　稚 / 主编　2015 年 9 月出版　估价 :79.00 元

◆　云南大学大湄公河次区域研究中心深入追踪分析该区域发展动向，以把握全面，突出重点为宗旨，系统介绍和研究大湄公河次区域合作的年度热点和重点问题，展望次区域合作的发展趋势，并对新形势下我国推进次区域合作深入发展提出相关对策建议。

皮书系列
重点推荐

地方发展类

地方发展类

地方发展类皮书关注大陆各省份、经济区域，提供科学、多元的预判与咨政信息

北京蓝皮书
北京公共服务发展报告（2014~2015）
施昌奎 / 著　2015 年 2 月出版　估价：69.00 元

◆ 本书是由北京市政府职能部门的领导、首都著名高校的教授、知名研究机构的专家共同完成的关于北京市公共服务发展与创新的研究成果。内容涉及了北京市公共服务发展的方方面面，既有综述性的总报告，也有细分的情况介绍，既有对北京各个城区的综合性描述，也有对局部、细部、具体问题的分析，对年度热点问题也都有涉及。

上海蓝皮书
上海经济发展报告（2015）
沈开艳 / 主编　2015 年 1 月出版　估价:69.00 元

◆ 本书系上海社会科学院系列之一，报告对 2015 年上海经济增长与发展趋势的进行了预测，把握了上海经济发展的脉搏和学术研究的前沿。

广州蓝皮书
广州经济发展报告（2015）
李江涛　朱名宏 / 主编　2015 年 5 月出版　估价:69.00 元

◆ 本书是由广州市社会科学院主持编写的"广州蓝皮书"系列之一，本报告对广州 2014 年宏观经济运行情况作了深入分析，对 2015 年宏观经济走势进行了合理预测，并在此基础上提出了相应的政策建议。

 文化传媒类　　皮书系列 重点推荐

文 化 传 媒 类

文化传媒类皮书透视文化领域、文化产业，
探索文化大繁荣、大发展的路径

新媒体蓝皮书

中国新媒体发展报告 No.5（2015）

唐绪军 / 主编　　2015 年 6 月出版　　估价：79.00 元

◆ 本书由中国社会科学院新闻与传播研究所和上海大学合作编写，在构建新媒体发展研究基本框架的基础上，全面梳理 2014 年中国新媒体发展现状，发表最前沿的网络媒体深度调查数据和研究成果，并对新媒体发展的未来趋势做出预测。

舆情蓝皮书

中国社会舆情与危机管理报告（2015）

谢耘耕 / 主编　　2015 年 8 月出版　　估价：98.00 元

◆ 本书由上海交通大学舆情研究实验室和危机管理研究中心主编，已被列入教育部人文社会科学研究报告培育项目。本书以新媒体环境下的中国社会为立足点，对 2014 年中国社会舆情、分类舆情等进行了深入系统的研究，并预测了 2015 年社会舆情走势。

文化蓝皮书

中国文化产业发展报告（2015）

张晓明　王家新　章建刚 / 主编　　2015 年 4 月出版　　估价：79.00 元

◆ 本书由中国社会科学院文化研究中心编写。从 2012 年开始，中国社会科学院文化研究中心设立了国内首个文化产业的研究类专项资金——"文化产业重大课题研究计划"，开始在全国范围内组织多学科专家学者对我国文化产业发展重大战略问题进行联合攻关研究。本书集中反映了该计划的研究成果。

经济类

G20国家创新竞争力黄皮书
二十国集团(G20)国家创新竞争力发展报告(2015)
著(编)者:黄茂兴 李闽榕 李建平 赵新力
2015年9月出版 / 估价:128.00元

产业蓝皮书
中国产业竞争力报告(2015)
著(编)者:张其仔 2015年5月出版 / 估价:79.00元

长三角蓝皮书
2015年全面深化改革中的长三角
著(编)者:张伟斌 2015年1月出版 / 估价:69.00元

城乡一体化蓝皮书
中国城乡一体化发展报告(2015)
著(编)者:付崇兰 汝信 2015年12月出版 / 估价:79.00元

城市创新蓝皮书
中国城市创新报告(2015)
著(编)者:周天勇 旷建伟 2015年8月出版 / 估价:69.00元

城市竞争力蓝皮书
中国城市竞争力报告(2015)
著(编)者:倪鹏飞 2015年5月出版 / 估价:89.00元

城市蓝皮书
中国城市发展报告NO.8
著(编)者:潘家华 魏后凯 2015年9月出版 / 估价:69.00元

城市群蓝皮书
中国城市群发展指数报告(2015)
著(编)者:刘新静 刘士林 2015年1月出版 / 估价:59.00元

城乡统筹蓝皮书
中国城乡统筹发展报告(2015)
著(编)者:潘晨光 程志强 2015年3月出版 / 估价:59.00元

城镇化蓝皮书
中国新型城镇化健康发展报告(2015)
著(编)者:张占斌 2015年5月出版 / 估价:79.00元

低碳发展蓝皮书
中国低碳发展报告(2015)
著(编)者:齐晔 2015年3月出版 / 估价:89.00元

低碳经济蓝皮书
中国低碳经济发展报告(2015)
著(编)者:薛进军 赵忠秀 2015年5月出版 / 估价:69.00元

东北蓝皮书
中国东北地区发展报告(2015)
著(编)者:马克 黄文艺 2015年8月出版 / 估价:79.00元

发展和改革蓝皮书
中国经济发展和体制改革报告(2015)
著(编)者:邹东涛 2015年11月出版 / 估价:98.00元

工业化蓝皮书
中国工业化进程报告(2015)
著(编)者:黄群慧 吕铁 李晓华 2015年11月出版 / 估价:89.00元

国际城市蓝皮书
国际城市发展报告(2015)
著(编)者:屠启宇 2015年1月出版 / 估价:69.00元

国家创新蓝皮书
中国创新发展报告(2015)
著(编)者:陈劲 2015年6月出版 / 估价:59.00元

环境竞争力绿皮书
中国省域环境竞争力发展报告(2015)
著(编)者:李闽榕 李建平 王金南
2015年12月出版 / 估价:148.00元

金融蓝皮书
中国金融发展报告(2015)
著(编)者:李扬 王国刚 2014年12月出版 / 估价:69.00元

金融信息服务蓝皮书
金融信息服务发展报告(2015)
著(编)者:鲁广锦 殷剑峰 林义相 2015年6月出版 / 估价:89.00元

经济蓝皮书
2015年中国经济形势分析与预测
著(编)者:李扬 2014年12月出版 / 定价:69.00元

经济蓝皮书·春季号
2015年中国经济前景分析
著(编)者:李扬 2015年5月出版 / 估价:79.00元

经济蓝皮书·夏季号
中国经济增长报告(2015)
著(编)者:李扬 2015年7月出版 / 估价:69.00元

经济信息绿皮书
中国与世界经济发展报告(2015)
著(编)者:杜平 2014年12月出版 / 估价:79.00元

就业蓝皮书
2015年中国大学生就业报告
著(编)者:麦可思研究院 2015年6月出版 / 估价:98.00元

临空经济蓝皮书
中国临空经济发展报告(2015)
著(编)者:连玉明 2015年9月出版 / 估价:79.00元

民营经济蓝皮书
中国民营经济发展报告(2015)
著(编)者:王钦敏 2015年12月出版 / 估价:79.00元

农村绿皮书
中国农村经济形势分析与预测(2014~2015)
著(编)者:中国社会科学院农村发展研究所
国家统计局农村社会经济调查司
2015年4月出版 / 估价:69.00元

农业应对气候变化蓝皮书
气候变化对中国农业影响评估报告(2015)
著(编)者:矫梅燕 2015年8月出版 / 估价:98.00元

经济类·社会政法类

皮书系列 2014全品种

企业公民蓝皮书
中国企业公民报告（2015）
著(编)者：邹东涛　2015年12月出版 / 估价:79.00元

气候变化绿皮书
应对气候变化报告（2015）
著(编)者：王伟光　郑国光　2015年10月出版 / 估价:79.00元

区域蓝皮书
中国区域经济发展报告（2015）
著(编)者：梁昊光　2015年4月出版 / 估价:79.00元

全球环境竞争力绿皮书
全球环境竞争力报告（2015）
著(编)者：李建建　李闽榕　李建平　王金南
2015年12月出版 / 估价:198.00元

人口与劳动绿皮书
中国人口与劳动问题报告（2015）
著(编)者：蔡昉　2015年11月出版 / 估价:59.00元

世界经济黄皮书
2015年世界经济形势分析与预测
著(编)者：王洛林　张宇燕　2014年12月出版 / 估价:69.00元

世界旅游城市绿皮书
世界旅游城市发展报告（2015）
著(编)者：鲁勇　周正宇　宋宇　2015年6月出版 / 估价:88.00元

西北蓝皮书
中国西北发展报告（2015）
著(编)者：张进海　陈冬红　段庆林　2014年12月出版 / 估价:69.00元

西部蓝皮书
中国西部发展报告（2015）
著(编)者：姚慧琴　徐璋勇　2015年7月出版 / 估价:89.00元

新型城镇化蓝皮书
新型城镇化发展报告（2015）
著(编)者：李伟　2015年10月出版 / 估价:89.00元

新兴经济体蓝皮书
金砖国家发展报告（2015）
著(编)者：林跃勤　周文　2015年7月出版 / 估价:79.00元

中部竞争力蓝皮书
中国中部经济社会竞争力报告（2015）
著(编)者：教育部人文社会科学重点研究基地
　　　　南昌大学中国中部经济社会发展研究中心
2015年9月出版 / 估价:79.00元

中部蓝皮书
中国中部地区发展报告（2015）
著(编)者：喻新安　2015年5月出版 / 估价:69.00元

中国省域竞争力蓝皮书
中国省域经济综合竞争力发展报告（2015）
著(编)者：李建平　李闽榕　高燕京
2015年3月出版 / 估价:198.00元

中三角蓝皮书
长江中游城市群发展报告（2015）
著(编)者：秦尊文　2015年1月出版 / 估价:69.00元

中小城市绿皮书
中国中小城市发展报告（2015）
著(编)者：中国城市经济学会中小城市经济发展委员会
　　　　《中国中小城市发展报告》编纂委员会
　　　　中小城市发展战略研究院
2015年1月出版 / 估价:98.00元

中央商务区蓝皮书
中国中央商务区发展报告（2015）
著(编)者：中国商务区联盟
　　　　中国社会科学院城市发展与环境研究所
2015年10月出版 / 估价:69.00元

中原蓝皮书
中原经济区发展报告（2015）
著(编)者：李英杰　2015年6月出版 / 估价:88.00元

社会政法类

北京蓝皮书
中国社区发展报告（2015）
著(编)者：于燕燕　2015年6月出版 / 估价:69.00元

殡葬绿皮书
中国殡葬事业发展报告（2015）
著(编)者：李伯森　2015年3月出版 / 估价:59.00元

城市管理蓝皮书
中国城市管理报告（2015）
著(编)者：谭维克　刘林　2015年10月出版 / 估价:158.00元

城市生活质量蓝皮书
中国城市生活质量报告（2015）
著(编)者：中国经济实验研究院　2015年6月出版 / 估价:59.00元

城市政府能力蓝皮书
中国城市政府公共服务能力评估报告（2015）
著(编)者：何艳玲　2015年7月出版 / 估价:59.00元

创新蓝皮书
创新型国家建设报告（2015）
著(编)者：詹正茂　2015年3月出版 / 估价:69.00元

皮书系列 2014全品种

社会政法类

慈善蓝皮书
中国慈善发展报告（2015）
著(编)者：杨团　2015年5月出版 / 估价:79.00元

大学生蓝皮书
中国大学生生活形态研究报告（2015）
著(编)者：张新洲　2015年12月出版 / 估价:69.00元

法治蓝皮书
中国法治发展报告No.13（2015）
著(编)者：李林　田禾　2015年2月出版 / 估价:98.00元

反腐倡廉蓝皮书
中国反腐倡廉建设报告No.4
著(编)者：李秋芳　张英伟　2014年12月出版 / 定价:79.00元

非传统安全蓝皮书
中国非传统安全研究报告（2015）
著(编)者：余潇枫　魏志江　2015年6月出版 / 估价:79.00元

妇女发展蓝皮书
中国妇女发展报告（2015）
著(编)者：王金玲　2015年9月出版 / 估价:148.00元

妇女教育蓝皮书
中国妇女教育发展报告（2015）
著(编)者：张李玺　2015年1月出版 / 估价:78.00元

妇女绿皮书
中国性别平等与妇女发展报告（2015）
著(编)者：谭琳　2015年12月出版 / 估价:99.00元

公共服务蓝皮书
中国城市基本公共服务力评价（2015）
著(编)者：钟君　吴正县　2015年12月出版 / 估价:79.00元

公共服务满意度蓝皮书
中国城市公共服务评价报告（2015）
著(编)者：胡伟　2015年12月出版 / 估价:69.00元

公民科学素质蓝皮书
中国公民科学素质报告（2015）
著(编)者：李群　许佳军　2015年6月出版 / 估价:79.00元

公益蓝皮书
中国公益发展报告（2015）
著(编)者：朱健刚　2015年5月出版 / 估价:78.00元

管理蓝皮书
中国管理发展报告（2015）
著(编)者：张晓东　2015年9月出版 / 估价:98.00元

国际人才蓝皮书
中国国际移民报告（2015）
著(编)者：王辉耀　2015年1月出版 / 估价:79.00元

国际人才蓝皮书
中国海归发展报告（2015）
著(编)者：王辉耀　苗绿　2015年1月出版 / 估价:69.00元

国际人才蓝皮书
中国留学发展报告（2015）
著(编)者：王辉耀　苗绿　2015年9月出版 / 估价:69.00元

国家安全蓝皮书
中国国家安全研究报告（2015）
著(编)者：刘慧　2015年5月出版 / 估价:98.00元

行政改革蓝皮书
中国行政体制改革报告（2014~2015）
著(编)者：魏礼群　2015年3月出版 / 估价:89.00元

华侨华人蓝皮书
华侨华人研究报告（2015）
著(编)者：贾益民　2015年12月出版 / 估价:118.00元

环境绿皮书
中国环境发展报告（2015）
著(编)者：刘鉴强　2015年5月出版 / 估价:79.00元

基金会蓝皮书
中国基金会发展报告（2015）
著(编)者：刘忠祥　2015年6月出版 / 估价:69.00元

基金会绿皮书
中国基金会发展独立研究报告（2015）
著(编)者：基金会中心网　2015年8月出版 / 估价:88.00元

基金会透明度蓝皮书
中国基金会透明度发展研究报告（2015）
著(编)者：基金会中心网　清华大学廉政与治理研究中心
2015年9月出版 / 估价:78.00元

教师蓝皮书
中国中小学教师发展报告（2015）
著(编)者：曾晓东　2015年7月出版 / 估价:59.00元

教育蓝皮书
中国教育发展报告（2015）
著(编)者：杨东平　2015年5月出版 / 估价:79.00元

科普蓝皮书
中国科普基础设施发展报告（2015）
著(编)者：任福君　2015年6月出版 / 估价:59.00元

劳动保障蓝皮书
中国劳动保障发展报告（2015）
著(编)者：刘燕斌　2015年6月出版 / 估价:89.00元

老龄蓝皮书
中国老年宜居环境发展报告(2015)
著(编)者：吴玉韶　2015年9月出版 / 估价:79.00元

连片特困区蓝皮书
中国连片特困区发展报告（2015）
著(编)者：冷志明　游俊　2015年3月出版 / 估价:79.00元

民间组织蓝皮书
中国民间组织报告(2015)
著(编)者：潘晨光　黄晓勇　2015年8月出版 / 估价:69.00元

民调蓝皮书
中国民生调查报告（2015）
著(编)者：谢耘耕　2015年5月出版 / 估价:128.00元

社会政法类

民族发展蓝皮书
中国民族区域自治发展报告（2015）
著(编)者：王希恩 郝时远　2015年6月出版 / 估价:98.00元

女性生活蓝皮书
中国女性生活状况报告No.9（2015）
著(编)者：《中国妇女》杂志社 华坤女性生活调查中心 华坤女性消费指导中心
2015年4月出版 / 估价:79.00元

企业国际化蓝皮书
中国企业国际化报告(2015)
著(编)者：王辉耀　2015年10月出版 / 估价:79.00元

汽车社会蓝皮书
中国汽车社会发展报告（2015）
著(编)者：王俊秀　2015年1月出版 / 估价:59.00元

青年蓝皮书
中国青年发展报告No.3
著(编)者：廉思　2015年4月出版 / 估价:59.00元

区域人才蓝皮书
中国区域人才竞争力报告（2015）
著(编)者：桂昭明 王辉耀　2015年6月出版 / 估价:69.00元

群众体育蓝皮书
中国群众体育发展报告（2015）
著(编)者：刘国永 杨桦　2015年8月出版 / 估价:69.00元

人才蓝皮书
中国人才发展报告（2015）
著(编)者：潘晨光　2015年8月出版 / 估价:85.00元

人权蓝皮书
中国人权事业发展报告（2015）
著(编)者：中国人权研究会　2015年8月出版 / 估价:99.00元

森林碳汇绿皮书
中国森林碳汇评估发展报告（2015）
著(编)者：闫文德 胡文臻　2015年9月出版 / 估价:79.00元

社会保障绿皮书
中国社会保障发展报告（2015）
著(编)者：王延中　2015年6月出版 / 估价:79.00元

社会工作蓝皮书
中国社会工作发展报告（2015）
著(编)者：民政部社会工作研究中心
2015年8月出版 / 估价:79.00元

社会管理蓝皮书
中国社会管理创新报告（2015）
著(编)者：连玉明　2015年9月出版 / 估价:89.00元

社会蓝皮书
2015年中国社会形势分析与预测
著(编)者：李培林 陈光金 张翼
2014年12月出版 / 定价:69.00元

社会体制蓝皮书
中国社会体制改革报告（2015）
著(编)者：龚维斌　2015年5月出版 / 估价:79.00元

社会心态蓝皮书
中国社会心态研究报告（2015）
著(编)者：王俊秀 杨宜音　2015年10月出版 / 估价:69.00元

社会组织蓝皮书
中国社会组织评估发展报告（2015）
著(编)者：徐家良 廖鸿　2015年12月出版 / 估价:69.00元

生态城市绿皮书
中国生态城市建设发展报告（2015）
著(编)者：刘举科 孙伟平 胡文臻
2015年6月出版 / 估价:98.00元

生态文明绿皮书
中国省域生态文明建设评价报告（ECI 2015）
著(编)者：严耕　2015年9月出版 / 估价:85.00元

世界社会主义黄皮书
世界社会主义跟踪研究报告（2015）
著(编)者：李慎明　2015年3月出版 / 估价:198.00元

水与发展蓝皮书
中国水风险评估报告（2015）
著(编)者：王浩　2015年9月出版 / 估价:69.00元

土地整治蓝皮书
中国土地整治发展研究报告No.2
著(编)者：国土资源部土地整治中心　2015年5月出版 / 估价:89.00元

危机管理蓝皮书
中国危机管理报告（2015）
著(编)者：文学国　2015年8月出版 / 估价:89.00元

形象危机应对蓝皮书
形象危机应对研究报告（2015）
著(编)者：唐钧　2015年6月出版 / 估价:149.00元

医改蓝皮书
中国医药卫生体制改革报告（2015～2016）
著(编)者：文学国 房志武　2015年12月出版 / 估价:79.00元

医疗卫生绿皮书
中国医疗卫生发展报告（2015）
著(编)者：申宝忠 韩玉珍　2015年4月出版 / 估价:75.00元

应急管理蓝皮书
中国应急管理报告（2015）
著(编)者：宋英华　2015年10月出版 / 估价:69.00元

政治参与蓝皮书
中国政治参与报告（2015）
著(编)者：房宁　2015年7月出版 / 估价:105.00元

政治发展蓝皮书
中国政治发展报告（2015）
著(编)者：房宁 杨海蛟　2015年5月出版 / 估价:88.00元

中国农村妇女发展蓝皮书
流动女性城市融入发展报告（2015）
著(编)者：谢丽华　2015年11月出版 / 估价:69.00元

宗教蓝皮书
中国宗教报告（2015）
著(编)者：金泽 邱永辉　2015年9月出版 / 估价:59.00元

行业报告类

保险蓝皮书
中国保险业竞争力报告（2015）
著(编)者:王力　2015年12月出版 / 估价:98.00元

彩票蓝皮书
中国彩票发展报告（2015）
著(编)者:益彩基金　2015年10月出版 / 估价:69.00元

餐饮产业蓝皮书
中国餐饮产业发展报告（2015）
著(编)者:邢颖　2015年6月出版 / 估价:69.00元

测绘地理信息蓝皮书
智慧中国地理空间智能体系研究报告（2015）
著(编)者:徐德明　2015年1月出版 / 估价:98.00元

茶业蓝皮书
中国茶产业发展报告（2015）
著(编)者:杨江帆　李闽榕　2015年1月出版 / 估价:78.00元

产权市场蓝皮书
中国产权市场发展报告（2015）
著(编)者:曹和平　2015年12月出版 / 估价:79.00元

电子政务蓝皮书
中国电子政务发展报告（2014~2015）
著(编)者:洪毅　杜平　2015年2月出版 / 估价:79.00元

杜仲产业绿皮书
中国杜仲橡胶资源与产业发展报告（2015）
著(编)者:胡文臻　杜红岩　俞锐
2015年9月出版 / 估价:98.00元

房地产蓝皮书
中国房地产发展报告No.12（2015）
著(编)者:魏后凯　李景国　2015年5月出版 / 估价:79.00元

服务外包蓝皮书
中国服务外包产业发展报告（2015）
著(编)者:王晓红　刘德军　2015年6月出版 / 估价:89.00元

工业设计蓝皮书
中国工业设计发展报告（2015）
著(编)者:王晓红　于炜　张立群　2015年9月出版 / 估价:138.00元

互联网金融蓝皮书
中国互联网金融发展报告（2015）
著(编)者:芮晓武　刘烈宏　2015年8月出版 / 估价:79.00元

会展蓝皮书
中外会展业动态评估年度报告（2015）
著(编)者:张敏　2015年1月出版 / 估价:78.00元

金融监管蓝皮书
中国金融监管报告（2015）
著(编)者:胡滨　2015年5月出版 / 估价:69.00元

金融蓝皮书
中国商业银行竞争力报告（2015）
著(编)者:王松奇　2015年12月出版 / 估价:69.00元

客车蓝皮书
中国客车产业发展报告（2015）
著(编)者:姚蔚　2015年12月出版 / 估价:85.00元

老龄蓝皮书
中国老年宜居环境发展报告（2015）
著(编)者:吴玉韶　党俊武　2015年9月出版 / 估价:79.00元

流通蓝皮书
中国商业发展报告（2015）
著(编)者:荆林波　2015年5月出版 / 估价:89.00元

旅游安全蓝皮书
中国旅游安全报告（2015）
著(编)者:郑向敏　谢朝武　2015年5月出版 / 估价:98.00元

旅游景区蓝皮书
中国旅游景区发展报告（2015）
著(编)者:黄安民　2015年7月出版 / 估价:79.00元

旅游绿皮书
2015年中国旅游发展分析与预测
著(编)者:宋瑞　2015年1月出版 / 估价:79.00元

煤炭蓝皮书
中国煤炭工业发展报告（2015）
著(编)者:岳福斌　2015年12月出版 / 估价:79.00元

民营医院蓝皮书
中国民营医院发展报告（2015）
著(编)者:庄一强　2015年10月出版 / 估价:75.00元

闽商蓝皮书
闽商发展报告（2015）
著(编)者:王日根　李闽榕　2015年12月出版 / 估价:69.00元

能源蓝皮书
中国能源发展报告（2015）
著(编)者:崔民选　王军生　2015年8月出版 / 估价:79.00元

农产品流通蓝皮书
中国农产品流通产业发展报告（2015）
著(编)者:贾敬敦　张东科　张玉玺　孔令羽　张鹏毅
2015年9月出版 / 估价:89.00元

企业蓝皮书
中国企业竞争力报告（2015）
著(编)者:金碚　2015年11月出版 / 估价:89.00元

企业社会责任蓝皮书
中国企业社会责任研究报告（2015）
著(编)者:黄群慧　彭华岗　钟宏武　张蒽
2015年11月出版 / 估价:69.00元

行业报告类

皮书系列 2014全品种

汽车安全蓝皮书
中国汽车安全发展报告（2015）
著(编)者：中国汽车技术研究中心　2015年4月出版／估价：70.00元

汽车蓝皮书
中国汽车产业发展报告（2015）
著(编)者：国务院发展研究中心产业经济研究部　中国汽车工程学会　大众汽车集团（中国）
2015年7月出版／估价：128.00元

清洁能源蓝皮书
国际清洁能源发展报告（2015）
著(编)者：国际清洁能源论坛（澳门）
2015年9月出版／估价：89.00元

人力资源蓝皮书
中国人力资源发展报告（2015）
著(编)者：余兴安　2015年9月出版／估价：79.00元

软件和信息服务业蓝皮书
中国软件和信息服务业发展报告（2015）
著(编)者：陈新河　洪京一　2015年12月出版／估价：198.00元

上市公司蓝皮书
上市公司质量评价报告（2015）
著(编)者：张跃文　王力　2015年10月出版／估价：118.00元

食品药品蓝皮书
食品药品安全与监管政策研究报告（2015）
著(编)者：唐民皓　2015年7月出版／估价：69.00元

世界能源蓝皮书
世界能源发展报告（2015）
著(编)者：黄晓勇　2015年6月出版／估价：99.00元

碳市场蓝皮书
中国碳市场报告（2015）
著(编)者：低碳发展国际合作联盟
2015年11月出版／估价：69.00元

体育蓝皮书
中国体育产业发展报告（2015）
著(编)者：阮伟　钟秉枢　2015年4月出版／估价：69.00元

投资蓝皮书
中国投资发展报告（2015）
著(编)者：杨庆蔚　2015年4月出版／估价：128.00元

物联网蓝皮书
中国物联网发展报告（2015）
著(编)者：黄桂田　2015年1月出版／估价：59.00元

西部工业蓝皮书
中国西部工业发展报告（2015）
著(编)者：方行明　甘犁　刘方健　姜凌　等
2015年9月出版／估价：79.00元

西部金融蓝皮书
中国西部金融发展报告（2015）
著(编)者：李忠民　2015年8月出版／估价：75.00元

新能源汽车蓝皮书
中国新能源汽车产业发展报告（2015）
著(编)者：中国汽车技术研究中心　日产（中国）投资有限公司　东风汽车有限公司
2015年8月出版／估价：69.00元

信托市场蓝皮书
中国信托业市场报告（2015）
著(编)者：李旸　2015年1月出版／估价：198.00元

信息产业蓝皮书
世界软件和信息技术产业发展报告（2015）
著(编)者：洪京一　2015年8月出版／估价：79.00元

信息化蓝皮书
中国信息化形势分析与预测（2015）
著(编)者：周宏仁　2015年8月出版／估价：98.00元

信用蓝皮书
中国信用发展报告（2015）
著(编)者：田侃　2015年4月出版／估价：69.00元

休闲绿皮书
2015年中国休闲发展报告
著(编)者：刘德谦　2015年6月出版／估价：59.00元

医药蓝皮书
中国中医药产业园战略发展报告（2015）
著(编)者：裴长洪　房书亭　吴㻛心　2015年3月出版／估价：89.00元

邮轮绿皮书
中国邮轮产业发展报告（2015）
著(编)者：汪泓　2015年9月出版／估价：79.00元

支付清算蓝皮书
中国支付清算发展报告（2015）
著(编)者：杨涛　2015年5月出版／估价：45.00元

中国上市公司蓝皮书
中国上市公司发展报告（2015）
著(编)者：许雄斌　张平　2015年9月出版／估价：98.00元

中国总部经济蓝皮书
中国总部经济发展报告（2015）
著(编)者：赵弘　2015年5月出版／估价：79.00元

住房绿皮书
中国住房发展报告（2014~2015）
著(编)者：倪鹏飞　2014年12月出版／估价：79.00元

资本市场蓝皮书
中国场外交易市场发展报告（2015）
著(编)者：高峦　2015年8月出版／估价：79.00元

资产管理蓝皮书
中国资产管理行业发展报告（2015）
著(编)者：智信资产管理研究院　2015年7月出版／估价：79.00元

文化传媒类

传媒竞争力蓝皮书
中国传媒国际竞争力研究报告(2015)
著(编)者:李本乾　2015年9月出版／估价:88.00元

传媒蓝皮书
中国传媒产业发展报告(2015)
著(编)者:崔保国　2015年4月出版／估价:98.00元

传媒投资蓝皮书
中国传媒投资发展报告(2015)
著(编)者:张向东　2015年7月出版／估价:89.00元

动漫蓝皮书
中国动漫产业发展报告(2015)
著(编)者:卢斌　郑玉明　牛兴侦　2015年7月出版／估价:79.00元

非物质文化遗产蓝皮书
中国非物质文化遗产发展报告(2015)
著(编)者:陈平　2015年3月出版／估价:79.00元

非物质文化遗产蓝皮书
中国少数民族非物质文化遗产发展报告(2015)
著(编)者:肖远平　柴立　2015年4月出版／估价:79.00元

广电蓝皮书
中国广播电影电视发展报告(2015)
著(编)者:杨明品　2015年7月出版／估价:98.00元

广告主蓝皮书
中国广告主营销传播趋势报告(2015)
著(编)者:黄升民　2015年5月出版／估价:148.00元

国际传播蓝皮书
中国国际传播发展报告(2015)
著(编)者:胡正荣　李继东　姬德强
2015年7月出版／估价:89.00元

国家形象蓝皮书
2015年国家形象研究报告
著(编)者:张昆　2015年3月出版／估价:79.00元

纪录片蓝皮书
中国纪录片发展报告(2015)
著(编)者:何苏六　2015年9月出版／估价:79.00元

科学传播蓝皮书
中国科学传播报告(2015)
著(编)者:詹正茂　2015年4月出版／估价:69.00元

两岸文化蓝皮书
两岸文化产业合作发展报告(2015)
著(编)者:胡惠林　李保宗　2015年7月出版／估价:79.00元

媒介与女性蓝皮书
中国媒介与女性发展报告(2015)
著(编)者:刘利群　2015年8月出版／估价:69.00元

全球传媒蓝皮书
全球传媒发展报告(2015)
著(编)者:胡正荣　2015年12月出版／估价:79.00元

世界文化发展蓝皮书
世界文化发展报告(2015)
著(编)者:张庆宗　高乐田　郭熙煌
2015年5月出版／估价:89.00元

视听新媒体蓝皮书
中国视听新媒体发展报告(2015)
著(编)者:庞井君　2015年6月出版／估价:148.00元

文化创新蓝皮书
中国文化创新报告(2015)
著(编)者:于平　傅才武　2015年4月出版／估价:79.00元

文化建设蓝皮书
中国文化发展报告(2015)
著(编)者:江畅　孙伟平　戴茂堂
2015年4月出版／估价:138.00元

文化科技蓝皮书
文化科技创新发展报告(2015)
著(编)者:于平　李凤亮　2015年1月出版／估价:89.00元

文化蓝皮书
中国文化产业供需协调增长测评报告(2015)
著(编)者:王亚南　郝朴宁　张晓明　祁述裕
2015年2月出版／估价:79.00元

文化蓝皮书
中国文化消费需求景气评价报告(2015)
著(编)者:王亚南　张晓明　祁述裕　郝朴宁
2015年2月出版／估价:79.00元

文化蓝皮书
中国文化产业发展报告(2015)
著(编)者:张晓明　王家新　章建刚
2015年4月出版／估价:79.00元

文化蓝皮书
中国公共文化投入增长测评报告(2015)
著(编)者:王亚南　2015年5月出版／估价:79.00元

文化蓝皮书
中国文化政策发展报告(2015)
著(编)者:傅才武　宋文玉　燕东升　2015年9月出版／估价:98

文化品牌蓝皮书
中国文化品牌发展报告(2015)
著(编)者:欧阳友权　2015年4月出版／估价:79.00元

文化遗产蓝皮书
中国文化遗产事业发展报告(2015)
著(编)者:苏杨　刘世锦　2015年12月出版／估价:89.00元

文学蓝皮书
中国文情报告(2015)
著(编)者:白烨　2015年5月出版／估价:49.00元

新媒体蓝皮书
中国新媒体发展报告(2015)
著(编)者:唐绪军　2015年6月出版／估价:79.00元

文化传媒类·地方发展类

新媒体社会责任蓝皮书
中国新媒体社会责任研究报告（2015）
著(编)者：钟瑛　2015年10月出版 / 估价：79.00元

移动互联网蓝皮书
中国移动互联网发展报告（2015）
著(编)者：官建文　2015年6月出版 / 估价：79.00元

舆情蓝皮书
中国社会舆情与危机管理报告（2015）
著(编)者：谢耘耕　2015年8月出版 / 估价：98.00元

地方发展类

安徽经济蓝皮书
芜湖创新型城市发展报告（2015）
著(编)者：杨少华　王开玉　2015年4月出版 / 估价：69.00元

安徽蓝皮书
安徽社会发展报告（2015）
著(编)者：程桦　2015年4月出版 / 估价：79.00元

安徽社会建设蓝皮书
安徽社会建设分析报告（2015）
著(编)者：黄家海　王开玉　蔡宪　2015年4月出版 / 估价：69.00元

澳门蓝皮书
澳门经济社会发展报告（2015）
著(编)者：吴志良　郝雨凡　2015年4月出版 / 估价：79.00元

北京蓝皮书
北京公共服务发展报告（2014~2015）
著(编)者：施昌奎　2015年2月出版 / 估价：69.00元

北京蓝皮书
北京经济发展报告（2015）
著(编)者：杨松　2015年4月出版 / 估价：79.00元

北京蓝皮书
北京社会治理发展报告（2015）
著(编)者：殷星辰　2015年4月出版 / 估价：79.00元

北京蓝皮书
北京文化发展报告（2015）
著(编)者：李建盛　2015年4月出版 / 估价：79.00元

北京蓝皮书
北京社会发展报告（2015）
著(编)者：缪青　2015年5月出版 / 估价：79.00元

北京旅游绿皮书
北京旅游发展报告（2015）
著(编)者：北京旅游学会　2015年7月出版 / 估价：88.00元

北京律师蓝皮书
北京律师发展报告（2015）
著(编)者：王隽　2015年12月出版 / 估价：75.00元

北京人才蓝皮书
北京人才发展报告（2015）
著(编)者：于淼　2015年1月出版 / 估价：89.00元

北京社会心态蓝皮书
北京社会心态分析报告（2015）
著(编)者：北京社会心理研究所　2015年1月出版 / 估价：69.00元

北京社会组织蓝皮书
北京社会组织发展研究报告（2015）
著(编)者：李东松　唐军　2015年2月出版 / 估价：79.00元

北京社会组织蓝皮书
北京社会组织发展报告（2015）
著(编)者：温庆云　2015年9月出版 / 估价：79.00元

滨海金融蓝皮书
滨海新区金融发展报告（2015）
著(编)者：王爱俭　张锐钢　2015年9月出版 / 估价：79.00元

城乡一体化蓝皮书
中国城乡一体化发展报告（北京卷）（2015）
著(编)者：张宝秀　黄序　2015年4月出版 / 估价：69.00元

创意城市蓝皮书
北京文化创意产业发展报告（2015）
著(编)者：张京成　2015年11月出版 / 估价：65.00元

创意城市蓝皮书
无锡文化创意产业发展报告（2015）
著(编)者：谭军　张鸣年　2015年10月出版 / 估价：75.00元

创意城市蓝皮书
武汉市文化创意产业发展报告（2015）
著(编)者：袁堃　黄永林　2015年11月出版 / 估价：85.00元

创意城市蓝皮书
重庆创意产业发展报告（2015）
著(编)者：程宇宁　2015年4月出版 / 估价：89.00元

创意城市蓝皮书
青岛文化创意产业发展报告（2015）
著(编)者：马达　张丹妮　2015年6月出版 / 估价：79.00元

福建妇女发展蓝皮书
福建省妇女发展报告（2015）
著(编)者：刘群英　2015年10月出版 / 估价：58.00元

甘肃蓝皮书
甘肃舆情分析与预测（2015）
著(编)者：郝树声　陈双梅　2015年1月出版 / 估价：69.00元

地方发展类

甘肃蓝皮书
甘肃文化发展分析与预测（2015）
著(编)者:周小华 王福生　2015年1月出版 / 估价:69.00元

甘肃蓝皮书
甘肃社会发展分析与预测（2015）
著(编)者:安文华　2015年1月出版 / 估价:69.00元

甘肃蓝皮书
甘肃经济发展分析与预测（2015）
著(编)者:朱智文 罗哲　2015年1月出版 / 估价:69.00元

甘肃蓝皮书
甘肃县域经济综合竞争力评价（2015）
著(编)者:刘进军　2015年1月出版 / 估价:69.00元

广东蓝皮书
广东省电子商务发展报告（2015）
著(编)者:程晓　2015年12月出版 / 估价:69.00元

广东蓝皮书
广东社会工作发展报告（2015）
著(编)者:罗观翠　2015年6月出版 / 估价:89.00元

广东社会建设蓝皮书
广东省社会建设发展报告（2015）
著(编)者:广东省社会工作委员会　2015年10月出版 / 估价:89.00元

广东外经贸蓝皮书
广东对外经济贸易发展研究报告（2015）
著(编)者:陈万灵　2015年5月出版 / 估价:79.00元

广西北部湾经济区蓝皮书
广西北部湾经济区开放开发报告（2015）
著(编)者:广西北部湾经济区规划建设管理委员会办公室
　　　　广西社会科学院广西北部湾发展研究院
2015年8月出版 / 估价:79.00元

广州蓝皮书
广州社会保障发展报告（2015）
著(编)者:蔡国萱　2015年1月出版 / 估价:65.00元

广州蓝皮书
2015年中国广州社会形势分析与预测
著(编)者:张强 陈怡霓 杨秦　2015年5月出版 / 估价:69.00元

广州蓝皮书
广州经济发展报告（2015）
著(编)者:李江涛 朱名宏　2015年5月出版 / 估价:69.00元

广州蓝皮书
广州商贸业发展报告（2015）
著(编)者:李江涛 王旭东 荀振英　2015年6月出版 / 估价:69.00元

广州蓝皮书
2015年中国广州经济形势分析与预测
著(编)者:庾建设 沈奎 郭志勇　2015年6月出版 / 估价:79.00元

广州蓝皮书
中国广州文化发展报告（2015）
著(编)者:徐俊忠 陆志强 顾涧清　2015年6月出版 / 估价:69.00元

广州蓝皮书
广州农村发展报告（2015）
著(编)者:李江涛 汤锦华　2015年8月出版 / 估价:69.00元

广州蓝皮书
中国广州城市建设与管理发展报告（2015）
著(编)者:董皞 冼伟雄　2015年7月出版 / 估价:69.00元

广州蓝皮书
中国广州科技和信息化发展报告（2015）
著(编)者:邹采荣 马正勇 冯元　2015年7月出版 / 估价:79.00元

广州蓝皮书
广州创新型城市发展报告（2015）
著(编)者:李江涛　2015年7月出版 / 估价:69.00元

广州蓝皮书
广州文化创意产业发展报告（2015）
著(编)者:甘新　2015年8月出版 / 估价:79.00元

广州蓝皮书
广州志愿服务发展报告（2015）
著(编)者:魏国华 张强　2015年9月出版 / 估价:69.00元

广州蓝皮书
广州城市国际化发展报告（2015）
著(编)者:朱名宏　2015年9月出版 / 估价:59.00元

广州蓝皮书
广州汽车产业发展报告（2015）
著(编)者:李江涛 杨再高　2015年9月出版 / 估价:69.00元

贵州房地产蓝皮书
贵州房地产发展报告（2015）
著(编)者:武廷方　2015年1月出版 / 估价:89.00元

贵州蓝皮书
贵州人才发展报告（2015）
著(编)者:于杰 吴大华　2015年3月出版 / 估价:69.00元

贵州蓝皮书
贵州社会发展报告（2015）
著(编)者:王兴骥　2015年3月出版 / 估价:69.00元

贵州蓝皮书
贵州法治发展报告（2015）
著(编)者:吴大华　2015年3月出版 / 估价:69.00元

贵州蓝皮书
贵州国有企业社会责任发展报告（2015）
著(编)者:郭丽　2015年10月出版 / 估价:79.00元

海淀蓝皮书
海淀区文化和科技融合发展报告（2015）
著(编)者:孟景伟 陈名杰　2015年5月出版 / 估价:75.00元

海峡西岸蓝皮书
海峡西岸经济区发展报告（2015）
著(编)者:黄端　2015年9月出版 / 估价:65.00元

杭州都市圈蓝皮书
杭州都市圈发展报告（2015）
著(编)者:董祖德 沈翔　2015年5月出版 / 估价:89.00元

地方发展类

杭州蓝皮书
杭州妇女发展报告（2015）
著(编)者:魏颖　2015年6月出版　估价:75.00元

河北经济蓝皮书
河北省经济发展报告（2015）
著(编)者:马树强 金浩 张贵　2015年4月出版　估价:79.00元

河北蓝皮书
河北经济社会发展报告（2015）
著(编)者:周文夫　2015年1月出版　估价:69.00元

河南经济蓝皮书
2015年河南经济形势分析与预测
著(编)者:胡五岳　2015年3月出版　估价:69.00元

河南蓝皮书
河南城市发展报告（2015）
著(编)者:王建国 谷建全　2015年1月出版　估价:59.00元

河南蓝皮书
2015年河南社会形势分析与预测
著(编)者:刘道兴 牛苏林　2015年1月出版　估价:69.00元

河南蓝皮书
河南工业发展报告（2015）
著(编)者:龚绍东　2015年1月出版　估价:69.00元

河南蓝皮书
河南文化发展报告（2015）
著(编)者:卫绍生　2015年1月出版　估价:69.00元

河南蓝皮书
河南经济发展报告（2015）
著(编)者:完世伟 喻新安　2015年12月出版　估价:69.00元

河南蓝皮书
河南法治发展报告（2015）
著(编)者:丁同民 闫德民　2015年3月出版　估价:69.00元

河南蓝皮书
河南金融发展报告（2015）
著(编)者:喻新安 谷建全　2015年4月出版　估价:69.00元

河南商务蓝皮书
河南商务发展报告（2015）
著(编)者:焦锦淼 穆荣国　2015年5月出版　估价:88.00元

黑龙江产业蓝皮书
黑龙江产业发展报告（2015）
著(编)者:于渤　2015年9月出版　估价:79.00元

黑龙江蓝皮书
黑龙江经济发展报告（2015）
著(编)者:张新颖　2015年1月出版　估价:69.00元

黑龙江蓝皮书
黑龙江社会发展报告（2015）
著(编)者:王爱丽 艾书琴　2015年1月出版　估价:69.00元

湖北文化蓝皮书
湖北文化发展报告（2015）
著(编)者:江畅 吴成国　2015年5月出版　估价:89.00元

湖南城市蓝皮书
区域城市群整合
著(编)者:罗海藩　2014年12月出版　估价:59.00元

湖南蓝皮书
2015年湖南电子政务发展报告
著(编)者:梁志峰　2015年4月出版　估价:128.00元

湖南蓝皮书
2015年湖南社会发展报告
著(编)者:梁志峰　2015年4月出版　估价:128.00元

湖南蓝皮书
2015年湖南产业发展报告
著(编)者:梁志峰　2015年4月出版　估价:128.00元

湖南蓝皮书
2015年湖南经济展望
著(编)者:梁志峰　2015年4月出版　估价:128.00元

湖南蓝皮书
2015年湖南县域经济社会发展报告
著(编)者:梁志峰　2015年4月出版　估价:128.00元

湖南蓝皮书
2015年湖南两型社会发展报告
著(编)者:梁志峰　2015年4月出版　估价:128.00元

湖南县域绿皮书
湖南县域发展报告No.2
著(编)者:朱有志　2015年4月出版　估价:69.00元

沪港蓝皮书
沪港发展报告（2015）
著(编)者:尤安山　2015年9月出版　估价:89.00元

吉林蓝皮书
2015年吉林经济社会形势分析与预测
著(编)者:马克　2015年1月出版　估价:79.00元

济源蓝皮书
济源经济社会发展报告（2015）
著(编)者:喻新安　2015年4月出版　估价:69.00元

健康城市蓝皮书
北京健康城市建设研究报告（2015）
著(编)者:王鸿春　2015年3月出版　估价:79.00元

江苏法治蓝皮书
江苏法治发展报告（2015）
著(编)者:李力 龚廷泰　2015年9月出版　估价:98.00元

京津冀蓝皮书
京津冀发展报告（2015）
著(编)者:文魁 祝尔娟　2015年3月出版　估价:79.00元

经济特区蓝皮书
中国经济特区发展报告（2015）
著(编)者:陶一桃　2015年4月出版　估价:89.00元

辽宁蓝皮书
2015年辽宁经济社会形势分析与预测
著(编)者:曹晓峰　2015年1月出版　估价:79.00元

地方发展类

南京蓝皮书
南京文化发展报告（2015）
著(编)者：南京文化产业研究中心
2015年10月出版 / 估价：79.00元

内蒙古蓝皮书
内蒙古反腐倡廉建设报告（2015）
著(编)者：张志华 无极　2015年12月出版 / 估价：69.00元

浦东新区蓝皮书
上海浦东经济发展报告（2015）
著(编)者：沈开艳 陆沪根　2015年1月出版 / 估价：59.00元

青海蓝皮书
2015年青海经济社会形势分析与预测
著(编)者：赵宗福　2015年1月出版 / 估价：69.00元

人口与健康蓝皮书
深圳人口与健康发展报告（2015）
著(编)者：曾序春　2015年12月出版 / 估价：89.00元

山东蓝皮书
山东社会形势分析与预测（2015）
著(编)者：张华 唐洲雁　2015年6月出版 / 估价：89.00元

山东蓝皮书
山东经济形势分析与预测（2015）
著(编)者：张华 唐洲雁　2015年6月出版 / 估价：89.00元

山东蓝皮书
山东文化发展报告（2015）
著(编)者：张华 唐洲雁　2015年6月出版 / 估价：98.00元

山西蓝皮书
山西资源型经济转型发展报告（2015）
著(编)者：李志强　2015年5月出版 / 估价：98.00元

陕西蓝皮书
陕西经济发展报告（2015）
著(编)者：任宗哲 石英 裴成荣　2015年2月出版 / 估价：69.00元

陕西蓝皮书
陕西社会发展报告（2015）
著(编)者：任宗哲 石英 牛昉　2015年2月出版 / 估价：65.00元

陕西蓝皮书
陕西文化发展报告（2015）
著(编)者：任宗哲 石英 王长寿　2015年3月出版 / 估价：59.00元

陕西蓝皮书
丝绸之路经济带发展报告（2015）
著(编)者：任宗哲 石英 白宽犁
2015年8月出版 / 估价：79.00元

上海蓝皮书
上海文学发展报告（2015）
著(编)者：陈圣来　2015年1月出版 / 估价：69.00元

上海蓝皮书
上海文化发展报告（2015）
著(编)者：蒯大申 郑崇选　2015年1月出版 / 估价：69.00元

上海蓝皮书
上海资源环境发展报告（2015）
著(编)者：周冯琦 汤庆合 任文伟
2015年1月出版 / 估价：69.00元

上海蓝皮书
上海社会发展报告（2015）
著(编)者：周海旺 卢汉龙　2015年1月出版 / 估价：69.00元

上海蓝皮书
上海经济发展报告（2015）
著(编)者：沈开艳　2015年1月出版 / 估价：69.00元

上海蓝皮书
上海传媒发展报告（2015）
著(编)者：强荧 焦雨虹　2015年1月出版 / 估价：79.00元

上海蓝皮书
上海法治发展报告（2015）
著(编)者：叶青　2015年4月出版 / 估价：69.00元

上饶蓝皮书
上饶发展报告（2015）
著(编)者：朱寅健　2015年3月出版 / 估价：128.00元

社会建设蓝皮书
2015年北京社会建设分析报告
著(编)者：宋贵伦 冯虹　2015年7月出版 / 估价：79.00元

深圳蓝皮书
深圳劳动关系发展报告（2015）
著(编)者：汤庭芬　2015年6月出版 / 估价：75.00元

深圳蓝皮书
深圳经济发展报告（2015）
著(编)者：张骁儒　2015年7月出版 / 估价：79.00元

深圳蓝皮书
深圳社会发展报告（2015）
著(编)者：叶民辉 张骁儒　2015年7月出版 / 估价：89.00元

深圳蓝皮书
深圳法治发展报告（2015）
著(编)者：张骁儒　2015年4月出版 / 估价：79.00元

四川蓝皮书
四川文化产业发展报告（2015）
著(编)者：侯水平　2015年2月出版 / 估价：69.00元

四川蓝皮书
四川企业社会责任研究报告（2015）
著(编)者：侯水平 盛毅　2015年4月出版 / 估价：79.00元

四川蓝皮书
四川法治发展报告（2015）
著(编)者：郑泰安　2015年2月出版 / 估价：69.00元

四川蓝皮书
2015年四川生态建设报告
著(编)者：四川省社会科学院
2015年2月出版 / 估价：69.00元

地方发展类·国别与地区类

四川蓝皮书
四川省城镇化发展报告（2015）
著(编)者：四川省城镇发展研究中心
2015年2月出版 / 估价：69.00元

四川蓝皮书
2015年四川社会发展形势分析与预测
著(编)者：郭晓鸣 李羚 2015年2月出版 / 估价：69.00元

四川蓝皮书
2015年四川经济发展报告
著(编)者：杨钢 2015年2月出版 / 估价：69.00元

天津金融蓝皮书
天津金融发展报告（2015）
著(编)者：王爱俭 杜强 2015年9月出版 / 估价：89.00元

图们江区域合作蓝皮书
中国图们江区域合作开发发展报告（2015）
著(编)者：李铁 朱显平 吴成章 2015年4月出版 / 估价：79.00元

温州蓝皮书
2015年温州经济社会形势分析与预测
著(编)者：潘忠强 王春光 金浩 2015年4月出版 / 估价：69.00元

扬州蓝皮书
扬州经济社会发展报告（2015）
著(编)者：丁纯 2015年12月出版 / 估价：89.00元

云南蓝皮书
中国面向西南开放重要桥头堡建设发展报告（2015）
著(编)者：刘绍怀 2015年12月出版 / 估价：69.00元

长株潭城市群蓝皮书
长株潭城市群发展报告（2015）
著(编)者：张萍 2015年1月出版 / 估价：69.00元

郑州蓝皮书
2015年郑州文化发展报告
著(编)者：王哲 2015年9月出版 / 估价：65.00元

中医文化蓝皮书
北京中医文化发展报告（2015）
著(编)者：毛嘉陵 2015年4月出版 / 估价：69.00元

珠三角流通蓝皮书
珠三角商圈发展研究报告（2015）
著(编)者：林至颖 王先庆 2015年7月出版 / 估价：98.00元

国别与地区类

阿拉伯黄皮书
阿拉伯发展报告（2015）
著(编)者：马晓霖 2015年4月出版 / 估价：79.00元

北部湾蓝皮书
泛北部湾合作发展报告（2015）
著(编)者：吕余生 2015年8月出版 / 估价：69.00元

大湄公河次区域蓝皮书
大湄公河次区域合作发展报告（2015）
著(编)者：刘稚 2015年9月出版 / 估价：79.00元

大洋洲蓝皮书
大洋洲发展报告（2015）
著(编)者：喻常森 2015年8月出版 / 估价：89.00元

德国蓝皮书
德国发展报告（2015）
著(编)者：郑春荣 伍慧萍 2015年6月出版 / 估价：69.00元

东北亚黄皮书
东北亚地区政治与安全（2015）
著(编)者：黄凤志 刘清才 张慧智
2015年3月出版 / 估价：69.00元

东盟黄皮书
东盟发展报告（2015）
著(编)者：崔晓麟 2015年5月出版 / 估价：75.00元

东南亚蓝皮书
东南亚地区发展报告（2015）
著(编)者：王勤 2015年4月出版 / 估价：79.00元

俄罗斯黄皮书
俄罗斯发展报告（2015）
著(编)者：李永全 2015年7月出版 / 估价：79.00元

非洲黄皮书
非洲发展报告（2015）
著(编)者：张宏明 2015年7月出版 / 估价：79.00元

国际形势黄皮书
全球政治与安全报告（2015）
著(编)者：李慎明 张宇燕 2014年12月出版 / 估价：69.00元

韩国蓝皮书
韩国发展报告（2015）
著(编)者：刘宝全 牛林杰 2015年8月出版 / 估价：79.00元

加拿大蓝皮书
加拿大发展报告（2015）
著(编)者：仲伟合 2015年4月出版 / 估价：89.00元

拉美黄皮书
拉丁美洲和加勒比发展报告（2014~2015）
著(编)者：吴白乙 2015年4月出版 / 估价：89.00元

美国蓝皮书
美国研究报告（2015）
著(编)者：黄平 郑秉文 2015年7月出版 / 估价：89.00元

缅甸蓝皮书
缅甸国情报告（2015）
著(编)者：李晨阳 2015年8月出版 / 估价：79.00元

国别与地区类

欧洲蓝皮书
欧洲发展报告（2015）
著(编)者:周弘　　2015年6月出版 / 估价:89.00元

葡语国家蓝皮书
葡语国家发展报告（2015）
著(编)者:对外经济贸易大学区域国别研究所　葡语国家研究中心
2015年3月出版 / 估价:89.00元

葡语国家蓝皮书
中国与葡语国家关系发展报告·巴西（2014）
著(编)者:澳门科技大学　2015年1月出版 / 估价:89.00元

日本经济蓝皮书
日本经济与中日经贸关系研究报告（2015）
著(编)者:王洛林　张季风　2015年5月出版 / 估价:79.00元

日本蓝皮书
日本研究报告（2015）
著(编)者:李薇　2015年3月出版 / 估价:69.00元

上海合作组织黄皮书
上海合作组织发展报告（2015）
著(编)者:李进峰　吴宏伟　李伟
2015年9月出版 / 估价:89.00元

世界创新竞争力黄皮书
世界创新竞争力发展报告（2015）
著(编)者:李闽榕　李建平　赵新力
2015年1月出版 / 估价:148.00元

土耳其蓝皮书
土耳其发展报告（2015）
著(编)者:郭长刚　刘义　2015年7月出版 / 估价:89.00元

亚太蓝皮书
亚太地区发展报告（2015）
著(编)者:李向阳　　2015年1月出版 / 估价:59.00元

印度蓝皮书
印度国情报告（2015）
著(编)者:吕昭义　　2015年5月出版 / 估价:89.00元

印度洋地区蓝皮书
印度洋地区发展报告（2015）
著(编)者:汪戎　　2015年3月出版 / 估价:79.00元

中东黄皮书
中东发展报告（2015）
著(编)者:杨光　　2015年11月出版 / 估价:89.00元

中欧关系蓝皮书
中欧关系研究报告（2015）
著(编)者:周弘　　2015年12月出版 / 估价:98.00元

中亚黄皮书
中亚国家发展报告（2015）
著(编)者:孙力　吴宏伟　　2015年9月出版 / 估价:89.00元

中国皮书网
www.pishu.cn

皮书专属网络平台,传播皮书精华内容,
引领皮书出版潮流,打造皮书服务平台

栏目设置:

- □ 资讯:皮书动态、皮书观点、皮书成果、皮书概览、皮书研究、皮书评论、电子期刊
- □ 标准:皮书研判、皮书评价、皮书研究、皮书研创
- □ 服务:最新皮书、皮书书目、重点推荐、在线购书
- □ 链接:皮书数据库、皮书作者、皮书研创团队、皮书博客、在线书城
- □ 搜索:资讯、图片、研究动态、皮书专家、皮书机构

中国皮书网在皮书系列"权威、前沿、原创"的基础上,增加了更多表现形式、更多传播渠道,满足不同类型、不同(特征)读者的多样化需求。

自 2005 年 12 月正式上线以来,中国皮书网的 IP 访问量、PV 浏览量和日更新频次都到达了一个较高值,资源共享的互动平台搭建了一个较高值,资源共享的互动平台搭建一个较高值,在皮书研创者、皮书出版者、皮书阅读者之间搭起了沟通的桥梁。在皮书研创方、皮书出版方、皮书阅读者之间搭起了沟通的桥梁。

2008 年、2011 年,中国皮书网在全国新闻出版业网站评选中均被评为"最具商业价值网站"。称号;2012 年,获得"出版业网站名称"。

2014 年,中国皮书网与皮书数据库实现资源共享,做到了二者的互补,为更多的读者服务。

当代中国与世界研究的前沿和权威表述

权威报告 热点资讯 海量资源

皮书数据库 www.pishu.com.cn

皮书数据库收录了皮书系列等相关来源资源库内容，以及多家专业研究机构——皮书系列为基础的聚焦于中国与世界发展的动态皮书数据库。

皮书数据库的内容以前沿性、权威性、实用性为基本特征，由多个子库组成，涵盖了近十几年中国与世界各类发展报告，包括经济、社会、文化、政治、教育、国际问题等多个领域。

皮书数据库以皮书为基础，方便用户只获取皮书分类阅读国内原文，也可对皮书品种之下以下载阅览，同时多种便于使用者自己搜索内容的系统进行分类。同时增加了皮书所提供内容使之更完备。

根据皮书内容特点，建构的皮书数据库能够使已有国内皮书最具影响力的文献与世界最新发展研究的文献信息集聚和发送出。

皮书俱乐部会员服务指南

1. 谁能成为皮书俱乐部成员？

● 皮书作者自动成为皮书俱乐部会员
● 购买了皮书产品（纸质或电子书）的个人用户

2. 会员可以享受的俱乐部服务

● 免费获赠皮书数据库100元充值卡
● 加入皮书俱乐部，免费获赠皮书社版图书的电子书
● 免费定期获赠皮书电子月刊
● 优先参与各类皮书学术活动
● 优惠享受皮书定制的相关增值服务

3. 如何享受诸项服务？

（1）免费获赠100元皮书数据库体验卡
第1步 刮开卡片背面涂层（右下）；
第2步 登录皮书数据库网站
（www.pishu.com.cn），进行注册；
第3步 登录社会科学文献出版社官方网站（www.ssap.com.cn），进行注册；
第4步 通过对折入皮书充值卡，输入卡号和密码（区分大小写）。

4. 声明

 ... 解释权归社会科学文献出版社所有。

社科文献出版社
图书销售热线：010-59367070/7028 图书销售邮箱：duzhe@ssap.cn
数据库服务热线：400-008-6695 数据库服务QQ：2475552410 数据库服务邮箱：database@ssap.cn
欢迎登录社会科学文献出版社官网（www.ssap.com.cn）和中国皮书网（www.pishu.cn）了解更多信息

医书大事记

☆ 2009年8月,"2009年中国社会科学院考古研究与澳大利亚十大考古工作坊评议会",在辽宁牛河梁举行。考古研究所长王巍出席议式,水木议式颁给了具曾优秀考古奖,我医院区书奖。

☆ 2010年9月,医书奖学术委员会成立,由考古研究院院长王巍任,并由在各考古科研单位有一定学术影响力、了解考古市场并持有权威天系的专家组成。该书奖组办医,该书奖设项医为五,一步提高医书奖术医考系来组为架构建一个更加完备水平的与学术相关、本与播振一了考家专持。

☆ 2010年9月,"2010年中国社会科学院考古论谱第十一次全国医书工作研讨会",在福建福州举行,医多立题医院长多加议以开播亲话告。

☆ 2011年5月,"2011年国家考古研讨会",在北京京区医院学堂举行。王作光医院长考古区谋办。出席井接见,水议式发考医书奖,及水考医书奖的医院长(时任医务医医长)出席并讲话。本次会议专家组对上万为中国考古研谋家族医的一个具体医院的历史出版和他医基础出的起起知识之。国家考古研谋家族起谋考古的出版知识相关话。

☆ 2011年8月,2011年度医书考古医务医临会医多加举行,及医专医书多及其中出席工。

☆ 2011年,我沙重医医书医入考医的抓工程。

☆ 2012年12月,《中国社会科学院医书奖即医医家(试行)》由中国社会科学院研出正文公颁布实施。

☆ 2013年6月,依据《中国社会科学院医书奖即医医家(试行)》公布2013医书奖抓项医的40种医书名单。

☆ 2014年8月,第十五次全国医书考会(2014)在苏州召开,第五届优秀医书奖颁布,本届开始考书及及抹抹回出出抹落。